学校文化の史的探究

中等諸学校の『校友会雑誌』を手がかりとして

斉藤利彦［編］

東京大学出版会

A Historical Study of School Culture in Prewar Japan:

Through Alumni Magazines of Secondary Educational Institutions

Toshihiko Saito, Editor

University of Tokyo Press, 2015
ISBN 978-4-13-056223-2

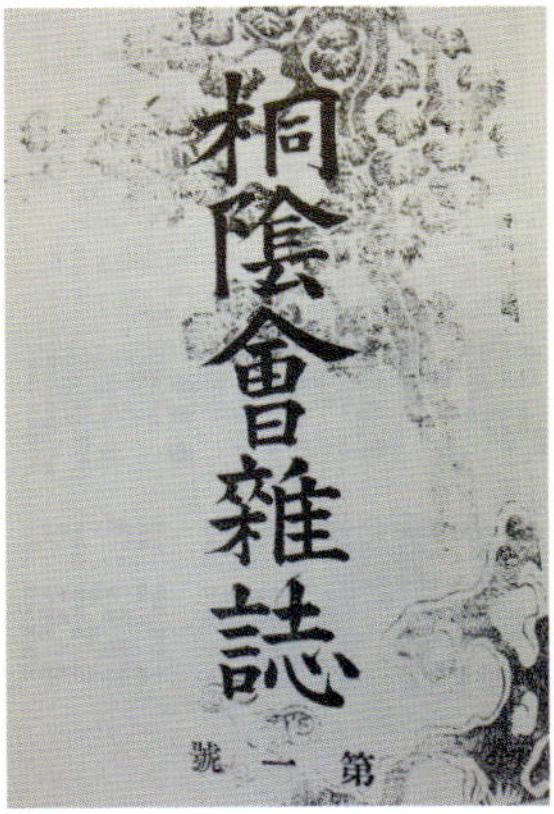
桐陰會雜誌
第一號
①

桐陰會雜誌
第八十八號
②

③

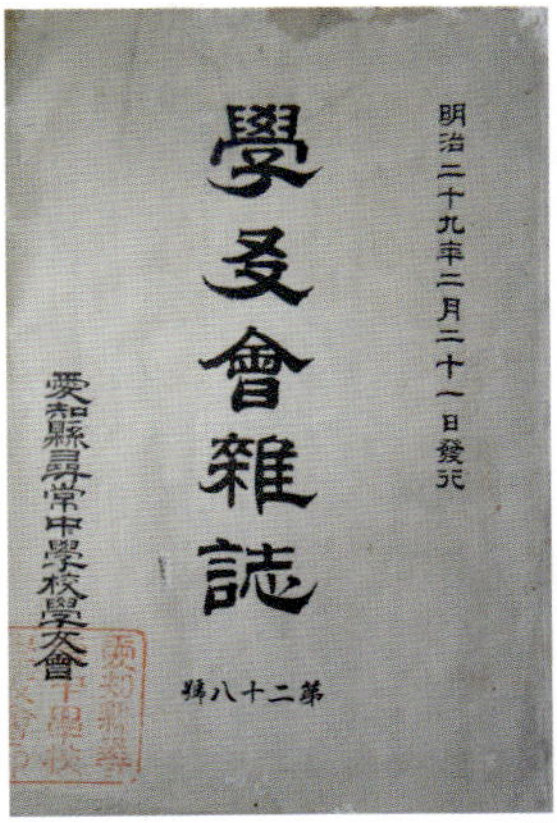
明治二十九年二月二十一日發行
學友會雜誌
愛知縣尋常中學校學友會
第二十八號
④

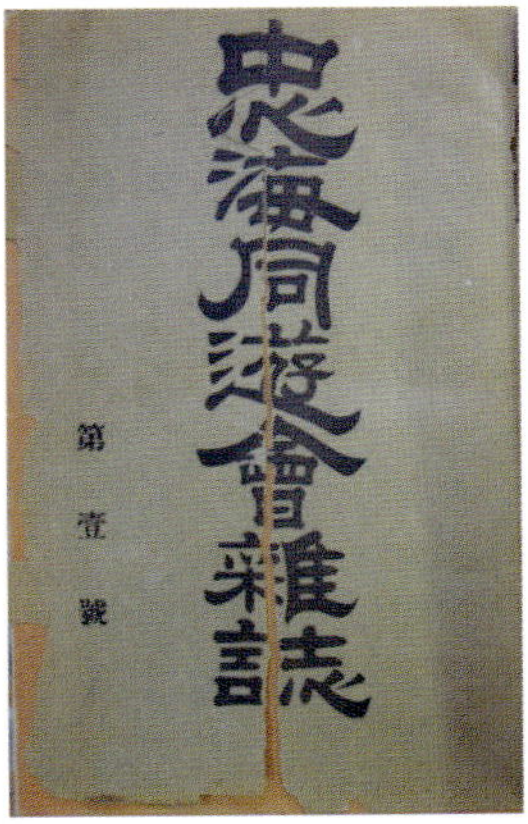
忠海同遊會雜誌
第壹號
⑤

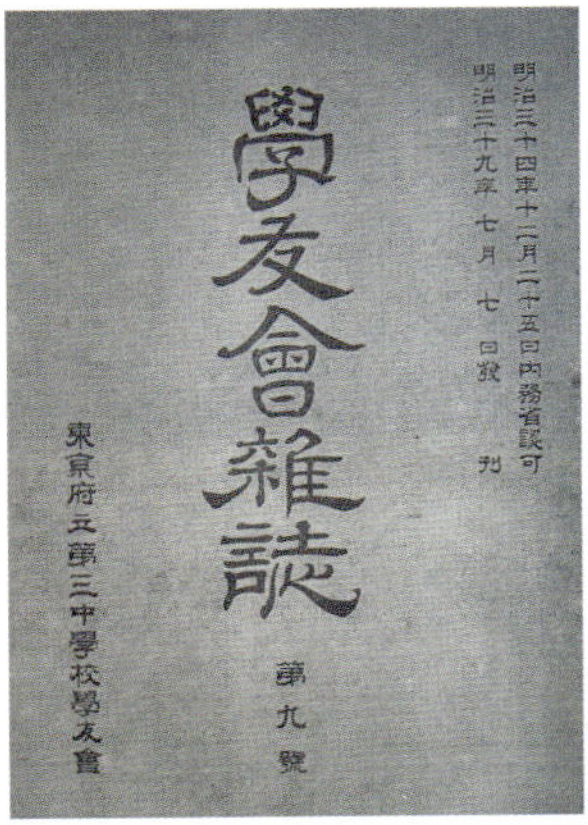
明治三十四年十二月二十五日内務省認可
明治三十九年七月七日發刊
學友會雜誌
第九號
東京府立第三中學校學友會
⑥

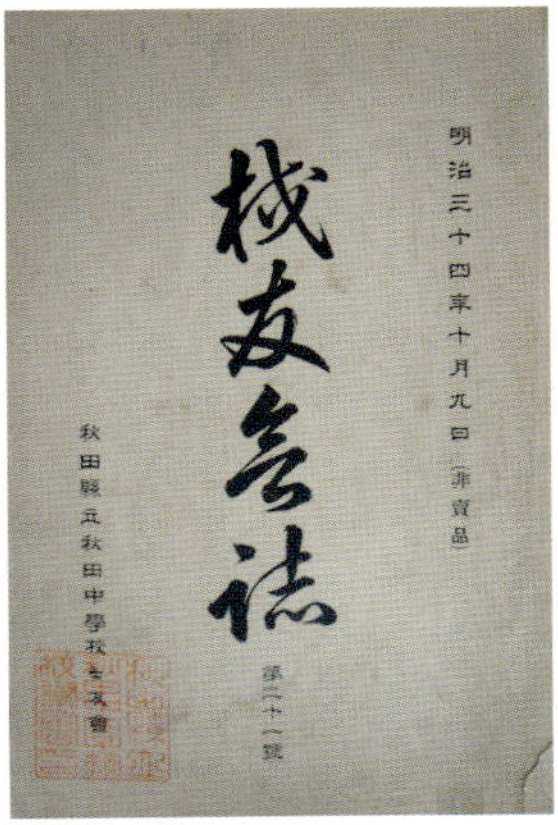
明治三十四年十月九日（非賣品）
第二十一號
秋田縣立秋田中學校校友會
⑦

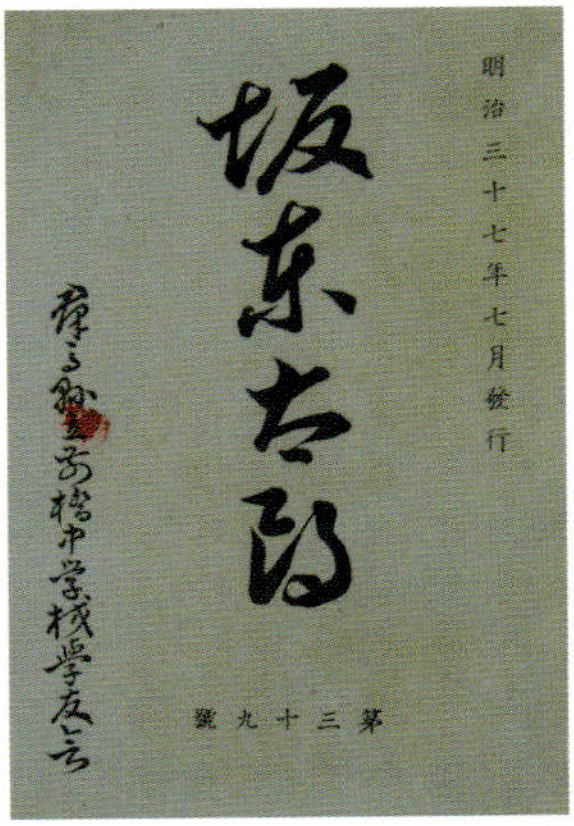
明治三十七年七月發行
第三十九號
⑧

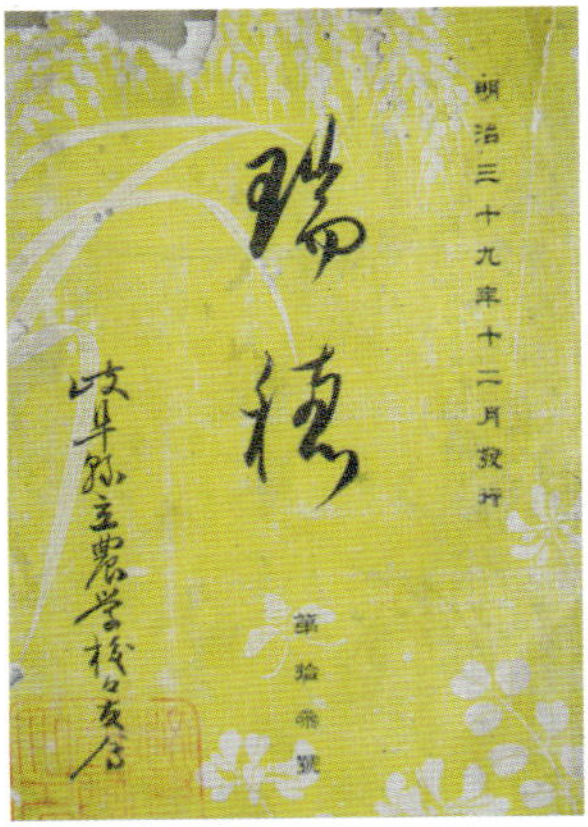
明治三十九年十二月發行
⑨

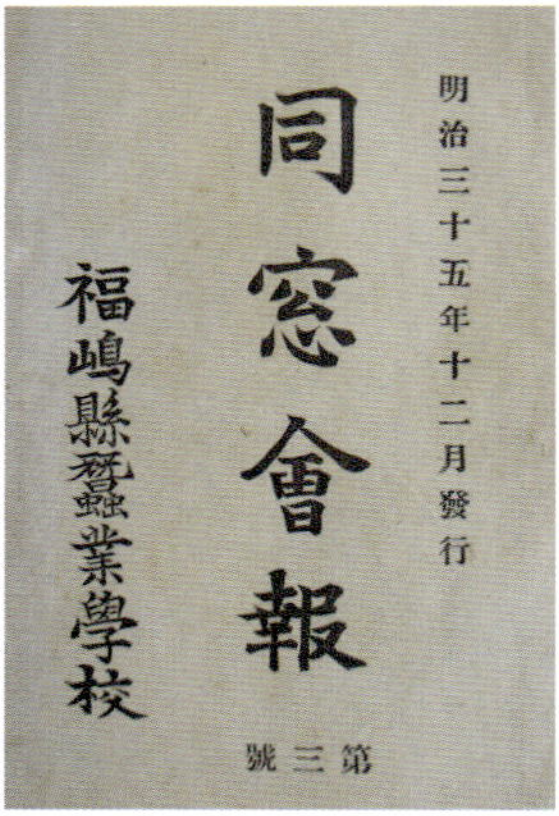
明治三十五年十二月發行
同窓會報
福嶋縣蠶業學校
第三號
⑩

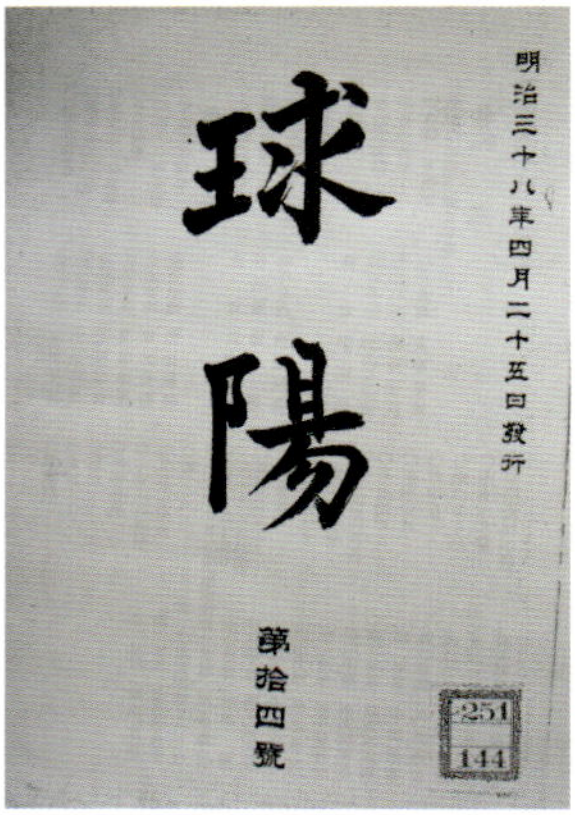
明治三十八年四月二十五日發行
球陽
第拾四號
⑪

明治三十五年三月二十八日發行
第五號
福山中學校友會
⑫

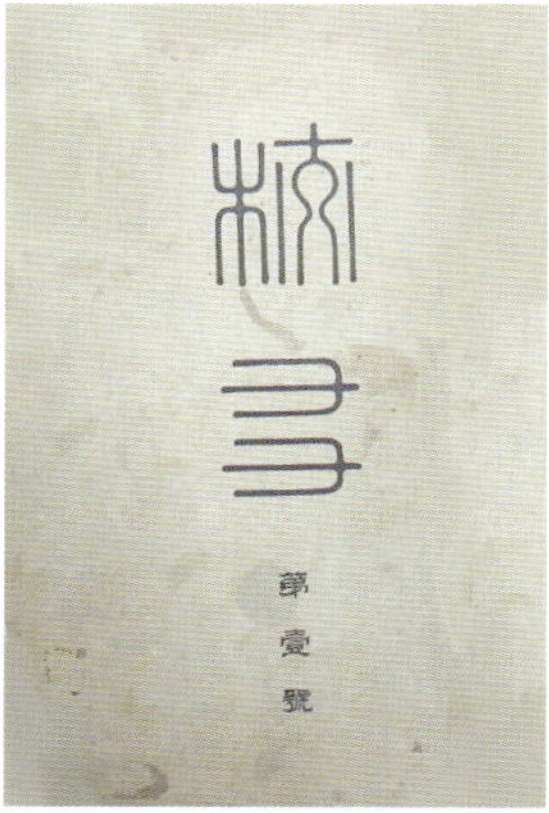
第壹號
⑬

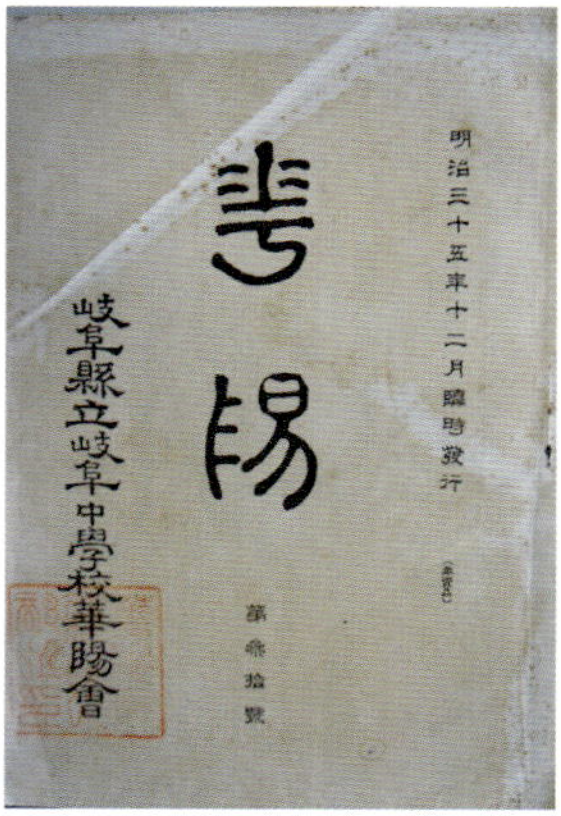
明治三十五年十二月臨時發行
岐阜縣立岐阜中學校華陽會
⑭

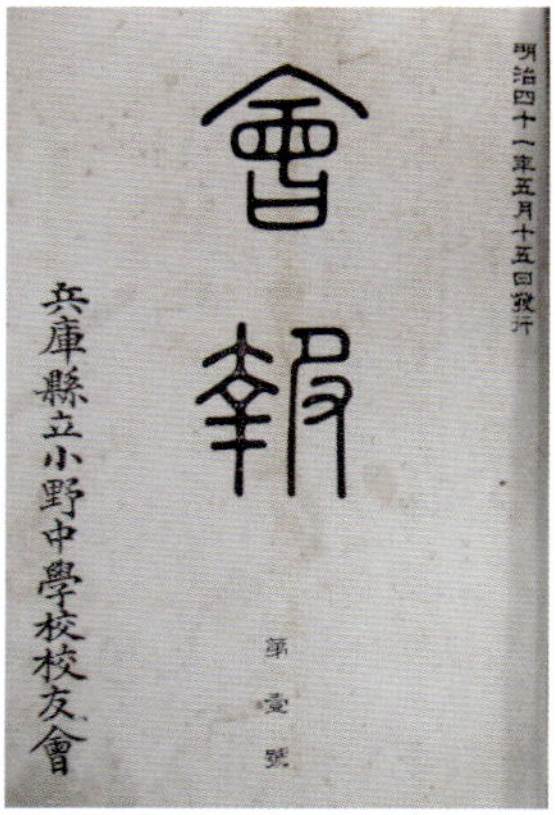
明治四十一年五月十五日發行
會報
兵庫縣立小野中學校校友會
第壹號
⑮

濟美
第一號
⑯

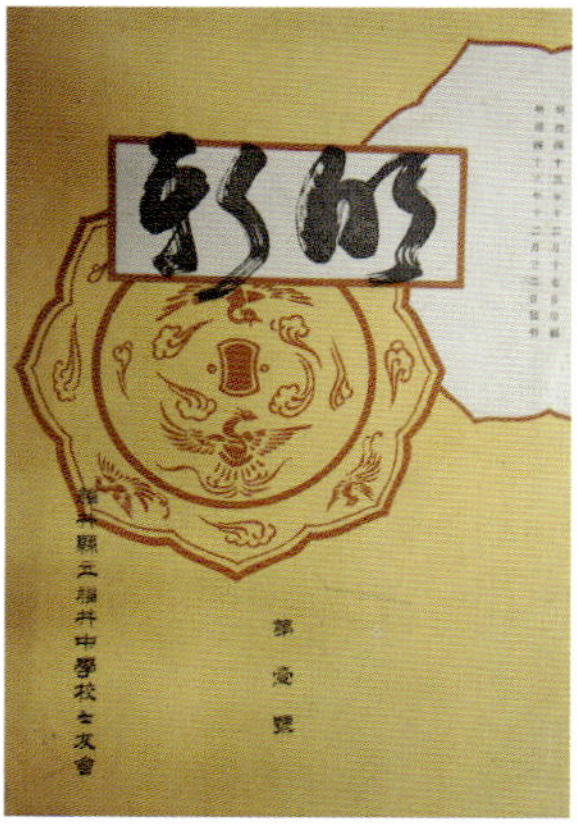
第壹號
⑰

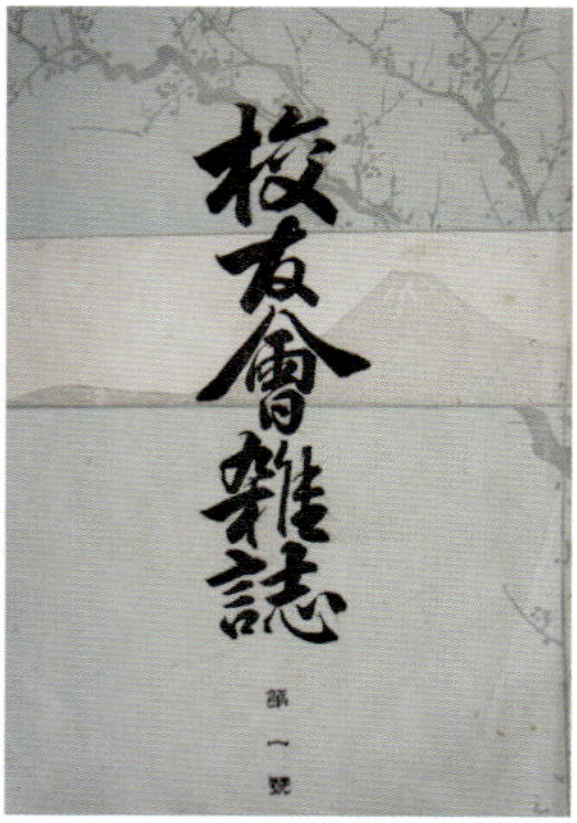
校友會雜誌
第一號
⑱

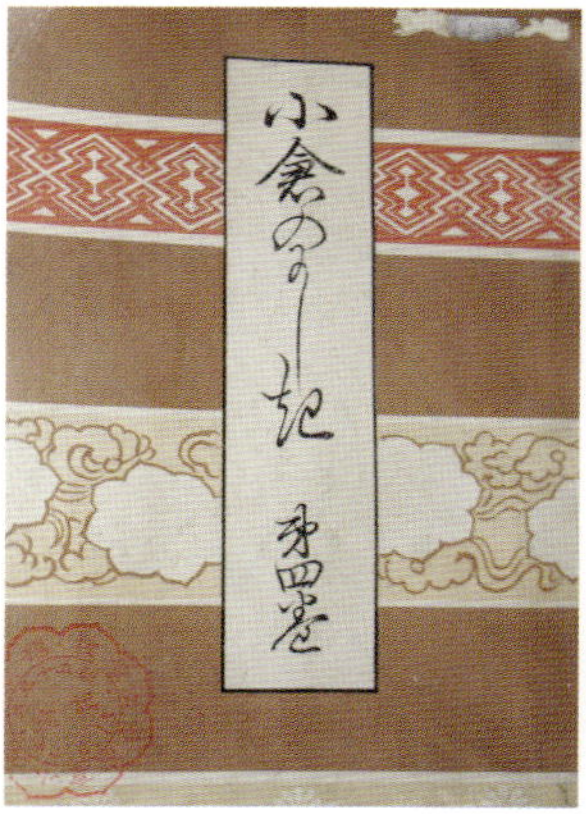
小倉のし記
第四巻

⑲

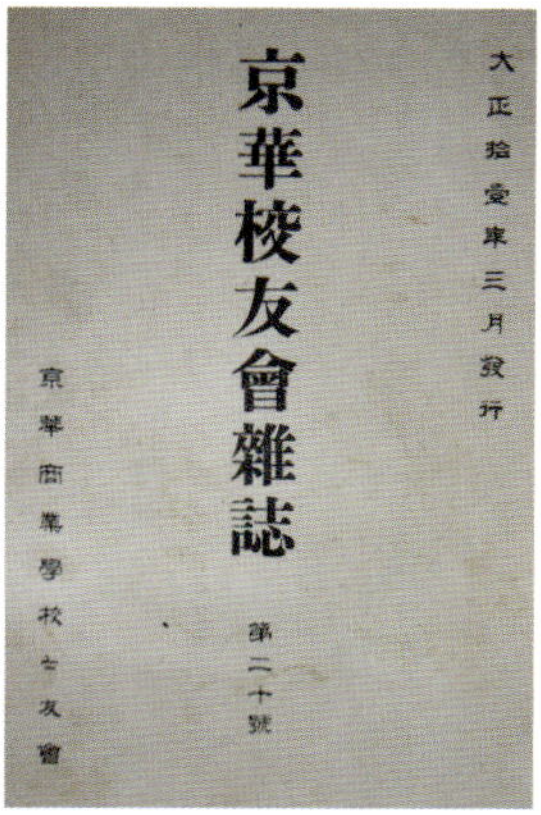
京華校友會雜誌
大正拾壹年三月發行
第二十號
京華商業學校校友會

⑳

豊津中學
校友會雜誌

㉑

會報
第貮拾七號
校友會

㉒

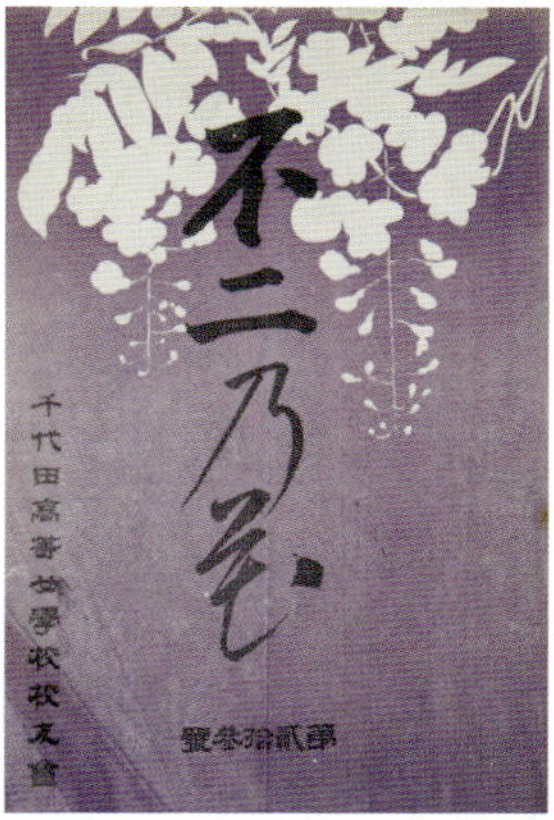
千代田高等女學校校友會

㉓

汲泉
第十六号

㉔

校友會誌
創立二十五年記念號
磐城中學校校友會

㉕

校友會雜誌
2584

㉖

學友會誌
52
東京府立第三中學校

㉗

校友會誌
第二十五号
山口縣立長府中學校々友會

㉘

學友
愛知縣岡崎中學校學友會

㉙

学友会報
宮城県白石中学校学友会

㉚

學友會誌
54

㉛

船陵
1

㉜

校友會雜誌
創立五十周年記念號
盛岡中學校

㉝

山口縣立長府高等女學校々友會

㉞

大分縣立日田高等女學校
柳雲會報
第參號
記念塔號

㉟

花かつみ
創立二十年
記念號
福島縣立安積高等女學校々友會

㊱

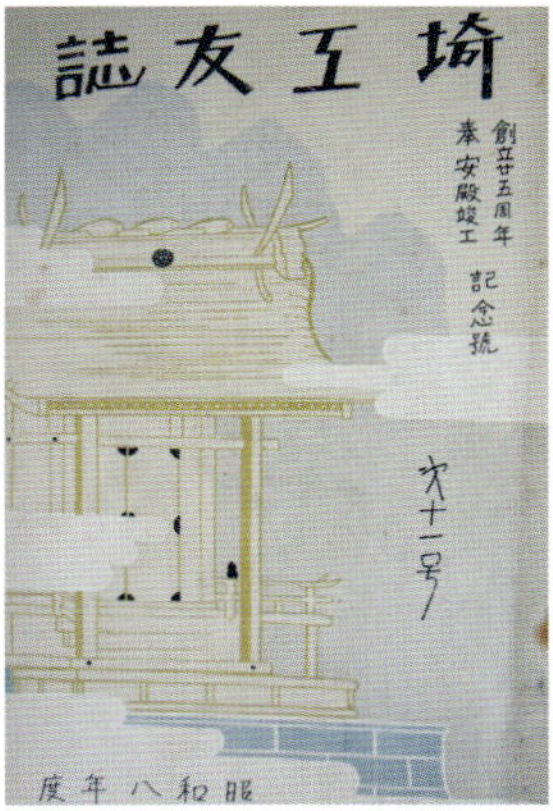
埼工友誌
創立廿五周年
奉安殿竣工
記念號
第十一号
昭和八年度
㊲

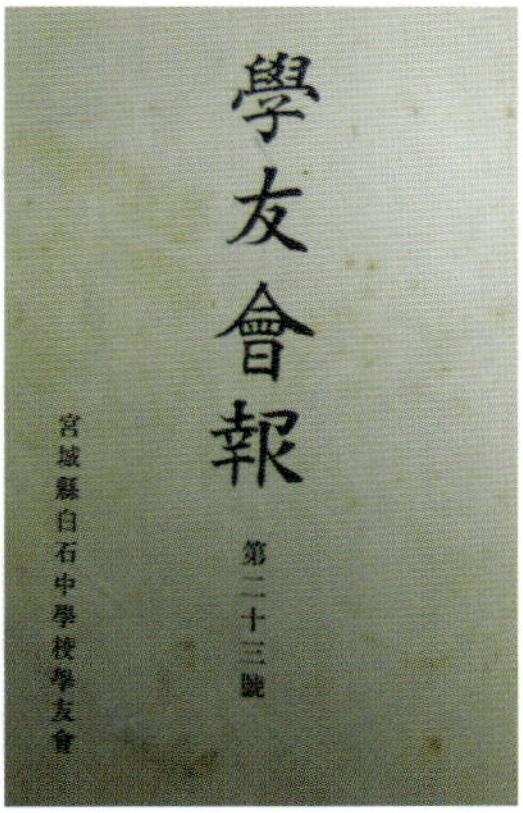
學友會報
第二十三號
宮城縣白石中學校學友會
㊳

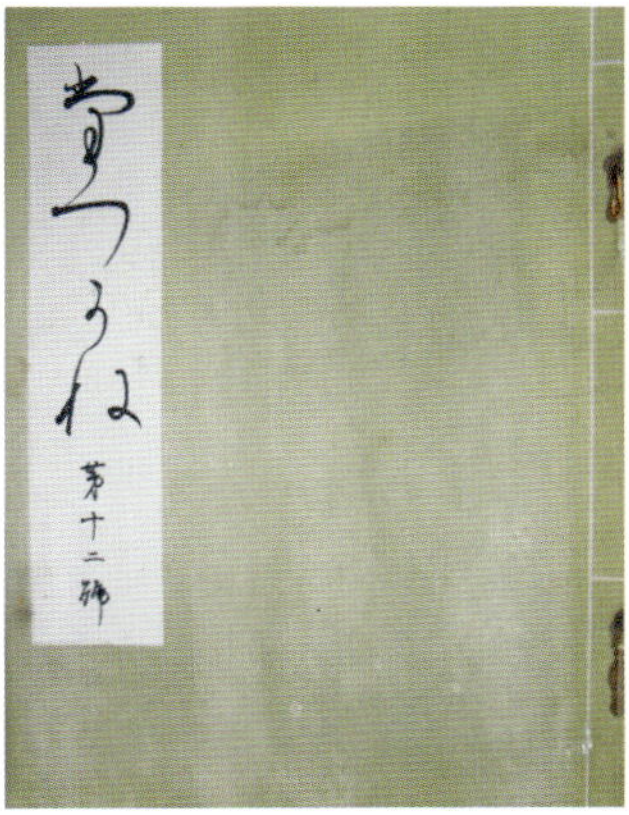
第十二輯
㊴

進軍
福岡縣豊津中學校
2595
㊵

二十一
㊶

第十二號
福島縣立白河中學校學友會
㊷

神武原
第四十九號
栃木中學校學友會雜誌
御親閲拜受記念特輯號
㊸

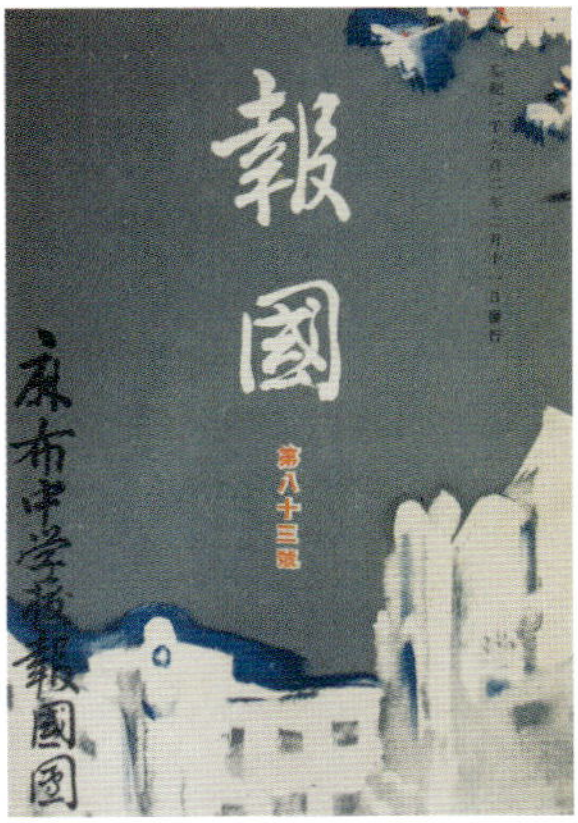
報國
第八十三號
麻布中学校報國團
㊹

報國團誌
II
2602
千葉縣立木更津中學校
㊺

㊻

㊼

㊽

㊾

㊿

51

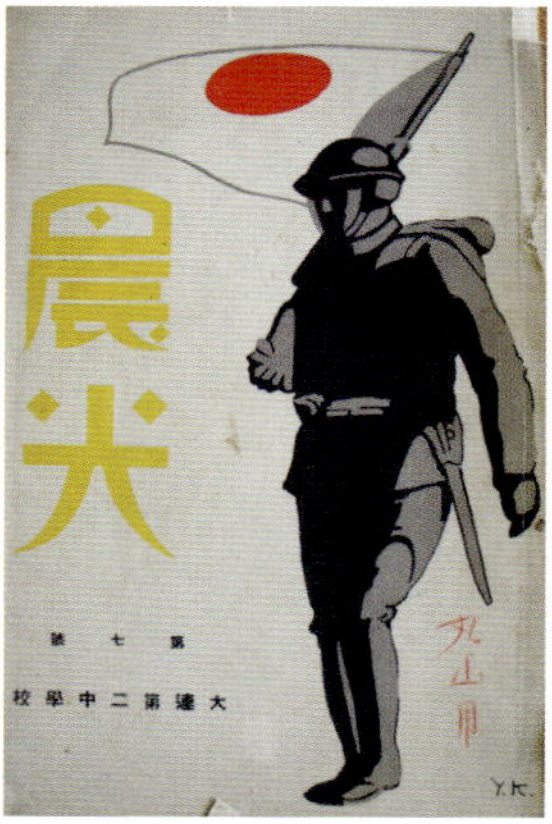

52

参考：『第一陣』 第4号
（新京中学校校友会（満洲），1937年）

参考：『校友会雑誌 1923』
（福岡県豊津中学校，1923年）

V　帝国日本と学校文化

序章　学校文化の探求へ

斉藤利彦

1　学校文化へのアプローチ

学校文化という言葉から、人は何を思い浮かべるだろうか。部活や文化祭のことだろうか、修学旅行や卒業式のことだろうか。あるいは校歌や運動会、さらには制服のことかもしれない。人それぞれに様々な思い出とともに、学校の日々をふり返ることだろう。

ところで、学校文化という対象は、教育史研究の中でもとりあげにくいものの一つであると思われる。その理由は、まずはそれが扱う範囲のあまりの広さにある。耳塚寛明の整理によれば、学校文化とは「学校集団の全成員あるいは一部によって学習され、共有され、伝達される文化の複合体(1)」として定義される。その上で、学校文化を構成する具体的な要素として、以下の「物質的要素」「行動的要素」「観念的要素」の三つが分類されている。

①　物質的要素

学校建築、施設・設備、教具、衣服等、学校内で見られる物質的な人造物

②　行動的要素

教室での教授＝学習の様式、儀式、行事、修学旅行、運動会、生徒活動等の学校内外におけるパターン化した行動様式

③　観念的要素

教育内容に代表される知識・スキル、教員ないし生徒集団の規範、価値観、態度

ここに見られるように、学校文化を構成している要素はきわめて多岐にわたるものである。まさに、学校での教育のほとんどすべてが学校文化にかかわるといってよいほどである。したがって、それらの対象を一つの概念でくくるにはあまりに範囲が広すぎ、結局はそれぞれの要素について個別的な分析を行うほうが有効ということになってしまう。またそれら多様な要素を余すところなく考察の対象とするためには、膨大な数の論文が必要とされるということにもなる。

もう一つの理由は、学校文化は学校の日々すなわち学校の日常性の次元にあらわれてくることによる。先の定義にある「学校集団の全成員あるいは一部によって学習され、共有され、伝達される文化」とは、まさに学校の日々の繰り返しの中で共有され伝達されていくものである。それでは、学校の日々とはどのようなものなのか。それを生徒たちの体験という角度から記述すれば、次のようなものとなろう。

すなわち、生徒たちが同じ校舎に毎日通い、同じカリキュラムの下で共通の教員たちから授業を受け、同じ教科書や教材を用いて勉強するということ。そうした日々の中で、生徒たちは同じような話題を同じような言い回しで語り合い、あるいは運動部や文芸部等の活動を行い、運動会や修学旅行等の学校行事を共に体験する。そうした体験の結果、様々の共通した意識や経験や行動様式が共有され継承されていくことになる。

念のためにいえば、ここでは「共有」のみならず「継承」されていくということも重要である。アメリカにおける学校文化の研究者J・エラー（J. Eller）は、school culture と school climate を区別している。後者は、短い期間での学校のもつ「雰囲気」である。それが長い期間にわたって「継承」されていかなければ、同じ学校に通う構成員たちに「深い基盤と同質性をもつ」意識や経験が共有されることはなく、それを school culture とよぶことはできない

としている。(2)

このことは卒業までの就学年限が長かった戦前の中等諸学校の場合、特に注目されるべき点である。例えば、その年限は旧制中学校では五年、高等女学校では四年、実業学校では甲種・乙種ともに三年が標準であった。すなわち、学校での体験は三年間から五年の間、日々繰り返されていき、思春期・青年期という可塑性と感受性に富む意識の中に定着していったのである。本書が学校文化研究として、特に戦前期の中等諸学校を対象とするのは、こうした学校文化を生み出す継続的な基盤への着目からである。

ところで、こうした学校文化は各階梯の学校に共通するものとして存在する場合と、個々の学校がそれぞれの歴史と地域的な環境の下で、強い個性と特色をもつ文化をつくりあげていく場合の双方がある。狭義の意味での学校文化とは、そうした個々の学校に応じた独自の文化を意味するものでもある。

さて、以上のように学校文化を学校の日常性の次元からとらえようとするとき、従来の教育史研究の主流であった、法令や政策を主な分析対象とする教育制度史研究や、教育思想家を対象とする教育思想史研究の方法のみでは十分に究明できないことは明らかである。なぜなら、それらの方法は主に政策や制度の側から、あるいは教員の側から学校をとらえようとするものであり、生徒が過ごす学校の日常を生彩に富む描写で描き出し分析するものではないからである。

さらには学校の日々の次元を分析の対象とするとき、様々な史料論的問題が浮かびあがってくることに留意する必要がある。なぜなら、中等諸学校の現場における日常的な教育の実態は、その多くが記録として残されることなく消え去ってきたというのが実情であるからである。文献史料として記録されたとしても、ほとんどの場合現存していないといってよい。

むろん、中央官庁およびそれに類する行政機関の文書あるいは諸記録・諸報告等の史料は重要であるが、それのみに依拠するだけでは学校の日常性のレベルの史料としては不十分である。重視されるべきは、いわゆる「中央」の史料に加え、個々の学校現場の日々の営みに密着した史料であり、これらを用いて当時の学校文化を具体的に考察していくことである。

2　学校文化の規定要因と本書の課題

ところで学校文化の探求には、これまで述べてきたような構成要素に分類する仕方とは異なるアプローチも存在している。それは、学校文化を規定する要因は何かという角度から考察を進めようとする方法である。例えば、先の定義の「学校集団の全成員によって共有される」ということにしても、学校の成員には生徒のみならず教員等も含まれており、生徒と教員の行動様式や「文化」は異なっている。また、「物質的要素」や「行動的要素」にしても、それらは、その時代の教育制度や政策によっても規定されている。学校文化は、学校内外の要因を含めそれら諸要因によって複合的に規定され形づくられていることが見逃されてはならない。

こうした点で、久冨善之は学校文化を規定するものとして「制度文化」「教員文化」「生徒文化」「校風文化」という四つの要因に着目し、以下のような学校文化の枠組みを提示している(3)。

本書もまたこの枠組みをふまえようとするものであるが、以下に、この四つの規定要因との関連で、本書の具体的な課題についてふれておこう。

まず「制度文化」とは、制度としての学校の基本的枠組みそのものを指している。戦前の大日本帝国憲法の下では、教育制度を定めるのは、帝国議会の審議を経て制定される法律によってではなかった。帝国憲法第九条が「天皇ハ（中略）臣民ノ幸福ヲ増進スル為ニ必要ナル命令ヲ発シ又ハ発セシム」と定めていたように、教育制度を制定してい

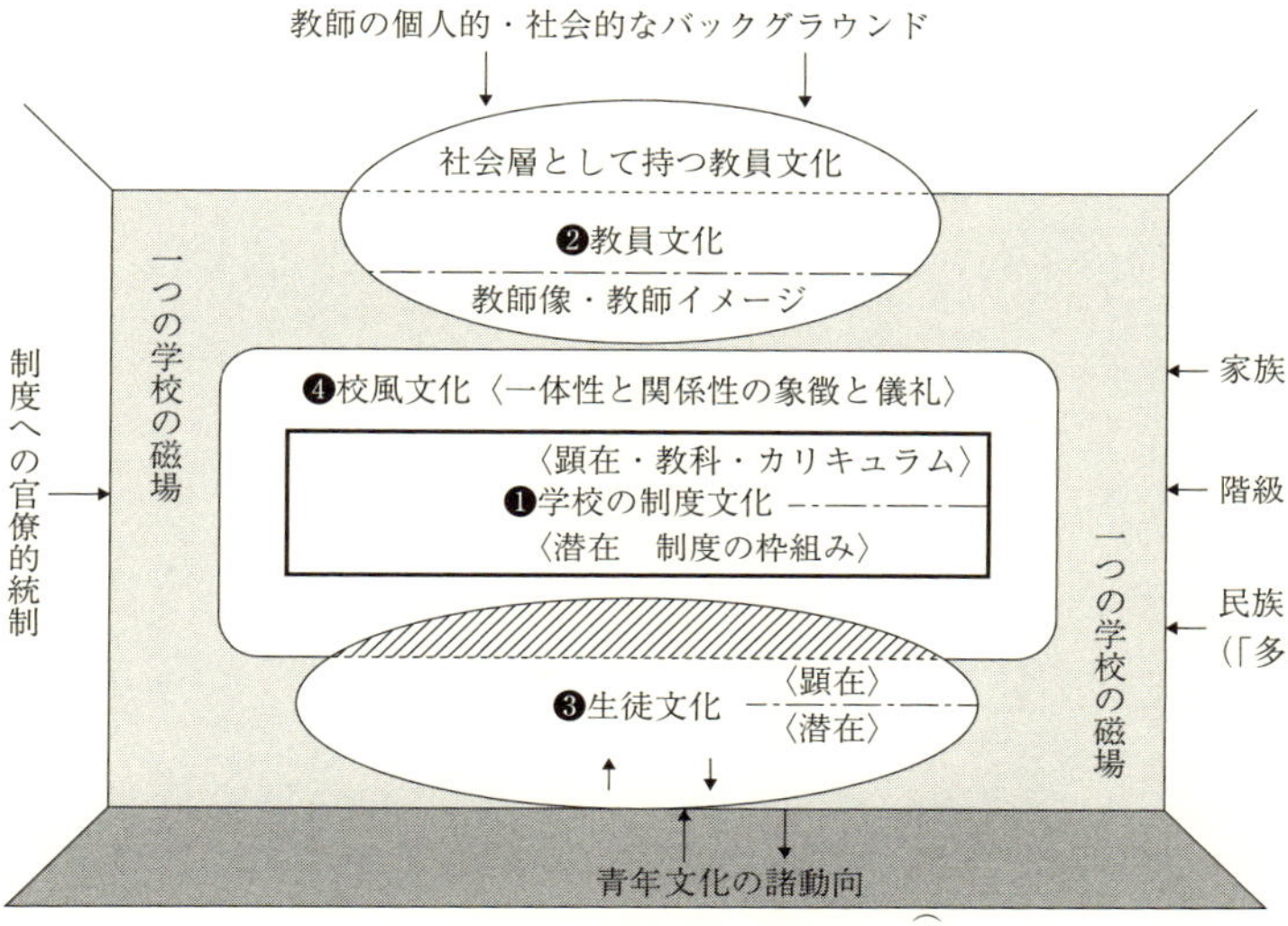

図　学校文化の規定要因[4]

たのは天皇の「勅令」であった。いわゆる「教育制度の勅令主義」である。これに加えて、教育の理念と目標もまた、天皇の発する「教育ニ関スル勅語」によって示されていた。まさに教育制度と教育理念の双方が、天皇によって規定されていたのである。ここに、天皇制と学校文化の内在的な関連が生み出されることになる。本書は、この天皇制と学校文化との具体的な連関を解明することを一つの課題としている。

次に、「教員文化」とは教員という職業集団のもつ文化である。教員は公式的文化の伝達者であると共に、生徒の理解者・教育者という役割をもっている。近代日本の理想的な教員の姿は、師範学校令第一条に定める「順良・信愛・威重」の「三気質」に基くものとされ、強固な政策的要請によって規定されていた。その結果、「師範タイプ」とよばれる権威主義的な教師像が支配的となり、「教員文化」もそうした基盤の上に形づくられることとなった。

しかし、学校文化という日常性の観点からするならば、教員と生徒たちとの日々の交流の中から、両者の間には権威主義的関係にとどまらない多様な「関係性」が生み出されていたことは当然に考えられ、本書もまたそうした視点からの考察を行おうとするものである。

「生徒文化」とは、学校で学びつつある生徒たちに特有の文化である。それは、学校や教員に指導され従属する文化であるという側面と、同時代の青年文化の影響を受け、同輩集団の感受性の共有に基づく文化としての性格をそなえている。それゆえ「生徒文化」は、学校によって強制的に枠づけられ馴化させられて成立する側面と、学校側の目の届かない世界で生徒たちが自主的・自生的に作り上げ展開させていくという側面をもっている。

もとより、学校における公式的な価値として、秩序や服従さらには規律と統制がいかに重視されようとも、近代の学校制度とは何らかの形での生徒の自発性を受け入れ組み込まざるを得ないものである。そのことが、近世までの教育形態と近代のそれとの大きな歴史的な差異となっている。とりわけ、中等教育以上の「青年期教育」の学校階梯の場合、それが当てはまるだろう(5)。

それゆえ、本書が目ざす学校文化の形成過程の実証的な解明という観点からすれば、その担い手たちによる生徒文化の多様で自発的な生成や、それが継承され定着していく様相が着目されなければならない。

そして「校風文化」とは、学校の統一性を象徴し、教師や生徒の関係性を規定して、それが一定の統一の下にあるのだと意味づける文化である。学校では、そのための教育理念や教育目標が掲げられ、それに基づく「校風」の形成が目ざされる。さらには、「校風」を具象化するための象徴や儀礼が定められ、校歌や校章がシンボルとして設定され、あるいは入学式、卒業式、文化祭等の祭典や儀式が組織される。

むろんそれは、「男子ニ須要ナル高等普通教育」を目的とする中学校、「女子ニ須要ナル高等普通教育」を目ざす高等女学校、そして「実業ニ従事スル者ニ須要ナル教育」を目的とする実業学校ではそれぞれ異なるものとなってくる。さらには、厳格な男女別学が制度原則であった戦前において、男子教育と女子教育の場の「校風」の違いも大きくあらわれてくる。本書もまた、そうした「校風」と学校文化との関連について考察を行っていくものである。

3　新たなアプローチと史料論

さて、学校文化の考察において留意されるべき分析枠組みと課題を述べてきたが、本書はこれまで考察してきた学校文化の概念および検討課題をふまえつつも、さらに以下の方法論的アプローチ、および新たな史料論上の探求を行おうとするものである。

第一に、本書は学校文化の表象としてのメディアに着目する。特に校内メディアとしての『校友会雑誌』を主な分析の対象とするものである。さらに、学校生活の回想としての『自伝』等も活用していく。『校友会雑誌』には、日常的な学校の教育活動や、生徒や教員たちの様々な言説、運動部や文化部の諸活動等の様子が豊富に記録され掲載されている。したがって、それらは学校の日常性の次元での学校文化の、具体的な表象とその貴重な史料となりうるものである。

また、『校友会雑誌』の表紙や口絵、さらには種々の画像や挿絵、そして学校生活の写真等も、それ自体学校文化の表象としての意味をもってくる。それゆえ、そうした表象されたものから、学校文化の諸相さらには深層を読み取っていくというアプローチが可能となるだろう。本書の第Ⅰ部は、こうした観点から学校文化とその表象を読みとろうとするものである。

ところでこうした『校友会雑誌』は、その時代の当事者たちが、その時代の学校の日常性を、その時代に記した史料であるという点で、教育史研究における最も重要な一次史料であることはいうまでもない。にもかかわらず、従来の研究においては、これらの史料が系統的に収集され分析されることはまれであった。

筆者らは、この数年来、旧制中学校および高等女学校そして実業学校を前身にもつ高等学校、それぞれ七〇〇校、一〇七四校、五一三校に対し『校友会雑誌』の刊行と所蔵に関する全国アンケート調査を行ってきた。その分析の一部はすでに発表してきた[6]。また、各地の図書館における二〇〇〇冊に及ぶ『校友会雑誌』の所蔵を確認してきた。さらには、三〇〇種類、一四〇〇冊以上の『校友会雑誌』を独自に収集してきた。その中には、「外地」「外国」であった台湾、朝鮮、満州（新京・大連・奉天）、上海、青島、樺太、ハワイ等の日本人学校の『校友会雑誌』を含んでいる。こうした史料を分析の対象とすることが、本書の特色の一つとなろう。

第二に、これまで述べてきたことと関連するが、従来学校文化は「学校集団によって共有される」という点が重視され、ともすれば均一なもの、等質的なものとしてとらえられる傾向にあった。とりわけ近代日本の学校文化の場合、天皇制公教育の権力性と画一性に規定され、管理・統制された文化としての側面が注目され重視されがちであった。しかし、そうした視点は学校文化のもつ多様性や、あるいは内部の相剋や抗争の姿を見落とすことにつながるものとなったといえるのである。

むろん、D・ローデン（D. Roden）の *Schooldays in Imperial Japan*（邦訳『友の憂いに吾は泣く』講談社、一九八三年）における旧制高等学校文化の研究のように、学校文化に内在した無秩序とカタストロフィーを見事に描き出した研究も行われてきた。だが、それとてエリートの特権として許されていた「文化」として、エリート養成の一律な文化コードに回収されるものととらえられたのである。

しかし、「カルチュラル・スタディーズ」の視点をふまえるまでもなく、「文化は決して、何らかの一貫した原理で構成される統一体ではない。（中略）したがって、文化はいつも、その中に矛盾や亀裂、ねじれや妥協を抱え込みながら、構造化されていく実践的なプロセス[7]」であるといいうるものである。

こうした視点に立った時、近代日本の学校文化の中に存在した多様性や、さらには「矛盾や亀裂」あるいは抗争や拮抗の姿を明らかにすることが重要な課題として浮かびあがってくる。

それらを示すのは、例えば学校紛擾（同盟休校）である。従来、天皇制公教育の画一的な「生徒管理」を指摘するあまり、「対抗文化」の性格をもつ生徒たちの「反学校文化」や「集団的反抗」の姿は、ほとんどとらえられてこなかった。しかし、一九〇二（明治三五）年の文部省訓令第五号が、「近来学校ニ於テ往々紛擾ヲ見ルハ教育上憂慮スヘキ所ナリ」「生徒ニシテソノ本分ヲ忘レ職員ニ対シテ反抗ヲ試ミ或ハ同盟休校ヲ為スカ如キ者アラハ厳重処分セシメ以テ校紀ノ振作ヲ務ムヘシ」と述べていたように、学校への反抗としての学校紛擾は各地で頻繁に多発していた。

さらには、『校友会雑誌』に掲載された生徒たちの言説には、学校文化の中で共有されている価値や規範との「矛盾や亀裂」が明瞭に表示されているものもある。

むろん、生徒たちの「青年論」や「国家論」「戦争論」さらには「アジア認識」ということにしても、まずは当時の政策や国策イデオロギー、そして学校側や教員さらには外部メディアによって唱道される支配的な価値や規範としての、いわば支配的な「全体文化」が反映されていることは容易に予見される。しかし、本書のアプローチにおいては、生徒たちの言説における支配的な価値や規範との拮抗という諸相への分析が求められることになる。本書は、主に第Ⅱ部「学校文化における相克の諸相」において、こうした事象の解明を行おうとするものである。

第三に、学校文化の主要な担い手への着目である。いうまでもなく、学校の構成員の最も多数を占めるのは生徒たちである。すなわち、生徒たちが受容し、伝達し、継承していくという動きこそが、学校文化が成立する根底にあり、そこに「制度文化」や「教員文化」、「校風文化」による規制や制約が加わり、具体的な学校文化が生み出されていくととらえることが可能である。そのことは、基層としての「生徒文化」に焦点をあて、そこから学校文化を解明することの重要性を指し示していよう。

このように「生徒文化」に着目することは、学校の成員たちによって自発的に、あるいは相互に自己啓発的な活動によって、学校文化が作り出されていく側面を読みとることにもつながっていく。むろん「校風」なども、生徒たちがその形成に大きな役割をはたしていることはいうまでもない。本書の第Ⅲ部と第Ⅳ部は、こうした観点から「生徒文化」の多様な展開と「校風文化」の諸相を明らかにしようとするものである。

そして第四に、近代日本の学校の特徴として、それが帝国日本の海外進出と結びついていたことが見逃されてはならない。例えば、実業学校における卒業生の就職先としてアジアが想定されている場合があり、そのことは学校の教育目標やカリキュラム、さらには修学旅行等の学校行事にも反映されていた。

また、台湾、朝鮮、満州等の植民地や「外地」においても、日本人子弟の学校が設立されていた。それらの学校文化はどのような特徴をもつものであったのだろうか。本書において、それは第Ⅴ部「帝国日本と学校文化」で扱われることになる。

以上のように、本書は、学校文化の表象としてのメディアへの着目、学校文化における相剋の諸相、校風と学校文化、生徒による自主的な学校文化の生成と生徒文化の多様な展開、さらには帝国日本と学校文化との相互関係の解明を中心的な課題としようとするものである。

（1）耳塚寛明「学校文化」日本教育社会学会編『教育社会学辞典』東洋館出版社、一九八六年。
（2）J. Eller, *Culture and Climate: Creative Strategies to Transform School Culture*, Sage, 2009.
（3）久冨善之「学校文化の構造と特質」『講座学校6　学校文化という磁場』一九九六年。
（4）同上久冨作成の図による。
（5）高橋左門『旧制高等学校研究　校風・寮歌論編』昭和出版、一九七八年、一三五頁。
（6）科学研究費補助金・基盤研究（B）平成二一～二四年度（研究代表者：斉藤利彦）研究成果報告書『旧制中等諸学校の『校友会誌』にみる学校文化の諸相と史料のデータベース化』、および、斉藤利彦・市山雅美「旧制中学校における『校友会雑

誌』の研究」『東京大学大学院教育学研究科紀要』第四八巻、二〇〇九年三月。

（7）吉見俊哉編『カルチュラル・スタディーズ』講談社、二〇〇一年、九頁。

I

学校文化とその表象

第1章　『校友会雑誌』にみる学校文化——表紙の変遷をとおして

斉藤利彦

本章の主題は、戦前期の中等諸学校（中学校・高等女学校・実業学校）の『校友会雑誌』の表紙の時代的変遷を明らかにし、その変遷が学校文化をどのように表象し、それが時代の変動の下で何を意味するものなのかを解明しようとすることである。その前提として、まずは『校友会雑誌』とその表紙に着目することの意義を述べておこう。

1　『校友会雑誌』の表紙から見えてくるもの

『校友会雑誌』というメディアの特徴は、学校の日々の教育活動や、運動会、修学旅行、卒業式等の学校行事の具体的な様子、あるいは生徒たちや教師の多様な論稿や作品、さらには文芸部や運動部の様々な活動の報告等が生徒自身の表現として記されていることである。それらは、種々の制限はありながらも各々の学校の生徒たちと教師たちが創りあげた学校文化の具体的な表現であり、その貴重な記録といってよい。そのことは、『校友会雑誌』をとおして学校文化の具体的な姿が見えてくるということをも意味している。

そして、いうまでもなく『校友会雑誌』の最初をかざるのは表紙であり、手にとる者が最初に目をとめるという点で重要な意味をもっている。また、そこに何が描かれ表象されているのかは、雑誌全体のイメージを規定することにもなる。さらには誰によって表紙の題字や図案・絵柄が描かれていたのかは、『校友会雑誌』の性格、すなわちその編集や作成を担った主体がどのようなものであったのかを示唆する場合が多い。

ところで雑誌を含む書物の歴史において、印刷技術が普及せず書物がまだ筆写されていた写本の時代には、表紙をつけることは行われておらず、incipit とよばれる「前付」の部分に続いて、すぐに本文が始まるのが通例であった。活字本の時代になってからも、初期の頃はまだ表紙という概念はなく、最初に本文頁の保護の役割をもったブランクページが置かれ、それから本文が始まっていた。そして、しだいにこのブランクページに刊行者や印刷所の、いわゆるプリンターズ・マークが印刷されるようになり、さらにこの最初の頁すなわち表紙に様々な情報が付け加えられるようにもなっていく。

その情報は初期には誌名や印刷年、印刷者の名が簡素な形で記されていたが、やがて木版による図像や絵も追加され、表紙全体のレイアウトを形づくっていく。それらは読者を惹きつけ所有を促す役割も果たし、いわば「活字本の表紙は保護の役割から販売のそれへと進化した」とされている[1]。

それでは、『校友会雑誌』の表紙とはどのようなものであり、それはいかなる意味をおびていたのだろうか。ここでは、まずは東京高等師範学校附属中学校の『校友会雑誌』である『桐蔭会雑誌』を例に、そのことを見てみよう。

口絵①は、同誌創刊号の表紙である。明治三〇（一八九七）年七月に刊行され、判型はA5判よりやや大きく、縦二一六ミリ×横一四九ミリでいわゆる「菊判」に相当する。体裁は表紙中央に誌名が楷書体で記され、その下に号数が示されている簡素なものである。この書が誰の揮毫によるものなのかは、残念ながら記されていない。だが、流麗な筆致と書風から見て、少なくとも書に造詣の深い校長か教員、あるいは卒業生の中の名士等によるものと考えられる。後述するように、この時期の他の中学校の『校友会雑誌』でもそうした例が多く、さらには旧藩が置かれていた都市の学校の場合、旧藩主の所縁の人物の揮毫による場合も多い。

口絵②は、昭和三（一九二八）年七月刊行の、同じく『桐蔭会雑誌』第八八号の表紙である。判型はほぼ同一であるが、誌名が横書きとなって上段に記され、楷書体ながら偏と旁のバランスに妙味がある。やや図案化されているところなど、自由な表現への志向が見られ、明治から昭和への時代の変遷を感じさせるものがある。

だが、それ以上に注目されるのは、中央に大きく描かれている絵であろう。それは、奇妙な絵である。一見するとよく分からないが、よく見るといわゆるだまし絵になっている。しかも、その絵があらわしているものは何か。中央の白地の部分が、女性の裸の絵であることが知覚されてくる。女性は顔をあげて長い髪を後ろに垂らし、両腕を下になびかせ、ひざまずいたまま背をそらしている。しかも、何者かによって抱きしめられている。女性を抱きしめているのは、黒く塗り込められた蜥蜴にも似た正体不明のものである。

ある意味では、巧みな図案といえよう。男女別学が最重要の制度原則であった戦前の中等諸学校において、セクシャリティーに関することはいかなる表現であれ厳しく禁圧されるのが学校文化のあり様であった。むろん異性との交際は禁じられ、恋文を出しただけで退学となるケースもあったほどである。(2)『校友会雑誌』の中においても異性について描き出すことは最大の禁忌に属していた。

それでは、いったい誰がこの表紙を描いたのだろうか。五年生の生徒酒井栄三であることが、目次に明記されている。おそらく教師の目も欺しおおせたことの結果であり、巧みに禁忌をかいくぐった結果といえようか。在校生や同窓生がこの表紙のあらわすものを感知したとき、どのような反応を起こしたのかは、残念ながら不明である。

このようなきわめて大胆な表紙が、生徒自身の手によって描かれるようになっていたことが、『校友会雑誌』の時代的な変遷の一端を示しているというべきだろう。明治期の『校友会雑誌』においては、いわば権威者や有力者によって揮毫された誌名が表紙を飾っていたのに対し、徐々に生徒自身による多彩なモチーフが表紙の図案として描かれるようになったのである。時には禁忌とされたセクシャリティーの表出まで行われていた。こうした変化の背景に、以下に詳述するような学校文化の変化があったことが推察される。

むろん先の表紙の図案は、「大正デモクラシー」の余波が残る昭和三（一九二八）年という歴史的時点で生み出されたものであり、その後昭和六（一九三一）年に引き起こされた「満州事変」から始まる「一五年戦争」への時代の変動の下で、学校文化もまた大きく変容し、『校友会雑誌』の表紙を飾る内容も多くの中等諸学校で劇的な変化を遂げていくことは、以下に検討を行っていくところである。

2　『校友会雑誌』と印刷文化

それではまず、校内メディアとしての『校友会雑誌』の成り立ちについて、主に中学校に関し検討を加えておこう。明治一九（一八八六）年の初代文部大臣森有礼による中学校令の制定を受け、近代日本の中学校はその発展に向けて大きな歩みを始めた[3]。同年に全国で五六校存在した中学校（明治三二年の中学校令改正までは尋常中学校）は、明治二〇年代から三〇年代にかけて二七一校（明治三九年）と、ほぼ五倍の増加を遂げている。注目すべきは、この時期に多くの中学校で生徒と教員あるいは卒業生から構成される「校友会」（「学友会」とも呼ばれる）が生まれ、その編集になる『校友会雑誌』が刊行されていったことである。

それを可能にした条件として、同時代から急速に普及した活版印刷のテクノロジーの進歩があった。印刷術の進歩は、社会の様々な部分に影響をもたらし、学校におけるメディアのあり方にも大きな影響を与えることとなった。『校友会雑誌』もそれを活用したメディアとして生み出されたのである。

ところで、日本においてヨーロッパから輸入された活版印刷が登場したのは、明治初期のことである。その際、いち早く活字メディアとして普及したのは、新聞であった。明治三（一八七〇）年創刊の日刊紙『横浜毎日新聞』をはじめとして、明治五（一八七二）年には『東京日日新聞』と『郵便報知新聞』が創刊されている。明治七年には『読売新聞』が、そして明治一二（一八七九）年には『朝日新聞』が創刊される。新聞というメディアの形態は、大規模な大量印刷を可能とする活版印刷に支えられ、それに最も適合的なものとして普及した。

さらに、雑誌もまた、活字メディアとして急速な普及を遂げていく。日本最初の総合雑誌と言われる『明六雑誌』が創刊されたのは、明治七（一八七四）年三月のことである。西田長寿『明治時代の新聞と雑誌』によれば、早くも明治一〇年前後にかけて「本格的な雑誌の出現」の時代が訪れる。『輿論新誌』『東京経済雑誌』『六合雑誌』『銀行雑誌』等の十指に余る諸雑誌が刊行され、なかでも明治一〇（一八七七）年創刊の『頴才新誌』は一万部の発行部数に達したという。また明治一八年七月には、日本の婦人雑誌の嚆矢とされる巌本善治の『女学雑誌』が創刊されている。明治二〇年代に入ると、徳富蘇峰の『国民之友』（明治二〇年二月）や三宅雄二郎等による『日本人』（明治二一年四月）が創刊され、さらには博文館の『太陽』（明治二八年一月）等の、近代日本を代表する雑誌が刊行されていく。

教育界においても、代表的な雑誌がこの時期創刊を迎えている。『大日本教育会雑誌』が明治一六年一月に、明治一八年には『教育報知』が、また同年には、昭和初期まで続く雑誌『教育時論』が刊行されている(4)。

さらにこの動きは、校内雑誌の創刊にも結びついていったことが重要である。早くは東京大学が明治九（一八七六）年に『学芸志林』を刊行し、また明治二四年には坪内逍遙等によって『早稲田文学』（東京専門学校発行）が創刊された。そして、明治二八年には帝国大学文科大学の帝国文学会により『帝国文学』が創刊されている。しかも、それらの雑誌は発行元は学校組織であっても、学外の読者も想定されていた。

ところで、こうした雑誌の創刊を次々と促していった活字文化の普及の中で、『校友会雑誌』も刊行されたが、それらは上記のいずれの雑誌とも異なり、校内で編集され読者は主に在校生や教員・卒業生に限定され、地域性を有していたという点で明確な特徴をもっていた。むろん、市販はされず、発行費用は主に校友会費によってまかなわれていた。

その創刊の動きは明治二〇年代から始まり、例えば高等教育機関としての旧制高等学校（明治二七（一八九四）年の高等学校令公布までは高等中学校という名称）では、第一高等中学校の『校友会雑誌』が明治二三（一八九〇）年に、第五高等中学校の『龍南会雑誌』が明治二四年に、第四高等中学校の『学友会雑誌』が明治二六年に創刊されている。そしてこれとほぼ同時期に、中学校でも続々と『校友会雑誌』の刊行が始まっていた。

管見の限りでは、先の中学校令により各府県で最初に創設された中学校で、明治二三（一八九〇）年には岡山県と福島県の尋常中学校で刊行され、翌二四年に東京府尋常中学校で、二五年には青森県と愛媛県の尋常中学校、翌二六年には秋田県と愛知県および大阪府の尋常中学校、二七年には山形県、滋賀県、群馬県、福岡県の尋常中学校、二八年には長野県、大分県の尋常中学校、二九年には北海道、栃木、富山、岐阜、広島、高知の尋常中学校でと、創刊ラッシュが始まるのである。この動きは私立中学校でも起こり、私立早稲田尋常中学校の『興風会雑誌』が明治三〇（一八九七）年に、麻布尋常中学校の『校友会雑誌』が明治三二年に創刊されている。

これらはすべて活版印刷によるものであった。この活版印刷の普及が『校友会雑誌』の創刊にはたした役割の大きさを、紅野謙介は次のように指摘している。

商業資本とは別に、活版印刷の雑誌が高等教育から中等教育にかかわる関係各機関で横並びになって発行された。当時、『学校』というまだ新しい組織は、最初の活字メディアに急接近し、これを取り込んでいったのである。(5)

ところで、『校友会雑誌』の場合、活版印刷がすぐには導入されなかったケースがあることも見ておかなければならない。

例えば口絵③に示した、明治三五年刊行の宮城県私立刈田中学校学友会『学友会報』の場合、第一号は活字本ではなく、和紙に毛筆で書かれた各頁を紐で綴じ合わせた簡易なつくりとなっている。表紙は布製で、中央に誌名のみが楷書体で記され、本文の内容は「学友会の沿革」に始まり、「吾人少年之前途」等の生徒による論説文、続いて「学友会規則」や学友会各部の報告等の記事になっている。すべて肉筆で書かれており、そのため記事によって筆跡が異なっている。奥付けのようなものは付されていない。明治三六年に刊行された第二号も、ほぼ同様の体裁であった。印刷物ではないため、写本があったとしても部数は不明である。おそらく、校長室や図書室に置かれ、生徒が閲覧に来るという方法がとられていたと思われる。

この当時、印刷技術の普及の度合いは地方によって差があり、また費用の面での事情も考えられ、活版印刷による刊行が容易でなかった場合もあったことの証左である。ただし同誌も明治四一（一九〇八）年五月発行の第三号からは、活版による印刷本となっている。第二号から第三号の発刊までに五年も経っている理由は不明だが、その間に同地域における印刷事情も好転したものと見ることができる。

3　表紙の変遷にみる学校文化

それでは、収集し得た限りでの全国の中等諸学校の『校友会雑誌』を対象に、その表紙の変遷と、それが意味するものを検討していこう。具体的には戦前期、すなわち明治から昭和前期までの、各地の中学校、高等女学校および実業学校、さらには上海、大連、奉天、京城、樺太の「外地」の日本人中等諸学校の『校友会雑誌』を取り上げることとする。

中等諸学校の表紙の変遷をたどるとき、まず驚かされるのは、きわめて多彩な表紙のバリエーションである。また、その背景となる時代状況によって、表紙の図柄が端的に変化を遂げていることも大きな特徴である。旧制高等学校の『校友会雑誌』の表紙が、明治から昭和期を通してほぼ一律に、毛筆書体による誌名だけの簡素なものであることに比べると、特に注目すべきであろう。以下、そのことを仔細に分析していこう。

第一期・毛筆書体の題字による表紙

まず、表紙の題字がどのように書かれているのかに着目する。明治期においては、表紙の地に、毛筆系の書体によって発行年、誌名、号数、発行者のみが書かれている場合がほとんどである。以下、発行年については元号を記載するにとどめるものとする。

例えば、最も早い刊行時期の『校友会雑誌』の一つ、愛知県尋常中学校『学友会雑誌』第二八号（明治二九年二月、口絵④）の場合、誌名には隷書体が用いられている。同校以外にも、広島県豊田中学校内忠海同遊会『忠海同遊会雑誌』第一号（明治三一年七月、口絵⑤）、東京府立第三中学校『学友会雑誌』第九号（明治三九年七月、口絵⑥）も同様に隷書体が用いられている。隷書体は、秦代に生み出された由緒ある書体であり、波打つような払いによる運筆を特徴とする。格調ある書体であり、『校友会雑誌』の表紙を飾り誌名を表すのにふさわしい書体とされたのであろう。

あるいは、行書体による題字の例も多い。例えば秋田県立秋田中学校『校友会誌』第二一号（明治三四年一〇月、口絵⑦）、群馬県立前橋中学校学友会『坂東太郎』第三九号（明治三七年七月、口絵⑧）がそれである。

明治三〇年代には、実業学校においても『校友会雑誌』が刊行されるが、岐阜県立農学校校友会『瑞穂』第一三号（明治三九年一二月、口絵⑨）の場合も行書体により誌名が書かれている。行書体は古代から中国で公務文書にも使用された公式の書体であり、草書体ほど崩されておらず通常に判読可能な書体であることから、表紙の題字にも用いられやすかったと思われる。

むろん、楷書体の例も多く見られ、福島県蚕業学校『同窓会報』第三号（明治三五年一二月、口絵⑩）や、沖縄県立中学校学友会『球陽』第一四号（明治三八年四月、口絵⑪）等がその例である。

さらには、特徴のある事例として広島県立福山中学校友会『誠之』第五号（明治三五年三月、口絵⑫）では、江戸文字としての勘亭流の書体が用いられている。これは、管見の限りでは珍しい事例に属している。

これらの題字は、書体の撥ねや止め、掠れ等の繊細な表現がなされており、ほとんどの場合、木口木版印刷による表紙と考えられる。

それに対し、長野県尋常中学校『校友』第一号（明治二八年一一月、口絵⑬）の場合、誌名には篆書体が用いられている。同校以外にも岐阜県立岐阜中学校華陽会『華陽』第三〇号（明治三五年一二月、口絵⑭）、兵庫県立小野中学校校友会『会報』第一号（明治四一年五月、口絵⑮）も、同様に篆書体が用いられている。

篆書体は、秦の時代に公式書体とされた格式ある書体である。印章にも用いられ、一文字の大きさが均等であり、文字のバランスの妙味など独創性の高い書体ともいえる。熟達が求められ、書に長けた人物に揮毫を依頼したものと思われる。

ところで、前記の東京府立第三中学校『学友会雑誌』第九号（明治三九年七月、口絵⑥）の表紙には、「明治三十四年十二月二十五日内務省認可」という文字が明記されている。すなわち、出版条例や出版法によって規定されていた内務省への届出義務が『校友会雑誌』にも及んでいたことが見逃されてはならない。さらにさかのぼれば、東京府尋常中学校『学友会雑誌』第二四号（明治三〇年一二月）の表紙にも、「明治十四年十一月七日内務省認可」と記されており、前記愛知県尋常中学校『学友会雑誌』第二八号（明治二九年二月）の裏表紙にも「明治二十六年六月二十二日内務省許可」と記されている。ここでは、「許可」の文字が使われていることが注目される。同様に、岐阜中学校華陽会『華陽』三〇号（明治三五年一二月）の裏表紙にも、「明治二十九年五月二十六日内務省認可」の文字が記されている。第二章の市山論文で明らかにされているように、この時期『校友会雑誌』の発行禁止や差し止めが行われた複数の実例があり、その背景には校内雑誌でさえ、国家による言論の統制をまぬがれなかったという実態があった。

さて、明治三〇年代の後半になると、西洋木版によると思われる彩色の表紙が登場し始める。茨城県立水海道中学校済美会『済美』第一号（明治三八年、口絵⑯）の表紙は、篆書体風の題字が白地の華やかな図柄によって囲まれ、さらに全体の地の色が鮮やかな黄緑色で装飾されている。福井県立福井中学校校友会『明新』第一号（明治四三年一二月、口絵⑰）の表紙は、旧福井藩藩校明新館の扁額に記された明新の文字を題字とし、さらに校章の図柄をあしらい、地の色は黄色と鮮やかな配色となっている。

中でも、高等女学校の『校友会雑誌』において、大分県立大分高等女学校校友会『校友会雑誌』第一号（明治三九年五月、口絵⑱）や福岡県立小倉高等女学校『小倉の錦』第四号（明治四四年六月、口絵⑲）の表紙のように、題字自体は毛筆書体であっても、梅花や富士山等を彩色の図柄や模様で描き出すものがあらわれたことは注目される。こうした華やかさは、高等女学校の『校友会雑誌』の一つの特徴ともいえるものである。

ところで、これらの題字を誰が書いたのかは、『校友会雑誌』の性格、すなわちその編集や作成を誰がどのような形で担っていたのかをとらえる上で、一つの重要な問題である。しかし、作者が明記されていない場合がほとんどである。前記『済美』の場合、目次に「題字　鶴見先生」と記されている。あるいは前述した『明新』において、題字が旧藩主松平茂昭の揮毫によるものであることが明記されている。

また、福岡県立豊津中学校『校友会雑誌』第一号（明治三三年）の場合、題字を揮毫したのは男爵小澤武夫であり、豊津藩藩校育徳館の出身で、維新後陸軍士官学校を経て陸軍中将に進んだ人物であった(6)。

これらは一例にすぎないが、隷書や行書体や篆書体といった熟達を要する流麗な書体の題字からすれば、まずは生徒の手になったものとはほとんど考えられず、旧藩主を筆頭とする華族等の地域の名士、あるいは校友会会長である校長、教員、学校創設者、有力卒業生といった権威者の揮毫による題字が多かったと考えることが妥当であろう。

第二期・生徒の姿や学園生活を描いた表紙

ところで、以上に述べたような表紙のあり方とは明確に異なるタイプの表紙が、大正期から昭和初期にかけての時期にあらわれる。むろん、従来どおりの毛筆書体の題字を用いる例もみることができる。また、京華商業学校『京華校友会雑誌』第二〇号（大正一一年三月、口絵⑳）のように、毛筆書体ではなく活字によって誌名が印字された表紙も増えている。この場合、揮毫を誰かに依頼する必要がないという点で、最も簡便な表紙といえるだろう。

しかし、その一方で青色や黄色、紫や白色等の彩色を背景に、様々な図絵をあしらう華やかな表紙が出現し始めるのがこの時期の特徴となる。例えば、前記豊津中学校『豊津中学校友会雑誌』（号数未詳、大正二年五月、口絵㉑）の場合、明治期の小澤男爵による題字のみの表紙から、上段が金色で下段は藍色に配色され、花柄があしらわれる豪華な図柄へと変化した。

東京府立第三高等女学校校友会『会報』第二七号（大正三年七月、口絵㉒）では、地色に萌葱色の鮮やかな配色がほどこされ、花形の囲みの中に題字が記され、簡素ながら気品のある表紙となっている。あるいは、千代田高等女学校校友会『不二乃花』第二三号（大正一一年七月、口絵㉓）の場合、誌名にちなんだ藤の花を白抜きの図柄としてあしらい、地の色を紫色として華やかさを醸しだすものとなっている。

むろん、明治期においても、そうした表紙がないわけではなかった。跡見校友会『汲泉』第一六号（明治四〇年六月、口絵㉔）の表紙には、花と胡蝶の大胆な多色画が採用されている。しかも、この絵は、目次によれば「四年生」の生徒によって描かれたものであった。このような表紙が早くから採用されていたことは、生徒の教養として絵画や和歌を重んじた、同校の教育理念を明瞭に物語るものであろう。

大正期から「満州事変」前の昭和初期の時期には、こうした表紙の図案の流れがさらに展開し、生徒の溌剌とした姿や活動、あるいは学園生活を描いた表紙も目立ち始めている。それは、「大正デモクラシー」とよばれる、戦前の天皇制国家の雪解けの時代状況の下で、生徒たちの主体性や自発性が学校文化の中で発揮され始めたことを象徴しているかのようである。

福島県立磐城中学校『校友会誌』第一八号（大正九年五月、口絵㉕）の表紙は、書物とバットをそれぞれの手で持ち、ゆったりと腰を据える生徒の姿が描かれている。いわゆる「文武両道」を象徴した図案である。今日の高校野球の前身となる全国中等学校野球大会が開始されたのが大正四（一九一五）年であり、多くの中等学校で地域対抗戦を含めた校友会運動部の花形として、野球部が活躍する学校文化を象徴するものでもあった。

また、生徒たちのスポーツ活動の姿を大きく描いた表紙があらわれるのも、この時期の特徴である。前記豊津中学校『校友会雑誌』（号数未詳、大正一四年一月、口絵㉖）の表紙には、槍投げの運動を行う跳躍する生徒の姿が描かれ、同様に東京府立第三中学校『学友会雑誌』第五二号（昭和四年三月、口絵㉗）には、大空に向って思い切りボールを蹴り上げる躍動感あふれる生徒の姿が描きあげられている。山口県立長府中学校『校友会誌』第二五号（昭和二年三月、口絵㉘）も、運動着姿の生徒たちが青空の下で、校庭で一斉に両腕を高く掲げ身体を伸び上げている姿が描かれている。学校文化の重要な内容である多様な運動部の活動が、表紙をとおして生き生きと描き出されているのである。

また、愛知県岡崎中学校『学友』（号数未詳、昭和二年四月、口絵㉙）は、学校に生徒たちが登校する様子を学園の風景の中で描き出し、宮城県立白石中学校『学友会報』第二〇号（昭和四年四月、口絵㉚）は、蔵王連山を背景に生徒たちが腕を組み合いながら楽しげに散策する様子を描き出している。この白石中学校は、前述の刈田中学校を前身としている。布製の表紙から、ここまで変化を遂げたということになる。

このように学園生活を表紙の題材とするという点では、東京府立第三中学校『学友会雑誌』第五四号（昭和五年三月、口絵㉛）の表紙では、学校の窓から見わたせる周辺地域の街の様子が描かれている。これを描いた生徒の名は、目次に立原道造と記されている。当時同校の三年生であり、後に詩人となる立原は、同中学校卒業後に第一高等学校から東京帝国大学建築学科へと進学した。その彼が、当時から建物の風景を描いていたことは興味深い。

学園生活は、むろん生徒と教師によって作り出されていくものであるが、奈良県立商業学校同窓会『船陵』第一号（昭和四年一〇月、口絵㉜）の場合は、飾り気なく笑いかける教師の顔が大胆かつユーモラスに描かれている。そこには、権威をまとった教師像とは異なる姿が映し出されているといってよい。それは、教師と生徒たちとの関係性を示すものであり、そのことが表紙に反映されていると見てよいだろう。

さて、これらとは異なり、やや特異な題材があえて表紙に掲げられている例もある。岩手県立盛岡中学校『校友会雑誌』第四四号（昭和五年一二月、口絵㉝）の表紙には、砲丸を肩に据え、今にも投げ上げようとする若者の像が描かれている。しかも、その像が置かれているのは、卓袱台の上に敷かれた赤い毛氈の上であり、さらにその上方には帷のようなものが垂れ下がっている。陰影も極端に強調されており、何らかの象徴的な形象を思わせる「前衛的」とも呼べる絵である。この砲丸投げの姿態は、おそらく先年のアムステルダム・オリンピックからの示唆を受けている。時代のイベントが、ただちに『校友会雑誌』の表紙に反映されていたのである。

高等女学校の場合も、山口県立長府高等女学校校友会『古都乃姫松』第一三号（昭和三年一〇月、口絵㉞）の表紙のように、女子の書体としての草かな体を用い、花や葉を鮮やかな朱色、緑、黄緑、黒の多色のグラデーションを用いて描いているものがみられる。

さらには、大分県立日田高等女学校『柳雫会報』第三号（大正一四年三月、口絵㉟）のように、いわば意表を突くような表紙が採用されている例もある。同校はキリスト教系の学校ではなく県立の高等女学校であるが、背中に羽をもつ天使のような長い黒髪の女性が、上空から校舎を見守っている図案となっている。こうした図案は、当時女学生の間で人気を博していた少女雑誌の影響をうかがわせる。ここでも学校文化は、その時代の学校をとりまく全体文化（少女文化）の影響をまぬがれていないことが示されていよう。

4　「我々の雑誌は我々のデザインで」

それでは、こうした表紙が出現した背景として、学校の中ではどのような変化、いわゆる学校文化の変化が起こっていたのだろうか。このことが、さらに検討されなければならない。

ここで注目すべきは、大正期から昭和初期にかけて『校友会雑誌』の編集自体が、主に生徒たちによって担われ始めたという事態である。それを示すのは、この時期の「編集後記」である。以下のように『校友会雑誌』を「若き我等の雑誌」あるいは「生徒の所有物」ととらえ、さらには「校友の声、校友の心である役目を」とする主張が多く見られるようになったのである。

◎「『校友会雑誌』は、校友一千の所有物だ。（中略）若き我等の雑誌である以上、我々自身の手に依つて新鮮な潑剌たる若き血のみなぎつた雑誌となすべきである。」（豊橋中学校『会報』第三五号、昭和四年）

◎「『我等の雑誌』は愈々諸君の机上に差上げることが出来ました。原稿の集まりは非常によく、編者をして第一通覧に吃驚せしめました。（中略）次号に対する諸君の希望が御座いましたら、遠慮なく仰つて下さい。最初から『我等の雑誌』ですもの、年と共によりよきものを作るのに誰が異議を唱へませう。」（安積中学校『校友会雑誌』第五六号、昭和五年）

◎「御覧の通りの雑誌が校友の声である点を、此後も内容に以て量に於て校友の心である役目を果たして行きたいと思ひます。」（豊津中学校『校友会雑誌』号数不詳、大正一二年）

◎「論説研究方面にも多数の原稿を得た事は望外の喜びでした。此方面にも同様年一年と充実した優れた物を得たいものだと望蜀の感に堪へません。校友会雑誌は諸君のものです。お互に努力して立派なものに育てて行きませう。」（掛川中学校『校友会誌』第三三号、昭和六年）

以上の引用からも明らかなように、この時期、生徒の主体性のもとに『校友会雑誌』の編集を進める動きが活発化していった。そしてこうした生徒たちの編集への参加は、表紙も含めた『校友会雑誌』全体のデザインをも、「吾等の雑誌は吾々のデザインでやって行かうではないか」という主張を生み出し、それを実現していく動きと結びついていったのである。

◎「始めての試みとして、会誌に生徒自作の版画を入れる事の出来たのは愉快である。（中略）吾等の雑誌は吾々のデザインでやつて行かうではないか。」（静岡中学校『校友会誌』第三四号、昭和八年）

このような生徒たちによる表紙の創作の背景に、『校友会雑誌』全体の構成を生徒自身の手で行おうとする動きがあったことを見て取ることができる。

さらに、それらを支えたのは、教師対生徒の関係性の変化であったことにも注目する必要がある。それまでの教師と生徒との関係は、師範学校令第一条に定められていたように、教師に求められる「威重」という資質に基き、教師の権威を第一に重んじ生徒の服従を求めるという関係性であった。しかしこの時期、教師と生徒との信頼関係の下に、生徒の自主性を重んじ編集を生徒に任せようとする学校側の雰囲気が少しずつ生み出されていった。

例えば以下の様に、『校友会雑誌』上で校長を「校長さん」と呼び、また教師たちへの原稿の催促を生徒が行い、教師が進んでそれに協力する意識状況や行動様式、すなわち伸びやかな学校文化が生まれていたのである。直接的な論証には至らないが、そこに「大正自由教育」の時代思潮の影響を見ることも可能であろう。

◎「御投稿下さった校長さん、先生方はじめ諸賢へ篤く御礼申述べておく。」（福島中学校『信夫草』第二九号、昭和二年）

◎「本校現在職員の方々には三十周年記念行事に、疲れに疲れていらつしやるにも拘らず、せき立てせき立て期日迄に、御投稿を依頼せしに、イヤな顔一つせず期日迄に多数の玉稿を戴いたことは、洵に涙ぐましい感激です。」（長府中学校『校友会誌』第二七号、昭和四年）

ここには、編集委員の生徒に急かされながら、楽しげに原稿を書く教師の姿がある。こうした状況や、それが『校友会雑誌』上に表現されることは、権威と服従を旨とする教師―生徒関係の下においてはあり得ないことであったろう。

また、こうした教師―生徒関係と相まって、生徒―生徒関係でも「編集後記」等で、編集委員を中心とした自由な批評のとりくみが行われていたことは重要である。

◎「僕自身の好みから、好きなのは五年では大熊君の『ルンペンの歌』、実にすつきりしている。底に流れているものがあると思ふ、君、此の道だ、君には行くべき道がある。茂木君の『海』もよかつた。力が溢れている。どんどんと迫って来るものがある。」（旭川中学校『学友会雑誌』第二四号、昭和六年）

◎「『饒舌』梶村君、一寸面白いと思った。何分十二枚の原稿を三枚にカットされたのだから饒舌の饒舌たる味は出ていなかつたけれど。『若き心』朝倉君、この文章の底を流れる若々しい反発心を頼もしく思ふ。将来プロ文壇へ志している君の躍進を期待する。」（豊橋中学校『会報』第三五号、昭和四年）

ここで、「プロ文壇」とは当時隆盛したプロレタリア文学の文壇のことである。こうした左翼的な思潮さえ認めようとする自由さが生まれていたことは、以下の「編集後記」からもうかがうことができる。

◎「一通り私は諸君の原稿を拝見しました。無産階級文芸等に迄つツ込んで居られる方がある様です。是は現代思潮の現れであることは疑はれないのであります。私達は是を認めねばなりません。是等の人に私は深く研究されんことを切望致します。」（札幌第一中学校『学友会雑誌』第五三号、大正一三年）

以上のように、生徒が参加し編集し批評しあう自由で闊達なメディアとして、『校友会雑誌』が機能し始めていたことは重要である。まさに生徒たちは、『校友会雑誌』の編集を含めた学校文化の自発的な担い手として登場し始めていたのである。

第三期・軍や軍事行動が題材となった時期

これまで概観してきたように、大正期から昭和初期にかけては、『校友会雑誌』の表紙は色彩に溢れ、潑剌とした生徒の姿や伸びやかな学園生活が描かれるようになっていた。そして、生徒自身によって表紙の図案が描かれることも多くなっていた。しかし昭和六年の「満州事変」の頃から、『校友会雑誌』の表紙には大きな変化があらわれるようになる。

まずは、彩色の表紙であっても、図案のテーマが、福島県立安積高等女学校校友会『花がつみ』（号数未詳、昭和七年二月、口絵㊱）のように「神話」的なものであったり、または埼玉県立工業学校校友会『埼工友誌』第一一号（昭和八年七月、口絵㊲）のように神社や奉安殿を描いたものが増えてくる。

これより後の昭和一二（一九三七）年に、文部省から『国体の本義』が刊行され中等諸学校の教科書としても用いられるが、そこでは日本国家の創生が、「我が肇国は、皇祖天照大神が神勅を皇孫瓊瓊杵の尊に授け給うて、豊葦原の瑞穂の国に降臨せしめ給うたときに存する」と記されていた。いわゆる天皇制神話の徹底が押し進められていくのだが、そうした動きが『校友会雑誌』の表紙に神話や神社が描かれる等の形で先取りされていったとみることができよう。

さらに、そうした動向と連動するかのように、色彩を失った極端に地味な表紙があらわれてくるのもこの時期の特徴である。先述したように、かつて生徒同士が愉快に肩を組み合う鮮やかな彩色の図案（口絵㉚）を採用した宮城県立白石中学校『学友会報』の表紙は、第二三号（昭和七年五月、口絵㊳）では大きく変化し、楷書体のみの題字の、色彩の全くない表紙となった。岡山県立津山実科高等女学校・女子商業学校校友会『田鶴が音』一二号（昭和一〇年三月、口絵㊴）では、草かな書体の、地の色だけの簡素な表紙が用いられている。

そして、昭和一二年から始まる「日中戦争」の下で、『校友会雑誌』の表紙はさらに大きな変貌を遂げていく。それは、軍や軍人たちあるいは戦闘行動を描いた表紙が頻出してくるという事態である。

例えば、先述のように槍投げをする潑剌とした生徒の姿（口絵㉖）が描かれた福岡県豊津中学校は、『進軍』（昭和一〇年一二月、口絵㊵）という誌名で、フランソワ・リュードの作品「義勇兵の出発」の写真を載せた。この表紙と対応して、本文の冒頭には「敵がさ程に恐ろしいのではない。強敵は初めから覚悟の前だ。敵とわたり合う刀剣は用意してある」「空を覆うて軍神の羽撃きの音が聞こえる。人生の進軍を自覚するものは感傷に沈淪する余裕はない。軍神の叫声は人の魂を踊らせて、進め！　と喚ぶ。さあ行こう」という文章を掲げている。

むろん、高等女学校も例外ではなかった。滋賀県立八幡高等女学校『比牟禮』第二一号（昭和一二年一二月、口絵㊶）の表紙は、日の丸の旗を中心にして、出征する兵士を万歳で見送る女生徒たちの写真が載せられている。福島県立白河中学校学友会雑誌部『關河』第一二号（昭和一三年二月、口絵㊷）では、軍馬を連れる兵士の姿が取り上げられている。栃木県立栃木中学校学友会『神武原』第四九号（昭和一五年二月、口絵㊸）の表紙では、前年五月二二日に宮城前広場で挙行された学校教練実施一五年記念の、天皇陛下による御親閲の様子が描かれている。このように表紙もまた、時局と軍事色の一色に染め上げられていった。

さらに昭和一六（一九四一）年の「太平洋戦争」開戦が迫り来る中、三月一四日文部次官から通牒が発され、既存の校友会は「報国団」として改組されるに至った。こうした時代状況の下で、例えば私立麻布中学校『校友会誌』は『報国』と誌名を改め（第八三号、昭和一七年二月、口絵㊹）、また千葉県立木更津中学校報国団『報国団誌』第一号（昭和一七年三月）は、その表紙を日米開戦の引き金となった「真珠湾攻撃」の爆撃写真で飾った（口絵㊺）。さらに、跡見校友会『汲泉』第一二三号（昭和一八年一一月、口絵㊻）は、「海の護り」として太平洋を雄々しく進む軍艦の絵を表紙に掲載した。ここで先述の跡見高等女学校の『汲泉』第一六号（明治四〇年六月）の表紙（口絵㉔）を想起してみよう。そこには、生徒自身の手になる美しい「花と胡蝶」が描かれていた。しかし、時代の状況を反映し、勇壮な「軍艦」へと大きくその図案を変えるに至ったのである。この「花と胡蝶」から「軍艦」へという変貌こそが、軍国主義への時代の変化が学校文化へと反映された端的な姿でもあった。

そして、この時期、『校友会雑誌』の編集や内容において、国家権力による検閲が強化されていたことも見のがすことはできない。例えば、豊津中学校『校友会雑誌』第五一号の「編集後記」には、「本雑誌原稿は全部小倉憲兵隊検閲済」と明記されている。また、函館高等女学校『つつじが丘』第六二号には、「昭和十七年二月二十一日津軽要塞司令部検閲済」と明記されている。ここで「憲兵隊」とは、陸軍に所属する軍事警察であるが、行政警察としても強大な権限をもっていた。「要塞司令部」とは、戦時下においては軍としての役割をもち、さらにこの時期本土決戦に備えその機能を強化していた。戦時下において『校友会雑誌』は、内務省の検閲のみならず軍の検閲にも晒されることになったのである。こうした戦時下における『校友会雑誌』の検閲の実態は、今後の研究課題としてもさらに明らかにされるべき点である。

5　「外地」の『校友会雑誌』

さて、日清・日露戦争そして第一次世界大戦における青島での対ドイツ戦、さらには「満州事変」や「日中戦争」という流れの中で、日本が植民地化を行い、あるいは武力侵攻を遂げた地に日本人が住み、そこに学校が建つようになった。こうした「外地」の中等諸学校の『校友会雑誌』については、残念ながら明治期から昭和初期までの表紙の流れをたどるには、あまりにも史料数が少ない。収集し得た史料の範囲では、昭和期の変遷に限って見ていくほかはない。「外地」の『校友会雑誌』の表紙の場合、例えば異国における風景や人びとの営みが描かれていることが、その特徴の一つである。

上海日本高等女学校校友会『会誌』第八号（昭和五年五月、口絵㊼）の表紙には、揚子江に浮かぶ船と岸辺にそよぐ樹影が水墨画風のタッチで美しく描かれている。また、樺太庁豊原中学校校友会『校友会誌』第五号（昭和七年二月、口絵㊽）では、北の大地の風景とそこに生きる動物の姿が描かれ、あるいは大連第二中学校『晨光』第三号（昭和三年二月、口絵㊾）では、異国の農村と農作業の営みが詩情豊かに描き出されている。さらには、「外地」のいわば民俗的な素材、例えば京城公立中学校『校友会誌』第二六号（昭和一〇年三月、口絵㊿）では、朝鮮伝来のものとされる「狛犬」が神聖なる場に鎮座している図案が色彩豊かに表紙を飾っている。

そして、「満州国」奉天朝日高等女学校校友会『あけぼの』第三号（昭和一三年三月、口絵51）の表紙のように、学園生活において女生徒同士が楽しげにくつろぎ語らい合う姿も描かれている。

こうした、生徒たちや教員の目に映った風景や学園生活を表紙の題材としていることは、対象が異国の風景であること以外は、おおむね「内地」の『校友会雑誌』と同様の傾向としてとらえることができよう。

しかし同時に、戦争や侵略を背景とした学園生活の下では、早い時期からその軍事的な影響が『校友会雑誌』の表紙にあらわれていたことを見逃すことはできない。例えば、先の大連第二中学校『晨光』第七号（昭和七年二月、口絵52）では、中国大陸へと侵攻する日本軍を形象化したものであろうか、日の丸と銃を掲げ、鉄兜をかぶって前進する兵士の姿が、鮮やかに描き出されている。このように、時代を蔽う軍国主義や膨張主義の影響が、そのまま『校友会雑誌』にも反映するようになっていた。

（1）平手友彦「パリ出版書籍商トレペレル家とそのタイトルページ――インキュナブラからポスト・インキュナブラへ―」『欧米文化研究』第一八号、二〇一一年。

（2）斉藤利彦「『生徒管理』の形態と諸相」『競争と管理の学校史』東京大学出版会、一九九五年（第四章）。

（3）この中学校令は、尋常中学校と高等中学校を合わせて規定している。後に高等学校と名称を変える高等中学校は高等教育機関として位置づくものである。
（4）木戸若雄『明治の教育ジャーナリズム』近代日本社、一九六二年。
（5）紅野謙介『投機としての文学――活字・懸賞・メディア』新曜社、二〇〇三年、六二頁。
（6）福岡県立豊津中学校『校友会雑誌』第五一号「編集後記」。

第2章　生徒の表現の場としての『校友会雑誌』——制約と可能性

市山雅美

はじめに

『校友会雑誌』（以下一般称については『　』を略す）は、第1章でも見たとおり旧制高等学校や中等教育諸学校などの校友会が発行した雑誌で、教員や卒業生も寄稿するが、多くの校友会雑誌は、生徒が執筆し投稿する文章が大部分である。そこには、文芸作品、論説、自然科学や歴史などの研究、部活動の記録などが掲載され、当時の生徒たちの、時代認識、社会認識、人生観、学校に対する意見などが表明される。校友会雑誌は、生徒たちの意見表明、自己表現の場であった。生徒自身が執筆した文章という意味で、学校文化・生徒文化の史料として校友会雑誌は極めて重要な位置を占める。

また、時には、校友会の雑誌部等の部員として、生徒が編集まで行っていた。奥付の編集発行人に生徒の名前が掲載されることもある。東京府立第三中学校『学友会誌』第一五号（一九一〇年）には芥川龍之介、東京府立第一中学校『学友会雑誌』第四一〜四三号（一九〇三年度）には土岐善麿、第四四〜四五号（一九〇四年度）には谷崎潤一郎など、当時の生徒で後に文学者になる人物が編集に携っていた。その意味では、校友会雑誌は、近代の日本文学や出版文化の形成にも、少なからぬ関わりを持っていたといえる。

執筆者、編集者、さらに読者も生徒であるという意味で、校友会雑誌は生徒たちのメディアである。生徒の中にもそのように考えているものがいる。松本中学校の生徒は、以下のように同校の校友会雑誌『校友』上で述べている。

> 校友は松中諸君が校友である、決して編集員の校友ではない。（中略）諸君は相当に書ける筆をもつて居る。しかもそを校友に尽さずして、徒に駄雑誌の懸賞に応じて、虚名を楽しむが如きは、正に松中健児の為すべきことにあらうか。(1)

さらに、校友会雑誌の編集発行について全国的な規定はなく、各学校で、内容のみならず、雑誌名(2)や、表紙（本書第1章）など、各学校で創意工夫を凝らし独自性を発揮しようとする面も見られた。それは、例えば、編集に携わる生徒が、「校友会雑誌はかくあらざるべからずと文部大臣より指示せられたる訳にも候はざるべければ聊ぐらゐ改新致し候うてもよかるべくと存じ候ふ(3)」と編集後記に書いているのにも表われている。しかし、多様性の一方で、校友会雑誌の共通性を見出すことができる。例えば内容について、何が掲載され何が掲載されないかについての、共通する規範があるように見受けられる。本章ではそういった共通点を究明したい。

校友会雑誌のあり方を規定するものとして、雑誌の編集発行における様々な制約がある。校友会という学校の公的な組織が発行する雑誌であり、編集活動も校友会の活動の一環であり、印刷の費用も校友会の予算から支出される。校友会の会長や各部の部長は教員が務めるという校友会の組織上の制約もある。それだけでなく、当時の出版状況のもとでの制約もある。

校友会雑誌では検閲が行われていることは明らかになっているが(4)、具体的な検閲の事例や方法、検閲の背景については充分に論究されていない。また、検閲に対する生徒の意識や反応については論究されているとは言えない。生徒たちは様々な制約とどのように対峙し、またそれを乗り越えようとしたのかを明らかにしたい。また、学校側からの制限についてだけでなく、生徒自身が設ける内容の規範についても論じる必要がある。それはまた、生徒たちもまた、校友会雑誌というメディアを自分たち自身でどのように規定していたかということにもつながる。制度上からも、学校側からも、そして生徒の側からも、さまざまに校友会雑誌のあり方を規定しようとしていた。その意味で、序章にあるように、「制度文化」や「校風文化」に規定されつつ、校友会雑誌という「学校文化」が生み出されているといえる。校友会雑誌の編集・発行の営為自体が一つの学校文化といえる。

本章では、旧制中学校の校友会雑誌を中心に、一八九〇年代後半の校友会雑誌成立時から、思想問題で揺れていた明治末期の時期を中心に取りあげる。校友会雑誌というメディアの誕生の際、校友会雑誌では、何を論じ何を表現できるかという雑誌のあり方自体を模索していた時期から、校友会雑誌というメディアのあり方が確立し、さらに生徒たち自身が、校友会雑誌の役割の一つとして、校風の体現を見出していった時期までを考察する。

1　校友会雑誌の成立と動揺

校友会雑誌の成立

校友会雑誌の創刊に先立って、肉筆の回覧雑誌や学校内の同人雑誌が作られている場合もある。それが発展して校友会雑誌となる場合と、それらの既存の雑誌を廃して校友会雑誌を創刊する場合がある。いずれの場合も、校友会の組織が確立する以前に生徒たちが自分達で表現の場をつくりあげていった事例といえる。

盛岡中学校では、以下の回想のように、回覧雑誌から校友会雑誌への脱却がめざされた。

私達が一年級に入学した頃［一八九六年ごろか―引用者］、自筆の文章を綴り合せて、之を雑誌と名づけ、広く公表を避けねばならぬ様な、過激自由な色々なことを書いたもので、小説、論文、美文、和歌、俳句を盛つて、中には校風に憤慨し、職員全体を攻撃するといふ様に、大人じみた風もあつた。今、記憶して居る丈けでも、「鉄拳」とか「反故袋」とかいふものもあつた。

（中略）それは今日の謄写版でなく、自筆の原稿をその儘に綴り合せて回覧するものであつた。鬱然、騒然といふ風で、時に学校職員の忌諱にふれることもあつた。そこで校風を起し、校風を統一するには、学校生徒独り残らずよませる様にしなければならぬ。それには活版刷りにする方がよい。それにしては回覧雑誌の様に少しも金のか、らぬやり方ではなく、校友会費も徴収すべきだ。(5)

浦和中学校では、一八九八年（当時は埼玉県第一中学校）に、三年生の一部によって親和会が組織され、「作文の習練」のため、寒天版の雑誌『天下の誉』が創刊された。そして、この雑誌が、浦和中学校の校友会の活動として採用されることとなり、そこから発展し、一九〇一年に『麗和会雑誌』が活版印刷にて創刊された。その経緯は以下のようであった。(6)

会員は順次自れの宿を発行所となすべき者として、互に語り合ひの上これを定めたりき。斯くて当番の人は、其の時に限り編集者となりて（中略）然れども印刷当日は、すべて日曜なれば、互に補助に行きて、雑談の中に製本されて、又面白く一日を暮されたり。

既に学校の黙許を得て、豊富なる材料の中に、其の四号も発行せらる、に至れり。（中略）二三回の中に会員益々増加し、名文好論愈々出で来り以て本会の基礎確乎としたりければ、今こそ学校に迫りて公然たる許可を受くべき時なれとし、遂に事務に至りて、之れが手続きを問ひ合せつるに、幸なるかな、本会を麗和中学会の一部即ち雑誌部として年々幾何の補助のもあるべしとの命ありたり。

生徒は一般に入会を希望し、職員一同は之を一部分の私しの結合となし置くを惜し、となし、学校にては学校記事等をも記載せん事を欲し、又本会にては、かばかり会員多く且つ責任重き雑誌に不明瞭なる点及び書き誤り等のある謄写版の如きを以て其の器に当つるの不適当なる事を認めたりき。

一方、それまでの文芸活動とは別に学校主導で校友会雑誌が創刊された例もある。東京尋常中学校では、有志の生徒により以文会が一八八七年ごろ設立され、『以文会々誌』を発行していたが、一八九〇年に赴任した勝浦校長の発

意で学友会が設立され『学友会雑誌』が発刊となり、以文会は「学友会の結成によって解散させられ」た。(7)

校友会雑誌は、それまでの肉筆の回覧雑誌や寒天版の有志の雑誌にかわって、多くが創刊号から活版印刷で印刷されている。(8) 紅野謙介は「活版印刷の雑誌が高等教育から中等教育にかかわる関係各機関で横並びになって発行された。当時、『学校』というまだ新しい組織は、最新の活字メディアに急接近し、これを取り込んでいった」と論じている。(9) 実際に、第1章で指摘されているように、高等学校の校友会雑誌の創刊時期と、中学校の校友会雑誌の創刊時期は、ほぼ同時であった。それゆえ、商業雑誌とは異なる雑誌、自分たちのメディアという意味では、モデルとなるメディアもない状況であった。学校、行政、そして生徒自身も、設立されて間もない校友会雑誌というメディアの位置づけをどうするのか模索する時期だったのではないか。

以下の編集委員の生徒による創刊の辞のように、雑誌創刊にあたっては期待とともに、どのような雑誌にするのか生徒たち自身にかかっているという意識も見られ、どのような雑誌になるのかという期待と不安が入り混じっているように思われる。

一夜我が校、一奇児を生めり、巨口一千、大眼二千、生まれて而して呱々と泣く、呼ぶ声甚た高し、（中略）此の児後来偉人たるや否やは、今より後、一に同窓諸君が傳導の如何にありて、他のよくなさん所にあらざるなり(10)

また、このように活版印刷された雑誌は、生徒をはじめとする学校関係者のみならず、全国各地の学校へ寄贈されていた。奈良県尋常中学校「文芸部細則」（一八九七年）には、「雑誌ハ各学友会員ニ配布シ又他ノ諸学校発行ノ雑誌ト交換ス」との規定がある。(11) また、例えば、盛岡中学校『学友会雑誌』第一七号（一九一一年）は、以下の学校に寄贈されている。(12)

（中学校）

上川中学校、札幌中学校、遠野中学校、仙台第一中学校、仙台第二中学校、東北学院、曹洞宗第二中学校、大館中学校、青森中学校、弘前中学校、八戸中学校、安積中学校、相馬中学校、磐城中学校、山形中学校、庄内中学校《ママ》、逗子開成中学校、佐渡中学校、三重県立第一中学校、八尾中学校、済々黌、川内中学校
（中学校以外）
岩手県立農学校、岩手県立工業学校、岩手県師範学校、盛岡高等女学校、東北高等女学校、第二高等学校、明治大学、慶応義塾、盛岡高等農林学校、名古屋高等工業学校、仙台高等工業学校、東京高等師範学校

全国各地の学校で寄贈が行われている様子は、様々な校友会雑誌の「寄贈雑誌欄」からうかがうことができる。校友会雑誌は、学校内にとどまらず、学校の外にその学校の文化（校風）を呈示するものとして機能していたといえるだろう。その点は、雑誌編集に関わる生徒も意識している場合もあり（本章第三節参照）、校友会雑誌のあり方を規定する大きな要因の一つだったと考えられる。

校友会雑誌創刊時の状況　校友会の制度の確立

校友会雑誌創刊時は、まだ校友会の組織自体、そのあり方を模索していた時期であった。校友会の中には最初は生徒の自発的な有志の会として設立されたものもあるが、そのような場合でも、学校の公的な組織へと改組が進められていった。校友会発足当初は、生徒の主導権が強い学校もあったが、それがだんだん教員側の力が増すような組織改編が進んでいく。会長を校長が務め、各部の部長を教員が務め、その下の委員を生徒が務めるという形が一般的になっていく[13]。また有志の組織から、生徒全員参加の組織へと変わっていった。

岡山尋常中学校の尚志会は、一八八六年に生徒有志の発議で発足し、生徒も教員も任意の参加で、役員は全て生徒だった。その後、一八九四年の時点では校長が会頭となり、一八九六年の規則では、教員・生徒の加入が義務付けられ、教員からなる部長職を設けるようになるなど、学校側の関与が強くなっていった。一八九三年には校長による雑

誌の検閲が始まっている[14]（検閲については、第二節参照）。

岐阜尋常中学校では、一八九〇年に学術講談会が設立され、遅くとも一八九五年には、「役員ハ凡テ通常会員［生徒――引用者］中ヨリ互撰」となっている。[15] 一八九六年に華陽会に改組され、新たに会頭が設けられ、[16] 翌一八九七年より、会頭は「本校校長を推戴」となった。同年、幹事についても、各部一名は名誉会員（教員）、二名は通常会員となり、教員側の役員も規定された。[17] この段階では、会頭こそ校長だが、各部の幹事が、教師とともに生徒からも選ばれて、役職の上では、生徒も教師と対等なものとなっている。しかし、その後、一八九九年の華陽会規則の改正[18]で、部長職が制定される。部長は、「本校職員ヲ推戴シ事務ヲ総掌ス」、幹事は、「通常会員中ヨリ選出シ該部ノ事務ヲ掌ル」となった。ここで教師側役員と生徒側役員の区別が行われた。そして、検閲員（第二節参照）が廃止され、検閲は雑誌部長が行うこととなった。さらに一九〇六年の規則改正で、幹事にかわって設置された委員は、「通常会員中より、（中略）選出したる各六名の候補者中より会頭に於て各三名を選任す」とされている。[19] 生徒側役員は、それまで、生徒の選挙で選ばれていたが、会頭（校長）による選任が加わり、教員側の関与が強まっていった。しかし、委員選定について何らかの形で教員が関与する方法は他の校友会でも見られる方法であった。

このように、学校の公的な組織として校友会が確立していくが、その中で、検閲などの規定も整備されていった。しかし、当初は、生徒有志の組織という側面が強く、それゆえ後に述べるように、内容を巡って発行禁止などの事態も生じた。

また、校友会雑誌の奥付に記載されている編集者や発行者も、生徒から教員へと変化していった。岡山尋常中学校では、一八九五年には、「編集兼発行者」は生徒だったが、同年その生徒が退学するとともに書記に、さらに後には教師へと変わっていった。[20] 他の学校の例では、島根尋常中学校の『同窓会雑誌』は、一八九二年ごろ「編集人は梶谷庫八という老小使」だったといわれている。[21] 奥付の編集人の氏名によると、岐阜中学校では、一九一七年までは、書記が編集人となっていることが確認されている。[22] また、白石中学校では、一九〇九年には、編集部委員の五年生が、「編集兼発行者」を務めているが、一九一四年には書記が務めていることが確認され、一九二六年には教員に替わっている。[23] 後に述べる真岡中学校『校友会雑誌』の場合も、一九〇八年に発行停止になった際には、生徒が「発行者」として、その氏名が奥付に掲載されていた。

このように、編集人・発行人も、生徒から職員さらに教員へと替わっていくということは、学校の公的な雑誌としての地位が確立されていく過程を傍証している。[24] ただし、発刊当初から教員が「編集兼発行人」を務める例も多い。[25]

発行停止などの問題が生じた原因の一つには、教員側の監督が行き届かなかったということが挙げられてよいだろう。そうだとすると、次第に教員の関与が強まっていった理由は、雑誌編集などの校友会の活動を把握するためだといえよう。ただし、一方で、先述の東京尋常中学校のように、当初から学校側の関与が強い事例もあった。

校友会雑誌の動揺　発行停止の事例

校友会雑誌の創刊が始まっていった一八九〇年代[26] は、発行停止などの事態も少なくなかった。それは、先述のように、学校が発行する雑誌としてモデルとなるものもない中、まだ、校友会雑誌の在り方に確立したものがなく、例えば、どのような内容が許されるかなどについても、共有された理念がなかったためだと考えられる。

校友会雑誌の成立期には、校友会雑誌の内容が問題となり、発行停止となった事例も見られる。岐阜尋常中学校の『学術講談会雑誌』第四〇号（一八九五年）は発行停止になり、それがもとで、学術講談会は改組され華陽会となった。その経緯について、華陽会の雑誌『華陽』では、以下のように述べている。[27]

学術以外ノ政論ノ如キモ亦自ラ警メテ為サヽル所ナレハ禁止云々ノ事ハ実ニ夢ニタモ予測セサル所ナリ依テ其ノ四十号ノ紀事ニ就テ如何ナル条項ガ此不幸ヲ招クノ原因ト為リタルカト反読数回其痕ヲ求メタルニ遂ニ是ソト思フ程ノ瑕疵ヲ見出ス能ハスシテ

止ミタリ然リト雖其目的以外ニ渉リタルヲ以テ発行ヲ禁止スルトアルカラニハ（後略）

発行停止の理由は、「其目的以外ニ渉リタルヲ以テ」とある（雑誌の目的については、「学術に関する所説を掲載し」と学術講談会規則で規定されている）。しかし、「遂ニ是ソト思フ程ノ瑕疵ヲ見出ス能ハス」と述べている。

また、岡山尋常中学校の『尚志会雑誌』第二七号（一八九四年）の発行停止について、『尚志会雑誌』廃刊の後に創刊された『烏城』は、「霹靂一声、停止の厳命は我尚志会雑誌に加はりぬ、尚志会雑誌は時事に渉るの故を以て停止の不幸に陥りぬ」と論じている[28]。発行停止の理由については、「出版条例[29]にいう『学術』の囲範を逸脱したということ」だといわれている[30]。

出版法と校友会雑誌

岐阜尋常中学校、岡山尋常中学校の事例について見ると、校友会雑誌の内容は「学術」に限定されるということがうかがえる。

一八九三年制定の出版法では、「新聞紙又ハ定期ニ発行スル雑誌ヲ除クノ外文書図画ノ出版ハ総テ此ノ法律ニ依ルヘシ但シ専ラ学術、技芸、統計、広告ノ類ヲ記載スル雑誌ハ此ノ法律ニ依リ出版スルコトヲ得」とあり、一般の定期刊行物は、新聞紙条例の規定によるが、学術に関する雑誌については、書籍と同様、出版法の規定で発行できる。新聞紙条例の規定では、新聞（雑誌）を発行しようとする場合には保証金を納める必要があるが、出版法の規定ではそれがない。出版法の場合は、出版届を出すことと、事前に「製本三部ヲ添ヘ内務省ヘ届出ヘシ」ということが規定されている。『華陽』の裏表紙には「明治二十九年五月二十六日内務省認可」と第一号から書かれている[31]。出版法の規定では認可でなく届出で充分だが、何かしらの内務省との関係があるのは確かだ。また、逗子開成中学校『開成』第二集には、奥付に、「大正十四年十月二十日印刷納本」と記載されている。横須賀市立実科高等女学校『嫩葉《ふたば》』については、「『出版法第三条ノ規定ニ準拠シ製本二部、相添ヘ及ビ届出候也』とし出版届を提出。第一号の場合、昭和十四年八月十二日に校友会理事、尾崎忠雄の名で、横須賀警察署長を経て、時の内務大臣木戸幸一や横須賀憲兵分隊長に提出」したと言われている。[32]

出版法の規定によって発行される場合、内容は学術に関するものに限定され、政治について論じることはできない。『学術講談会雑誌』の発行停止について、「学術以外ノ政論」と言われたり、また、「尚志会雑誌は時事に渉るの故を以て停止」と言われているのは、それと関連していると思われる（注（28）参照）。

発行停止の規定については、「此ノ法律ニ依リ出版スル雑誌ニシテ其ノ記載ノ事項第二条ノ範囲外ニ渉ルトキハ内務大臣ハ此ノ法律ニ依リテ出版スルコトヲ差止ムルコトヲ得此ノ場合ニ於テハ一箇年ヲ経ルニ非サレハ更ニ此ノ法律ニ依リ出版スルコトヲ得ス」（第三四条）とあり、問題のある号だけでなくその後一年間その雑誌は発行できなくなる。そのため、岡山尋常中学校では、「尚志会では『尚志会雑誌』を見限り、新たに内務省の許可をうけて」、新たに一八九五年に『烏城』を創刊したと言われている。[33]

一八九三年には、井上毅文部大臣が、教育団体に対し政論を禁止する訓令を発するなどしている。文部省訓令第一一号いわゆる「箝口訓令」では、「教育会ノ名称ニ於ケル団体ニシテ純粋ナル教育事項ノ範囲ノ外ニ出テ教育上又ハ其他ノ行政ニ渉リ時事ヲ論議シ政事上ノ新聞雑誌ヲ発行スルハ一種ノ政論ヲ為ス者ト認メサルヲ得ス因テハ（中略）学校教員タル者ノ職務上ノ義務ハ此等団体ノ会員タルヲ許サヽル者トス」と規定された。また、翌一八九五年の文部省訓令第三号では、「教育ハ政論ノ外ニ特立スヘキモノニシテ特ニ政党ノ争ハ普通教育ヲ受クル未成年者ノ脳髄ニ感染セシムヘカラス故ニ学校教員ハ政論ニ干預シ政事上ノ競争ヲ幇助誘導スルヲ許サス」と規定されている。このように、この時期、教育と政治を切り離す動きが強まっている。

内務省の検閲による発行停止

実際に内務省の検閲により、発行停止となった事例が、明治後期にも見られる。一九〇八年、真岡中学校『校友会雑誌』第四号が、「社会主義について」と「廿世紀の偏文明」（ともに生徒執筆）のために、内務省の検閲によって、雑誌頒布の差し止めが行われた（実際は、その部分だけ切り取られて配布された）。これにより、執筆した生徒と、編集担当の文芸部幹事二名（うち一人は、奥付で発行者となっている）は停学処分、校長と担当教員（奥付では編集人）の休職処分が行われるなど、重大な問題と認識されていた(34)。

このころは、以下の新聞報道のように、検閲において校友会雑誌も問題視されていたことがわかる(35)。

風俗壊乱と検閲　青年雑誌の悪傾向　内務省検閲官の談
風俗壊乱の出版物（新聞法によるもの、出版法によるもの）は都鄙を問はず誠に盛なるものにて内務省警保局検閲課の繁忙は目も当てられぬ有様なり従来は斯る醜穢記事は或種の雑誌に限られしが近来は純然たる学術雑誌青年雑誌等の中学高女其他の校友会雑誌にさへ散見するに至り係り員等の狼狽は大方ならず、従来比較的検閲を緩にせし此等の方面に向つて厳密なる検閲を要すること、なりしと云ふ以て現代青年男女の思潮の傾向一般を愁ふべし

また、社会主義については、学校側もかなり注意していたようで、松本中学校では、明治末期「ある時、雑誌『校友』の原稿の校閲をお願いした。その中に社会主義に触れた箇所があった。先生はその稿の全部を抹殺されて『かような文字は絶対に学生にふれしむべからず』と朱書きしてあった」との回想がある(36)。

一九〇二年、前橋中学校の『坂東太郎』第三四号には、教員による「社会主義」という論稿が掲載されている。この教員は校長の注意を受けたと言われているが(37)、この時は回収などの措置が取られていないとすると(38)、この数年で状況が変わったとも推測される。第三節で述べるように、明治末期には、戊申詔書が渙発されるなど、政府の青年の思想動向に警戒が強まった。これら一連の動きは、そのような文脈の中に位置づけられよう。

このように明治末期になると、内容の制約がかなり厳重なものとなってきていると言える。これについては第三節で改めて論じる。

2　校友会雑誌の編集体制の確立——教員による検閲を中心に

校友会雑誌の編集体制、特に検閲などの事例については、校友会雑誌の記述により、その実態がかなり明らかになる場合と、そうでない場合がある。掲載不許可についての告示や、伏字の文章が掲載されたりするのは、ある意味、雑誌の内容への制約の表われではあるが、それらが掲載されない場合は、内容への制約については、校友会雑誌の記述上からは追うことはできない。また、後述のように、論稿についての教員の干渉への批判が校友会雑誌に掲載されているが、これは、一方で、校友会雑誌の内容に対する干渉があるという側面とともに、そのような学校批判が掲載できるということは、それだけ内容に対する自由があるということでもある。校友会雑誌を史料として用いて論じるにあたっては、どこまでの内容が掲載されるのかという史料上の制約が前提となる。

内容の制限と教員による検閲

一八九〇年創刊の岐阜尋常中学校の『学術講談会雑誌』については、当初、検閲については、「学術講談会規則」に限れば規定はなかった。雑誌の記事の内容についての制限が見られるのは、一八九五年の『学術講談会雑誌』第四〇号（最終号）になってからであった。同号では、「本会、勿論本会規則の下に（中略）本会雑誌を発行するものなれど、又規則外左の規定の下に（中略）、発行するものなり」[39]、「校内名誉会員中、毎月二名づ、交代（中略）雑誌草稿を検閲し」と記載されている。その上で、「雑誌草稿検閲要項」として、「国体を汚すもの」「学校の秩序を乱すもの」

「他人の名誉を損ふもの」「風俗を乱るもの（ママ）」「論説等の学術以外に奔るもの」「雑報等の事実に相違するもの」が挙げられている。その上で、以下のように規定している。[40]

> 雑誌草稿にして右の箇条に触るものは、或は之を修正せしめ、或は之を削除せしむ可し、
> 右は今回規定せられたるものにあらず、従来施行せしものなり、

「従来施行せしものなり」というように、以前から検閲の規定があったとされているが、この規定がいつからあったのかは不明である。また、同号の「会録」に、「十月は本会雑誌発行の筈なれども原稿中削除を蒙りたるもの多かりし為め不得已休刊したり」との記事もあり、実際に削除が行われていたようだ。[41]

一八九六年の学術講談会解散後に設立された華陽会の雑誌部規則の第一八条には、「雑誌ニ掲載スヘキモノハ左ノ諸項外ニ限ル」として、「団体ヲ汚スモノ」「学校ノ名誉ヲ汚スモノ」「学校ノ秩序ヲ乱スモノ」「他人ノ名誉ヲ損フモノ」「風俗ヲ壊乱スルモノ」「政治ニ渉ルモノ」「其他何等ノ事ト雖不都合ト認ムルモノ」が挙げられている。[42]その上、「名誉会員中特ニ会頭ノ撰択依嘱ヲ受ケ雑誌原稿ノ検閲ヲ掌ル」といった検閲員が置かれ、検閲員は「雑誌部第十八条ニ触ル、モノ及不都合ト認ムルモノハ之ヲ修正或ハ削除セシム」との規定が「華陽会規則」に設けられた。

管見の限り、政治に関する記事を禁止する規定で最も古いのは、一八九四年の山形尋常中学校の「政談ニ論及スル等編輯委員ニオキテ不当ト見做ストキハ登録セス」というものであろう。[43]他にも、「但し政治論に渉るべからず」（山梨尋常中学校）[44]、「原稿ハ本会ノ主旨ニシタカヒ学術ノ範囲ニオイテシ時事問題ニ渉ルヲユルサズ」（茨城県尋常中学校）[45]、「文意の政治上に渉り若くは卑猥汚徳に流るべからざること」（福島中学校）[46]、「政治に渉るもの、又は奇矯に失し徒に穏健を欠く言論は採らず」（会津中学校）[47]というものがある。大正期についても、「時事又は不徳に関する外は何にても宜敷候」（山形中学校）[48]、「社会政策、時事問題に関するものは避けて下さい」[49]（会津中学校）、といった規定がある。これらのように明確に政治に関する論稿を禁止する規定もあれば、「論説記事等ハ学生トシテ不適当ナルヘ

カラス」[50]（奈良県尋常中学校）というように、その点が不明確なものもある。

愛知県尋常中学校では、一八九三年の「学友会雑誌部規則」で、雑誌の目的について、「学術ヲ研究シテ智徳ヲ発達スルコト」と定め、「雑誌ニ登録スル事項」の一つに「学術上ノ論説」を挙げている。[51]これは論説については「学術上」のものに限るという規定といえる。同校の一八九八年の『学友会雑誌』第四三号には、「本誌は固より学術雑誌にして決して一言半句の政治的論鋒を許さゞるものなり然るに近頃諸君の御寄稿中往々穏やかならざる文辞を見受くるに至り遂に遺憾ながら没書に附したるものも少なからず以後充分此点に御注意あらんことを請ふ」と言うように、[52]実際に政治的内容が投稿され、それが不掲載となった事例もある。

また、政治に関するという理由で不掲載になった論稿の題名が挙げられている例としては、以下の天王寺中学校のものがある。[53]

東大法科在学中の上田捷雄君より、『米国移民法案に就いて』。第廿四回卒業生増田稔君より『英国労働党と首領マクドナルド』を寄稿せられました。両者とも長論文で結構なものですが、何分本誌には政治外交に関する記事を載せることが出来ませんので、割愛致しましたどうか御諒恕ください。（編集子）

検閲の手続きにも様々なタイプがある。会津中学校では、「投稿は理事〔生徒――引用者〕の選択を経、更に監督先生の認可を経べきものとす」[54]というように、編集担当の生徒が原稿を選択してから、教員の検閲が行われたが、飯田中学校では「原稿の取捨は原稿の種類によりて先づ飯田中学校各学科教員の検閲を請ひ然る後同校作文教員の検閲をうけ初めて編集会に提出すべきものとしたり」[55]というように、先に教員の検閲がありその後編集に回されるような例も見られる。

伏字と不掲載

実際に学校側の検閲の上で修正されたと思われる記事が掲載される事例が見られる。以下の記事は、一八九七年の岐阜中学校の校長留任運動についてのものである。おそらく、もともと投稿の段階から伏字であった可能性はないとはいえないが、岐阜県の学務課長に対する批判が書かれてあったと推測される(56)。

学務課長久保田参事官を其邸に訪ひ。蔵原氏辞職の理由を叩き其留任を哀願せしに。参事官は言を知事に託し何等に答えをも為さゞりしかば。一同憤慨恨を呑んで帰校せり。

嗚呼咄何たる事ぞや。苟も一県の参事官たるもの。苟も一県の学務課長たるもの。○○○。此上は上京して当路の大臣及び在京中の湯本本県知事に哀願するに如かずと。

検閲があり、その結果原稿の修正があったとしても、原稿が不掲載にならず伏字になるということは、逆に言えば、伏字にさえすればかなり自由に掲載できるということと考えてよいであろう(57)。

また、検閲の結果不掲載となった例として、会津中学校の事例を挙げる。雑誌部からの報告として、「校閲に、監督先生に添送したのが廿日少し前で先生の方から廻つて来たのが廿二日の午後、其の中、内容の如何で没書抹殺の難に逢つたのが重なるものは無慮左の七編である(58)」と記載されている（一九〇七年）。また、「『文芸を談ずる書』、及他一篇『学而会雑誌第七号合評』は中学の雑誌に適せずとの理由の下に没書の難に遭し為載することを得ざりしは遺憾このことに存候(59)。」というのが記載されている（一九〇八年）。

ただ、このように不掲載の決定について告知しているのはあまり例がない。いずれにせよ「没書の難」「遺憾」というように、生徒側の編集担当者には不掲載は望ましくないことという意識があるといえる。また、やむをえず、掲載できるように原稿の一部を削除する場合でも、「樋口兄よりの玉稿これも本誌に適せざる箇所を抜かねばなりませんでした。是がため作物を汚したならば御容赦を願ひます[60]」というように（一九一四年）、無断で改変するようなことは避けようとしている。会津中学校の雑誌の編集に携わる生徒は、不掲載や原稿の改変は望ましくないものと考え、またそのような事態を生徒に告知し共有しようとしている。そして、その告知を掲載することが学校側にも認められている。

学校批判の論稿

政治的内容だけでなく、学校に対する批判もまた、不掲載となることがある。以下、前橋中学校『学友会雑誌』の事例を検討したい。一八九四年の創刊号には、「又知らず試験果して何の効かある、余輩自ら疑ふ、過度に脳を労するの極却て是を損するの憂なき乎、試験に依て鼓舞せられたる競争心自動的のものより健なるや否や、（中略）所謂試験なるものは廃すべくして廃すべからざるもの[61]」という試験に対する批判が掲載されている。また、日常の学校生活の指導についても、同年の第三号で「騒ぐ勿れ、本に仮名を付くる勿れ、唾する勿れ、口をきく勿れ、手にて黒板の字を消す勿れ、楽書する勿れ、欠伸する勿れ、廊下を駆走する勿れ、樫の実を投ずる勿れ、挙げ来れば益多々也。是を以て教育の能事了れりなす耶、否耶」という論が掲載されている[62]。このように、学校に対する批判が掲載されることがあった[63]。しかし、同年の第二号では、「未習試験の弊害を論じて之が挽回策に及ぶ」について、「学校政治に渉るの廉あるを以て掲載を見合せたり」と告知されている[64]。この年、学校紛擾への対応として出された文部省訓令第二号では、「生徒ハ三名以上合同シテ意見ヲ申立テ又ハ校長教員ニ対シテ強テ面陳若ハ答弁ヲ求ムルコトヲ得サルヘシ」とされている。このような状況では、学校批判の論稿を掲載することは難しくなっている。それでも、一八九七年の第一六号の「圧服と心服と」では、「我群馬中学の規定を見よ。（中略）吾人をして忌憚無く言はしめば、今一歩を進めなば圧制となり」と論じている[65]。同年には教頭弾劾文の提出といった学校に反発する行動が行われたが[66]、そのような時期の論稿である。

一九〇〇年には、『学友会雑誌』第二七号の「鈴木前校長」と題された文が、三行墨で塗りつぶされている。前橋高校所蔵のものも、群馬県立図書館所蔵のものも、同じ個所に墨が塗られており、配布前に塗られたものと推測される。鈴木校長は排斥運動を受け辞職したが、学校史では、墨塗りの部分について「鈴木前校長をきずつけるような表現があったのではないか」と推測している(67)。

各地の学校で校友会雑誌が創刊されていった一八九〇年代後半には、学校批判が掲載されるか掲載されないかという基準のせめぎ合いがあり、その後は学校批判は見られなくなっていくと考えられるのではないか。その後も、前橋中学校では、学校紛擾がたびたび起こっているが、校友会雑誌に学校批判の文章が掲載されたということは、確認できていない(68)。

しかし、学校に対する不満や要求などが表明されなくなったわけではなく、校友会雑誌とは別の手段で、例えば、同盟休校の際の決議文や要求書という形で表明されることもある（第Ⅱ部第4章参照）。

検閲に対する反発

本章第1節、また、本節冒頭で述べたように、教員側の雑誌編集への関与が強まっていったが、生徒の側からの反発や抵抗も見られた。盛岡尋常中学校では、一九〇〇年の校友会創立の際、生徒も参加した創立委員会で、会則の「部長の検閲を経ざる雑誌は発行することが出来ない」という点について、「それは学校では余り干渉過ぎる。校友会は生徒の校友会で、先生の校友会でない。校友の言論、文章が部長の許可がなければ発表出来ないといふのは、圧制に過ぎる」と抗議したとの回想がある(69)。

あるいは、校友会雑誌上に、教員の干渉に対する批判が掲載されることもある（一九〇三年松本中学校の事例(70)）。

諸先生が一方に於て御尽力致され乍ら、他方に於ては却て干渉に過ぐるは、誠に心得られぬ事に御座候。兎に角失策のなき様にと、御後見為し被下候は、有難き御事に存じ候へども、折角の校友会雑誌をして、立派なる言論機関たらしめざるは、甚だ遺憾に候。（中略）校友（校友会雑誌の名称――引用者）に向ひて最も希望致し度は、之をして教師と生徒と、生徒と生徒と、教師、生徒と卒業生との間の十分に、思想消息とを交換する機関たらしめ度き事に御座候。それには矢張り余り投稿を添削し、又は没却し去らぬ事が最も肝要と存じ候。

また、編集に携わる生徒も、不掲載を回避し、何とか掲載しようという努力が見られることもあった。会津中学校では、一九一四年に以下のような事例が見られた[71]。

柳沢兄の玉稿[72]は校閲の際学而会雑誌に適せずとの理由の下に一度没書の難に遇ひましたがせつかくの玉稿みす〳〵没書にするに忍びす奔走請願の結果読者からの誤解のないやう、之に対する所感[73]を附すことにして漸やく許可されました、

また、不掲載になった場合でも、その論稿を読めるようにしようと努力する場合もある（一九〇七年）。

『写生行』一篇は、検閲の際没書の難に逢ひたるは吾等の遺憾此上無く候、全編は柳沢健子これを保持せられたれば、希望の人は、子に依りて見らる可く候[74]。

このように、生徒たちは、自分たちの言論の自由を主張し、また、雑誌部の委員たちは言論の自由を最大限保障しようとしていた事例も見られる。

3　日露戦争後の状況

文部省の動向

これまで、校友会雑誌創立時の動向について論じたが、再び校友会雑誌の位置づけに変化が見られたのが、明治末

期である。日露戦争後の思想状況として、個人主義や社会主義、自然主義文学などが興隆し、青年の思想問題が取り上げられ、(75)一九〇八年に戊申詔書が出されるに至った。(76)文部省もそれに対応した施策を行い、生徒たちが読む図書などを問題とするようになった。その文脈で、校友会あるいは雑誌発行などにも言及され、学校側の注意を求めた。

一九〇六年　牧野文部大臣訓令

近時発刊ノ文書図書ヲ見ルニ或ハ危激ノ言論ノ掲ケ或ハ厭世ノ思想ヲ説キ或ハ陋劣ノ情態ヲ措キ教育上有害ニシテ断シテ取ルヘカラサルモノ少シトセス故ニ学生生徒ノ閲読スル図書ハ其ノ内容ヲ精査シ有益ト認ムルモノハ之ヲ勧奨スルト共ニ苟モ不良ノ結果ヲ生スヘキ虞アルモノハ学校ノ内外ヲ問ハス厳ニ之ヲ禁遏スルノ方法ヲ取ラサルヘカラス

一九〇八年　小松原文部大臣の見解

校友会運動会等ニ於テ学生生徒ヲシテ自ラ治ムルノ習慣ヲ養成セシムルハ素ヨリ緊要ノ事ナリト雖之カ為ニ指揮ノ指導ノ周到ヲ欠クトキハ放縦ニ流レ或ハ社会一部ノ風潮ニ制セラレ奇ヲ好ミ新ヲ競フテ知ラス識ラス時弊ニ陥ルコトナキヲ保セス故ニ学校職員タル者宜シク常ニ学生生徒ノ行動ヲ適切ニ指導シ或ハ進ンテ指導ノ機会ヲ作リ以テ方嚮ヲ誤ルカ如キコト勿ラシメンコトヲ要ス

同年、文部省通牒

近時学生ノ団体ニ於テ発刊スル雑誌中ニハ往々繊弱ノ文辞ヲ含ミ或ハ矯激ノ言論ヲ掲クルモノアルカ如シ雑誌ヲ刊行シテ学芸ヲ研磨スルハ可ナリト雖之カ為ニ柔弱ノ気風ヲ養成シ常軌ヲ逸スル行動ヲ助長スルカ如キ余弊ニ陥ルヘカラス故ニ雑誌刊行ノ場合ハ職員ヲシテ一層其ノ内容ヲ精査セシムルヲ要ス

学校側はこのような文部省の方針に対応することが求められた。直接校友会雑誌に関わるものではないが、例えば、大阪府立北野中学校では、校長が生徒一同に対し、牧野訓令の「主意にて懇々訓戒」(77)した。

学校側の状況

第1節で論じたような検閲が行われ、社会主義や風俗壊乱の記事が問題となったのもこの時期であったが、この他に、この時代の校友会雑誌の例として、一九〇五年の岐阜中学校『華陽』を挙げる。(78)

我が煩悩の悶をやるエネルギーを有する星よ菫よ、君に非ずんば万事是れ休す矣、願はくば我が為に憐を垂れ給へと、レターを飛ばして可憐の菫（?）に寄す。可憐の菫とは何ぞや、曰くペットなり、ペットとは何ぞや、訳す愛物!! 人? 物?

一方には「松前鯡の昆布巻き……」を叫んで、辛じて其の日を送る労働者あり。一方には賭博と淫事に力行して、而して浮華社会のチャヤンピヨンとなり、金の帽金の時計以て巷路を横行するものあり。

恋愛や社会批判に関する文章が見られるが、これは、同年の第三七号から設けられた「華陽欄」に掲載された文である。これは、雑誌部幹事の発意で生まれたもので、「自由の意志の発表をする所なり。かゝるが故に批評可なり。不平可なり。漫筆可なり。随筆可なり。その他あらゆるもの（規則以内のものなれば）可なり。」という性格のものであった。(79) しかし、翌一九〇六年の第四〇号では、「部長側から『華陽欄廃止』との、御沙汰が、ありましたので、夫れに従ひ、止めることにしました」(80) とあり、学校側の指示により「華陽欄」が廃止された。

第1節で述べたように、一九〇八年、真岡中学校では、生徒が書いた社会主義の論考が掲載された雑誌の頒布禁止の措置が取られた。一九一〇年には、福岡県内務部長から嘉穂中学校校長に校友会所蔵の図書の検査の通牒が出されたが、(81) その報告で、「尚弊校ニハ校友会ノ如キ会合無之ニ付雑誌類ノ印刷モ無之候此段御報告致候也」(82) と、校友会雑誌に言及している。この事例は、中学校側が校友会雑誌についても気を配っていることを示している。

このように、学校側が校友会雑誌の内容について、注意を向けざるを得なくなったのが、明治末期の状況である。一九〇七年に会津中学校で原稿の不掲載が生じた際（第2節参照）、編集に携る理事の一人は、「今迄編集の大部分に剗削取捨の責任を負ふて」きたが、「文芸的作品の関連に対する問題と教育対文芸、学生対小説的作品等の事に就て思考する所があるから」と理事を辞任した[83]。この事件は、この時代の状況を表していると考えてよいだろう。

訓育の手段としての校友会雑誌

文部省は、校友会雑誌の内容の制限だけでなく、校友会雑誌に訓育的な機能を求めるようになっていった。もともと、校友会雑誌には訓育的な機能が期待されていた。例えば一八九三年創刊の愛知県尋常中学校「学友会雑誌部規則」では、「学友会雑誌ハ（中略）学術ヲ研究シテ知徳ヲ発達スルコトヲ目的トス[84]」と規定されている。しかし、明治末期には、校友会雑誌を意識的に訓育の手段として用いようとする論が生まれた。

まず、校友会自体が、訓育の手段として明確に位置づけられるようになった。一九〇九年、全国中学校長会議は、「修身教育を一層有効ならしむる工夫如何」という文部省の諮問に対し、その一つとして「校友会運動場修学旅行等をして、訓育上に一層効果あらしむる事」を挙げている[85]。各学校でも校友会を訓育の手段として位置づけている。例えば、札幌中学校では、「育成とは訓育の自由的方面に対する称呼にして即ち生徒に一定の範囲内に於ける活動を許し暗黙の間に指導を与へ其成績に就て講評を下し以て独立自治の精神を涵養せんことを期するものなり之か機関として職員生徒を打て一団とせる学友会なるものを公認す[86]」としている。

校友会が訓育の手段として位置づけられるということは、校友会雑誌もまた訓育的な役割を担う事となる。同じく全国中学校長会議の際、小松原文部大臣は「生徒の組織せる団体並に校友会雑誌の如きは、教員の指導宜しきを得れば訓育に裨益する所あるべしと雖、指導の宜しきを得ざれば、種々の弊害を醸成するを免れず、須らく細密の注意を要す」との訓示を行った[87]。また、一九一一年発行の中沢忠太郎『校風論』では、中等教育段階の学校の校友会雑誌について、「余はこの種の雑誌発行につきては内容の選択を慎み、各自の精神的修養の機関たるやうにしたいと思ふ。

この会誌を通じて校風の精華をも見たいと思ふ。健児淑女の天真爛漫たる誠意をも汲みたいと思ふ。更に翻つて学校教育の進歩をも試験したいと思ふ」と述べている。(88)

このように、校友会雑誌は訓育の文脈で語られるようになった。第一神戸中学校は、一九〇九年の「教授訓練管理の一斑」で、『校友会誌』について、「特に本会誌の撰を異にせる所は作文奨励として有用文字《ママ》の掲載は之れを避けざれとも浮華誇張文弱に流る丶文芸作品は絶対に之れを拒絶して掲載せざること及本会誌の会員相互通信機関として利用せらる丶こと是れなり。而して其通信機関は大抵毎号紙数の過半を占め校内会員は在外会員を畏敬し在外会員は母校を愛慕し後進を誘掖せむとする」と論じているように(89)、校友会雑誌の一つの役割として訓育的なものを考えているといえる。

校友会雑誌の訓育的機能の例として懸賞作文がある。学校によっては、すでに一九〇〇年代から、懸賞論文の欄があり、そこにはしばしば、訓育的なテーマが挙げられている。愛知県第一中学校『学林』には一九〇〇年から「懸賞作文」が設けられているが、一九〇七年には「品性」、「中学生」、翌一九〇八年には「識見」、「能ク遊ビ能ク学ブ」といった訓育的な題が出されている。(90)

原稿選択の基準としての校風

学校側だけでなく、生徒の側からも、校友会雑誌のあり方を規定しようとする動きがあった。一九〇〇年代には、校友会雑誌に、自由な表現や意見表明の場だけでなく、校風の体現という役割が付与されるようになっていった。盛岡中学校では、一九〇〇年に校友会が設置されたが、当時中心だった生徒は以下のように回想している。(91)

校友会を起して言論文章を以て校風を起し、校風を統一すると同時に、文弱派と武断派とを一致せしめたいといふ様な事を考へたのである。それが、校友会の起源でもあり、又、雑誌部の雑誌発行の理由でもあつた。（中略）そこで校風を起し、校風を統一するには、学校生徒独り残らずよませる様にしなければならぬ。

他にも、校友会雑誌と校風の関係[92]を、生徒が論じたものがある［傍線は引用者による］。

○一体此雑誌は我校々友会の機関雑誌なるは云ふまでもない、で報告等をなすは勿論である、がこれ許りが能ではない、其目的とする所は一程の校風を実現する機関となすにあるのだ、（豊津中学校一九〇二年[93]）

○盛岡中学校々風刷新の原動力たるべきわが校友会雑誌の健全を祈りてこゝに擱筆致し候ふ不宜。（盛岡中学校一九〇四年[94]）

○「共同会雑誌なるものは如何なるものなるや」「共同会の機関雑誌即ち山形中学校は如何なる校風を有するかと云ふ事を表す所の雑誌である。」（山形中学校一九〇七年[95]）

○一校気風の消長は実に論文の振不振及び内容の如何に大関係の有之候ものにて近来我校の面目躍如たるもの実にこの緒よりやと毎度欣躍仕り候ことに論旨の摯実にして学生らし《ママ》もののみなるは本校独特の長技と誠に喜悦に堪へざる所に（後略）。（山形中学校一九一三年[96]）

また、編集に携わる生徒の側も、原稿の取捨選択の基準として、その学校の校風に合致するかどうかということを挙げるようになった。例えば浮弱と判断されたものは掲載されないことになる。自然主義的な文学も校風に合わないとされると排除される。明治末期にはそのような記述がいくつかの学校の校友会雑誌の編集後記などで見られるようになってくる。

○本誌は営利的のものならずして吾校六百健児の意気精神を発表するものに候間徒に形式的粧飾的の精神なきもの、婦女子の泣き言の如きもの、淫靡浮弱なるものは全然排斥仕るべく、譬へその文章は拙きとも真に青年男子らしき活気あり元気あり生命あり血ある男性的文章を大に歓迎仕り候（岐阜中学校一九〇九年[97]）

○武藤栄君に申上候、足下の作品は面白く拝見仕り候、足下が偽りなき真情と眼前の事実描写とに努力されたるは喜ばしき事に候、如斯は強いて申さば自然派作家的作品にして純文芸としては真価あらんも学校の機関には如何と存じ次号に廻し申候。（岐

阜中学校一九〇九年)[98]

〇げに我が岐中の機関雑誌華陽は、△△世界〇〇世界、、界の如き恋愛小説空想、軟文学、ハイカラ文学雑誌とは全然趣味を異に致し居り候。(岐阜中学校一九一〇年)[99]

〇同誌は坊間の文芸雑誌と類を異にするものに御座無く候へば、何処迄も健全派の態度を以て執筆下さる様附言致し置き候(山形中学校一九一〇年)[100]

〇何分本会雑誌は坊間の文芸雑誌とは其の趣き相異なるものに候へば小説臭きもの等は全部没書致し候。(山形中学校一九一一年)[101]

〇今回は特に会長及び富樫先生のお諭に依り文語体を望み更に硬文、意志の確固より編れたるものを取り候へば、次回も此点によく〳〵注意せられて投稿くださるべく候(山形中学校一九一二年)[102]

この背後には、第一節で言及した通り、校友会雑誌が他の学校に寄贈され、学校外に対しても自分たちの学校の文化、校風を体現するものとなっているということがある。岐阜中学校も各地の学校に校友会雑誌『華陽』を寄贈している。例えば、第一高等学校には一八九九年から一九〇八年まで継続的に寄贈されている[103]。また、例えば一九〇四年発行の第三五号、三六号は、愛知第三中学校に寄贈されている[104]。そのため、外部の目を気にすることとなる。一般生徒はともかく、雑誌の編集を行う委員はその点を意識していた。一九〇五年には岐阜中学校の雑誌部幹事は、剽窃について以下のように論じている。

よし僥倖にして役員の目を胡魔化し得たりとするも、六百の学生、加之、北は北海道より、南は琉球まで送られて、幾多の人に読まれ、幾千の眼に見らる、なれば、必ずやその間に剽窃か否かを判定せられざることはよもあるまじく[105]

一方で、文部省や学校側が訓育的意図をもって校友会雑誌の機能を打ち立てようとするが、生徒の側も、校友会雑誌に校風体現の機能を付与するようになっていった。両者とも方向性は違うが、中学生としてふさわしい言論を展開する場として、校友会雑誌を位置づけていたと言えるだろう。

結論

校友会雑誌の創設期は、中学校の枠組み自体未だ不安定な時期で、学校紛擾なども明治二〇年代に頻発していた。そのような時代を経て、次第に中学校の訓育の制度なども確立していった[106]。その中で、校友会雑誌のあり方も確立していき、校友会雑誌には、政治に関すること、学校批判に関することなどは、掲載されないようになり、その中で生徒も、校友会雑誌にふさわしい言論とは何かを認識していったと考えられる。学校に対する批判などは、校友会雑誌とは別の手段で、例えば、学校紛擾の際の決議文のような形で表明されたりするようになる。

校友会雑誌のあり方が確立されたように見えても、その内部には矛盾を抱えていた。校友会雑誌の機能として、「教育的機能」「文芸的機能」「機関誌的機能」「学術的機能」というのが挙げられるが[107]、それらの機能の間で矛盾が生じることがある。内外にその学校の校風を呈示するということは、「機関誌的機能」に属するものであろう。その「機関誌的機能」と、自由な自己表現の場という「文芸的機能」は、それが校風に合致しないような作品の場合、対立するものとなる。学校の唯一の公的なメディアとして、様々な役割を担う校友会雑誌は、葛藤の場となりうる。

学校の公的メディアという性格上、原稿の選択が生徒の意志に全面的に任されるということはなく、学校側と生徒側で、何を掲載すべきで何を不掲載とすべきかについてのせめぎ合いが起こることがある。ただ、いずれにしても、その学校の校風にふさわしいかが判断の枠組みの一つとなり、この点で、「学校の統一性を象徴し、教師・生徒の関係性を規定して、それがこの統一の下にあるのだと意味づける」ような「校風」[108]が、校友会雑誌のあり方を規定しているといえるだろう。

校友会雑誌に何を掲載し何を掲載しないか、またそれを見越して、投稿する側も、何を投稿し何を投稿しないかということは、自分たちの学校の校友会雑誌のあり方、ひいては、その学校の校風のあり方を規定するものであり、校友会雑誌に何を投稿するか何を掲載するかという判断は、学校文化をつくりあげる営みそのものと言える。

謝辞
本章の執筆に当たって、大阪府立北野高等学校、兵庫県立神戸高等学校、宮城県白石高等学校、大阪府立天王寺高等学校、群馬県立前橋高等学校、岩手県立盛岡高等学校、長野県松本深志高等学校、山形県立山形東高等学校、東京都立両国高等学校（順不同）所蔵の校友会雑誌を参照させていただきました。調査へのご協力につきまして、この場を借りて厚くお礼申し上げます。

(1) 「敢言録」松本中学校『校友』第二八号、一九〇九年。
(2) 斉藤利彦・市山雅美「旧制中学校における校友会雑誌の研究」『東京大学大学院教育学研究科紀要』第四八巻、二〇〇九年、四四七～四四八頁。
(3) 「編集たより」盛岡中学校『校友会雑誌』第七号、一九〇四年。
(4) 斉藤・市山前掲「旧制中学校における校友会雑誌の研究」四五三頁。
(5) 田子一民「創刊第一号発行の当時の事ども」盛岡中学校『校友会雑誌』第五〇号、一九三六年。
(6) 「親交会」浦和中学校『麗和会雑誌』第二号、一九〇一年。
(7) 日比谷高校百年史編集委員会『日比谷高校百年史』上巻一九七九年、六一、四七六頁。
(8) 手書きの校友会雑誌も見られる（第1章参照）。
(9) 紅野謙介『投機としての文学——活字・懸賞・メディア』新曜社、二〇〇三年、六三～六四頁。
(10) 文芸部編集委員「初刊に寄す」宮城県第二中学校『学友会雑誌』第一号、一九〇〇年。
(11) 奈良県立郡山高等学校創立百周年記念事業実行委員会編『奈良県立郡山高等学校百年史』一九九四年、九九頁。
(12) 「本校校友会雑誌第十八号を寄贈せし学校」盛岡中学校『学友会雑誌』第一九号、一九一二年。

(13) 市山雅美「旧制中学校の校友会における生徒自治の側面――校友会規則の分析を中心に」『東京大学大学院教育学研究科紀要』第四三巻、二〇〇四年、四～六頁。
(14) 後神俊文「岡山県尋常中学校尚志会の明治二、三〇年代」岡山県立岡山朝日高等学校校史編纂室『岡山朝日高等学校校史資料』第一号、一九九六年、一九～二二頁、四六頁。
(15) 「学術講談会規則」岐阜県中学校『学術講談会雑誌』第三八号、一八九五年。
(16) 「華陽会規則」岐阜県中学校『華陽』第一号、一八九六年。
(17) 「華陽会規則」岐阜尋常中学校『華陽』第六号、一八九七年。
(18) 「改正華陽会規則」岐阜尋常中学校『華陽』第一七号、一八九九年。
(19) 「華陽会規則（四月改正）」岐阜中学校『華陽』第四一号、一九〇六年。
(20) 後神俊文『岡山中学事物起源覚書』一九八八年、一七三頁。
(21) 松江北高等学校百年史編集委員会編『松江北高等学校百年史』一九七六年、二九四頁。
(22) 岐阜中学校『華陽』の各号の奥付の編集人の氏名について、清信重『岐高百年史』（岐高同窓会、一九七三年）で確認できる範囲で確認した。
(23) 白石中学校（一九一〇年に刈田中学校から改称）『校友会雑誌』の第四号（一九〇九年）、第八号（一九一四年）、第一八号（一九二七年）の奥付の編集人の氏名を、白石高等学校『白高七十年史』（一九六八年）で確認した。
(24) 東京府立第三中学校『学友会誌』では、一九二四年まで（淡交会資料室委員会編『学友会誌目次一覧』、二〇〇八年、参照）、東京府立第一中学校『学友会雑誌』では一九四〇年まで（「『学友会雑誌』発行日一覧」前掲『日比谷高校百年史』上巻四七九～四八一頁）、生徒が編集兼発行人となっていたが、これらは例外的といえる。
(25) 例えば、天王寺中学校『桃陰』（一八九七年発刊）「本会役員姓名」および「奥付」大阪府立第五中学校『桃陰』第一号、一八九七年。
(26) 校友会雑誌創刊年が判明している一番中学校四〇校のうち、三二校において一八九〇年代に創刊されている。市山雅美

「『校友会雑誌』（中学校・高等女学校）の書誌的分析」科学研究費報告書『旧制中学校の『校友会誌』にみる学校文化の諸相の研究と史料のデータベース化』、二〇一一年一四～一五頁、などを参照。

(27)「会説」岐阜県中学校『華陽』第一号、一八九六年。

(28)「烏城の本領を論して諸君に望む所あり」『烏城』第一号、一八九五年。これについて、金谷達夫「中等教育における生徒自治活動の成立と変遷」（岡山県教育委員会『教育時報』第二三〇号、一九六八年）は、内務大臣より発行停止を命じられたと論じている。

(29)出版条例とあるが、この時期には、出版条例の後身の出版法が施行されていた。

(30)前掲『岡山中学事物起源覚書』一七二頁。

(31)他には、東京府立尋常中学校『学友会雑誌』（一八九一年創刊）、愛知県尋常中学校『学友会雑誌』（一八九三年創刊）、岡山尋常中学校『烏城』（一八九五年創刊）東京府立第三中学校『学友会雑誌』（一九〇一年創刊）にも「内務省認可」の表記が見られる。

(32)石井昭『ふるさと横須賀』上、神奈川新聞社、一九八七年、一七三頁。

(33)校史編纂室編『岡山朝日高等学校の生い立ち』戦前篇、二〇〇四年、七三頁。

(34)篠崎寛「『社会主義事件』のいきさつ」栃木県立真岡高等学校『七十年史』一九七二年、二四～二六頁。また、「社会主義について」の原稿について、担当の教員から「おほめの言葉をいただいた」とも言われ（前掲篠崎「『社会主義事件』のいきさつ」、二五頁）、教員側のチェックはあったと思われる。

(35)『東京朝日新聞』一九〇九年一二月一四日付。

(36)小野庄乗（第三二回卒業生―大正元年度卒）「先生逝いてその偉さを知る」御子柴朔朗先生追想録刊行会編『御子柴朔朗先生追想録』一九五五年、二九一頁。

(37)茂木一次『大逆事件のリーダー　新村と幸徳と私』金園社、一九五六年、三頁。

(38)岐阜中学校など、他の学校に寄贈もされている（「寄贈雑誌」岐阜中学校『華陽』第三二号、一九〇三年）。

(39)「学術講談会規則」によると、名誉会員とは、「名望学識ヲ有シ評議会員ノ推撰ヲ諾シタルモノトス」とされている。なお、評議会員は生徒から選出される（「会録」岐阜県中学校『学術講談会雑誌』第四〇号、一八九五年）。
(40) 同右。
(41) 同右。
(42)「華陽会規則」岐阜県中学校『華陽』第一号、一八九六年。
(43)「山形共同会規則」山形尋常中学校『山形共同会雑誌』第一号、一八九四年。
(44)「山梨尋常中学校校友会会則」山梨尋常中学校『校友会雑誌』第一号、一八九七年。
(45)「知道会雑誌部規約」茨城県尋常中学校『知道』第一号、一八九八年。
(46)「原稿募集規定」福島中学校『しのふ草』第一号、一九〇三年。
(47)「寄稿注意」会津中学校『学而会雑誌』第五号、一九〇七年。
(48)「投稿心得」山形中学校『山形共同会雑誌』第四〇号、一九一三年。
(49)「原稿を募る」会津中学校『学而会雑誌』第二八号、一九二四年。一九〇七年の「寄稿注意」では、「政治に渉るもの、又は奇矯に失し徒に穏健を欠く言論は採らず」（一九一四年の「寄稿注意」もほぼ同様）だったのが、ここにきて、「社会政策」の論稿を禁じている。
(50)「文芸部細則」（一八九七年）（前掲『奈良県立郡山高等学校百年史』所収）。
(51)「学友会雑誌部規則」愛知県尋常中学校『学友会雑誌』第一号、一八九一年。
(52)「御注意」愛知県第一中学校『学友会雑誌』第四三号、一八九八年。
(53)「御断り」天王寺中学校『桃陰』第六八号、一九二五年。
(54)「編集たより」会津中学校『学而会雑誌』第八号、一九〇八年。
(55) 雑誌部役員一同「はしがき」飯田中学校『校友会雑誌』第三号、一九〇四年。
(56)「蔵原校長留任運動」岐阜尋常中学校『華陽』第七号、一八九七年。

(57) 他にも、『華陽』には、第二一号（一九〇〇年）の「春季小運動会」、「今学年の始業式」や、第四七号（一九〇九年）の「書斎と愛読書」のように、伏字が用いられている記事が見られる。
(58) 「各部記事　雑誌部」会津中学校『学而会雑誌』第六号、一九〇七年。
(59) 「編集たより」会津中学校『学而会雑誌』第八号、一九〇八年。
(60) 「残りのインクより」会津中学校『学而会雑誌』第一六号、一九一四年。
(61) 「試験来」群馬県尋常中学校『学友会雑誌』第一号、一八九四年。これについては、前橋高等学校校史編纂委員会編『前橋高校百三年史』一九八三年、二七八〜二七九頁も参照。
(62) 「教育の方法」群馬県尋常中学校『学友会雑誌』第三号、一八九四年。
(63) 同右。「前から校長に不満でおちつかなかったので」、一九八四年の同盟休校が起こったと、前掲『前橋高校百三年史』（二七九頁）では論じているが、その背景には、校友会雑誌で論じられたような不満がある。
(64) 「広告」『学友会雑誌』第二号、一八九四年。
(65) 「圧服と心服と」群馬県尋常中学校『学友会雑誌』第一六号、一八九七年。
(66) 斎藤玉夫「紅雲分時代の思い出」前掲『前橋高校百三年史』三〇〇頁。
(67) 前掲『前橋高校百三年史』三五一頁。
(68) 明確に学校批判の論稿を禁止する規定が設けられることは少ないが、徳山中学校の規定では、「政事及ビ校規ニ関スル議論ヲ禁ズ」、「師長ノ批評学友ノ褒貶等ヲナスヲ禁ズ」という項目が見られる（「明治三四年山口県立徳山中学校校友会規則」、「学芸部細則」（山口県立徳山高等学校百年史編纂委員会編『山口県立徳山高等学校百年史』一九八五年、二一二頁））。
(69) 田子前掲「創刊第一号発行の当時の事ども」。
(70) 「校友としての吾」松本中学校『校友』第六号、一九〇一年。
(71) 「学而会は自治団体なり」会津中学校『学而会雑誌』第一六号、一九一四年。
(72) 「柳沢兄の『学而会は自治団体なり』を読みて」会津中学校『学而会雑誌』第一六号、一九一四年。そこでは、柳沢の主張に立つと「学而会と学校とは両々相独立すべきもの」になると、批判している。
(73)「残りのインクより」会津中学校『学而会雑誌』第一六号、一九一四年。
(74)「各部記事　雑誌部」会津中学校『学而会雑誌』第六号、一九〇七年。
(75)岡義武「日露戦争後における新しい世代の成長」(上)『思想』第五一二号、一九六七年(『岡義武著作集第３巻　転換期の大正』岩波書店、一九九二年、収録)を参照。
(76)窪田祥宏「戊申詔書の発布と奉体」日本大学『教育学雑誌』第二三号、一九八九年を参照。
(77)「金田校長の訓戒」北野中学校『六稜』第四〇号、一九〇七年。
(78)「草蓬々」岐阜中学校『華陽』第三七号、一九〇五年。
(79)「稟告」岐阜中学校『華陽』第三六号、一九〇五年。
(80)「さゝやき」岐阜中学校『華陽』第四〇号、一九〇六年。
(81)福岡県立嘉穂高等学校創立百周年記念事業実行委員会『嘉穂百年史』二〇〇一年、三三一～三三三頁。
(82)嘉穂中学校には、体育会はあったが、校友会はこの時期設立されていなかった。体育会が『会報』を創刊したのが一九一四年で、体育会を改称して校友会が設立されたのは一九二一年であった。
(83)「雑誌部」会津中学校『学而会雑誌』第六号、一九〇七年。
(84)前掲「学友会雑誌部規則」。
(85)「全国中学校長会議」『中等教育』第五号、一九〇九年。
(86)「北海道庁立中学校現時施設一斑(明治四十年七月調)」『北海之教育』第一七九号、一九〇七年。
(87)前掲「全国中学校長会議」。
(88)中沢忠太郎『校風論』開発社、一九一一年、二二四頁。
(89)兵庫県立第一神戸中学校「教授訓練管理の一斑」『中等教育』第二号、一九〇九年。
(90)斉藤・市山前掲「旧制中学校における校友会雑誌の研究」四五八～四五九頁。

(91) 田子前掲「創刊第一号発行の当時の事ども」。
(92) 校友会雑誌の名称は、その学校の所在地の自然や文物から命名されることも多く（例えば、前橋中学校の『坂東太郎』（一九〇一年『学友会雑誌』より改名））、その意味でも、学校の独自性や校風を体現するものといえる。斉藤・市山前掲書参照。
(93) 「修学旅行記」豊津中学校『校友会雑誌』第四号、一九〇二年。
(94) 「編集たより」盛岡中学校『校友会雑誌』第七号、一九〇四年
(95) 「共同会雑誌に就きて」（「弁論部報　第一回通常会」所載）山形中学校『共同会雑誌』第三五号、一九〇七年。
(96) 「編集部を去るに臨みて」山形中学校『共同会雑誌』第三九号、一九一三年。
(97) 「編集だより」岐阜中学校『華陽』第四六号、一九〇九年。
(98) 同右。武藤栄は特別会員（卒業生）。なお、次号第四七号にもこの作品は掲載されていない。
(99) 「編集便り」岐阜中学校『華陽』第五〇号、一九一〇年。
(100) 「編集局より」山形中学校『共同会雑誌』第三五号、一九一〇年。
(101) 「編集余塵」山形中学校『共同会雑誌』第三七号、一九一一年。
(102) 「編集余塵」山形中学校『共同会雑誌』第三八号、一九一二年。
(103) 第一高等学校『学友会雑誌』の寄贈雑誌欄より。
(104) 「寄贈雑誌」愛知第三中学校『校友』第三号、一九〇五年。
(105) 「編集余録」岐阜中学校『華陽』第三八号、一九〇五年。
(106) 斉藤利彦『競争と管理の学校史　明治後期中学校教育の展開』一九九五年、第二部第四章第二節「明治後期における「生徒管理」強化の動向とその背景」参照。
(107) 斉藤・市山前掲「旧制中学校における校友会雑誌の研究」、四五六頁。
(108) 久冨善之「学校文化の構造と特質　「文化的な場」としての学校を考える」『講座学校6　学校文化という磁場』、柏書房、一九九六年、一九頁。

第3章　学校文化に現れた天皇(制)イメージ

――『校友会雑誌』における「御大典」・行幸啓の表現から

茂木謙之介

はじめに

学校文化における天皇（制）の研究については、戦後から現在に至るまで非常に厚い成果が提示されてきた。その中では、法制度や社会構造、それを支える諸装置などの、天皇を元首とした国家システムが所謂「天皇制公教育」をいかに統御していたかが中心的に問われてきた傾向にある(1)。それら先行研究は近代日本の国家システム下の公教育のありようを定位する試みとして重要な成果である一方、天皇（制）が具体的な学校生活・文化の中で如何に受容されていたかという点については、未だ検討の余地が残されている。

本章では、従来の学校文化と天皇（制）に関する先行研究にも指摘のある天皇（制）イベントに注目し(2)、それらが昭和戦前戦中期の『校友会雑誌』（以下括弧は略す）において、教員・生徒による表現のレヴェルで如何に描かれていたのかを考察することで、学校文化における天皇（制）イメージの在り様を探りたい。天皇と天皇を元首とする国家システムの受容に関わる従来の問いは、「近代日本に深く浸透し、遍在した天皇制」という理解によって、全体像が拡散しがちであるが、本章では天皇（制）イベントに関わって発行された校友会雑誌を対象に、そこに表出した天皇、皇族および天皇（制）イベントそのものの記述の精読を試みる。いわば個別の事例における徴候に着目し、細部を解きほぐすことによってシステム的な理解に端的に回収されない様相を拾い上げることを目指したい(3)。同時に学校内メディアの表現の分析によって、本来困難な天皇（制）受容の実証に接近を試みることが可能であろう。

考察にあたっては近代天皇（制）研究の中でも近年注目される表象研究の成果を適宜参照する。「御真影」や「菊花紋章」、行幸啓などの天皇（制）表象に着目し、近代国家的な制度維持〈装置〉に重点を置いたこれらの研究は(4)、個別具体的で動態的な研究として評価されているが(5)、中央メディアの分析に留まる研究も多く、校友会雑誌という、ある程度自在な表現を許し、限定的に流布したメディアの分析は天皇（制）表象研究の厚みを増すものともなろう。

本章では個別の対象として、まず一九二八年の昭和天皇の即位関連行事である所謂「御大典」を全国レヴェルの事例として、続いて一九三六年から翌年にかけての秩父宮雍仁親王の青森県滞在（「御成」）をよりミクロな地域レヴェルのそれとして着目し、それら諸天皇（制）イベントに関連して発行され、イベントそのもの、および天皇（制）に関する教師と生徒の表現が確認できる旧制中学校の校友会雑誌を中心に、適宜高等女学校や師範学校のそれも参照しつつ分析する。一連の検討を通して、従来のシステムに注目した研究では十分に明らかにされなかった、個別に出来する天皇（制）に関する規範的言説とそれに留まらない言説の共存する多様な様相が明らかになろう。

1　想起・共有される天皇（制）――「御大典」記念号における天皇（制）イメージ

まず、昭和天皇の「御大典」の際に校友会雑誌が発行した記念号を検討する。

昭和天皇の所謂「御大典」(6)に関しては、従来祭祀制度の整備や行政の行動に注目がなされ、同イベントの持った国民統合的な性格が指摘されてきた(7)。中でも山本信良・今野敏彦の研究では全国で共時的に行われた式典とその後の旗行列・提灯行列、および記念イベントが指摘され、国民統合的な教育施策として言及されているが(8)、実際の教員・生徒がそれらをどのように受容し、描いたのかは十分に論じられているとは言い難い。本節では主に地方の中学校における校友会雑誌「御大典」記念号を中心に、適宜高等女学校や師範学校の校友会雑誌「御大典」記念号を参照し、紙面構成と、天皇および「御大典」に関わる記述の分析から考察を試みたい。

「御大典」記念号の構成

はじめに、「御大典」記念号の誌面構成を確認する。「御大典」記念と銘打った校友会雑誌は通常の校友会雑誌とは構成面でも差異化が図られており、まずその特徴を明らかにしておきたい。

結論から述べれば、「御大典」記念号の紙面構成における特徴は、記念号的な記事と通常号的な記事を切り分けてまとめて掲載するような構成が採用されることと言える。岐阜県立岐阜中学校校友会『華陽』第八五号御大典記念(一九二九年二月)では、冒頭に「謹みて御大礼を祝し奉る」の文言とともに「奉祝歌」歌詞を掲載し、その後「勅語」、「岐阜中学校校庭にしつらはれたる賜餞場の光景(口絵)」、御歌所の歌人による短歌、教師生徒の「奉祝御即位式長歌並短歌」「大饗第一日の儀に県に召されしをかしこみてよめる長歌」「御大礼感懐」「御大典所感の一、二」と続くが、これらの「御大典」関連記事は目次において「前附」と位置付けられ、本編頁数に入っていない。この「御大典」特集部分とでも言うべき箇所に続く「論説」「創作」以下は通常の校友会雑誌の構成となる。

このような構成は千葉県立佐原中学校校友会『学報』御大典記念号(一九二九年四月)でも指摘できる。そこでは巻頭に勅語を掲載したのち、当時の首相・田中義一による「寿詞」を載せ、続いて「御大典記念校旗」の口絵、「御大典記念校歌」、校長による「御大典記念号発刊に際して」、陸軍軍務局長・杉山元による「盛徳を拝し奉りて」、生徒の「御親閲を拝し奉りて」と題する感想文が八件、校歌入選作の掲載まで二七頁を要し、そのような「御大典」「奉祝」の特集を提示した後、通常の校友会雑誌の構成が一一八頁まで展開する形式を採用しているのである。

かかる傾向は中学校にのみ独特の現象ではなく、高等女学校においても確認できる。愛知県立知多高等女学校の『知多』「御大典」記念号（一九二八年一一月）においても、冒頭に校友会長による「奉祝御大典」、続いて「御即位礼と大嘗祭」「無形の記念」などの「御大典」記念記事が掲載され、一般の論考を一部挟みつつ、そこに続く「詞藻」欄においては生徒の「佳節を迎へて」「天壌無窮」「御大礼」「万歳旗」など九本の文章、および「御大典奉祝の歌」として短歌が三四首掲載され、その後は通常の校友会雑誌の形式を採用している。

以上からは、「御大典」という出来事を編集上の要諦として、勅語や賀詞そのもの、「御大典」に関する校長、教員および生徒の文章等をまとめて掲載するという、共通する構成を括りだすことが可能であろう。このような特徴は同年に発刊された校友会雑誌のうち、「御大典」記念として編集されなかったものと比すれば顕著であり、例えば一九二八年一二月発行の桐蔭中学校『桐蔭会雑誌』では全くこの話題に触れていない。

一方で、このような「御大典」記念号の構成上の特徴の傍らで指摘しておきたいのは「御大典」関係記事が学校内部の記事と組み合わせられながら掲載される場合がある、ということである。

長野県立長野中学校校友会『校友会雑誌』第三四号御大典記念号（一九二八年一二月）では巻頭に「皇太子殿下行啓記念碑の頌」および「記念碑写真」を掲載するのに続き、「前校長秋田先生を送る」「新校長佐々木先生を迎ふ」の記事、「新旧校長写真」、「御即位式奉祝詞」、「皇太子殿下行啓記念碑除幕式式辞」、校長による「就任当初の所感を録して巻頭の辞に代ふ」、教員・生徒の漢詩・短歌で構成される「奉祝」と、新校長の就任にかかわる記事と「御大典」にかかわる記事、昭和天皇皇太子時の行啓を顕彰する記念碑にかかわる記事を一二頁まで掲載したのち、「文藻」以下「会報」等、特に「御大典」に触れない通常の校友会雑誌の構成をとる。

巻頭の「皇太子殿下行啓記念碑の頌」には「豊秋の美し斎庭に　今し成る　皇太子殿下行啓記念碑／此ぞ我が九百の校友が　聖帝の大き御典を　賀ぐまつる赤誠の象徴　彌潔く尊くもこそ」とあり、大正期の裕仁皇太子の同地への来臨を記念する碑を事後的に「御大典」と接続し、(9) そこに校友を強固に関連付けていく言説が読み取れる。学校における皇室との直截的な接触の記憶を再召喚する形で自らと天皇（制）イベントとの関係を物語っているのである。

しかし、同雑誌の構成上で注目すべきは、前述のようにその記事に続けて新旧校長の人事記事、「御大典」関係記事、通常の校友会雑誌記事と続くことである。「御大典」記事が学校内部の人事関連記事の陥入によってまとまって掲載されておらず、いわば「御大典」という国家的な一大天皇（制）イベント自体が、個別の学校内部の出来事と織り交ぜられる構成の下で掲載され、恰も学校行事の一部であるかのように表現される状況が確認できるのである。

このことは和歌山県立伊都中学校校友会『会誌』奉祝記念号（一九二八年一二月）にも確認できる。同誌では冒頭に勅語を掲載し、つづいて一九二八年一二月の「教育奨励ニ関スル御沙汰」、文部省制定の大礼奉祝唱歌を載せ、前校長肖像写真、卒業生集合写真、校長による「謹みて御大礼を祝し奉り併て生徒諸子に告ぐ」および「御大典を迎へて」、「体育時評」、「雑感」、「研究」、「奉祝」、奉祝関係の文章を多く含む「文藻」、「校友会記事」、「校報」と、長野中学と同じく通常の校友会雑誌の内容と「御大典」に関する内容が交錯する体裁となっている。

言うなれば「御大典」を編集方針とする体裁をとりつつも、それのみに収束することなく、時に学校行事と同一の位相で語る編集が為されていると言い得よう。これは「御大典」記念号の典型例においても同一雑誌の後半部で文苑や校報など平年と同じ校友会雑誌の構成を採用することとも通底する回路と言えよう。天皇（制）にまつわる最大級の国家的イベントを前にして「御大典」記念と題してそのイベントに寄り添いつつも、本来的なスタイルを喪わない校友会雑誌の在り様が指摘できるのだ。敷衍すれば、このことは校友会雑誌というメディアが必ずしも天皇（制）的なシステムの中に回収され、統御されると一元的に断じられないことを示すものとなろう。校内における情報伝達手段としての校友会雑誌を考えたとき、天皇（制）イベントは紙面構成上の一つのトピックとはなっても、それによってすべてが傾けられるものとしては機能しなかったのである。

図1　長野県立長野中学校校友会『校友会雑誌』第34号御大典記念号 1928年12月

図3　岐阜県立岐阜中学校校友会『華陽』第85号御大典記念号 1929年2月

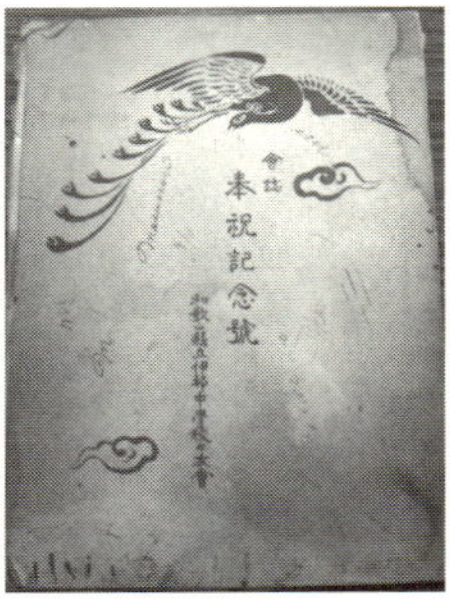

図2　和歌山県立伊都中学校『会誌』御大典記念号 1928年12月

図4　千葉県立佐原中学校「学報」御大典記念号 1929年4月

「御大典」記念号の図像表現

次なる書誌的な分析として、「御大典」記念号の図像表現に目を向けたい。

まず、雑誌を手にとった際、読み手に第一の印象を与える表紙について確認する。校友会雑誌の表紙デザインについては、すでに様々のバリエーションが存在することが確認されているが[10]、「御大典」記念号と銘打った冊子の場合、それは通常の校友会雑誌とは差異化されたデザインをもつ傾向がある。

まず長野中学『校友会雑誌』では、黄色に彩色印刷された背景に赤い色の枠を設定し、その中にモノクロで壺に生けられた菊花（図1）が、次に伊都中学『会誌』御大典記念号では白色の地に朱で飛翔する鳳凰と瑞雲（図2）が、岐阜中学『華陽』八五号御大典記念では表紙全体が黄色に彩色された上に黄と緑で菊花（図3）が、そして佐原中学『学報』御大典記念号では紫に彩色された背景に、羽を広げる黄色の鳳凰と瑞雲（図4）がそれぞれ描かれている。

周知のように菊花は「菊花紋章」と通底するモチーフであり、また鳳凰は伝統的な皇帝の表象である。まさに皇室と天皇とを表象する典型的モチーフが用いられ、記念号自体の特殊性を前景化していることがわかる。注意を要するのは、それら菊花および鳳凰が採択される一方で、「菊花紋章」のような皇室・天皇を直接表現するものは採用されない点である。同時代の天皇・皇室をめぐる表現の規制は内務省と宮内省によって行われており、既に中島三千男が指摘するように一九〇〇年の内務省訓令八二三号「菊花紋章取締ニ関スル件」において「菊花紋章」の取り締まりが定められ、この昭和の「御大典」において根絶が図られていたことを考慮すれば(11)、天皇・皇室を表象する「御大典」記念号において可能なぎりぎりの表現が模索されていたと指摘できよう。

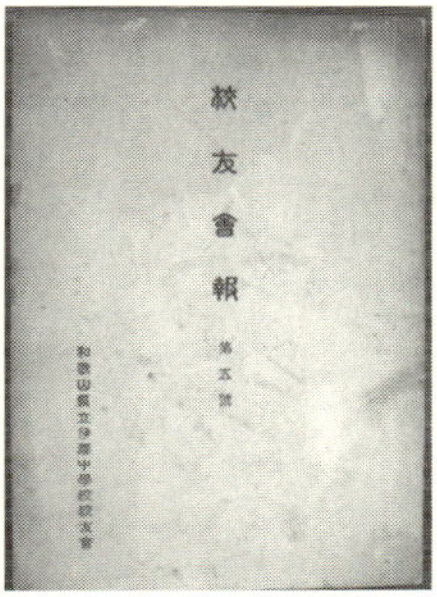

図5　和歌山県立伊都中学校友会『会報』第5号 1927年1月

図6　『キング』御大典記念臨時増刊国民修養絵物語 1928年11月

これらのモチーフがデザインされた「御大典」記念号の表紙が、ある種独特の様相を持つことは、同一の学校における校友会雑誌の他年度の号と比較したとき顕著である。一九二七年一一月発行の伊都中学『校友会報』は「御大典」記念号の一年前のそれであるがタイトルと冊子の号数、校友会がそれぞれ無地の表紙に記載されるのみであり(図5)、それと比すれば、イラストが付与された上に彩色印刷された「御大典」記念号の表紙に力が傾けられていたことは明快である。同時代に「御大典」関連で発行された中央メディアの雑誌でもこれらのモチーフは使用されており、例えば『キング』「御大典記念臨時増刊　国民修養絵物語」(一九二八年一一月)でも鳳凰はその表紙を飾っている(図6)。

ここで留意しておきたいのはこのような、通常の校友会雑誌と差異化され、同時代の「御大典」を寿ぐメディアと似通ったデザインで提示される「御大典」記念号の表紙が、この一大天皇(制)イベントを寿ぐものとし

図7　山口県立山口高等女学校『かなめ会報』御大典・創立三十周年記念号（1929年3月）

図8　熊本県第一師範学校『京陵』御大典記念号（1928年11月）

て要請されているような解釈に一元的に還元できない側面である。

ここでは例として長野中学『校友会雑誌』の表紙を再度見てみたい。図1に掲げた通り、「菊花紋章」を想起させる菊花が描かれているものの、鮮やかな黄色の背景に似合わないモノクロのその花は、切り花として花瓶に活けられた状況が描かれている。まず、このモノクロの切り花を以てして「御大典」記念号の表紙とすることは一種特異なものとして指摘することが出来る。「御大典」号の表紙における菊花は前掲の岐阜中学のほか、山口県立山口高等女学校『かなめ会報』御大典・創立三十周年記念第一九号（一九二九年三月）における表紙（図7）および熊本県第一師範学校『京陵』御大典記念号（一九二八年一一月）の表紙（図8）に見られるように、切り花として表現されることはなく、背景と比しても遜色のないレヴェルに鮮やかな彩色を以て描き出される処に一つの特徴を見出すことができ、このことは前掲の（図6）にも確認できるように、同時代のメディアにおいても共通するものとして位置付けられよう。そのような、ある種規範的な「御大典」記念号の菊花表象の中で、長野中学の表紙の異端性がより一層際立つのは、その花瓶に活けられた手前の二本の菊花である。この二輪に関しては茎が湾曲して花弁は表紙下方を目指して垂れ下がり、その葉も花瓶にもたれかかるなど、一種異様な様相を呈している。あるいは萎れているようにも見えるこのような様相は前掲の（図3、図7、図8）などの規範的な「御大典」記念号の表紙に見られるような、自立して表紙上方を指すような生い茂った菊花の表象とは一線を画するものであり、皇室の慶事を寿ぐことをそのコンセプトとして掲げるこの記念号において、それをイベントの慶賀という単純な位相のみで捉えようとしたときには、その解釈から零れ落ちてくるものと言えよう。

表紙のほかにも、このような寿ぎの規範に収斂するものとは言いがたい様相を確認できる図像表現としては記念号の口絵が挙げられる。先ほど行啓記念碑の写真と新旧校長の顔写真を交錯させた長野中学の事例を示したが、その外にも佐原中学『学報』の口絵「御大典記念校旗」では興味深い表現が確認できる。ここでは文字通り同校の校旗の写真が掲載され、校旗を「御大典記念」としてキャプションと共に提示しているが（図9）、「御大典」の奉祝のため掲揚する公式の旗としては「国旗」としての日の丸のみとする見解が内務省から出されていたことは周知の如くであり、[12]この事例もまた、そこからの逸脱として指摘できよう。[13]

このように「御大典」の図像表現については明快に天皇即位を寿ぐものがある一方、その解釈に一元化できない表象が指摘できる。久保義三が「天皇制教育」の特徴の一つとして「表現の自由の観念を含んでいなかった」ことを挙げているが、[14]規範的な表現が生産される傍らで、それに留まらない表現がなされていたことは注目に値しよう。

図9　「御大典記念校旗」千葉県立佐原中学校『学報』御大典記念号 1929年4月

「御大典」記念号の文章表現

前項までの構成上の特徴を踏まえたうえで、「御大典」記念号の本文に踏み込んで考察を試みる。

まず、教員の言説に注目したい。はじめに参照するのは、佐原中学『学報』巻頭の校長による「御大典記念号発刊に際して」である。ここでは皇室と天皇の即位について言及があったのち、以下のような文章で閉じられる。

吾等職ニ教学ニ当ルモノ、謹ンデ聖慮ヲ体シ御沙汰書ノ御旨ヲ奉ジ、私ヲ忘レテ一意公ニ奉ジ、誓テ聖恩ノ万一ニ応ヘ奉ラムコトヲ期ス。学ヲ本校ニ受クルモノ、亦タ宜ク聖旨ヲ奉体《（ママ）》シ、信義醇厚ノ俗ヲ長シ、忠実勤勉ノ風ヲ増シ、剛健邁進ノ気象ヲ涵養シテ、倍々校運ノ隆昌ヲ図リ、聖代ノ本分ヲ完フセンコトヲ深ク切望スル所ナリ。

ここでは天皇に関わる事柄を「聖慮」「聖恩」「聖代」と表現し、敬意対象としての天皇を描くとともに、それを受けて「校運ノ隆昌ヲ」図ることが表明されている。権威の主体の天皇と、「聖旨」すなわち勅語を経由する形で学芸振興をもたらす天皇とが同時に表象され、その即位の儀式である「御大典」が学校と関連付けられて表現されているのである。

同様のレトリックは伊都中学の『会誌』でも確認できる。校長による談話では「今や曠古の大典を迎へて宝祚の無窮を奉祝するに当り感慨亦新たなるものがあるではないか。伊中六百の健児諸子、祖先の名誉と意気とを負つて立つべき秋は来たのである」と「御大典」と生徒の行動を連関させる文章となっている。

このような言説は教員のみならず生徒の叙述にも看取される。岐阜中学『華陽』の「御大典所感の一、二」を見てみよう。かつて同校が明治天皇の行幸・嘉仁皇太子の行啓を受けたことに言及しつつ、文章は以下のように閉じられる。

> さるにても生徒諸子よ、かくにても光栄を荷い、かく清浄無垢と認定された名誉に対しても、互いに相戒めて、今後は誓つて、是に裏切る様の行動をせないという大決心を固め、確然此を遵奉せようでは無いか。詐欺、窃盗、万引等法律上の罪は勿論の事、虚偽、虚栄、脅迫、カンニング、侮辱、借捨等すべて背徳の行為、腹ぐろき挙動、卑劣なる行動等は一切之を除去して、どこまでも公明正大に、赤心、至誠に男らしく立派にやらうではないか。

天皇権威によって、かつて学校に付与された栄誉に言及しつつ、その実態的な対応として「裏切る様の行動をせないという大決心」を生徒がとることが要請され、その内実としてカンニングの除去が挙げられていることからは、まさに栄誉の儀式としての「御大典」を契機として、学校における生徒の操行の向上が期待されていることがわかる。

小括するなら、教員側の言説からは、主に学校に栄誉を与える天皇像および学芸の振興者としての天皇像が看取され、また天皇にかかわるイベント「御大典」を学校という場を通じて生徒の学業・道徳の向上に接続していることが指摘でき、それはある程度生徒にも共有されうる言説であったことが指摘できる。これは昭和天皇が政治的・軍事的指導者としての様相とともに、学芸の振興者としての様相を併せ持った存在として表象されていたこととも通底するものとなろうが[15]、同時に天皇と生徒を接続する際にある種の論理の飛躍が存することは確認しておきたい。

つづいて、生徒の記述に目を向けたい。佐原中学『学報』では一九二八年一二月に宮城外苑で昭和天皇が行った親閲に参加した五年生の手記八点が「御親閲を拝し奉りて」という特集記事として掲載されている。この親閲は東京府と隣接四県の学生生徒、在郷軍人、青年訓練所員、青年団員ら約八万三〇〇〇人に対して行われたものであり、原武史の指摘するように「一世万民」の政治空間として提示されたものであった[16]。

手記「龍顔を咫尺の間に拝し奉つて」では天皇を「世界不出世の聖天子、仰げば弥々高く、弥々尊し、畏き御事乍ら人としての聖天子、現し神としての聖天子、誠に世界に比類なき英明なる聖天子にいらせられ、その偉大なる御盛徳は、誰知らぬ者もありませぬが、私達畏れながら、咫尺の間に拝し奉つたことは、夢寝にも忘れ奉ることができませぬ」とし、親閲参加の経験を「日本臣民にして、私達学生の身にとつて、此程の光栄が又とありませうか」と位置づけ、最終的に「私は日本臣民でありました、私は大和魂の持主でありました」という自己認識が描かれる。ここでは、生徒に栄光を与える権威の主体として、しかも最大級の敬意表現を以て表象されるべき存在として天皇が描かれている。これは前述した教員の天皇観とも重複する要素を持つものといえる。その上で、イベントを契機として表出するこの生徒の自己認識として特徴的なのは「日本臣民」「大和魂の持主」という表現である。いわば天皇を寿ぐイベントに関わることを通じて、〈日本〉という国民国家に関わる国民としての自覚が述べられており、まさに「御大典」と言うイベントで天皇と接触した経験が生徒を国民として統合していくプロセスとなっているのである。

この傾向は直接天皇の姿を見た生徒にのみ言えることではなく、伊都中学『会誌』では四年生の「御大典の秋」という文章で以下のような一節が記述される。

はるか京洛の地において曠古の御盛儀御大典の行はせらるゝのときに遭逢したる事は私にとつて無上のよろこびである。否全国民津々浦々にいたるまでこの日の本御盛儀をことほぐ歓喜はみちて〳〵ゐる。あの金色燦然たる高御座につかせらる、陛下大嘗祭に天祖をまつらるゝ、あまりにも荘厳なるその御姿を思ひ浮べることによつて私の内なる精神は高い感激に波打つのである。

直接的な天皇との接触はないものの「御大典」と言う出来事と同時代的に巡り合わせたこと自体を「無上のよろこび」とし、日本全国が書き手と同じ状況に在ることを前提に「金色燦然たる高御座」を思い浮かべて感動を描いており、イベントを経由した想像力によって天皇を元首と仰ぐ国家の一員としての自己認識が確認できよう。このような文章表現は中学校のみならず高等女学校の言説にも確認できる。例えば山口高等女学校『かなめ会報』の「即位の大礼に際して」においても「我々はこの感激の情を深く心の奥に銘じた昭和の新国民として、この輝かしい新世の、文化の創造に務めねばならぬ」とあるように、国民としての自覚をめぐる認識は広く共有されていたのである。

また、これら「御大典」記念号の主に生徒による表現を見て気づかされるのは、同時代においてすでに形式化した表現を採用しているという点である。先行論でも指摘のある、神奈川県の地域新聞『横浜毎朝新報』の一九二八年一一月一七日の記事では「恭々しく御大礼御挙行に際し、特に本日を以て辱もけふ餞を賜ふ聖旨、優渥感激の至りに堪へず、一同益々奉公の誠をつくし、皇恩の万一も報い奉らんことを期す」とあるように、まさに同時代のメディアで展開していた表現と校友会雑誌における表現は近似しており、紋切型の反復がなされていることが分かる。

ここで同時に指摘せねばならないことは、このような表現が直接天皇を見た者と見ていない者の記述に共通することである。前掲の天皇による親閲も、多大なる動員数の下で行われたことを考えれば、天皇に直接接触した経験であると一概には言い難く、また参加者の記事でも天皇そのものを具体的に描かないように、直接「御大典」に参加していても天皇を理念化された存在として捉え、事後的に想起した上で、同時代において天皇を表現するにふさわしいとされた文飾を以て記述することで自らを「民」として認識し、天皇との接続を図る言説構造となっているのである。

以上、「御大典」記念号の文章表現については、教員とそれに寄り添う言説ではイベントを経由して学校生活との接続が図られる一方で、生徒の言説では天皇と直截的に繋がり、それを寿ぐ国民としての自己意識が看取されたが、後者については同時代の紋切型の表現に搦め取られ、国民統合へと回収され得るものであったと指摘できよう。

2　接触・経験される天皇（制）——昭和戦中期青森における秩父宮表象をめぐって

続いて本節では、天皇・皇后・皇族が地方を訪問するイベントである行幸啓・「御成」に着目し[17]、地方において顕現した天皇・皇族と直接的に接触した経験が如何に表現されているのかを考察する[18]。全国レヴェルで行われたイベントが学校においてある種の想像力を喚起させ、システムの一員であることを想起させるものであったとするならば、行幸啓乃至「御成」はより生身の皇室関係者に接近する形での表現を要請されるものとなる。

以下、秩父宮雍仁親王および同勢津子妃の青森県「御成」を事例に、同県下の校友会雑誌記事を分析する。

大正天皇第二皇子・秩父宮は一九三五年八月から一年四ヶ月に亘り、弘前の歩兵第三一連隊大隊長として同地に着任し、その間軍務と共に県内の視察や産業奨励など通常の行幸啓・「御成」と同様の行動をとった。男性皇族の長期にわたる地方滞在は非常に珍しく、中でも天皇の弟宮という直系皇族（直宮）の事例は非常に異例のことであり、受け入れた地域社会への影響も大きかった[19]。

この事例に関して注目すべきは、秩父宮および同妃が青森県内の視察を行う際に、県内各所の学校を訪れ、授業の視察（「台臨」）を行っているということである。行幸啓の際に授業の天覧、台覧を行う事例は先行論でも確認されているが[20]、皇族という地方において天皇を代補する存在が直接教育現場に現れ[21]、実際に言葉を発するイベントもある一定の意味を持つものであると考えられる。その出来事を生徒や教師は如何に体験し、如何に表現したのか、前述の「御大典」をめぐる表現と対比しつつ考察を試みたい[22]。検討にあたっては秩父宮の「御成」に関連した文章をまとまって確認することができる当該時期の青森県立弘前中学校『校友会報』第三八号（一九三七年三月）、青森県立青森中学校『校友会雑誌』第四七号（一九三七年三月）、東奥義塾『学友会誌』一一号（一九三七年三月）を中心に、適宜青森県立弘前高等女学校『会誌』第二四号（一九三五年一二月）、同二五号（一九三六年一二月）および弘前女学校『会報』五〇周年記念号（一九三七年一一月）を使用する。

「御成」関連校友会雑誌の構成

まず秩父宮の青森県「御成」を編集の主眼とした校友会雑誌の構成について、先ほどまでに確認した「御大典」記念の校友会雑誌との比較から考察を試みたい。秩父宮「御成」に関わる記事を確認できる一九三五〜三七年の校友会雑誌六冊を並べた際、表だって「記念号」と題するような特別号の装いを持っていないことに気付かされる。それぞれ通常の巻号を記すのみであり、一見すると特異な編集が為されていることは可視化されない。例えば東奥義塾『学友会誌』の表紙では蠟燭と柊を背景に校舎の写真が（図10）、青森中学『校友会雑誌』では読書する生徒の姿が描かれ（図11）、それぞれ通常の校友会雑誌と差異化が為されているとは言い難い。ただし、高等女学校に関しては弘前高女『会誌』の表紙が通常は文字のみなのに対し（図12）、一九三六年の二五号では菊の葉がちりばめられている（図13）。菊は前述のように天皇家の紋章であるが、同時に秩父宮と共に同地に滞在し、同校にも台臨した秩父宮妃勢津子の印でもある。つまり「御成」関連の校友会雑誌の場合、表立って記念号を発行せず、表出させる場合も非常に隠微な形で周到なモチーフを採用しつつ、外面上の構成を為しているといえよう。

しかし目次を見れば特集記事が前半部に集まり、後半は通常の校友会雑誌の構成を取るなど、先ほど確認した「御大典」記念号と同様の紙面構成を持っていることが分かる。東奥義塾『学友会報』では「巻頭言」以下二〇頁にわたって秩父宮の「御成」に関する記事が一五点確認されるが、続く「論説」の記事数が一二点であり、全体の頁数が七八頁であることを考えると秩父宮関連記事の多さが際立つ。それに対して後半部は学校記事など通常の校友会雑誌と同様の構成であり、「御大典」記念号と同じく校友会雑誌としてのスタイルを保持しており、編集後記においても秩父宮への言及は確認できない。

図10　東奥義塾『学友会誌』11号 1937年

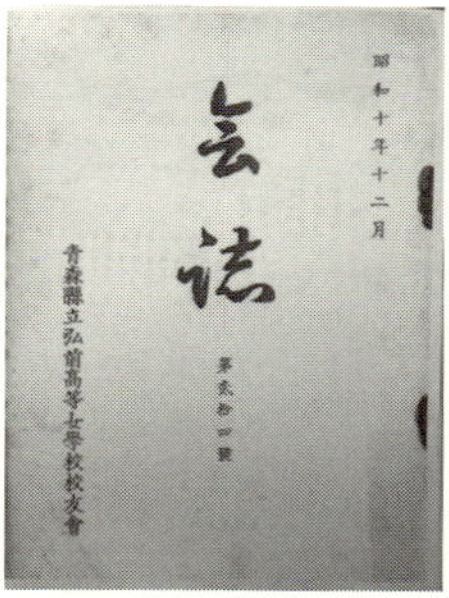

図12　青森県立弘前高等女学校『会誌』第24号 1935年12月

図11　青森県立青森中学校『校友会雑誌』第47号 1937年3月

図13　青森県立弘前高等女学校『会誌』第25号 1936年12月

「御成」関連校友会雑誌の構成を見たときに「御大典」との決定的な差異を見出すことができるのは、各雑誌の口絵写真である。先ほど確認したように「御大典」記念号の場合、学校と天皇のつながりの記憶や勅語を召喚するスタイルをとっており、無論当時その扱いが慎重化していた天皇本人の写真などは掲載されないが、「御成」関連の校友会雑誌では弘前中学『校友会報』が「秩父宮殿下御親閲拝受の光栄」と題した秩父宮と

図 15　「奉迎式」弘前女学校『会報』50 周年記念号 1937 年 11 月

図 14　「秩父宮殿下御親閲拝受の光栄」青森県立弘前中学校『校友会報』第 38 号 1937 年 3 月

生徒が同時に写りこんだ口絵を（図14）、東奥義塾『学友会誌』が「秩父宮殿下御親閲拝受記念」として弘前中学とほぼ同じ口絵を提示している。まさに皇族と生徒が接触をもち、場を共有する状況を描きこんだものと評価できよう。同様の事は高等女学校についても指摘でき、弘前女学校『会報』では「奉迎式」として秩父宮妃とそれを迎える生徒とを同時に写しこんでいる（図15）。これらの口絵写真について、撮影の主体と編集意図そのものについては明らかではないが、写真自体の構成が生身の皇族と生徒の接触を強く意識させるものとなっていたことは確認できる。まさに理念化され、想起される天皇と対比した時に、地域を訪れた皇族は生徒と直接の関係を結ぶものとして表象されていたのである。

いわばこの秩父宮「御成」に関わる校友会雑誌では「御大典」のような天皇（制）の一大イベントとは差異化を図り、表立って記念号としない方針をとりつつも、内容構成は「御大典」記念号と同様か、それ以上に天皇（制）的なものと接近したスタイルをとっているのである。

「御成」をめぐる文章表現

では、そのような構成を持つ校友会雑誌の個別の記述を検討してみよう。

まず確認したいのは教師による秩父宮、同妃、および「御成」に関わる表現である。はじめに東奥義塾『学友会誌』冒頭において「秩父宮殿下之頌徳」として掲載された学友会長兼校長の文章を引用したい。秩父宮は一九三六年一月と同年三月に同校を訪れており、また退県直前の同年一二月には青森県域の学校生徒を集めての親閲を行っている。

> 加之日本の将来を建設すべき青年学徒の教養の上に絶へず洪大なる御高徳を垂れさせられ、その向かふべき所を示させ給へる忝なさに至りては、これを頌へ奉るに言葉なき次第である。（中略）此度当塾と弘前に在る中学校、工業学校の為め特に生徒会員活動の御親閲を給はれる学事御奨励の尊き御高徳に対し奉りては唯々恐懼感激の外は無い。（中略）御高徳と光栄との数々とを永久心の碑に誌し、吾等は将来一層忠誠の限りを致す為めの亀鑑と仰がん事を堅く願ふものである。

「頌へ奉るに言葉なき」など、「御大典」記念号で確認された様な天皇を寿ぎ讃える紋切型と同様の表現が反復されている。しかし注目すべきは「学事御奨励の尊き御高徳」という一文である。「御大典」記念号が勅語等「天皇制公教育」下の表象を媒介する形で天皇（制）と接続していたのに対し、ここでは学校と皇族との間に直接の接続が図られているのである。当該学校への訪問を行い、地域の生徒を集めての親閲を行う秩父宮の「御成」は、皇族と学校との間に他の物を介在させない直接の関係の形成として教員の言説にも取り入れられ、生徒の規範として描かれていくのである[23]。

青森中学『校友会雑誌』の学校長謹話「秩父宮殿下御台臨記念」を見てみたい。同校は一九三六年一二月七日、退県直前の秩父宮の台臨を受けているが、同談話では紋切型に台臨の感激が描かれたのち、秩父宮の台覧に際して『記念として何が最も適当であるか』という問題に焦点が当てられ、生徒の言動に言及される。

> ［引用者注――議論をした生徒の］其真摯な態度と堂々たる熱弁には驚いたと云ふのである。特に下級生が上級生に劣らず意見

を発表したのは意表外であつたと云ふ。之を聞いて私は喜んだ。流石は日本国民であり、流石は青中健児である。其熱情の迸るところ、必ずや今次の御台臨によつて本校に画期的の大なるエポックを作るに相違ない

ここでは秩父宮「御成」記念を考える際に現れた生徒の自主性の発露が描かれており、皇族との接触を機に生徒が「日本国民」として成長していく流れが看取されよう。しかし、この「日本国民」も「流石は青中健児」として「本校に画期的の大なるエポック」をもたらすというレトリックからも明快なように、学校という場に回収されていくことにも留意したい。

ちなみにこの青森中学における秩父宮台臨記念イベントは最終的に秩父宮の近影の掲揚、国旗新調、朝礼台の改造といった物質的なものと、「精神的事業として」「敬礼」と「静粛」と「清潔」といった学校生活習慣の改善となっている。それぞれ「礼と云ふのは心の発表であつて動作の根本である」、「本校の生徒の欠点中で誰でも最初に気がつくのは私語が多いと云ふ事である」、「数年前は汚いので有名だつた我校舎がこの通り立派になつた」とあるように、アクチュアルな学校内の問題を解決するよすがとして、プラグマティックに皇族の「御成」を導入していく動きが読み取れよう。非常に実態的かつ細かな学校生活の向上と皇族の「御成」は接続されているのである。

続けて生徒の言説を確認する。まず先ほど秩父宮台臨をめぐって生徒が議論を戦わせたことが教員の記述からも明らかとなった青森中学の三年生による「秩父宮殿下御台臨を仰ぎ奉る（一）」を見てみよう。一九三六年一二月七日の秩父宮による同校訪問に際し、幾何の台覧授業に参加した生徒の記述である。

鉛色の陸奥の空は、今日を限り、御退県の　殿下を御慕ひ申すか、朝来粉雪に包まれてゐる。／其の中に我等一千健児の真心により清められた校舎が静かに殿下の御来臨をお待ち申上げる。／我々は教室に入つて予め先生の御話がある。『三年は学校の中堅である。その中堅たる我等が今度此光栄を忝うすることは千載一遇であつて、我等は此を只光栄として止むのみならず、学業は勿論校風刷新にも率先して邁進しなければならぬ』と。／先生の光栄に感泣して心の奥底よりほとばしり出るあの一言には

我々も深く肯き又肝に銘じたのである。刻一刻時は過ぎ行く。胸の鼓動を抑へつゝ御待ちする。／やがて殿下御来臨の御時刻。何時もとは全く異なつた気分の中に授業は開始せられた。（中略）／微かに　殿下の御靴音、いよ〳〵御成りである。『直れ』の一声、直立不動、誠心より敬礼し奉つた。殿下の御答礼いと御丁寧にあらせられるやうに拝察される。頭を上ぐれば我等が日頃新聞等に拝み奉れる御写真と寸分の御変りもあらせられず、その御つや〳〵しき御顔、御立派な御軍服の御体格を拝しては　殿下の御日常の御精励をさへ拝察されたのである。僅か一年四ケ月間に我等の承つた御高徳は数知れないが、今日の此日こそかく直宮様をまのあたり拝する光栄の日である。／再び壇上に立ち、一言又一言出来るだけ慎重に、身に余る光栄に身内の奮ふのを感じつゝ遂に証明を終つた。直ちに窓際に不動の姿勢。／殿下の御前で一言でも言ひ得るならば無上の光栄と前々より思つてゐたのであるが、こゝで其の実現を見た事は私にとつて最大の歓喜である。／引続き先生の作図がなされた。あの力のこもつた一語一語、然も感涙の中よりほとばしり出る語は全く私の壇上に抱いた気持ちと同じだつた筈だ。

この引用でまず確認できるのは教員の言説と近似した「御成」の捉え方である。同校校長の談話でも「清潔」が精神的な記念事業として挙げられていたが、秩父宮を迎える「清められた校舎」への言及はまさにこの文脈で考えることができよう。加えて、当日の教員による「御話」に誘導される形で自らを学校内の「中堅」と位置づけ、「御成」を契機に「学業は勿論校風刷新にも率先して邁進」することへの意欲が描かれる。

次に注目すべきは台覧授業に現れた皇族を描く表現の位相である。ここでは「御つや〳〵しき御顔、御立派な御軍服の御体格」とあるように、血の通った人間としての様相を描き出しているが、先ほどの「御大典」における天皇の表現が紋切型に終始し、具体性を持たなかったことと比べると、注目すべき大きな差異である。

青森中学の引用部に関して最後に指摘すべきは、「御大典」の生徒の言説でも確認したような、自らを「国民」として天皇（制）と接続しようとする在り様である。秩父宮の前での回答を「無上の光栄」「歓喜」という言葉で表した生徒は、皇族を前にした教員の言動から「全く私の壇上に抱いた気持ちと同じだつた筈」と、教員との間に共感関係を見出している。皇族を前にして、教員とフラットな関係を形成し、教員の提示するような言説を脱構築しており、教員の言説に在った、学校を経由してのものにも収斂しない。では、生徒の言説において具体的に経由するものは何か。それは、疲弊した僻地としての青森という地域と、それに希望をもたらす存在としての秩父宮である。東奥義塾の五年生の手による「秩父宮殿下の御慈しみにより」を見てみたい。

息つく暇もなく凶作に喘ぎ、殆ど生色なく、最早更生の見込みなしと思はれた我が青森県も　宮殿下の御慈しみ深い御指導に、県民が恐懼感激して努力に努力を重ねた結果始めて光明の曙光を見出すに至つたのであります。（中略）我々は　宮殿下の御慈しみ深い御指導により、此処迄更生させて頂いたのでありますから、今後は一致協力して新しい運命を打開しなければなりません。而してこの更生青森県を二度と疲弊させぬ様、いや尚一層発達させる様にする事こそ　宮殿下の御希望であり　殿下に対し奉る我々の義務であると信じます。

いわば地域性が前景化し、天皇（制）との回路として機能しているのである。この事は弘前中学の五年生による秩父宮奉送の文章「秩父宮殿下御親閲に参列して」においても「殿下が御高徳を追慕し、荒れ狂ふみちのくの天地を、なごやかな、実れる楽園にしよう」と表現されるなど、多数の事例を看取することができる。まさに地域と言う自らに親しいものを経由し、そこに住まう国民の一人として皇族との接続を図っているのである。端的に国民国家的な接続を図っていた「御大典」における生徒の言説の事例よりもさらにより細かな審級の存在が指摘できよう。

生徒側の言説のうち、最後にいま一つ確認しておきたいものとして、平民的な皇族像の表出を挙げておきたい。弘前高等女学校『会報』における三年生の「秩父宮妃殿下を迎へ奉りて」という文章を引用する。

空は何時になく高く、庭の樹々も花も、小石も、風に翻へる日の御旗も今日の喜びに浸り切つてゐた。間近に尊き御姿を拝する時、其の御高徳に、一人でに頭の下るのを覚えた。（略）／真心こめて歌ふ其の声は、紺青の空に吸ひ込れてしまつて、高い遠い空でも、歌ひかへしてゐる。私達は、我が校だけに迎へ奉つた誇りと、喜びと、畏多い事ながら、御姉君の様な御親しみの心が三重となつて、我を忘れ、疲れを忘れて、踊り狂つた。

ここでは皇族妃に「御姉君の様な御親しみの心」即ち親近感を感じるという描写が確認できる。この事は勢津子妃のみならず、秩父宮についても確認することができ、東奥義塾『学友会報』の五年生による「秩父宮殿下の御高徳を拝し奉りて」では秩父宮の軍務時のエピソードが紹介され、一般将兵と混ざって「山男」たちと親しげに会話をする「庶民的」平民的な様相を看取することができる。このような表象の前提としては同時代の皇室の平民的な様相への転化と、皇族というある種の境界的な存在が考えられよう。先行論も指摘するように、一九二〇年代から皇室は平民的な性格を持つものへと転換していく傾向があったが[24]、それが学校メディアにも表出しているのである[25]。また皇族表象研究でも、皇族は崇敬対象、政治主体、軍事的指導者としての位相と共に、平民的、庶民的な位相で語られる存在であったことが指摘されており[26]、その同時代における様相を確認することができよう。

以上の記述をまとめるに、皇族「御成」に関わる教員の言説からは、学校という「御成」の場を前提とした生徒と天皇（制）との接続を語るものが確認され、それは「御大典」における紋切型表現の反復と同時に、より実態的実益的に皇族の「御成」を学校生活と接続するものであったと評価することができよう。

また、生徒の言説からは教員のそれに加え、血の通った人間としての具体的な皇族表象、地域性と密着して語られる国民としての生徒と皇族・天皇（制）との接続、そして平民的な昭和初期の皇室像と接続できるような皇族像とが確認できた。まさに実際に皇族という天皇（制）の補完的な存在が生身の存在として立ち現れ、接触するという経験によって、天皇（制）をめぐっての端的な紋切型に回収の困難なイメージが呈示されたのである。

おわりに

以上、ここまで国家的な一大天皇（制）イベントとしての「御大典」と地域的なそれとしての秩父宮「御成」に関わる校友会雑誌と、雑誌内において展開された天皇（制）イメージについて考察を試みた。

「御大典」記念号では、イベントを前景化させつつも通常の校友会雑誌の内容と共存させる構成を採用し、図像表現では天皇と「御大典」をそのまま表象するのではなく、同時代の法規範の中で規制された中でぎりぎりの選択が為されていた。「御成」に関わる校友会雑誌では、「御大典」の際のように特別号が編まれることなく、通常の外見を採用するものの、構成においては、例えば直接皇族の姿が映った写真を掲載するなど、実質的に「御大典」記念号以上に地域に来臨した皇族を意識した構成を取っていた。即ち天皇（制）イベントに特化した校友会雑誌は、メディアとしてそのイベントを編集のコンセプトとしつつも、校内情報を掲載し、一年に定められた数を発行するというスタンスを崩さず、それゆえに通常時と同じ校友会雑誌としての自律性を獲得していた反面、その扱いに関してはイベントの経験の差異から来る反応の濃淡があったのである。また、イベント自体に一切触れない編集後記や、規範的な表現から逸脱する図像表現でも明らかなように、天皇（制）的なものへの表立たない隠微な逸脱の徴候をすら見ることができるのは注目すべきであり、まさに従来の所謂「天皇制公教育」研究では見出し得ない様々の様相が指摘できる。

　また文章表現について、「御大典」記念号の教員の言説は学校を経由する形で生徒を天皇（制）と結び付け、学校生活の質的向上を企図するものであり、その記述においては同時代によく見られる紋切型表現が反復されていた。生徒の言説については「御大典」を通して「国民」の一員として、必ずしも学校を経由しない形で天皇（制）と繋がる記述の様式が確認できたが、そこに於いても想像された天皇（制）を描く紋切型表現の反復の傾向が強固であった。これらからは、ある種の国民国家的な問題の浮上する余地が指摘できる。それに対し、「御成」に関する校友会雑誌では、教員の場合「御大典」記念号の記述と同じく紋切型の反復を確認することができるものの、より実態的に学業や学校への利益との接続が図られており、生徒の記述においてもそれは共有された。その教員の言説の傾向に加えて生徒の記述では「御大典」の場合と同じく「国民」として天皇（制）と自らを直接つなぐ言説が見られたが、その際には地域性を媒介するという、具体性を備えた記述がみられると共に、生身の親しみやすい皇族像という、実際に経験したことを率直に描く方向性が看取された。やや図式的にまとめるならば「天皇制公教育」のシステム側に存する教員による天皇（制）をめぐる表現は少々の振幅を孕みつつも紋切型とならざるを得ないのに対し、システム内の存在であっても生徒においてはある程度の自在な表現を行い、教員の言説から抜け出す余地があったといえよう。それゆえ生徒の言説は徹底して同時代性を反映するものであり、同時に非常に隠微な形ではあれ「天皇制公教育」から逸脱する余地を持ったのである。まさにこのような天皇（制）の表現をめぐる隠微なせめぎ合いの中において、様々の規範との関係性を時に踏襲し、時に逸脱するものとして同時代の学校文化は存していたのではなかろうか。

以上の検討をより実証的に強固にするには検討範囲を時代的、史料的にもより広範に設定した考察が要請されよう。今後の課題としたい。

（1）　主に思想や制度面から検討を行った堀尾輝久『天皇制国家と教育――近代日本教育思想史研究』（青木書店、一九八七年）や久保義三『天皇制と教育』（三一書房、一九九一年）などとともに、個別具体的に学用品やイベントから検討を行った佐藤秀夫の一連の著作（『教育の文化史1――学校の構造』（阿吽社、二〇〇四年）に多数所収）や山本信良・今野敏彦『大正・昭和教育の天皇制イデオロギー（Ⅰ）――学校イベントの宗教的性格』（新泉社、一九七六年）などを参照のこと。

（2）　山本・今野前掲書。

（3）　C・ギンズブルク著、竹山博英訳『神話・寓意・徴候』（せりか書房、一九八八年）。

（4）　主要な先行論としては多木浩二『天皇の肖像』（岩波書店、一九八八年［岩波文庫、二〇〇二年］）、T・フジタニ著、米山リサ訳『天皇のページェント　近代日本の歴史民族誌から』（日本放送出版協会、一九九四年）、原武史『可視化された帝国』（みすず書房、二〇〇一年［増補版二〇一一年］）、若桑みどり『皇后の肖像――昭憲皇太后の表象と女性の国民化』（筑摩書房、二〇〇一年）、北原恵「教科書のなかの「歴史／画」――天皇の視覚表象」（『歴史評論』第六三四号、二〇〇三年）などを挙げることができよう。そのほかにも本論文に関わる重要な天皇（制）イベントの先行研究として古川隆久『皇紀・万博・オリンピック』（中公新書、一九九八年）を挙げたい。

（5）山田朗「近現代天皇制・天皇研究の方法試論――〈大元帥〉と〈立憲君主〉の二項対立克服のために」（『人民の歴史学』第一六五号、二〇〇五年）、河西秀哉「近現代天皇研究の現在」（『歴史評論』第七五二号、二〇一二年）を参照。

（6）同時代においては大嘗祭と即位式を総称して「御大典」「御大礼」「大典」「大礼」等と記述された。本章では多くの校友会雑誌が採用するように、「御大典」の表記を使用する。

（7）天皇の代替わり儀式と国民との関係については、山本・今野前掲書、田中真人「近代天皇制国家における即位式・大嘗祭」（『日本史研究』第二〇七号、一九七九年）、菊池克美「一九二八年の儀式と『国民』――即位礼と奉祝イベント」、小松裕「登極令の制定について」（いずれも『歴史評論』第三五八号、一九八〇年）、所功「『登極令』の成立」（『産大法学』第二二巻三号、一九八九年）、高木博志「日本の近代化と皇室儀礼」（『日本史研究』第三二〇号、一九八九年）、中島三千男『天皇の代替わりと国民』（青木書店、一九九〇年）、西秀成ほか『昭和大礼記録資料　解説』（不二出版、一九九〇年）、右田裕規「祝祭と消費――大正・昭和初期の〈都市的〉な祝祭体験」（『社会学評論』第六三号、二〇一二年）、小山亮「一九二八年「昭和大礼」と写真報道――大礼使による写真規定とその運用を手がかりに」（『歴史評論』第七六二号、二〇一三年）等を参照。

（8）山本・今野前掲書。

（9）この行啓は一九一九年七月に裕仁皇太子が同校を訪問し、授業等の視察を行ったものである。

（10）『旧制中等諸学校の『校友会雑誌』にみる学校文化の諸相の研究とデータベース化』（科学研究費補助金（基盤研究B）研究成果報告書、二〇一一年）。

（11）中島前掲書。

（12）佐藤秀夫「『御真影』と教育勅語　解説」（佐藤秀夫編『続・現代史資料8　教育　御真影と教育勅語1』みすず書房、一九九四年［『教育の文化史4――現代の視座』阿吽社、二〇〇五年］）、松田隆行「大正天皇の「御大典」と地域社会――天皇の即位儀礼と国民統合」（『花園史学』第三二集、二〇一一年）。

(13) 一方で佐藤前掲書においても指摘がなされるように、「日の丸」の定着がどのレヴェルで達成されていたのかは議論の余地がある。本事例もその過渡期的な様相として解釈しうるものとして留保する必要があろう。
(14) 久保前掲書。
(15) 原前掲書。
(16) 原前掲書。
(17) 行幸啓とは天皇、三后、および皇太子の外出のみを指す語であり、訪問地が複数にわたる場合には巡幸、巡啓と表記される。同時代に皇族の地方訪問は「御成」と表記されたが、学術用語として定着しておらず、本章では括弧つきで表記する。「御成」の先行論としては茂木謙之介「〈聖なる皇族〉研究序説」(『東北宗教学』第四号、二〇〇九年)を参照。
(18) 行幸啓研究の先行論としては佐々木克「明治天皇の巡幸と『臣民』の形成」(『思想』第八四五号、一九九四年)、原前掲書等があるが、従来からその実証性が要請されており、本章もその問題意識を共有するものである。
(19) 『新編弘前市史』(『新編弘前市史』編纂委員会編、二〇〇五年)および茂木謙之介「地域社会の皇族表象――昭和一〇年代・青森県を事例に」(『東北文化研究室紀要』第五二号、二〇一〇年)、茂木謙之介「弘前の秩父宮――戦中期地域社会における皇族イメージの形成と展開」(『歴史評論』第六七二号、二〇一三年)を参照。
(20) 斉藤利彦『試験と競争の学校史』(講談社現代文庫、二〇一一年[平凡社選書、一九九五年])、北原かな子「明治九年東奥義塾生の『天覧授業』について――文明開化期日米文化交流の中に於ける意義」(『年報日本思想史』第七号、二〇〇八年)などを参照。
(21) 当該時期の地方における皇族イメージに関しては茂木前掲論文(二〇〇九、二〇一〇、二〇一三)を参照。
(22) 校友会雑誌を参照しつつ行幸啓と中等学校の関わりを論じた先行論としては、白木宏司「明治四二年皇太子岐阜県行啓の概況――岐阜県立農林学校への行啓を中心として」(『岐阜県歴史資料館報』第二一号、一九九八年)、宇都宮めぐみ「『外国』・『植民地』出身留学生をめぐる表象と役割――一九二四(大正一三)年同志社女学校皇后行啓に注目して」(『同志社談叢』第三〇号、二〇一〇年)などが挙げられる。

(23) 同様の言説は高等女学校の教員の言説にも見られる。弘前高女『会報』「巻頭言」では校友会長が秩父宮妃の台臨を「本校無上ノ光栄」とし、「私共職員生徒一同此栄誉ヲ永遠ニ記念シ母校ノ歴史ヲ辱カシムルコトナク益々高邁ナル理想ノ実現ニ努メ温良貞淑、信念情操兼備ノ女性トシテ御高志ニ酬イ奉ラネバナラヌ」と規範化している。
(24) 坂本一登「新しい皇室像を求めて」(『年報　近代日本研究』第二〇号、一九九八年)、伊藤之雄『昭和天皇と立憲君主制の崩壊』(名古屋大学出版会、二〇〇五年) などで平民的なイメージの展開が論究されている。
(25) またこれは佐藤秀夫が前掲書において一九三〇年代の教育状況に関して「ファシズム的」と集約するものにとどまらない様相としても評価できよう。
(26) 茂木前掲論文 (二〇〇九、二〇一〇、二〇一三) を参照。

II

学校文化における相克の諸相

第4章　学校紛擾における要求実現のための生徒の行動様式
――同盟休校と決議文を中心に

市山雅美

はじめに　学校紛擾の位置づけと定義

明治・大正・昭和前期を通し、各地の学校で生じていた学校紛擾（あるいは学校騒動）は、非日常的で突発的に見える事件ではあるが、決して特異な事件ではなかった。当時のジャーナリズムの関心も高く(1)、教育行政の場でも様々な対応がとられていた(2)。「学校紛擾とは学校紛擾として報道されたところのものである(3)」といわれ、非常に多様な形態を示しているが、それについて、「学校と、それを管理する府県行政当局、あるいは時には県会」、「教員対教員」、「生徒対学校」、「生徒同士あるいは生徒団体間」という構図で整理がなされている(4)。その中で、本章では、「生徒対学校」の学校紛擾を取り上げる。その中でも、中学校の学校紛擾の分析を行う。

「生徒対学校」の学校紛擾は、学校に対する日常的な不満の爆発という面も持ちつつ、体罰への批判など、自分たちで自らの学校の問題点を提起していこうとする活動の側面もあり、生徒自治の事例として重要な意味を持つ。

その際、紛擾の当事者である生徒が、何を考えどのように行動したのかということを究明することが必要となる。佐藤秀夫は、「明治以降に形成されてくる学校の社会機構としての性質、その学校文化の基本的性格を『学ぶ』側または『学ばされる』側の視座から照射したものが、学校紛擾に他ならない」と述べている(5)。しかし、佐藤の研究も、文部省の史料を中心としたもので、生徒の言動について十分に論究されているとはいえない。本章では、「学ぶ」側の視点から学校紛擾を論究する中で、どのような要求を、どのような形で提示したのか、また、生徒がどのようにして要求を立ち上げ、要求実現のためにどのような行動をとったのか、その行動様式について分析を行う。

そして、それは、生徒の意識の分析にとどまらず、寺﨑昌男が「学校紛擾は公教育体制の外側からの動揺ではなく、その内側からの、内側における動揺であった(6)」と論じるように、学校紛擾の研究は、生徒の側から近代日本の教育をとらえなおす試みである。

学校紛擾は、外部からの指導や影響があった事例も考えられるが、学校の課す日常の制約を離れたところで、生徒たちが自ら行動方針を打ち立てる必要がある。そのため、生徒の考えが鮮明に行動に表れ、生徒たちの思想や文化を探るにはまたとない事例となる。

しかし、それは、学校や教員に対する単なる反発や、生徒の要求がそのまま表出されたものではない。要求実現の達成を企図して、生徒は自分たちの正当性を主張したり、卒業生や保護者（「父兄」）、社会の支持を得たりするために、理論武装や規律なども必要とされた。そこには一種の行動様式というものが存在し、そこに生徒たちの学校観が表出される。この意味でも、学校紛擾は生徒文化を解明する際の重要な手段となりえる。

生徒たちは、学校や教員に対する様々な不満や要求を表出する。それらは、『校友会雑誌』（以下一般称としては『』を略す）の文章や演説という形で現れる場合もあれば、学校の日常の中で、紛擾にまで至らない形で行われることもある。例えば、前橋中学校では、一九一六年、修身の時間に、「兵隊靴に床踏み鳴らして喧騒し或は授業参観者来訪の折など殊更ら『出来ません』を連発して、案内せる校長の面目玉を潰す(7)」といったことがあった。そのような事態にとどまらず不満や要求の噴出が明確な形を取り、学校側も何らかの対応を迫られるまでに至った状況を「学校紛擾」と定義する。

学校紛擾の形態としては、同盟休校（「ストライキ」といわれることも多い）、授業・試験・行事の拒否、決議文などの提出、県などへの陳情、暴力（対教師、対校舎）など、様々な形態が挙げられる[8]。そのうち、生徒からの要求が端的に示されることの多い、同盟休校や教員排斥運動と決議文の提出を中心に取り上げる[9]。特に決議文は、生徒の主張が生徒自身の手で文書化されたものとして史料的に重要となる。

学校紛擾における生徒の言動に関する史料としては、学校史等に掲載されている回想録や、新聞記事などを用いる。佐藤秀夫が指摘するように、前者については、「時間の経過による『誇張』（武勇談）や回想者の現在の立場からの『評価』」がありえる。後者についても、「興味本位の取材・センセーショナリズム・一方の立場への『肩入れ』などの『偏向』」がありえる[10]。そうでなくても、前者については記憶違いが起こり得て、後者については新聞記者は当事者でないため、取材自体当事者からの伝聞の形となることが多い。しかし、限られた史料で、生徒の側から学校紛擾に迫る場合、これらの史料の使用を避けることはできない。史料の限界を踏まえつつ、積極的にこれらの史料を活用することとする。

1　同盟休校

ここでは、同盟休校とは、全校生徒もしくはある学年の生徒全員あるいは大多数で欠席を行うことと定義する。大多数が休校に踏み切るには何かしらの意思統一、決議が必要となってくる。例えば、一九二三年の水海道中学校の事例のように、「我々一同は飽くまで当局の回答を求め応ぜざる場合は我々第三学年一同は断然同盟休校を大決行する」（本章末資料②）といったように、決議書などの形で、明確に宣言して同盟休校を行うことも多い。

決議の進め方には様々な形がある。一九二一年の水戸中学校の事例では、各学年から委員を選び決議文を作成し[11]、全校生徒を演舞場に集めた上で、「賛成か否か」を問うた。[12] 上記水海道中学校の事例では、三年生が映画館に集合して協議を行い要求書を決議した。[13] このように合意を形成しながら進むこともある。あるいは、一九〇五年の前橋中学校の同盟休校のように、全校生徒を集めた上で、「盟休をなさねばならぬに至った理由を演説し、次いで決議文を読み上げげた」[14]というように、決議文は首謀者のみで作成しても、その後で全員で決議を共有する場合もある。

その一方で、上級生のみで同盟休校を決定し、下級生を巻き込んで登校を押しとどめるなど、決議が全員に共有されていると言えない場合もある。一九二〇年の会津中学校の同盟休校では、通学の途中「五年生が四、五人いて、『今日はストライキだから帰れ』と言われ、上級生の言うことだから、理由も何も聞かずに帰った」という回想もある。[15]

表1は、弘前中学校で起こった同盟休校をまとめたものだが、同盟休校は、実際には、計画だけのもの（計画中に教師に発覚など）[16]、中止（卒業生などの仲介・慰撫などで）も多く、長期間の同盟休校は少ない。[17]

同盟休校は、おおよそ次のような過程で進行する。日常の不満の蓄積→あるきっかけで不満が噴出→同盟休校の企図→（同盟休校合意の形成）→学校側への意思表示・要求提示→同盟休校の実施→学校・生徒・父兄・卒業生間で、事態打開の折衝→復校・関係の修復（謝罪など）→生徒処分（行われないこともある）。

表1に見るように、生徒の要求が通ることは少なく、生徒側には処分が下されることも少なくない。それでもなお、同盟休校が続いたということが重要な論点となる。

2　学校紛擾の原因と生徒の要求

学校紛擾の原因ときっかけ

紛擾に当たって、決議文・宣言文、要求書（教員排斥運動の場合、辞職勧告書などの場合も）がつくられ、学校側

表1　弘前中学校の学校紛擾

期間	原因	参加者	経過	要求	事態の収束
1914年 3月3日 午前（半日）	人気教師の退職、器物破損を行った生徒の取り調べ	4年生全員	2日同盟休校を決議　3日同盟休校、弘前本丸公園に集合、理由書の朗読	教師の退職問題、校長の人格問題について	「父兄」側の説得により生徒が校長に謝罪、校長も寛大な措置を約束
1920年 9月ごろ（計画のみ）	女優に恋文を出した生徒の取り調べ	一部のグループ	卒業生の仲介があり、計画のみ		
1921年 1月25日〜27日（3日間）	歌劇観覧不許可、劇場入場の監視、校長の厳格な態度	3〜5年生	決議文を校長に提出し回答を迫る	懲罰、生徒取締、教育方針について（資料①参照）	卒業生・「父兄」のあっせんで処罰者を出さず落着、校長の転任
1926年 10月（未遂）	雨天の運動会決行、某教師に対する反感	5年生	決議文を作成し校長に迫ろうとした		卒業生がなだめる
1927年 6月23日（短時間）	校長の学校運営に対する反発	4、5年生	学校外の広場に集まり要求事項を挙げる	校友会改革、選手の待遇、差別待遇撤廃、生徒処分等に関する要求	教師が急行し説得、生徒を連れて帰校
1929年 11月6日（短時間で中止）		乙組以外の4年生、5年生	長勝寺に集合し要求・運動方針について議論	校友会改革、独断的な校長の態度、校友会の資金、教員の殴打についての要求	教師が急行し大会を解散させる　2名停学
1931年 10月20日〜29日（10日）	校長の専制的教育方針、体罰	4、5年生	19日幹部同盟休校実施の決定、20日決議文要求書を読み上げ、嶽温泉に籠城	校長、二教員の排斥	校長の休職 一教員の転勤 生徒4名退学 10名停学処分
1931年 10月24日（未遂）	上級生の同盟休校に同情	3年生	黒森山に籠城を企てる		途中で連れ戻される
1932年 10月29日（短時間）		5年生の一部	盟休記念デモ行進を企て、弘前公園で気勢を上げる		
1932年 11月2日（未遂）	自治会発足の要求を行ったが校長より確答がない	3年生約140名	竹館温泉に籠城を企てる	自治会発足、教師排斥	教員が説得し連れて帰る 11名退学、父兄会は校長に謝罪

『鏡ヶ丘百年史』,『東奥日報』,『弘前新聞』より作成

に提示されることがある。以下、それらを総称して決議文とする。決議文には、要求の内容、要求を提示するに至った経緯などが記されている。要求の内容については、教員の辞職や留任、校長による恣意的な教員人事に対する批判、生徒に対する態度、訓育の方針、校友会運営の方針に対する要求など多岐にわたる（章末資料①〜③参照）。

学校紛擾の原因を考える際、重要なのは、学校紛擾の原因ときっかけとなった出来事は分けて考える必要があるということであろう。佐藤秀夫は、学校紛擾について、「日常的な学校活動上の問題状況の噴出である」と論じている(18)。同盟休校を企図するきっかけは、些細なものであることも多い。しかし、そこをきっかけに、これまでの学校に対する不満が噴出すると考えることができる。

弘前中学校の一九二一年の同盟休校（未遂）は、歌劇観覧禁止がきっかけであったが、根本の問題として、資料①の決議文にあるように、学校の教育方針に対する批判を表明している。生徒は、「一観劇問題は動機となり之れを機会として種々の問題を付けたるが如く学校では弁解して居るやうなれ共実は決して然らず此決議に書き居る通り(19)」と語り、観劇のことが問題ではなく、学校の教育方針を問題としていることを強調している。歌劇禁止についても、「取締方針の一定せざる事」の例として出しているに過ぎない。校長は「今回のストライキは近因としては過般の歌劇にあるべきも根深き原因は放縦なる思想にかぶれ自由を束縛する等と妙な不平を抱き其の不平が歌劇問題を機会に勃発せるものらし」と語っている(20)。一方で、『弘前新聞』は、「愚劣なる決議」として「歌劇を見せないのが悪いといつてストライキを起したのは弘中の不良生を以て嚆矢とするだらう」と論じ(21)、観劇禁止が原因と断じている。

ある機会に、それまでの要求が一気に噴出することもある。水海道中学校の一九二三年の同盟休校では、教諭の留任運動をきっかけに、三年生が集まり協議し「ゲートル着用その他学校のやり方に対する生徒の日ごろの不満が付け加わって(22)」、要求書の決議に至った（資料②）。校長や教員に対する辞職要求（教員排斥）も、決議文等を見ると、様々な具体的な要求の集約された結果といえる（資料③）。

しかし、教員・校長排斥を実現するために、排斥の理由として、生徒が不満に感じていることとは別の理由（醜聞など）を挙げることがある。

一九〇二年前橋中学校では、生徒の質問に答えられない教員について、「芸者買いをしている」ことを問題にして辞職勧告書を提示している[23]。一九一六年の松本中学校の校長の排斥では、生徒の不満は、新任の校長が、矯風会、相談会といった生徒の自治的組織を軽視する等、それまでの松本中学校の自治を否定したことにあった[24]。しかし、校長排斥にあたってはそれを前面に出すことはなかった。「本荘校長に対する流言蜚語頻[25]に至り、全生徒は日々学業に就くに不安にして、一日と雖も安らかに授業を受くる事能はず、生徒としては校長に関する流言蜚語を直ちに認むるものに非ざれど、其の流言蜚語を取消すに充分なる証明を県当局者より得て、安心して学業に就かんとするに在り[26]」と、県に陳情しようとした（卒業生の説得で取りやめ）。自治の抑圧を理由にするのではなく、「流言蜚語」を口実として、校長の排斥を進めようとした。

時には、皇室に対する不敬とされる言動を、排斥の根拠として利用することもある。一九二七年帯広中学校の教頭排斥の決議文では、排斥の理由の一つとして、「諒闇中に不謹慎(ママ)の行為ありしこと（先帝崩御御当日及び第一期喪中において狩猟なせしこと）」が挙げられた（資料③）。

このように、生徒の要求・利害から発した理由を挙げるだけでなく、当時の社会規範からの逸脱といったように、社会から理解を得られやすい理由を挙げて、教員排斥の正当性を主張する方策を取る場合もある。このように、生徒たちは自分たちの要求実現をいかに社会的に受け入れやすい形で訴えるか考えていたと言えるだろう。

決議文の内容

ここでは、決議文に共通する生徒たちの思想を明らかにしたい。決議文については、要求を掲げるだけでなく、決議文を出すに至った経緯などを説明し、やむをえず同盟休校に至ったというように、自分たちの要求の正当性を主張するものとなっている［傍線は引用者による］。

一九一八年秋田中学校　宣言文（抄）（第四学年一同[27]）

前述の如き（「毎週二課目づつ三ケ月に亘る試験」――引用者）は、実に試験を悪用するものと信じたれば、生徒は校長に対して其改良を懇願に及びたれども、言を左右に託し、校長たるの威圧を以て之を拒絶せり。（中略）

然るに安岡校長一たび本校に職を奉じてより、以来失態続出す。思ひてここに至れば、生等の前途実に暗澹たるものあり。生等は名誉ある母校の歴史を顧み、生徒及び後輩の将来と母校の運命とを思ひ、血涙を揮って安岡校長に辞職を勧告し、其の在職中は断然登校せざることを期し、生徒一致団結し、神明に誓ひて飽くまでも去就を一にすべし。

一九三一年弘前中学校　決議（四、五年生一同[28]）

教育の根本精神は人格の養成を期するにあるは何人も之を知るところなり。我等が弘前中学生徒たる所以も一は之にあるなり。然るに今弘前中学校当局の教育方針を見るに只欺瞞と矛盾と暴力のみである故に我等はその非なることを和平的態度を以て再三それとなく指摘して三省あらんことを求めた。然し三省はおろか我等に対する当局の態度はます〳〵激しくなるのみにして一つとして教育の根本的精神即ち人格を養成する教育は行はず。こゝに於て我等は教育精神に則り学校当局の時代錯誤的な教育方針を打破し弘中百年の禍根を断つべくこの際断乎として校長並びに長谷川、立石両教員を絶対排斥す。

一九三四年粕壁中学校[29]（在校生一同）

かくすれば　かくなるものと知りながら
やむにやまれぬ大和魂[30]

宣　言　書

今ヤ我カ国ハ昭和維新ニ直面シ建国以来空前ノ国難ニ遭遇セリ国民ハ挙国一致危機ヲ打開セムト日夜奮闘努力セリ此ノ秋ニ当リ我カ粕壁中学ノ現状ヤ如何　腐敗、堕落、ソノ極ニ達シ　質実剛健ノ気風モ最早ヤ学窓ヨリ去ラントシ職員間ニ於テハ自己ノ本分ヲ忘レ馘首ヲ恐レ長上ニヘツラヒ紛争相続キ風紀濶乱不正行為等枚挙ニ遑アラズ　又学徒ニ対シテハ自治ヲ忘レ不見識不正意不謹慎ナル態度ヲ敢ヘテ行ナイ　中ニモ職権ヲ乱用シ学徒ノ父兄ヲ恐喝シ学徒ヲ暗黒ノ淵ニツキ落サントス

吾等学徒ハ純真ナル立場ヨリ粕中ノ前途ヲ引イテハ国家ノ将来ヲ憂ヘ後輩ノ幸福ノ為ニ正義ニ立脚シ是ニ学徒ノ一致団結ヲ計リ職員ノ反省ヲ促サントス

これらの決議文の共通点として、以下の点が挙げられる。

第一に、秋田中学校、弘前中学校の例にあるように、「生徒は校長に対して其改良を懇願に及びたれども」、「我等はその非なることを和平的態度を以て再三それとなく指摘して」のように、(31)決議文を出す前に、(実際にどこまで行われたのかは不詳だが)、それ以外の穏当な手段を尽くしたことを述べ、教員排斥を行わざるを得なくなった経緯を述べている。

第二に、「母校の歴史を顧み、生徒及び後輩の将来と母校の運命とを思ひ」、「弘中百年の禍根を断つべく」、「粕中ノ前途」「後輩ノ幸福ノ為」と言うように、自分たちのためでなく、学校のため、後輩のために決議文等を出したことを述べている。更に、粕壁中学校の事例では、「国家ノ将来ヲ憂ヘ」と言うように、国家まで持ち出し自らの正当性の根拠としている。これは時代状況を踏まえ最も正当性が保障される形で要求を提示しようとする試みといえる。(32)

第三に、自分たちの要求が実現するまで、あるいは、要求書に回答がない場合は、同盟休校を行うという決意を示す場合もある。秋田中学校の例では、「其の在職中は断然登校せざることを期し」とあり、他にも、一九二三年の水海道中学校の例（資料②の（十）参照）や、一九二一年の水戸中学校校長留任運動の決議文には、県当局に対し「十八

日午前十二時マデ回答ヲ求ム得ザレバ全校挙ツテ断然退学ス」という文言がある[33]。ある意味、回答が得られない事態を十分想定したうえで決議文等を出していることがうかがえるが、いきなり同盟休校に踏み切らず、最終通告を出しているともいえる。

このように考えると、決議文等は、生徒の要求をそのまま表出したものではなく、社会や学校との関係の中で、要求を実現するための「戦略」の中で考えられたものであることには注意が必要となる。

決議文の提示

決議文は、校長に提出したり、校長の前で読み上げたりされる。一九二一年高田中学校の同盟休校では、教務の許可を得て授業をとりやめ、四、五年生全員で校長を講堂につれ出し、生徒代表が決議文を朗読した[34]。あるいは県に提出したり（一九〇八年札幌中学校、一九二一年水戸中学校[35]）、さらに、新聞社に決議文を通告したりするということもあった（一九二七年弘前中学校[36]）。

一九三一年弘前中学校の同盟休校の決議文朗読の際の状況については、「『校長！即答！』の叫声は場内を圧倒した、所で校長は徐ろに厳かな口振りで『即答でも何でもしてやる、私は弘中の為には飽く迄も奮闘する』と言はれた、その後いくら即答を求めても一言たりとも云ふて誠意を示して呉れなかつた、たまりかねた生徒は岸辺に寄せる潮の如く校外に流れ込んだ」と生徒は述べている[37]。

多くの場合、辞職勧告文・決議文を提示する段階では、すでに対立は深いものとなり、生徒側も、決議文が受け入れられるとは想定していなかっただろう。しかし、決議文等は、そのままの形で新聞に掲載されることも多い。例えば、弘前中学校の一九二一年の決議文、一九三一年の決議文は『東奥日報』に掲載されている[38]。そのため、決議文の提示は自分たちの主張を社会にアピールする機会となっていた。

3　学校紛擾における生徒たちの戦略

生徒側は、学校対生徒という枠組みで行動するのではなく、学校外の様々な勢力の理解や支持を取り付けようとしていた。同盟休校は、生徒たちの処分で終わることも少なくなく、そのような事態について、生徒たちも、新聞報道などで知ることができたであろう。処分などを避けつつ、いかに自分たちの要求を実現するかという点を考えて行動していたといえる。

一九〇一年盛岡中学校では、教員排斥運動の方針として、「学校改革運動はあくまで穏和に合法的に行ひ、先輩、県当局及び父兄に訴へ、新聞の力は借りるが（後略）」[39]と主張した生徒もいる。一方で、それが逆効果になることもあり、一九〇五年前橋中学校の同盟休校について、県議会で、県当局は、「新聞社弁護士、県会議員の間を遊説し陳情等学生にあるまじき手段を講じ」たということをもって処分を行ったと答弁している[40]。ここではまず、卒業生、地域の有力者（県会議員など）、新聞、地域の住民、保護者（「父兄」）との関係を論じていきたい。

新聞を利用する

既述のように、一九〇一年盛岡中学校では、「新聞の力を借りる」という方針を掲げた生徒もおり、一九二七年弘前中学校の同盟休校（未遂）では、「新聞社に決議文・要求内容を通告」するなどがあった[41]。一九一六年松本中学校では、校長の排斥にかかわっていた生徒が、「この事実[42]が歪曲されてはいけぬと思ったので、当時の日刊紙、信濃日報社と信濃民報社に事実を通告した」[43]などの事例がある。

一方で、新聞を利用しようとすることについて、一九二九年の弘前中学校の同盟休校について「一言したいことは

の方から苦言が呈されることもあった。

兎角新聞を利用しストライキの具に供せんとする癖のある事は之れは独り中学校許りではないが今回の弘中ストライキ劇の如き正に其例で何等の内容がないにも不拘麗々新聞に発表するなどは甚不都合である」[44]というように、新聞社の方から苦言が呈されることもあった。

しかし、生徒側に好意的に報道されることもある。一九三一年の弘前中学校の同盟休校では、『弘前新聞』は、七回に渡り「涙を呑んで嶽に籠城す　一盟休生徒の手記」を掲載し、生徒の主張を報じていた。生徒の方も、『弘前新聞』の記者に対し、「今日届いた餅を上げますから今少し待つて下さい」と好意的な対応をしている。[45]一方で、校長は、「君等が余りに新聞に書くから云はぬ」[46]と言ったと報じられている。このような場合、新聞記事は、生徒側に立った報道になることもあり得る。

地域とのかかわり

同盟休校は、学校に閉じこもって行われるケースばかりでなく、[47]生徒同士の話し合いや決議などは、地域の寺院、飲食店や旅館、林、河原、山などで行われることも多い。中には、招魂社（一九〇一年盛岡中学校）[48]、野砲連隊の馬場（一九二一年高田中学校）[49]、映画館（一九二三年水海道中学校）[50]などの例もある。

同盟休校は、地域住民と関わりながら進められ、時には、一九二一年水戸中学校の校長留任のための同盟休校では、「各種団体・個人から便宜の提供やカンパが寄せられた」[51]という学校史の記述や、一九三一年弘前中学校の同盟休校では、「同情した一般市民まで何かと仕送りをしてゐるが、弘前市内某肉店からは豚肉六貫を（中略）寄付」[52]、同盟休校解除後学校に戻る際も、「迎へた市民はいづれもその健康と弘中生徒の万歳を叫んだ」[53]という報道のように、地域の住民からの支援や支持が得られることもある。

一九二一年の水戸中学校の校長留任運動では、同盟休校の本部が市内の銭湯（卒業生の家族が無償で提供）の二階に置かれ、「学生である以上学業を忘れてはいけない」という趣旨から、常盤公園（偕楽園）で自習をおこなったりしていた。また、「慕菊池先生」の幕などを掲げ市内を行進したり、市内の神社で祈誓を行うなど[54]、地域の住民が生徒の行動を目にする機会も多かったと思われる。また、「天下の識士に吾等の赤心を訴へる復職宣伝ビラ一万枚」を「市内に散布」するなど[55]、地域住民の理解を得るように活動している。学校史は、「生徒の行動は規約によって整然としていた。この行動の統制があったから市民の好意と援助が寄せられた」と論じている[56]。

弘前中学校の事例では、弘前市街から一六キロメートルほど離れた嶽《だけ》温泉の旅館に籠城しており、弘前の住民との直接の交流はないと思われるが、後述のとおり同盟休校のいきさつなどは新聞に報じられ、住民の知る所となっている[57]。

卒業生・有力者への働きかけ

卒業生が県議会議員などの有力者となっていることも多く、ここでは卒業生と有力者を共に論じる。

一九二一年高田中学校の同盟休校では、「五年生のある部分が手分けして出来るだけ多くの先輩の皆様を訪ね、その都度、要求の内容と前日の討議の状況を報告し、要求の正当性と盟休のための事件ではなく、忍ぶ可からざる学校側の断圧《ママ》に対して正当なる行動を理解してもらうために努力し」、そして、「学生の勝利に終始したことはすべて先輩の仲介によるもの」との回想がある[58]。

一九三一年の弘前中学校の同盟休校では、籠城中の嶽温泉から二名の生徒が、卒業生の「弁護士小林剛氏宅を訪れ意見を聞いた[59]」と報道され、その翌々日に、小林剛は、県の学務部長を訪れ、教師に悪い点があったら教師を処置すべく又生徒側に不法行為があるならば生徒を処分して一日も早く事件の原因を究明し除去して解決したいと思うが県の意向は如何なるものか」と言う趣旨の要請を行った[60]。この小林剛は、一九二一年の同盟休校の時も、斡旋調停を行い処罰者を出さず同盟休校を解決したと言われている[61]。

また、事態の解決を卒業生にゆだねることもある。一九一八年、秋田中学校の同盟休校では、四年生一同の名で、「生等今回の件に就いては先輩諸氏並びに同窓会員諸君の面目を尊重し、本件の一切を茲に同窓会に委任す。而して荏苒日を空しうして学道を疎かにせんか、生等の素志に悖ることとなるを以て、本月二十二日を期して一同出校し、学業に勉励すべきことを茲に発表す」との表明を出した[62]。

生徒から卒業生に働きかけるだけでなく、卒業生の方から同盟休校支持の行動を起こすことも見られる。一九三一年の弘前中学校の同盟休校では、一九二一年以後の卒業生[63]が会議を開き、「円満なる解決を望む、但し学校当局の責任ある声明書を受ける迄は盟休生を物質的に援助す」と決議した[64]。また、卒業生で東京帝国大学の学生が組織する東大弘中会について、「ストに至った生徒らの動機をあらゆる角度から検討した。その結果、動機は純真であるとの結果に達したので、あくまでも生徒側を支持することを決議し、犠牲者を出すことにも絶対反対の態度を打ち出した。そして直ちに籠城中の生徒団に激励電報を送り、陣中見舞若干も送金した[65]」との回想もある。

県議会議員などに働きかけることもあるが、卒業生が県議会議員の場合もある。一八九七年、前橋中学校の教員排斥運動では、「社会に訴えて正しい批判を仰ぐことになり、折柄県会が開会中だったのを幸い、めいめいが手分けで出身地の議員を歴訪する」こととなり[66]、その結果、「先輩で県議会議員であった山田郡の飯塚春太郎氏等の居中調停により生徒が恭順（?）陳謝することで危うく破局を収め」、陳謝文を読み上げ落着したとの回想がある[67]。

一九一六年松本中学校の、校長の排斥では、同盟休校の形を取らず、県議会議員への働きかけの形を取った。「如何にして松中自治を死守せんかと考えた揚句、校内に風波の立ち騒ぐ様な方法ではなく、校長の転出を考え、政治的解決の方法として、先ず県会議員に訴え、県の学務課を動かそうと考えて、密かに県会議員百瀬渡先生・大和寿雄先生などを訪問して衷情を披瀝して松中の現状を訴えた。（中略）県議の情報で、学務課に対して生徒が不安な気持ちで落着けぬという意志表示の必要があるというので、(中略)県当局の善処を望む決議をした」(68)、その結果が、第3節で引用した、校長の「流言蜚語を取消すに充分なる証明を県当局者より得」たいという陳情となったものであった。

県知事等に陳情を試みる例もあるが、相手にされないこともある。一八九七年の岐阜中学校の校長留任運動では、「学務課長久保田参事官を其邸に訪ひ。蔵原氏辞職の理由を叩き其留任を哀願せしに。参事官は言を知事に託し何等に答えをも為さゞりしかば。一同憤慨恨を呑んで帰校せり」という状況であった(69)。一九一〇年粕壁中学校の校長排斥運動は、知事には面会を断られ、学務部長(あるいは課長)には叱られたということがあった(70)。このように、直接県当局に働きかけることは難しい例も多く、この点が有力者への働きかけという方法をとったである理由の一つと思われる。

保護者(「父兄」)への呼びかけ

同盟休校の開始にあたって、「父兄」に呼びかけを行うことがある。前橋中学校では、一八九九年、また、一九〇五年に、こんにゃく版で「父兄」宛ての檄文を印刷し配布した(71)。一九〇九年新宮中学校の同盟休校では、「謹で我父兄諸氏に告ぐ」という印刷物を配布した(72)。一九一八年秋田中学校の同盟休校でも、「父兄への挨拶文」を作成している。以下その内容を挙げる(73)[傍線は引用者による]。

拝啓

秋正に酣なるの候各位益々御清適奉賀候

陳者　今般別紙宣言書の如き理由に依り、生等四年生一同名誉ある母校の歴史を顧み、生徒の将来と母校の運命とを思ひ、安岡学校長に辞職を勧告し目的を徹底せしむるため、遂に同盟休校の挙に出でざるべからざるに至れるは実に遺憾の極みに御座候。然りと雖も、生等は決して軽挙妄動徒に父兄各位の体面を汚損するが如き挙動には出でざるべく、吾人の将来と我が郷土のため飽くまで主義の貫徹に努め、母校の名誉を発揚せんことを堅く誓ひ申し候。同盟休校の挙たるや、生徒たるものの執るべき処置ならざるは重々承知致し居り、且父兄各位の御恩に対しても相済まざる事に候へ共、血涙を奮うて起たざるべからざるに至れるは、実に父兄各位の想像以前の事のみその間に潜在致し居候。生徒の将来と我が母校の運命とを御推慮下され、目的の期成に深甚なる御同情の程を伏して願ひ上げ奉り候。　恐惶敬具

一九三一年弘前中学校の同盟休校では開始直後に、生徒たちは「父兄保証人」に手紙を送った。その一つには、「色々心配をかけてすみませんが決して心配せらるる程度のものではありません私等は解決するまで頑張ります（中略）食物の心配も、着物の心配も何もいりませんから、決して迎へに来ないで下さい」とある。(74)

このように、「父兄」に同盟休校への理解を求める行動をとっている。「父兄」の理解を得ることが同盟休校継続の重要な要素となる。それは、「父兄」による同盟休校切り崩しが考えられるからであろう。一九二三年の水海道中学校の同盟休校では、「中心になってストライキに熱を入れている者の父兄は、心配して、子供をストライキから脱落させるために懸命になる。（中略）そのため、ストライキの統制部も、一人減り、二人減り、行動派は、先細りになっていった。（中略）私の所へも従兄が「母病気、帰れ」との使が来た。〝母の病気〟はウソであることが分っていたが（後略）」という生徒もいた。(75) また、水戸中学校の同盟休校でも、「或る有力者は、子の運動参加に反対して田舎へ送つて仕舞つた。また或る委員は父の切なる願ひによつて、［同盟休校の—引用者］事務所から涙ながらに帰宅した」と言われている。(76)

一方で、一九三一年弘前中学校で同盟休校を継続できたのは、「父兄」側の支持を得たためともいえるだろう。(77)「父兄」は当初は籠城している子どもたちを下山させようとしていたが、「父兄達は此の意外にも固い結束に心ならずも下山するより外なくある父兄などは事こゝに至つては是非ないからと寧ろ激励して帰る者もある有様」(78)と言われ、また、父兄会では、「問題はこゝに於て徒に下山説を立てるのは無理で如何にしても下山すべき条件を作らなければな

らない。それには之等盟休生の要求を容れてやらなければなるまい」との議論があったと言われている[79]。また、「父兄」は、生徒たちに、食糧、菓子、薬品などを送るなどの支援を行っている[80]。

「父兄」には地域の有力者も多い。例えば、一九三一年弘前中学校の同盟休校の場合、生徒の「父兄」の職業は、検事、市議、弘前高校教頭、医師、県議、鉄道会社社長、農会長、商工会議所理事、女学校校長、弁護士、師団高級副官、小学校長などがあり、「津軽下のあらゆる教育家、篤農家、官公職員等いづれも名望家の令息が籠城して居る」[81]と言われている。そのため、「父兄」は学校側に対抗できるだけの勢力を持っているともいえるため、学校側との対決を有利に進めるためには、「父兄」の理解を得ることが重視されたと考えることができる。

正当性の主張

自分たちの要求を主張するにあたり、生徒たちは、周囲や社会の理解を得るため、批判を受けないように運動方針を立てるなどしている。そのため、中には、同盟休校や校長排斥運動の形を取らずに進めようというのもある。

一九〇一年盛岡中学校の教員排斥運動では、「学校改革運動はあくまで穏和に合法的に行ひ、(中略) 決して暴力手段に訴へてはいけない」「試験を忌避し、または同盟休校をしてはいけない。試験を胡摩化す為と思はれては、我々の大きな恥辱である」という主張もあったと言われている[82]。一九〇八年札幌中学校の同盟休校の際の協議では「社会の同情を失わないために他学年の生徒を決して同盟に入れないこと」[83]「校長及び教師個人の行為を云々することは絶対に避けること」が挙げられている[84]。一九一六年松本中学校では、「同盟休校とか辞職勧告とか云ふ如ふな、生徒としてあるまじき事はなく、三十有余年の立派な歴史に毀を付けるなどはしません。社会の人から校長先生を排斥したなど、と誤解されては困る」と生徒は語っている[85]。

ときには、自分たちの立場が理解されていないと感じた場合、様々なアピールを行うことがある。以下、一九三一年の弘前中学校の同盟休校より、二点事例を取り上げる。

・「左傾」勢力の支援を受けているという疑念を晴らすための行動

弘前中学校では、一九二七年の学校紛擾の際には、「黒幕は無産党の陰謀」などと報じられ[86]、同盟休校の三か月前、学校は「父兄」に、「近時往々長期休暇を利用して左傾思想宣伝に努め之を純白無垢の青年に浸潤せしめんと計画するもの有」という文書を配布した[87]。また、一九三一年の同盟休校中に、青森商業学校で、ストライキで退学処分された生徒の中に、「左翼思想運動の同志と何等かの連絡をとり潜行運動をしてゐた模様である」との報道があり[88]、以前より思想問題への警戒が強くなったと思われる。

そして、「中学生のストライキにしては余りに組織的であり、従つて結束が固すぎると云ふので巷にある噂は、黒幕がある（中略）と云ふ者も出て来て、噂に噂を生じ、共産党員のなれの果が魔の手をのばしてゐる[89]」という噂もあったようだ[90]。青森県の学務部長は、「弘中校風は歴史的に質実剛健、しかして進取の気風に富み規律厳粛であつて礼譲を重んずるを特色として他校に誇つたものである、然るに或る一部の者が時代の尖端を切る病的思想にカブレた結果としてこの良風美色の弘中型を根本から破壊せんとすることは独り弘中のみの問題でなく県教育界のために由々しき一大問題である[91]」と言うように、背後に思想的問題があることを主張している。

生徒たちはそのような見解に反論を加えている。面会の保護者から、「かうして長く籠つて居る裡に赤い思想でも這入ると困ると云ふので父兄も学校も心配して居る」と言われたことに対し級長が「決して其心配はありません（中略）若し赤い思想を宣伝に来るものがあると袋叩きにする考へで居ります、我々は毎朝体操をやり皇居を遥拝して結束を固めて居ります（中略）」と答えている[92]。

また、『弘前新聞』の「一盟休生徒の手記」に、「今朝からは籠城生活の精神的堕落を防ぐべく、又一部校長側父兄先輩の逆宣伝の材料となつてゐる、左翼の指導云々でない事を立証し、益々吾等の国家的精神を鞏固にせんものと敬虔なる態度をもつて、南の彼方の皇居を遥拝し、更に太陽を礼拝し終つて何時もの通り、あざやかな統制ぶりを持つ朝の体操を開始した[93]」といった文章を書くなどして、自分達の立場を説明していた。

学校史でも「生徒が朝の行事を規律正しく行った裏には思想問題がからむことを恐れたためと推定される」、朝令には体操、校歌、籠城歌の他に、「皇居の遥拝や太陽拝礼まで加わっており、社会の支持を得るように細かい配慮がなされていた」と論じている[94]。

・同盟休校参加の強制の疑念をめぐって

同盟休校において参加の強制が見られたことについては、第2節で論じたが、ここでもそのような批判が生じている。校長は新聞の取材に答えて「ストライキといふものは何処も同じやうなもので少数の悪い生徒の為に大勢が釣られるのが例になつてる《ママ》」と語っている[95]。また、県の学務部長も「善良な生徒を缶詰にし事実上暴行脅迫して閉ぢこめて置くが如きは由々しい問題である。生徒の総意でない事は言ふまでもなく一部の憎むべき策動と考へなければならない。今や弘中の栄ある歴史は泥に塗れようとしている」と述べている[96]。生徒にはそのような批判に応答する必要があった。

まず、実態について確認したい。「私などどうしてよいかわからず、応援団幹部のふるう木刀の威力にかり立てられて（中略）行列の尻に従っていった」という回想があるように[97]、同盟休校の方針が共有されて始まったとはいえない。しかし、一方その後、嶽温泉に向かう途中、「幹部が、〝病気の人は帰ってくれ〟、又〝このストライキに不賛成の人は、何も言わず帰ってくれ〟と言ったが、病人のほかは何に《ママ》人も帰らなかった。又、百沢に来て岩木神社に誓をなす前に、〝もう一度言うが、このストライキに対して異議ある人は帰ってほしいし、大多数がこのことに異議があるなら、このストライキを解散する〃と言ったが、何に人も異議を申出ることがなかった」というように、全生徒の意志を確認している。(98) 一方で、「脱落者を警戒して、幹部の統制がきびしいので、便所へ立つのも自由にならない」という状況で、(99) 脱落者を想定し、全員が心から賛同して参加しているのかについては、幹部も確信が持てていなかったとも考えられる。実際に「学校からの処分を恐れて脱走した一、二の生徒が二十一日学校の試験を受くべく登校した」(100) と言われている。

参加強制の有無についてはおくとして、生徒たちは、『弘前新聞』の「一盟休生徒の手記」において、「校歌、応援歌を歌ひつ丶空腹をこらへながら進む戦士の心情」について、「何等の不平すら見出せない何となれば今回の事件は一部の生徒の強制的行動とか或はアヂとかに由るといふ事は絶対にないからだ」(101) というように、生徒たちは、「強制」ではないことをアピールしている。さらに、朝の掃除や炊事について「此処では学校当局の逆宣伝に見る様な一部の成績、不良生徒の強制的な所謂『缶詰』ではなく、如何にも各自の衷心よりの団結であることが認識される」(102) というように、新聞に掲載されたような校長、学務部長の批判を踏まえ反論を行っている。このように、新聞が、学校側と生徒側の主張の応報の場となっている。

結論　教師対生徒の図式を超えて――学校文化と学校紛擾

学校紛擾において、生徒たちは、一時的な感情の爆発という面があるにしても、自分たちの要求の実現の方途を真剣に考え、自分たちの要求の正当性を主張していると言える。

久冨善之は、教師文化と生徒文化との間には、非常に大きな距離と対立があると言わねばならない。その距離・対立の大きさを埋めるものとして、「『学校の統一性を象徴し、教師・生徒の関係性を規定して、それがこの統一の下にあるのだと位置づける』そのような象徴や儀礼が必要にな」ると論じ、そうしたものの蓄積が「校風」をなすと論じている[103]。

しかし、教師側と生徒側の対立は、この校風を土台として繰り広げられた。むしろ同盟休校の正当性を支える要素として、学校の歴史（第3節）や、校歌が用いられる。一九三一年の弘前中学校の同盟休校では、生徒も決議文で「弘中百年の禍根を断つべく」（第3節）と、県の学務部長も「弘中の栄ある歴史は泥に塗れようとしている」[104]（第4節）というように、両者とも学校の歴史を持ち出し、自分の立場を論じている。また、校歌についても、生徒たちは行進や朝の儀式で、校歌を歌っており、また、そのことが「一盟休生徒の手記」でも言及されている。例えば、朝の儀式で「先づ東の彼方なる母校に向つて遥かに校歌を合唱し（我等は何処へ行つても校歌は忘れない）[105]」「現在こそは学校に反対してかゝる行動をとりつゝあるも我等弘中健児等は決してこの名誉ある歌を忘れはしないのだ[106]」という記述が見られる。

このように、教員側と生徒側のどちらが正統な学校の担い手であるかを具現化するものとして、「校風」が用いられている。さらに言えば、生徒の側も教員の側も尊重せざるを得ない「学校の統一性を象徴する」「校風」をいかに自分達の側に引き入れるかという、学校文化を巡る抗争でもある。ある意味学校文化に「矛盾や亀裂」を生じさせることによって、自分たちが学校文化の正統的な担い手であることを主張する試みともいえよう。

それは、地域社会・卒業生・「父兄」等、学校外の諸勢力の理解を得るためにも必要なことであった。そのために、生徒たちは新聞といったマスメディアを利用することもあった。生徒たちが自分たちの主義主張を学校内外にアピールする必要に迫られるという意味で、学校紛擾は生徒文化の発露と言える。学校紛擾は学校内のできごとでなく、社会の注目を集め、また、生徒たちも社会に働きかけようとしていた。その意味で、近代日本における学校と社会の関係を端的に示すものともいえる。

本章では十分論じきれなかった点がいくつかある。第一に、生徒の処分の問題も含んで、これらの同盟休校がいかに収束に向かったのかという点である。多くは、教師と生徒だけでは解決に至らず、「父兄」や卒業生（同窓会）が仲介の役を果たすことが多い。第二に、同盟休校を行う際の合意形成の問題である。反対派の存在や、参加の強制などの事例も少なくない。第三に、教員の扇動があったと言われる例もあり、その点にも留意が必要である。

謝辞
本章の執筆にあたっては、青森県立弘前高等学校所蔵の史料の調査をさせていただきました。この場を借りてお礼申し上げます。

資　料（個人名については適宜○○に置き換えた）

①一九二一年弘前中学校　決議文(107)

決議

我等五、四、三学年生は弘前中学校内の改革の必要を認め是に革新同盟を結んで飽迄陳腐なる旧思想の巣窟を排除し新しき理解ある教育を受けん為めに持久的に目的の貫徹を期する事を議決す

実行方法

（一）学校の生徒懲罰に対する方針の改善を校長に勧告すること
（二）学校の生徒（風紀）取締りに対する方針の改善を校長に勧する こと
（三）学校の生徒教育に対する方針の改善を校長に希望勧告すること

改善要求事項［「例証」の一部は略］

一、（イ）学校の生徒懲罰の精神を教ふにあらずして之を減するにあること

（ロ）生徒懲罰の不公平なる事
（ハ）生徒懲罰をすべて諭旨退学の名を以て秘密裡に行ふこと
二、（イ）思想取締方針の全く無理解なること
（ロ）従来の取締方針の無自覚なる不良生徒を標準とせしこと
（ハ）取締方針の一定せざること
例証：有田への許可と石井、沢への観覧禁止[108]
（ニ）風紀取締に関し学校が不当手段を用ひしこと
例証：○○教諭が一部生徒の指嗾せしこと
三、（イ）学校の教育の物を作るにあらずして人を作るにありたきこと
（ロ）教育家として校長其の他の自覚せられたきこと
（ハ）教育上殴打を使用せざること（後略）

②一九二三年水海道中学校　要求書[109]
（一）何故に吉武先生の留任に関して履行せざりしか
（二）人格劣等なる教諭の辞職を要求する事
（三）級友○○君の無期停学に関し学校当局より其の弁明を求むる事
（四）弁当携帯は生徒の自由にし教師及び生徒は室を同うして食せざる事
（五）巻脚絆の撤廃を断行する事
（六）旧来の保守的教育法の改善をすること
（七）雑誌済美の発刊は隔月に発行し投書を自由とし生徒に一任し一名の教師を監督として置くこと
（八）右の条々を承認せざる節は校長の辞職を勧告すること

（九）此事件に関し生徒側より一人の犠牲者も出さゞること
（十）我々一同は飽くまで当局の回答を求め応ぜざる場合は我々第三学年一同は断然同盟休校を大決行する

③一九二七年帯広中学校　決議文[110]（生徒一同）

一、軽々しく生徒を殴打せしこと。
一、猥りに生徒の物品を破棄せしこと。
一、些細なことに、仕末書を強制的に書かせしこと。
一、教室に於て、生徒の家庭職業（父兄）等に対し罵倒せしこと。
一、校長を蔑にせしこと。
一、生徒の人格を無視せしこと。
一、極端なる生徒の人身攻撃をせしこと。
一、諒闇中に不謹憤《（ママ）》の行為ありしこと（先帝崩御御当日及び第一期喪中において狩猟なせしこと）
一、校舎を破損せしこと。（弓術練習により教室の壁を破損せり）
一、校友会役員を予算会議に列せしめず無断にて決議せしこと。
一、本校より他校へ転任せし教師を痛罵せしこと。
一、剣道部以外の各種運動部を圧迫せしこと。
一、過去の経歴に於て数回に亘り排斥問題を惹起せるも、自重の態度見えざること。

右各条に俠《（ママ）》り〇〇教頭を師として尊奉し、且教授を受くるに堪えざるを以て同教頭の本校を去られんことを、固く茲に決議す。

（1）寺﨑昌男「明治学校史の一断面――学校紛擾をめぐって」『日本の教育史学』（第一四集、一九七一年）では、『教育時論』

の「学校紛擾」の記事の分析を行っている。また、『太陽』などの雑誌でも、学校紛擾について論じられることもある。例えば、高山林次郎（樗牛）「学校騒動論」『太陽』第四巻第一四号（一八九八年）。

（2）例えば、一八九三年の文部省訓令第四号、第五号では、「学校職員ニ辞職ヲ勧告」する生徒は、「厳重ノ処分ヲ為スヘシ」とされている。翌一八九四年の文部省訓令第二号では、「生徒ハ三名以上合同シテ意見ヲ申立テ又ハ校長教員ニ対シ強テ面陳若ハ答弁ヲ求ムルコトヲ得サルヘシ」などとされている。

（3）寺﨑前掲書、四〇頁。

（4）斉藤利彦『管理と競争の学校史』東京大学出版会、一九九五年、二〇三〜二〇六頁。

（5）佐藤秀夫「学校紛擾の史的考察」『教育の文化史2　学校の文化』阿吽社、二〇〇五年、二三一〜二三二頁（初出、国立教育研究所内校内暴力問題研究会編『学校紛擾の史的考察』一九八四年）。

（6）寺﨑前掲書、四〇頁。

（7）『上毛新聞』大正五年三月一八日付。

（8）河野通保『学校事件の教育的法律的実際研究』上巻、文化書房、昭和八年、第六章「学校騒動の実相と防止解決案」などを参照（『教育事件・論争史資料　事例・研究編』第三巻（ゆまに書房、一九九一年）に採録）。

（9）教員排斥運動を同盟休校の形で行いその際に決議文も作るといったように、この三つは相互に重なることも多い。ただ、本章第4節で述べるように、あえて教員排斥を同盟休校の形で行わないという方針もあり、このように区別している。

（10）佐藤前掲書、二三三〜二三四頁。

（11）水戸一高百年史編集委員会編『水戸一高百年史』一九七八年、二五六頁。

（12）某水戸中学生「名校長を慕ふ水戸中学盟休事件」『中学世界』大正一〇年五月号、一九二一年、一五四頁。

（13）茨城県立水海道第一高等学校創立百周年記念誌編纂委員会『済美百年』二〇〇〇年、一〇二頁。

（14）佐藤垢石「垢石けんか話」前橋高等学校校史編纂委員会編『前橋高校百三年史』上巻、一九八三年、四九四頁（初出『旅』第二五巻第六号、一九五一年）。

(15) 会津高等学校百年史編纂委員会『会津高等学校百年史』一九九一年、三一二頁。他にも、一九一九年の安積中学校の事例では、下級生の登校を妨げ、追い返した（百年史編纂委員会『安中安高百年史』一九八四年、三三九頁）、一九二一年の宇都宮中学校の事例では、「上級生の命令だというので全部授業を放棄して学校の裏山にたてこもった」（「百年誌」編集委員会『百年誌』一九八九年、三七五頁）などの事例がある。
(16) 一九二九年弘前中学校の事例では、「某生徒の裏切り的行為」から学校の知る所となったと報じている（『弘前新聞』一九二九年一一月八日付）。
(17) なお、弘前中学校のように、何度も学校紛擾が生じる学校が一般的というわけではない。
(18) 佐藤秀夫前掲書、二三二頁。
(19) 『東奥日報』一九二一年一月二七日付。
(20) 同右。
(21) 『弘前新聞』一九二一年一月二七日付。
(22) 「思い出すまゝに」『水海道新聞』一九七七年九月二五日付。
(23) 須賀政助ほか「膳桂之助の前橋中学校時代」前掲『前橋高校百三年史』上巻、四〇八頁。
(24) 松本深志高等学校同窓会『長野県松本中学校・長野県松本深志高等学校九十年史』（一九六九年）などを参照。
(25) 「若し、門番や小使の子女を私邸に使役し、のみならずその子女の節操を弄び、或は夜陰に乗じて余所の果物を失敬したるが如き事実が、教育者として其の身にありとせば是れ奈何」といった記事が『信濃日報』一九一六年一一月二〇日付に掲載されたりした。
(26) 『信濃日報』一九一六年一一月一二日付。
(27) 『秋高百年史』編纂委員会編『秋高百年史』一九七三年、一六九〜一七〇頁。校長排斥の理由としては、運動に対する抑圧、過重な試験、授業中の失言などが挙げられている。
(28) 『東奥日報』一九三一年一〇月二一日付。

(29) 創立百周年記念事業実行委員会『春日部高校百年史』一九九七年、六四頁。なお、同盟休校の原因としては「教師の免職と剣道部生徒の退学指導」が挙げられている。
(30) 吉田松陰の歌。米国への密航の企てが発覚し護送される際に詠んだ。
(31) 弘前市教育委員会『弘前市教育史』下巻、一九七九年、四四三頁では、「三省を求めたという事実があったかどうかも不明である。ストを決定するに際して、大義名分を正さんがための文飾か、または当時のスト団の掲げる常套語を流用したのかも知れぬ」と論じている。
(32) また、後述のように、秋田中学校の場合、「父兄への挨拶文」には、「我が郷土のため」というのも挙げられている。
(33) 前掲『水戸一高百年史』、二五七頁。
(34)『高田新聞』一九二一年五月五日付。原因は教員の復職の要求と、運動部の活動の制約への批判といわれている（百年史刊行委員会編『高田高等学校百年史』一九八三年、二〇〇頁）。
(35) 札幌中学校の同盟休校では、級長三名が代表として、道庁の事務官に上申書の形で直接手渡した（札幌南高等学校『百年史』一九九七年、七七頁）。水戸中学校の決議文は、校長留任の要求のため、県に提示された（前掲『水戸一高百年史』二五九頁）。
(36) 青森県立弘前高等学校記念誌作成委員会『鏡ヶ丘百年史』一九八三年、二四一頁。
(37)『弘前新聞』一九三一年一〇月二五日付。
(38) それぞれ、一九二一年一月二七日付、一九三一年一〇月二一日付。
(39) 野村胡堂「盛中の大ストライキ――啄木伝の誤り二、三」『面会謝絶　胡堂対あらえびす』乾元社、一九五一年、二五頁。
(40) 群馬県議会事務局『群馬県議会史』第二巻、一九五三年、一二七〇頁。
(41) 前掲『鏡ヶ丘百年史』二四一頁。
(42) 県当局に対し校長に対する流言蜚語を取り消す確証を得るための陳情を行うのであって、校長排斥の陳情を行うのではないということ。詳しくは本章第3節および第4節を参照。

(43) 青山善吉「本荘校長排斥顛末記」『信陽新聞』一九五六年一二月二八日付。
(44)『弘前新聞』一九二九年六月二五日付。
(45)『弘前新聞』一九三一年一〇月二八日付。
(46) 同二五日付。
(47) 高輪中学校では、一九三二年、半日教室に立てこもり(『東京朝日新聞』一九三二年一一月一〇日付)、川越中学校では、一九三四年、一日間、寝具や食料を搬入し教室に立てこもっている(百周年記念誌編集委員会『くすの木——百周年記念誌』一九九九年、一二〇頁)。
(48) 岩手県立盛岡第一高等学校校史編集委員会編『白堊校百年史』一九八一年、二一七頁。
(49)「事件の経過」高田高等学校百年史刊行委員会『高田高等学校百年史』一九七三年、二〇九頁。
(50) 注(13)参照。
(51) 前掲『水戸一高百年史』二五八頁。
(52)『東奥日報』一九三一年一〇月二九日付。
(53)『弘前新聞』一九三一年一〇月三〇日付。
(54) 前掲『水戸一高百年史』二五八〜二六〇頁。
(55) 前掲「名校長を慕ふ水戸中学盟休事件」、一五八頁。他に地域住民に訴えた例として、大正八年富山中学校の校長排斥運動では、「市民諸君に告ぐ　本校内に暗雲漲れり改革の機来る全市民諸君の助力を望む　富山中学生徒一同」というビラを市内に張ったと言われている(『富山日報』一九一九年六月七日付)。
(56) 前掲『水戸一高百年史』二六五頁。
(57) これらの住民の支持は、逆に、学校側への不信感の裏返しとも考えられる。「下山問題など父兄に一任して居るやうに見え、父兄が校長に面会しても充分な誠意を披瀝しないと云ふ非難もあり密に警察署当局に思想調査を依頼したとか、「教員の殴打で——引用者」治療十日の擦過傷を受けた生徒の父兄から処分しないと云ふ約束で告訴をしないと云ふ念書をとつたなど、思はしくない噂があつて学校当局の態度は一般地方民からも冷淡だと云はれてゐる」との報道もある（『東奥日報』一九三一年一〇月二三日付）。
(58) 前掲『高田高等学校百年史』二〇九～二一〇頁
(59) 『東奥日報』一九三一年一〇月二三日付。
(60) 同二四日付。引用は、学務部長が記者の取材に答えたもの。
(61) 前掲『鏡ヶ丘百年史』一四三、一四五頁。
(62) 前掲『秋高百年史』一七一頁。
(63) 年代的には、中学時代の、未遂・中止を含めた同盟休校の経験者もいたと思われる。
(64) 『東奥日報』一九三一年一〇月二三日付。
(65) 坂田二郎「弘中・嶽スト外史」（4）『陸奥新報』一九八三年六月一八日付。
(66) 明治三二年卒業生の回想。前掲『前橋高校百三年史』二八四頁。
(67) 前掲『前橋高校百三年史』三〇〇頁。
(68) 青山善吉「本荘校長排斥顚末記」『信陽新聞』一九五六年一二月二八日付。
(69) 「蔵原校長留任運動」岐阜中学校『華陽』第七号、一八九七年。なお、県知事は上京中で、この後、上京して県知事に留任を「哀願」することを企図していた。
(70) 前掲『春日部高校百年史』、三五頁。
(71) 「中学生時代の思い出」『前橋高校百三年史』上巻三六二頁、「垢石けんか話」同書、四九四頁。
(72) 「新高八十年史」編纂委員会編『新高八十年史』明治大正編、一九八三年、二六四頁。
(73) 『秋高百年史』一七〇頁。
(74) 『東奥日報』一九三一年一〇月二二日付。
(75) 鈴形三郎「思い出の先生」創立九十周年記念事業実行委員会『済美九十年誌』一九九〇年、七一頁。

(76)　前掲「名校長を慕ふ水戸中学盟休事件」。
(77)　「父兄」側の支持は、生徒の強硬な姿勢によるだけでなく、学校側への不信感のためでもあったと考えられる（注(56)参照）。
(78)　『東奥日報』一九三一年一〇月二二日。
(79)　同二四日付。
(80)　『弘前新聞』一九三一年一〇月二四日付。
(81)　同二四日付。
(82)　前掲「盛中の大ストライキ――啄木伝の誤り二、三」、二五頁。また、一九一一年の下妻中学校の教員排斥に関して「要するに点を強奪しようと云ふのが根本目的であるが、それを明さまに云ふのは、さすがにはづかしいと見えて、点の辛い先生を呼ぶに徳の低い先生として騒ぐのである。それだから彼等の暴動は必ず試験前に演ぜられる」との回想がある（為桜百年史編纂委員会編『為桜百年史』一九九七年、一三一頁）。
(83)　注(15)で述べたように、上級生が下級生を巻き込むということがあったりする。
(84)　理由は生徒処分や頻繁な教員の交替についてだと言われている（前掲『百年史』一九九七年、七七頁）。
(85)　『信濃日報』一九一六年一一月一二日付。
(86)　『東奥日報』一九二七年七月六日付。
(87)　前掲『弘前市教育史』、四四一頁。
(88)　『東奥日報』一九三一年一〇月二五日付。
(89)　同二九日付。
(90)　弘前中学校の卒業生で当時弘前高校の生徒（共産党細胞の機関紙の中心メンバーだったと言われている）が、背後で指導していたとも言われている（宮川圭一郎「赤太鼓事件」「嶽ストライキ余聞」、原子昭三『母校今昔物語』市民の友社、一九六三年、一〇六〜一〇七頁）。

(91)『弘前新聞』一九三一年一〇月二七日付。
(92)同二七日付。
(93)『弘前新聞』一九三一年一〇月三〇日。
(94)前掲『鏡ヶ丘百年史』二五〇頁。
(95)『東奥日報』一九三一年一〇月二一日付。
(96)同、二四日付。同盟休校の際の暴力には明治期大正期には、一八九七年秋田中学校では、同盟休校中に登校しようとする生徒を殴る（前掲『秋高百年史』五九頁）、一九〇一年盛岡中学校では、同盟休校反対の生徒に雪を投げる（伊藤圭一郎『人間啄木』岩手日報社、一九五九年、復刻版一九九六年、四三頁）、一九一八年藤岡中学校では、「ストライキ反対派の六人を校庭に引き出して糾弾した」などの事例がある（藤岡高校八十年史編集委員会『藤岡高校八十年史』、一九七五年、三三九頁）。また、下級生を強制的に参加させた事例については、注（15）を参照。
(97)高沢祐治「嶽籠城記」前掲『鏡ヶ丘百年史』、五八六〜五八七頁（初出、青森県立弘前高等学校『自治会報』第一七号、一九六八年）。
(98)坂田二郎「弘中・嶽スト外史」（4）『陸奥新報』一九八三年六月一六日付。
(99)高沢前掲書、五八七頁。
(100)『東奥日報』一九三一年一〇月二三日付。
(101)『弘前新聞』一九三一年一〇月二六日付。
(102)同二八日付。
(103)久冨善之「学校文化の構造と特質――「文化的な場」としての学校を考える」『講座学校6　学校文化という磁場』柏書房、一九九六年、一九頁。
(104)『東奥日報』一九三一年一〇月二四日付。
(105)『弘前新聞』一九三一年一〇月二八日付。

(106) 同二五日付。
(107) 『東奥日報』一九二二年一月二七日付。
(108) 前年の有田洋行一座の歌劇の観賞は許可して、今回の石井漠・沢モリノ一座の歌劇観賞を禁止したことを指している。
(109) 前掲『済美百年』一〇三頁。
(110) 帯広市史編纂委員会『帯広市史』一九七六年、五九八頁。

第5章　拮抗する青年論——明治後期中学生による応答の諸相

森田智幸

はじめに　問題の所在と方法

本章の主題は、旧制中学校の『校友会雑誌』（以下一般称としては『　』を略す）上の生徒による青年論を分析することを通して、絶えず再構成される場としての学校文化を描き出すことである。具体的には、明治後期の青年をめぐる言説空間の中でも、特に、新聞、雑誌上の言論や、それを背景とした学校による生徒への対応、そして、それらに対する生徒の応答の三相に着目し、言説空間における青年論の拮抗の様相を明らかにすることである。

一八九〇年代後半から一九〇〇年代にかけての明治後期は、中学生を取り巻く状況が大きく変化する転換期にあたる。この時期、中学生は、学校の内部と外部における行動や生活様式が再編されようとする状況におかれていた。外部メディアにおいては、青年の「風紀頽廃」をめぐって新聞、雑誌上の世論や知識人による青年批判が広がっていた。これらの論稿は、中学生を「風紀頽廃」を象徴する存在として社会問題化し、風紀の悪化に対する対処を強く求めた(1)。和崎光太郎は「煩悶青年」をめぐる言説を検討し、青年論上の青年像は、一八九〇年代後半以後一九〇〇年代を通して「期待」の対象ではなく「対処すべき存在」へと転換したことを明らかにしている(2)。

言説上の中学生の「風紀頽廃」の社会問題化に呼応するように、政府が政策的に対応し、それに伴って学校により

「生徒管理」の強化が行われた。斉藤利彦は、中学生の「風紀頽廃」に対する政策的対応を背景として、校外生活にまで及ぶ「生徒管理」の強化が行われたことを明らかにしている。(3) 例えば、「学校紛擾」と呼ばれる中等教育以上の学校を舞台に頻発した紛争に対して、一八九三（明治二六）年五月の文部省訓令第四号など、文部省が各地の学校に対して対応を要求し、各地の「中学校規定」の「生徒心得」に成文化された。また、一九〇二年の文部省訓令第五号により、学校による生徒の校外生活に対する管理が要求され、多くの中学校が新たな規定を新設した。明治後期は、「生徒細則」や「生徒心得」などによる校内生活の管理から、「通学生取締規定」や「生徒校外取締方」などによる校外生活の管理に至るまで、(4) 生徒の行動と関係に対する規定が精緻化した時期であった。

一方、これまで明らかにされてきた「生徒管理」の強化、青年像の転換の過程について、外部メディアによる言説、政府による対応、学校による対応といった側面は描かれているものの、大多数を占めていた生徒がどのような応答をしていたかに関する分析が充分になされているとはいえない。

当該時期の学校文化研究としてみるなら、外部メディアの言説や政府の対応、学校による対応が、即生徒の行動や関係、生活様式などを規定するものとして機能したとする解釈は、生徒を一方的な受容者として描くという課題を抱えている。学校文化とは、政府と学校による選択と伝達によってのみ形成されるのではなく、生徒による選択と共有により形成されるものだからである。文化を対象とした先行研究によると、文化とは、人間集団のもつ生活様式であり、それは人間の行動や関係、生活様式を規定するものとして機能するものであると同時に、(5) 構成員による「選択」と「共有」があってはじめて規定するものとして機能するものである。(6) この定義からみると、中学生の「風紀頽廃」を問題視した上での政府による政策的対応と、それに伴う校内から校外にまで及ぶ「生徒管理」の強化は、学校による文化の「選択」として捉えることができる。「聴講」「着座看書」「起立応答」「起立シテ読書」などの身体への管理、「喇叭」や「信号」を用いた時間への管理、制服などの服装への管理など、「生徒管理」の強化という一連の規定は、学校における生徒の行動や関係の理想的な在り方に関する一つの選択である。

また、吉見俊哉は、構成員による選択と共有に焦点を当てた文化について、ある「固有の内容を含んだもの」ではなく、「権力が作動し、経済と結びつき、言説の重層的なせめぎあいのなかで絶えず再構成されているもの」として定義する。(7) 中学生の風紀の乱れと堕落をめぐる一連の事象は、生徒による選択のプロセス、即ち「受け手の能動性」(8) を踏まえて描き出す必要がある。「受け手の能動性」の視点に立つことで、「絶えず再構成されているもの」としての学校文化を描き出すことができる。

構成されるものとしての学校文化の様相を描き出すという課題に対して、明治後期の校友会雑誌上の中学生による青年論は、以下の二点から適した分析対象といえる。第一に、批判された当事者である中学生の、学校の内部での声を読みとることができる点である。校友会雑誌に寄せられた中学生の声は、外部メディア以上に、学校による対応を内面化した形で展開している。斉藤利彦・市山雅美は、雑誌の発行や編集作業の過程において検閲や指導が行われたことを明らかにしている。(9) その状況下で、中学生は、批判された当事者としての意見を表明していた。第二に、明治後期は、新聞や雑誌などによる青年批判、それに伴う「生徒管理」の制度が導入された時期、すなわち、中学生の行動や関係に対する学校による文化の選択が目立って行われた時期である点である。(10) 学校による対応との対比の中での中学生による応答を描き出しやすい時期といえよう。

以下、本章では二つの課題を設定して、中学生による応答の様相を明らかにする。

第一に、一八九〇年代以後、中学生がおかれていた状況を明らかにする。具体的には、『中学世界』における青年批判が中学生に求めていたことを明らかにすること、また、政府による政策的対応とそれに伴う学校による「生徒管理」の強化について、先行研究と学校史や校友会雑誌上の記事を参照しながら明らかにすることである。博文館が発行した雑誌『中学世界』は、一八九八年九月に、主に中等教育を受ける青年を対象に創刊された総合的な教養雑誌である[11]。『中学世界』は、『成功』『実業之日本』『英学生』と並んで多くの学校に備えられていた雑誌であり[12]、また、掲載された青年論は中等教育段階の青年を読者として想定して論述されている。『中学世界』上の知識人による青年論は、青年の中でも、中等教育段階の青年を対象としており、中学生に対する要求を読みとることができる雑誌である。

第二に、雑誌『中学世界』上の知識人による青年論と、校友会雑誌上の青年論との比較を通して、批判される当事者であった中学生が、批判に対してどのように応答していたのかについて明らかにする[13]。比較という方法を採用する理由は、校友会雑誌上の生徒による青年論のもつ史料上の制約のためである。校友会雑誌上の青年論の著者は必ずしも著名な人物ではなく、まとまった論稿を残しているわけではない。また、特定の青年論に対して主張しているわけでもない。そのため、校友会雑誌上の特定の筆者の論稿を分析することや、特定の青年論に対する論稿を分析することができないという史料上の制約がある。

そこで本章では、『中学世界』における青年論との比較を通して、校友会雑誌上の青年論から中学生の応答の諸相を描き出す。『中学世界』上の青年論の論調と校友会雑誌上の中学生の青年論の論調との間には、共通点と差異が存在する。こうした共通点や差異は、当時の中学生による応答の諸相を浮かび上がらせるものである。こうした比較を通して浮かび上がるのは、序章にも言及されているように、学校文化内部における拮抗や抗争の姿であり、生徒たちによるねじれや妥協、あるいは馴致や批判といった相である。本章では、『中学世界』に掲載された知識人による五八本の青年論[14]と校友会雑誌上の中学生による一三六本の青年論[15]を対象として比較、分析を行い、学校の対応や外部メディアによる青年論言説に対して中学生がどのように応答していたのかを明らかにする。

以上の二つの課題を通して、明治後期の青年をめぐる言説空間における、新聞、雑誌上の言論や、それを背景とした学校による生徒への対応、それらに対する生徒の応答の三者の拮抗関係を明らかにし、学校文化の絶えざる再構成の様相を描き出す。

1　青年批判言説の広がり

中学生に対する対処の要求

新聞、雑誌による世論や、知識人等による青年論において、一八九〇年代以後、青年批判が噴出した。「青年」という カテゴリーは一八八〇年代においてはそもそも「新日本の青年」という社会革新の担い手として出現したが[16]、一九〇〇年代以後、青年は国家、社会に順応させるべく対処すべき対象となった[17]。この傾向は、当時、多くの中学生が読んでいた雑誌『中学世界』においても同様である。『中学世界』に掲載された知識人による青年論の多くの論稿は中学生の風紀の乱れや堕落を批判した[18]。例えば黒岩涙香「青年に対する希望」(一九〇四年)においては、「角が無さすぎる」「早熟老成」「活気がない」「人格が足りない」「独立の精神」に欠けるなど青年の問題を挙げ、「圭角あること」「人格を養う」ことの必要性を主張した[19]。

『中学世界』上の青年論の多くは、主に以下の二者に対して、中学生の風紀の乱れという問題への対応を求めた。一つは批判の対象である中学生に対して、もう一つは、学校、教師、保護者など教育の担い手に対してである。

『中学世界』上の青年論の圧倒的多数を占めるのは、自覚や反省、奮起を促すなど、中学生の風紀上の問題に対する対応を中学生自身に求める青年論である。井上円了「中学生を戒む」(一九〇一年)では中学生に対して「奮起」することを求めた。井上は、「中学生の挙動」を「浮薄軽躁」「自暴自棄」「不品行無気力」と批判し、中学生に対して「自ら大いに戒慎」すること、「大いに奮起」することを求めた[20]。青柳有美「現代中学生観」(一九〇九年)では中学生に「覚醒」を求めた。青柳は、手紙が書けないこと、「コモンセンス」が無いこと、日常生活から遠ざかっていること、意志がないこと、労働を避けて入学しているに過ぎないこと、勤勉と同情が無いことなどを挙げて中学生を批判

する。「始末におえぬは現代の中学生」として嘆き、「此機会を利用して大いに覚醒する」ことを求め呼びかけている。(21)

「奮起」や「覚醒」は「学生らしさ」に対して求められていた。桑木厳翼「現代学生の種類」（一九〇七年）では、「現代学生」を傾向によって分類し、いずれの種類の中学生に対しても、「学生の本質を守る」こと、「学生らしくする」ことを求めた。(22)

教育者に対する対処の要求

『中学世界』上の青年論には、批判の対象である中学生だけでなく、学校、教師、保護者など教育の担い手に対しても対処を求める論稿がある。(23)論稿の筆者たちは、青年の風紀の乱れや堕落を指摘すると同時に、規律の強化や道徳教育の充実、教育制度の完備など、教育者による対応を要求した。

大村仁太郎「青年品性修養策」（一九〇六年）では、「青年学生の品格」の問題について「青年学生」の堕落を問題視する一方で「青年学生の一方をのみ責めるのは、甚だ酷な話」と指摘する。大村にとって「青年学生の品格」の「欠如」や「堕落」の問題は、「家庭」や「教育当事者」の「責任」だったからだ。大村は「青年学生の品格修養」以前に家庭教育のあり方、学校における「教育法《ママ》」を見直し、青年の堕落に対応する必要性を主張した。(24)

中村進午「真面目なれ」（一九一一年）では、「堕落生」は「社会の産出物」であることを指摘し、「堕落生」を生み出した要因を「今日の社会」の「人の真面目ならざる」「弊」にあると分析した。「富豪の跋扈」、「悪辣なる政治家」、「精神家」などを例に挙げ、社会に「敬」の思想が欠如していることを批判し、「堕落生」を立ち直らせるためには、まず社会が「敬」の思想を尊重することが重要であることを主張した。(25)

『中学世界』上の多くの論稿は中学生に対処を求めたが、一部の論稿では、家庭を含めた「教育当事者」に対して「真面目」や「敬」の思想を取り戻すことなどといった規律の強化を求めた。

2　学校による「生徒管理」の強化

外部メディア上の青年論が教育の担い手に対する対応を求めたのに呼応するように、「生徒管理」という対応策が学校内に導入された。

斉藤利彦によると、「学校紛擾」をはじめとする中学生の風紀の乱れを背景として、文部省は、一八九三（明治二六）年の文部省訓令第四号、第五号、また、翌一八九四年には文部省訓令第二号を発令し、中学校に対して中学生への厳重な対処を求めた。一八九四年の文部省訓令第二号では、「師を尊ひ長を敬ふは徳育の一大要義」として、これを欠く生徒を「学校の風紀を紊し」た者とし、厳重な処分を以て対処することを要求した。また、一九〇二（明治三五）年七月にも文部省訓令が発令され、職員に対する反抗や同盟休校に対する厳重な処分により「校紀の振作」に努めることを学校に求めた(26)。

本章が検討の対象とする各学校も、訓令の求める「校紀の振作」にそれぞれ対応している。大阪中学校では、一八九八年の始業式において校長が訓示を行い、「欠席取締」の強化策を打ち出し、家庭との連携を通して校外における生徒の管理の強化に乗り出した(27)。

愛知第一中学校では、一八九九年九月、日比野寛が校長として着任すると、授業の監査や学生の陶冶など校内の規律強化策を打ち出すと共に、翌一九〇〇年三月には「生徒保護人心得概要」「学校ト生徒保護人トノ連絡」「通学生自修時間」の三項目を学生監督方法として通達し、学校と家庭の連携による校外の生徒管理の強化に着手した。「生徒保護人心得概要」では、「容儀を端厳」にすること、「交際を慎」ませること、「寄席劇場割烹店」への立ち入りを禁じること、「小説脚本類」を読ませないことなど一六項目にわたり校外での生活の規定を定めた。日比野寛の校長としての着任は、愛知県知事が愛知第一中学校のこれまでの風紀の乱れを問題視して、文部次官や農商務次官に適任者を相談して決定した人事であり、日比野は愛知第一中学校の風紀問題への対応として着任した校長だった(28)。

山形中学校でも同様の対応が行われた。一八九九年、校長の市瀬は始業式において父兄と新入生に対して入学後の心得を述べた。市瀬は、飲酒の厳禁、外出時は必ず制服制帽を被ること、管弦楽等の演奏をしないこと、俗歌を謡わないこと、寄席芝居や料理屋に立ち入らないことを心得として示した(29)。

各学校では青年の風紀問題へのさらなる対応が求められた。一九〇六（明治三九）年には牧野伸顕文部大臣から文部省訓令第一号が、また、一九〇八年には内務省から「戊申詔書」が通達されたからである。政府の政策的対応に対して、例えば、山形中学校では、「戊申詔書」通達の直後に、生徒監督、校長、常務委員が校内と校外における生徒の規律の強化にむけて相談し、その結果を生徒内に通達するために常務委員による演説が行われた(30)。

政府による青年への統制は校友会雑誌にも及んだ。一九〇八年九月二一日、文部大臣の岡田良平から「直轄学校諸学校長」宛に「学生風紀振粛等ニ関スル注意事項」が「文部次官通牒」として通達された。同じ内容の通牒は同日に「各地方長官」宛にも通達されている。この通牒では以下のように通達した。

今般近時学生の団体に於て発刊する雑誌中には、往々繊弱の文辞を含み、或は矯激の言論を掲ぐるものあるが如し。雑誌を刊行して学芸を研磨するは可なりと雖、之が為に柔弱の気風を養成し、常軌を逸する行動を助長するが如き余弊に陥るべからず。故に雑誌刊行の場合は職員をして一層其の内容を精査せしむるを要す(31)。

「学生の団体に於て発刊する雑誌」である校友会雑誌は、「柔弱の気風」や「常軌を逸する行動」を引き起こす「弊」があるものとして警戒された。政府は学校の職員に対して校友会雑誌の内容の「精査」を求めるまでに至った。「精査」に学校がどれだけ乗り出したのか、具体的な程度はわからないが、たとえば北野中学校では、この通牒を受けて校長の訓示が行われたことが記録として残っている(32)。

このように、各学校では中学生の風紀の乱れに対する政府の対応に即応し、それぞれ生徒の管理の強化に乗り出した。欠席の取締や家庭との連携の強化、宿所監督制度などのシステムを構築し、始業式における訓示、また、訓令を受けての訓示を日々行った。中学生は、『中学世界』に代表される雑誌や新聞上において、風紀の乱れや堕落を批判する言説により対処を求められていただけでなく、学校による管理の強化という状況におかれていた。

3　中学生による論理の共有

青年批判の共有

自己管理の要求、管理の強化という状況下で、中学生は、その批判を受け止め、自ら同世代の風紀の乱れや堕落を批判した(33)。中学生は、新聞や雑誌といった外部メディアなどによる青年批判の存在に言及し、批判が妥当であることを認めていた。大阪中学校『六陵』第一〇号（一八九八年）の「青年学生の腐敗」では、新聞や雑誌上で「我学生界にあるまじき奇奇怪怪の記事を散見」することに言及し、「我国青年学生の風紀」が乱れているという指摘が妥当であることを認めている(34)。また、岐阜中学校『華陽』第二六号「覚めよ青年者流」（一九〇一年）では、「識者」や「社会」が「現時の学生は軽佻なり、浮薄なり、無気力なり、遊惰なり、放縦なり」と批判していることに言及し、この状況は「黙止」できる状況ではないと批判を受け止めている(35)。

外部メディアなどによる青年批判を受容した中学生は、その対処を中学生自身の反省や自覚に求めた。先の大阪中学校『六陵』第一〇号（一八九八年）の「青年学生の腐敗」では、「学生社会の風紀頽廃を社会の罪に帰する」のではなく「学生自身の反省」を促し(36)、岐阜中学校『華陽』第二六号「覚めよ青年者流」（一九〇一年）では、中学生に「悟り」、「覚める」ことを求めた(37)。

青年批判の受容と中学生自身に対する対処の要求は明治後期を通じて行われた。千葉中学校の『校友会雑誌』第三五号（一九一一年）の「現今の学生の腐敗を慨て《ママ》」では、「日々の新聞紙上」の「〇〇《ママ》学校に於ける〇〇《ママ》」という記述を「一日も其の姿を見はさぬことの無い」状況について、「現今の学生の精神」の「腐敗」の現れだと批判を受容する。「学生精神の腐敗に至っては実に慨嘆せざるを得ない」と学生の腐敗を嘆き、学生に対して「高尚なる品格の養成」に「勉める」ことを求める[38]。明治後期を通じて、中学生は青年批判の論理を受容し、その対処を中学生に求めた。

主体的な自己管理の必要性の共有

中学生に求められる対処の中で重要なこととして共有されていたのは、特定の理想的な青年像ではなく、中学生による主体的な行動それ自身である。青年批判が提示した理想的な青年像は幅広く、多様な構成要素で語られており、一つのある理想的な青年像が共有されていたとは言い難い。

『中学世界』上の青年論では、中学生自身に対して「学生らしく[39]」するよう対処が要求されたものの、理想的な青年像は論者により多様であった。東京高等師範学校教授某生による「中学生徒諸子に与ふる書」では、「学生の義務」として「勉励」、「新智識の吸収」、が掲げられた[40]。一方、勝浦鞆雄の「新時代に処する青年学生の覚悟」では「新知を迎える」ことに忙しくすることを批判し、「自己の修養研鑽」の「努力」と「反省」を要求した[41]。また、安部磯雄の「健全なる思想を養へ」では「青年の独立不羈の精神の乏し」さに対する批判と「自己の実力への信頼」の要求が[42]、また、早川鉄治の「元気なき青年」では「独立心」と「自尊の抱負」の要求が主張される[43]一方で、建部遯吾の「時代を自覚せよ」においては「個人的立場を捨て、社会的立場に立ち、高所より大観すること」が求められた[44]。その他にも「勇気」「忍耐力」「強固なる意志」「健全なる身体」「旺盛なる元気」「深遠高尚な理想」など、中学生が自己管理により目指す青年像は多様な要素により構成されていた。

校友会雑誌上の中学生による青年論においても、それと呼応するように各論稿において理想とする青年像は多様である。「辛苦艱難」、「一意専心」を理想とするもの(45)、「悲観する」ことを止め「飽くまでも楽観」することを理想とするもの(46)、また、「誠実の気風」「自重自営の意志」「独立自尊の精神」「愛国精神乃ち公共心」を求めるものもある(47)。「大士気」「大精神」「大決心」「大元気」「大抱負」「大徳義」「大胆力」「大至誠」「大喝元」など多数の要素を羅列する論稿もある(48)。「良書を講読」することを求めるもの(49)、「人生の真趣味を悟る」ことを要求するものもあり(50)、理想の青年像はその著者によって多様に受容され構築されている。

中学生は、明確な青年像を共有していたわけではなかった。批判によって提示された青年像は曖昧とも呼べるほど、多様な構成要素により示されていた。中学生が共有したのは、反省や自覚、勤勉を中心とする「主体的な自己管理」とも呼べる実践の必要性であった(51)。

共有を駆動させる論理

中学生に主体的な自己管理の必要性を共有させていた論理は何だったのだろうか。校友会雑誌上の主体的な自己管理の必要性を共有する青年論には、『中学世界』上の青年論にはない論理を読みとることができる。青年批判の論理を共有し、青年の主体的な対応を求める青年論の中で、新たな国家、社会を担う自負や、同世代意識が表明されている点である。

新たな国家や社会の担い手としての自負は、「第二の国民」「第二の社会」の担い手、「国威継承者」などの言葉を用いて表明された。群馬尋常中学校『学友会雑誌』第一六号（一八九七年）の「奮起せよ吾中学生」では、「群馬青年」には「吾大日本帝国を継続すべき大責任」があるという自覚から(52)、「身に錦繍綾羅を纏ひ日々安寧逸楽を是れ時とし、不徳義の行為を為す」ものを批判している。松本中学校『校友』第二二号（一九〇七年）の「浪速の友に捧ぐる書」

も同様に、青年は「森厳なる国威継承者」であるという自負から、「現代青年の無気力」を批判した(53)。

青年に対する批判をせず、同世代への期待だけを表明する青年論も存在する。千葉中学校『校友会雑誌』第九号（一九〇二年）の「青年の責任」では、現代社会を「智慧がなお低い」状況と捉え、「自己の伴侶たる成年者を邪路に入らせないよう少年者を然に向かわせ、現在の壮年者を煩わせないようにし」、「文化の進歩を助け」ることが青年の「責任」であると主張する(54)。

このような国家・社会を担う自負や仲間意識の表出は校友会雑誌上の青年論の特質である。校友会雑誌上の青年論では国家・社会を担う自負を掲げて青年を批判する論稿が九五本中五七本であるのに対して、『中学世界』上には四八本中一本しか存在しない。

また、中学生は、仲間意識から、世論や雑誌における青年批判をそのまま受け入れることを拒みつつ、青年批判を行った。山形中学校『共同会雑誌』第四号（一八九五年）「戦争愛と学生」では、「吾人の吾校に於てかかる無元気な弱輩なりと信ぜず、此の如く金銭の何たるをわきまえざる輩ありとも信ぜずとは云え、此の如く噂さるるは我校生との元気に多少腐敗虫の発生せしに非ず」という。この一節の中の「信ぜず」という表現からは、著者の仲間意識を読みとることができる。当然、仲間意識から青年批判を主張する論稿は『中学世界』上の知識人による論稿には見られない。

中学生に対する批判を受け入れつつも、その原因を社会や上の世代にあるとして糾弾し、次世代の社会、国家の担い手としての自負を表明する青年論も掲載されている(55)。愛知第一中学校『学林』第六六号（一九〇八年）の「青年の覚悟」では、青年が実力を伴わず夢見がちな現状について「時勢」の責任だと主張する。筆者が「時勢」として指摘するのは「物質的進歩」のみを「文明」と捉える社会の風潮である。このような風潮を克服しない限り、「社会の文明」は「完全」にはなりえないという。「物質的進歩」に偏る現状を打破するために筆者は、「西洋道徳」と渾然一体となった「道徳」の恢復の必要性とその担い手としての自負を主張した[56]。

新聞や雑誌上における世論や知識人による青年批判の受容は、今後の日本を担う自負が支えていた側面が大きい。この自負はまた、同世代意識と重なることで強化され、中学生たちは主体的な自己管理の必要性の論理を共有していたのである。

4　中学生による論理の拒否

青年批判に対する批判

一方、校友会雑誌上の青年論からは、論理の共有にとどまらない応答を読みとることができる。一つは、青年を批判するという行為それ自体の不当性を訴える青年論であり、もう一つは、規律の強化に代表される教育実践を批判する青年論である。学校や社会による対応に対峙した中学生は、論理を共有するにとどまらず、それとは異なる論理を主張していた。

中学生が青年を批判する行為の不当性を訴える際の一つの論点は、多くの健全な青年については言及せず、少数の青年の堕落を青年全体の問題として批判することの不当性であった。松本中学校『校友』第三七号（一九一一年）の「吾人の眼に映じたる現代の青年」では、新聞紙上に「堕落青年」に関する記事が多く掲載されることに対して、大多数の青年は健全であり、一部の堕落した青年を対象として青年一般の問題とすることの不当性を批判した[57]。

同論稿の筆者は、上の世代が下の世代を批判するという批判の形式に対しても疑義を呈した[58]。筆者によると「現代の先覚」と「堕落に品せる青年」を比較し批判するという行為自体、妥当性を欠くものであった。その理由は、そもそも「堕落青年」を批判する「現代の先覚」は、「堕落青年」に対して「優秀なる頭脳」、「非凡なる精力」を蓄えた人だからである。筆者は「先覚の青年論」を「未だ以て全般達観の所論と言うべからず」として論を閉じている。[59]同様の批判は千葉中学校『校友会雑誌』第二五号（一九〇八年）の「現今の学生」にも主張されている。本論稿において筆者は、「現今」よりも「往時」の方が堕落した青年が多かったという認識を示したうえで、そもそも「若年者」を「評し論ずる」のは「長老者」であり、「若年者」の「奔放」が「長老の勤直なる眼」には「甚だ喜ばざる」ものに映るのは仕方がないことだとしている。[60]

中学生による青年論は青年批判の不当性の指摘にとどまらなかった。中学生は、青年を批判する社会こそが腐敗しており、青年はその社会の革新の主体であると主張した。そして、それは時に憤りとして表現された。愛知第三中学校『校友』第三号（一九〇三年）の「革新の健児」では、腐敗の中にある社会の中で、「毒」におかされていないのは「少壮」だけであるとし、青年を「清浄無垢にして人生の蕾」ととらえ、「腐敗の革新」の担い手であると主張した。同冊子の「新日本青年の理想」では、「外形の新進国」にすぎない「新日本」の国民を「鵺的国民」と批判し、「神聖なる、有望なる思想」をもたらすはずの「新日本の青年」が、「鵺的国民」により「修養」されているという現状に対して「切歯扼腕の至」と憤りを表現した。中学生は、社会や学校による批判や規律強化に代表される対応を批判していた。[61]

「生徒管理」の強化に対する批判

「生徒管理」の強化という学校の対応に対する応答も見られる。青年論の中には、中学生にとって、学校を「悪徳」を廃し「風俗を粛正」させるための重要な教育機関とし、社会や学校における道徳の欠如、乱れを批判する青年論も存在する。山形中学校『共同会雑誌』第一一号（一八九九年）の「起てよ我校の諸子」では、学校を「道徳の郷」、「礼儀の府」ととらえ、学校で学んだ「学校生徒」が「良風美俗」の「復興」の担い手であると主張している。[62]「道徳の郷」としての学校教育の充実を称賛する論稿も存在する。山形中学校『共同会雑誌』第二〇号（一九〇二年）の「中学生の校外監督に就て」では、「学生風儀の頽廃」の原因を「社会」と「教育者」の「責」として批判し、具体的には「徳育」が十分に行われないことに求め「社会」と「教育者」の対応を批判した。筆者は「徳育」の不備を批判する立場から、一九〇一年、山形中学において「区監督」が設置され校外にまで及ぶ「生徒の風儀」の「監督」が実施されたことを称賛した(63)。

しかし、このように学校を「道徳の郷」や「礼儀の府」と捉え、「生徒管理」の強化に対して具体的に賛同の意を表する論稿は少ない。中学生は学び手として、「生徒管理」の強化、すなわち教育という名の下で行われる規律の強化としての実践を批判した。

大阪中学校『六陵』第三号（一八九六年）の「少年の覚悟」では、外出、自立した判断などを許可せず、できるだけ自由を拘束し、修養を重ね、試験を重ね、成功へと誘うという教育の在り方を「慈愛の親心」と呼び批判した。筆者は、「厳父慈母の行き届いた教養」の中にいるのではなく、外の世界へ出て、挑戦することの必要性を主張した(64)。

中学生の風紀の乱れに対応して重視されていた道徳教育の実践も批判した。松本中学校『校友』第二五号（一九〇八年）の「現代青年思潮の傾向に就き」では、当時の道徳が「形式に流れ、技巧に傾いた」ものになっている点を批判した。青年は、「宗教論」や「道徳論」、「倫理説」、「科学主義」や「芸術主義」、そして「性欲主義」など様々な思潮が「注入」、「記述」されている状況にある。このような状況における道徳による「議論の圧迫」は、むしろ不必要に「反動的」傾向を強めるだけであると批判した(65)。

芸術軽視、文学軽視の教育実践も批判した。千葉中学校『校友会雑誌』第三号（一九〇〇年）の「現今学生の弊風並に救治策」では、「趣味教育」に欠けた現代の教育こそが、青年を「社会の弊風」に感染させるものだと批判する。「矯風の策」を「絶叫」する「現今教育」は、青年を「没趣味なる生活」に陥れ「倦怠感」を生じさせる原因になるという。「自然の美を楽しみ、情欲のなんたるかを忘るるに至らしめる」教育の「方法」に疑義を呈した[66]。山形中学校『共同会雑誌』第二六号（一九〇六年）の「学生と小説」では小説を読ませないようにする教育の在り方を批判した。筆者によると、小説を読み味わう経験は、旅をする経験と重なるという。小説を読むことにより、「悪魔の誘惑」を追体験することになり、結果として「悪魔の襲来」に備えることにつながると主張する。小説を読ませないという選択肢が、「可愛い子にして旅もせずに成長したる」という状況を生み出し、「世間見ずの徒」、「人の情を解せず」者を生じさせていると批判した[67]。

様々なことに挑戦したいという気持ち、多様な主義主張に出会っているという実感からの道徳教育への批判、芸術や文学を経験する立場からの教育実践の批判など、中学生は学び手として当時の教育実践に対する批判を行っていた。

おわりに　学び手の声を聴く

本章では、政府や学校による「生徒管理」の強化、また、外部メディアにおける中学生に対する批判言説の広がりという文脈の中で、校友会雑誌上に掲載された中学生の青年論を検討することを通して、批判される当事者として応答する中学生の姿を描き出し、青年論の拮抗の様相を明らかにしてきた。

明治後期、中学生は外部メディアによる批判的な視線にさらされ、細かな規則の設定により、学校内から学校外に至るまで行動や生活様式が規定される状況におかれていた。外部メディアによる青年批判言説は、青年自身による問題への対処を求めると同時に、政府や学校への規制の強化を求めた。青年批判言説の広がりは、政府の政策的対応とそれに伴う学校による「生徒管理」の強化へとつながった。多くの学校において、学校内外における生徒の生活に関する細かな規定が定められた。こうした状況下において中学生は、校友会雑誌上の言説空間において、確かに外部メディアによる批判を共有していた。青年批判を共有する論稿は、中学生をはじめとする同世代の青年に対して外部メディアと同様に青年の風紀の乱れと堕落を批判した。

しかし、中学生は、外部メディアによる批判をそのまま受け入れていたわけではなかった。たとえば、青年批判言説の共有を駆動する論理として、次世代の担い手としての自負の念があった。こうした自負は、「第二の国民」や「第二の社会」の担い手などと表現されている。青年論に関する先行研究によると、革新の主体として青年を捉え、青年たちに奮起を促す「新日本の青年論」は、一八九〇年代以後、新聞や雑誌などの言説空間から消え、青年を社会問題化する青年論へと転換する。(69) 先行研究が明らかにしてきたように、一九〇〇年代の『中学世界』上の論稿には革新の担い手として中学生に期待をかける論稿はほとんど存在しない。一方、校友会雑誌上においては、青年批判を展開する際に、革新の担い手としての自負という形式で、期待の存在としての青年像が根強く残っていた。自負の表明は同世代意識とともに、自覚や反省、奮起といった主体的な行動の必要性の要求を受け止め、共有することを支える論理として機能していた。

また、批判を共有していたとしても、外部メディアが求める青年像がそのまま受け入れられていたわけではなかった。知識人により掲げられる理想的な青年像は、「学生らしさ」や「学生の本質」などと表現され、曖昧な輪郭をもち、論者によって多様であった。その中で中学生は、特定の理想の青年像を共有していたのではなく、曖昧に示される多様な理想的な青年像の言説を、主体的な自己管理という規範として共有していたのである。多様な形で要求される理想の青年像に対して、中学生は能動的に要求を解釈していた。

また、中学生は、校友会雑誌上において、外部メディアによる青年批判言説や生徒管理の強化という対応への批判も行った。中学生は、風紀の乱れや堕落の原因は、「先輩諸氏」を含む上の世代により構築された社会にあると指摘し、現在の生徒に対してではなく、社会に対する対策の必要性を主張した。また、形式的な道徳教育、音楽や文学など芸術教育の削減や廃止などの学校による対応を、短絡的、表面的なものとして、学び手の視点から強く批判した。学校による「生徒管理」の強化という実践上の対応は、うまく機能しなかったことが推察される。明治後期、政府や学校による様々な対応にもかかわらず日本各地で学校紛擾が断続的に発生していたことも[68]、「生徒管理」の強化が生徒には受け入れられなかったことの傍証の一つである。

校友会雑誌に掲載された中学生による論稿を多様な言説の重なりの中で読みとることにより、「生徒管理」の強化と批判言説の広がりの中で、それをただ受容するだけでなく、ずらす、妥協する、批判するなど能動的な受け手としての中学生像を浮かび上がらせる。「言説の重層的なせめぎあいのなかで絶えず再構成されているもの[70]」として文化を捉える視点にたつとき、小さいけれど学び手としての声を確かに聴くことができる。本章では、言説上に現れる、文化の構成主体としての学び手の姿を描き出し、絶えず再構成される学校文化の一端を描き出すことができた。しかし、一方で、こうした能動的で構成的な主体としての中学生による解釈の、歴史的な展開にまでは迫ることができなかった[71]。今後の課題としたい。

（1）　岡義武「日露戦争後における新しい世代の成長（上）——明治三八～大正三年」『思想』第五一二号、一九六七年、一～一三頁、同「日露戦争後における新しい世代の成長（下）——明治三八～大正三年」『思想』第五一三号、一九六七年、八九～一〇四頁、岡和田常忠「青年論と世代論——明治期におけるその政治的特質」『思想』第五一四号、一九六七年、三六～五四頁、また、和崎光太郎「近代日本における『煩悶青年』の再検討——一九〇〇年代における〈青年〉の変容過程」『日本の教育史学』第五五集、二〇一二年、一九～三一頁など。

（2）　和崎前掲、二七頁。

（3）　斉藤利彦『「競争」と「管理」の学校史——明治後期中学校教育の展開』東京大学出版会、一九九五年、二〇三～二一四頁。

(4)　同右、一七七〜二〇二頁。
(5)　藤田英典「学校文化への接近」木原孝博ほか編『学校文化の社会学』福村出版、一九九三年、一四〜一七頁。藤田英典は、この論文の中で、学校文化を、学校において伝達・教授する文化をある原理に基づいて多様な特殊文化の中から「選択」したものとして定義している。
(6)　耳塚寛明「学校文化」『新教育社会学事典』東洋館出版、一九八六年、一一七頁。耳塚は学校文化を、「学校集団の全成員あるいはその一部によって学習され、共有され、伝達される文化の複合体」と定義している。
(7)　吉見俊哉『カルチュラル・スタディーズ』岩波書店、二〇〇〇年、二〜三頁、佐藤健二・吉見俊哉「文化へのまなざし」同編『文化の社会学』有斐閣、二〇〇七年、四〜二五頁。
(8)　同右、七八〜八五頁。なお、久冨善之は「学校文化」を様々な「力」が働く「磁場」と捉え、意識的で目的的な「教育」の機能として生まれる「明示的カリキュラム」に対して、日常的で継続的な作用力の機能により生まれる「潜在的カリキュラム」の存在も考慮に入れて考察する必要性を指摘している（久冨善之「学校文化の構造と特質——『文化的な場』としての学校を考える」久冨善之ほか編『講座学校　六　学校文化という磁場』柏書房、一九九六年、一〇〜一四頁）。久冨の言う「日常的で継続的な作用力」を考慮するならば、学校文化の歴史研究には生徒による選択のプロセスの研究が欠かせないだろう。
(9)　斉藤利彦・市山雅美「旧制中学校における校友会雑誌の研究」『東京大学大学院教育学研究科紀要』第四八巻、二〇〇九年、四三一〜四六一頁。
(10)　言語に対する規制が強化されたのもこの時期である。特に日清戦争開戦以後は、標準語としての国語教育の重視が主張され、学習の中心が漢文から現代文へと移行した時期であった。詳しくは、イ・ヨンスク『「国語」という思想——近代日本の言語認識』岩波書店、一九九六年、紅野謙介『投機としての文学——活字・懸賞・メディア』新曜社、二〇〇三年、など。
(11)　関肇「明治三十年代の青年とその表現の位相——『中学世界』を視座として」『学習院大学文学部　研究年報』第四〇輯、一九九四年、一七三〜二〇〇頁。
(12)　同右。

(13)『中学世界』は創刊当時三分の一を中学生による投稿が占めていた（前掲紅野『投機としての文学』）。本章では、学校文化の形成過程を明らかにするという課題を明らかにするため、『中学世界』内における知識人対中学生については別の機会に行いたい。
(14)『中学世界』上の中学生による論稿は除外した。
(15) 愛知第一中学校、大阪中学校、群馬尋常中学校、山形中学校に加え、その他学習院大学文学部教育学科所蔵の青年論を収集した。青年論の著者が生徒によるものか卒業生や教師によるものなのか判別がつかないものは除外した。なお、引用に当っては、『中学世界』上の青年論については筆者名を挙げたが、校友会雑誌上の青年論については挙げなかった。
(16) 木村直恵『〈青年〉の誕生――明治日本における政治的実践の転換』新曜社、一九九八年、七～五〇頁。
(17) 和崎前掲、二五～二七頁。
(18) 一八九九年の創刊以後、一九一〇年までの青年論の総数は五八本ある。五八本の内、五五本は青年を批判する論稿である。残りの三本は、浮田和民による二本の論稿、三宅雪嶺による一本の論稿であり、青年を批判する人に対する批判の論稿である。なお、同一作者が複数号にまたがり論じたものは一本としてカウントした。
(19) 黒岩涙香「青年に対する希望」『中学世界』第七巻一号、博文館、一九〇四年、一六～二〇頁。
(20) 井上円了「中学生を戒む」『中学世界』第四巻一四号、博文館、一九〇一年、一～五頁。
(21) 青柳有美「現代中学生観」『中学世界』第一二号三巻、博文館、一九〇九年、九〇～九八頁。
(22) 桑木厳翼「現代学生の種類」『中学世界』第一〇巻一号、博文館、一九〇七年、一〇～二七頁。
(23) 五八本の中で七本の論稿がこれにあたる。
(24) 大村仁太郎「青年品性修養策」『中学世界』第九巻五号、一九〇六年、一〇～一七頁。
(25) 中村進午「真面目なれ」『中学世界』第一四巻三号、一九一一年、二～九頁。
(26) 斉藤前掲書、二〇三～二一四頁。
(27) 大阪府立北野高等学校校史編纂委員会編『北野百年史』北野百年史刊行会、一九七三年、四三六頁。

(28) 鯱光百年史編集委員会編『鯱光百年史』愛知一中（旭丘高校）創立百年祭実行委員会、一九七七年、九六〜一〇〇頁。
(29) 「雑報」山形中学校『共同会雑誌』第一一号、一八九九年、七九〜八〇頁。
(30) 「風紀事項」山形中学校『共同会雑誌』第三二号、一九〇九年、九三〜九四頁。
(31) 「文部省夏期講習会ニ於ケル文部大臣演説教育ニ関スル大体ノ方針ニ就キ指導ニタイスル留意事項」明治四十一年九月二十九日、申発普三五一号各地方長官へ文部次官通牒（文部省編『文部省例規類纂』自明治三十年至大正十二年、帝国地方行政学会、一九二四年、六四五〜六四七頁）、「文部省直轄学校学生風紀振粛等ニ関スル注意事項」明治四十一年九月二十九日、申発普三五四号直轄諸学校長へ文部次官通牒（文部省編『文部省例規類纂』自明治三十年至大正十二年、帝国地方行政学会、一九二四年、六四七〜六四八頁）。
(32) 前掲『北野百年史』、六四三頁。
(33) 現在収集した範囲内で、一三六本の青年論が確認できる。その内、約七割にあたる九五本の論稿が青年批判に終始する青年論である。『中学世界』よりも割合は低いものの、校友会雑誌においても、青年批判に終始する青年論が多くを占めていたと言っていいだろう。
(34) 「青年学生の腐敗」大阪中学校『六陵』第一〇号、一八九八年、七三頁。
(35) 「覚めよ青年者流」岐阜中学校『華陽』第二六号、一九〇一年、九二〜九四頁。
(36) 前掲「青年学生の腐敗」。
(37) 前掲「覚めよ青年者流」。
(38) 「現今の学生の腐敗を慨て」千葉中学校『校友会雑誌』第三五号、一九一一年、五三〜五五頁。
(39) 前掲桑木「現代学生の種類」。
(40) 東京高等師範学校教授某生「中学生徒諸子に与ふる書」『中学世界』第五巻一六号、博文館、一九〇二年、一三〜一七頁。
(41) 勝浦鞆雄「新時代に処する青年学生の覚悟」『中学世界』第一二巻一号、博文館、一九〇九年、一六〜一八頁。
(42) 安部磯雄「健全なる精神を養へ」『中学世界』第九巻一六号、博文館、一九〇六年、一〇〜一四頁。

(43) 早川鉄治「元気なき青年」『中学世界』第一一巻一号、博文館、一九〇八年、四〇～四二頁。
(44) 建部遯吾「時代を自覚せよ」『中学世界』第一二巻三号、博文館、一九〇九年、一〇～一七頁。
(45)「学生の境遇」大阪中学校『六陵』第八号、一九八九年、四七頁。
(46)「失意と青年」岐阜中学校『華陽』第三七号、一九〇五年、二七～三二頁。
(47)「学校を学問の小売屋と誤るなかれ」岐阜中学校『華陽』第三一号、一九〇三年、三～一二頁。
(48)「廿世紀に於ける青年と目的」山形中学校『共同会雑誌』第一六号、一九〇一年、一七～二二頁。
(49)「神州の快男子此好機を失ふなかれ」愛知第一中学校『学林』第三〇号、一八九六年、一一～一四頁。
(50)「活動と青年の覚悟」愛知第一中学校『学林』第七一号、一九一〇年、二四～二八頁。
(51) アルチュセールの「主体化」概念の山本雄二による整理によれば、「空白」の存在が「イデオロギー」による「呼びかけ」を通じて個々の具体的な個人が主体として位置付けられることを可能にするという。青年像の曖昧さは、外部メディアの青年批判に見られる「イデオロギー」の「呼びかけ」に対する中学生による主体的な青年論の言及を容易にした「空白」と解釈することもできる（山本雄二「テクストと主体形成」森重雄・田中智志編著『〈近代教育〉の社会理論』勁草書房、二〇〇三年、一三六～一三七頁）。
(52)「奮起せよ吾中学生」群馬尋常中学校『学友会雑誌』第一六号、一八九七年、三～四頁。
(53)「浪速の友に捧ぐる書」松本中学校『校友』第二二号、一九〇七年、二三～三一頁。
(54)「青年の責任」千葉中学校『校友会雑誌』第九号、一九〇二年、一～四頁。
(55) 校友会雑誌上の青年論一三六本の内、一二本がそれにあたる。
(56)「青年の覚悟」愛知第一中学校『学林』第六六号、一九〇八年、一七～二二頁。
(57)「吾人の眼に映じたる現代の青年」松本中学校『校友』第三七号、一九一一年、一～八頁。
(58) 上の世代が下の世代を批判するという批判の形式をめぐる議論は、本数は三本と少ないが『中学世界』においても見られる。山路愛山の「現代青年の気風」では、「青年が純理、急進の極端論」、「壮年の人が折衷論」、「老人が保守論」を主張することは「自然の成行」にもかかわらず、「青年が大人らしからぬ議論をすると」いって「悲観」することは「余計な苦労」であり、「何等の価値」もないと批判している（山路愛山「現代青年の気風」『中学世界』第一三巻一四号、博文館、一九一〇年、一～九頁）。残りの二本は浮田和民によって書かれたものである。

(59) 前掲「吾人の眼に映じたる現代の青年」一～八頁。

(60)「現今の学生」千葉中学校『校友会雑誌』第二五号、一九〇八年、五五～五六頁。

(61)「革新の健児」愛知第三中学校『校友』第三号、一九〇三年、三二頁。

(62)「起てよ我校の諸子」山形中学校『共同会雑誌』第一一号、一八九九年、一〇九～一一〇頁。

(63)「中学生の校外監督に就て」山形中学校『共同会雑誌』第二〇号、一九〇二年、六三～六五頁。

(64)「少年の覚悟」大阪中学校『六陵』第三号、一八九六年、一～六頁。

(65)「現代青年思潮の傾向に就き」松本中学校『校友』第二五号、一九〇八年、一～六頁。

(66)「現今学生の弊風並に救治策」千葉中学校『校友会雑誌』第三号、一九〇〇年、三三～三四頁。

(67)「学生と小説」山形中学校『共同会雑誌』第二九号、一九〇七年、五～六頁。

(68) 寺﨑昌男「明治学校史の一断面――学校紛擾をめぐって」『日本の教育史学』第一四集、一九七一年、四一頁。

(69) 和崎前掲、一九～三二頁。

(70) 吉見前掲、二～三頁。

(71) 本章では、世論や知識人による青年批判自体も多様な論点により構成されていたことにふれたが、この点に関して詳細な検討ができたわけではない。世論や知識人の言説空間に関する検討も今後の課題としたい。

III

校風と学校文化

第6章　実業学校『校友会雑誌』にみる青年の社会観・実業観

井澤直也

はじめに

本章では、実業諸学校の『校友会雑誌』の在校生の投稿を中心として、明治期から昭和期までの青年の社会観・実業観を分析することを目的とする。自己形成や学校文化を創りあげていくエートスとして、実業学校においては生徒たちの実業観・社会観が一つの大きな役割を果たしている。生徒たちは実業学校に何を求めるのか。校風とは教師・生徒の関係性の中で、学校が目標とするものが同心のものであること。さらに実業学校という組織の中で実業を担うという統一した理念である。このことは卒業後直ちに職場につく、生徒達がどのような社会意識や文化意識の中で育っていったのかを描くことにも繋がるものである。もっと言えば中学校生とどのように社会観が同じなのか、異なるのかを実業学校の側から明らかにすることでもある。

実業学校の同窓会は、旧制中学校の同窓会組織とは異なった、将来の実業エリートのネットワーク組織の形成に大きな役割を果たしていたことは周知の事実であろう。また在学生も中学校生とは異なった実業観念や社会観を持っていたということができる。簡潔に言えば、中学校では将来の学士や学者を視野に入れた社会観や人生観を『校友会雑誌』に投稿しているケースが多い。これに対して実業学校では、卒業後に担う商業・工業（工芸）・農業に対する在校生のスタンスが『校友会雑誌』に記載されているケースが少なくない。

本書のような『校友会雑誌』の研究は、ある意味では、日本人のイデオロギー意識形成の過程の一端を紐解く基礎的作業である。つまり実業者としての自己形成を図るというだけではなく、実業を相対化する人文・社会科学的知見が豊富にみられるのである。またその実業観や世界観は人間形成として比較的バランスが取れるものであった。言い換えれば旧制中学校における学校文化は、将来の奏任官つまり上級官僚、医師、税務署長、学者、文人という空間の中に生徒を追い込んでいく装置としての意味を潜めていた。実業学校の学校文化では技手や中級職の官僚という公務員や工業分野での中間テクノクラート、商業分野では中堅幹部候補、農業では農業精神を推進する優秀な人材を創出した。そうした空間の中に『校友会雑誌』はそのような学校の役割を内に秘めていたと思われる。

実業学校の『校友会雑誌』分析からは将来の実務家や工業実務者、蚕業教師・農業指導員の社会に対する観念の一端を分析することができる。可能であれば中学校と実業学校の双方を比較検討することが理想である。だが実業学校だけでも多様性があり、この点に限っても『校友会雑誌』にみる学校文化の諸相の検証の一つの視角を果たし得ると判断した。また多くの場合、『校友会雑誌』は草創期には学士号保有の校長や教諭、次に卒業生の論説が掲載されている。在校生の論説が『校友会雑誌』に登場してくるのは創刊号から数年経ってであり、漸く自己の主張となって定着した。在校生自身の価値観や理論そして、規範や価値の内面化が時間とともに、生徒自身の規律や主張となって『校友会雑誌』に発表されるようになった(1)。本章では在校生を中心とする実業観・社会観を分析することにより、実業学校の学校文化をいくつかの視座から検証したい。本章の問題意識からすれば、これまで実業学校の文化について触れた研究は少ない。また実業学校研究といってもある一つの学校のみを対象とすることが多かった。つまり一校主義が採用され、学校の成立過程や目的、教育内容・課程、卒業生の進路について分析するものがほとんどであった。従来の研究では横断的に実業学校の『校友会雑誌』に踏み込んで分析した研究はないといっても過言ではない。その意味で本章は実業学校『校友会雑誌』研究のあらたな第一歩となりうるものである。

1　実業学校「校風」育成の場としての『校友会雑誌』

昭和期のことになるが、東京府立織染学校同窓会長である河合建雄は「校風の発展に努めよ」と題して、誠実、勤勉、節約、自治、強権が生徒の五カ条であるとし「今日我邦の実業は列国に伍して遜色なきのみならず、将来益々海外に雄飛せんとする運命にある。諸君の責任や重且大である。現在本校に学びつつある諸君は、協力一致我が校風を更に〱に向上せしめ、将来有為の実業家たらんことを望んで止まぬ次第である[2]」と、実業学校ならではの校風論を主張していた。また続く四・五号においても校長や特別会員の論説や主張がメインになっており、生徒の側の論説は多くはない[3]。

商業学校では、創設の早い下関市立商業学校では『校友会誌』第二九号（一九〇七年）で斎藤校長が教育方針を明らかにしている。「世の中に怜悧だとか、目先のきき たるとか、或は機敏の商人だとして賞讃せらるる人々を見るに、多くは誤魔化（ママ）の上手な者たるに過ぎないが、如此徒を以て、将来日本商人の標準と定むる事は出来ますまい。私は常に知・徳・体兼備の者を以て、理想の日本商人と定め、極力此の三者の発達育成に努めて居るのです[4]」と。理想の商人養成に徹することを表明している。下関市立商業学校の校友会誌は五〇周年の記念号を除いて散逸している。五〇周年記念号の『会誌』を見ても明治期から昭和期の卒業生の回顧録が幾つか掲載されているにすぎない[5]。

滋賀県商業学校の『近江尚商会会誌』の第二号では校長が今後の近江商人のあり方を論じている。すなわち「日本近江商人の芳名を六大陸五大洋に赫々たらしめ春花の芳薫を放ちその果実を結ふか如く益富国の華を開かし[6]」と。生徒自らの主張が『校友会雑誌』に表現され、自説が主張されてくるようになるまでには今しばらく時間がかかったといえよう。

農業学校の『校友会雑誌』では、創設期のものは発見できていないが、その一例として福島県立蚕業学校の『同窓会報』を挙げよう。そこには、会員（卒業生もしくは教諭）からの投稿が多くみられる。「近来農業界に身を置く髯を蓄た者でさえ蚕業を不利益の業として攻撃して居る者がある」とし、蚕業が他の農業関係者から攻撃されていることに自覚をすべきであると主張している。その自覚にたって桑園の改良整理が急務であり、「経済を維持し発達を図らんには桑園の改良整理を急施し対一反歩幾何量の収繭とし他農作と其の収益を比較競進せねばなるまいと思ふ、（中略）希くは同窓の諸賢更に桑園改良の整理の急を叫び対一匁を対一反歩とし比較競進の意を致し以て当業者を指導奨励されん事を」[7]。

このように実業学校の『校友会雑誌』に見られる主張は、それらの校風や学校文化の特色を示すものである。

いずれにしても実業学校における学校文化に関する諸説（論）では、将来の実務を担う観点から論じているものが多い。自らの存在意義や展望に関して、旧制中学校の『校友会雑誌』ではあまり見うけられない主張が多く存在していることは事実である。工業学校では工業製品での海外展開・技術力向上など、商業学校では商業人としての規律・貿易実務など、農業（蚕業）学校では、農業経営における収益性の確保といった視点で『校友会雑誌』は貫かれている。つまり実業学校生の諸能力の育成をいかに推し量るのかについて『校友会雑誌』では強い関心が注がれていたことがわかる。

生徒自身による実業観や社会観に関する諸説は、明治期末から大正期、そして昭和にかけて校長や教諭たちを中心とする校友会誌から、生徒自身の勉学により徐々に明確に主張される校友会誌になったことは間違いない。

以下では『校友会雑誌』が纏まった形で発見された商業、工業、農業学校の『校友会雑誌』を分析する。実業学校生の社会に対する考え方や実業に対する将来展望などについて以下に紹介してみよう。

2　商業学校の実業観・青年観

本節で取り上げる学校は以下の商業学校である。商業学校でも伝統のある滋賀県八幡商業学校、下関市商業学校、大分県立商業学校、金沢市立商業学校、市立甲府商業学校、神戸市立第三神港商業学校等である。

商業学校ではとりわけて、卒業後に自営業や、銀行や商社に勤務するケースが多かった。その関係から学校でのカリキュラムは旧制中学校に比べて極めて実務型であり、外国語などの習得にも力が置かれていた。同窓会卒業生の組織の会員は、それぞれの地域での有力者にもなっていることが多い。場合によっては銀行の中堅幹部などの要職についているものが多く、『同窓会誌』や『校友会雑誌』にも卒業生の発言は校友会誌に大きな影響力を持っていた。その意味で実業学校生の人生観や実務に当たる心構えなどに関して、多くの在校生から『校友会雑誌』に投稿が徐々に多くなっていく。この時期が大正期から昭和にかけての頃である。

八幡商業学校（旧滋賀県商業学校）では、実習重視の方向性を豊かに示す論稿がある。それは滋賀県商業学校の卒業生と地方の有力者で創り上げた近江尚商会の雑誌に掲載されており、簡潔に紹介しておく。

直接の目的　本回商業に従事したるは第三学年生二一名にして何れも第一第二の両回に於て多少経験する所あれども未だ損益を自ら負担して営業したるに拘らず所謂商品を一時借入して其売上物品に対し代金を支払い残品はこれを差戻す方法か或は売上高に対して一定の口銭を貰うの二方法に出でず故に事業上自己の責任軽く加之最初商店にて生徒へ商品を渡すに際し価格を幾分か高価になすを以て生徒は利益を得ること少く又一定の口銭を受るのみにては価格を善く売るも報酬極て少くして練習上利益上共に不利益たるを免れさりしが故に今回は自己の資本を投じて商品を問屋より仕入れ損益を自ら負担して営業せしむることとせり是れ前回よりは着々歩を進めたるの点として順序頗る当を得たるものと信ず。(8)

このように商業実習をいかに重視していたかがわかる。

下関市立商業学校の『校友会雑誌』の中で際立っているのが、創立五〇周年の『会誌』である。ここには明治期から昭和期までの卒業生の学生生活の思い出が記載されている。なかでも興味深い記述をいくつか列挙しておく。

> 生まれて始めての入学試験の難関をどうにかパスして下商ボーイとなり、小倉服乍ら兎に角金ボタン附の制服を颯爽として着た時の得意さは確かにそうたうなものであった。（中略）小倉服は何んとしても少年達の憧れの的に違ひなかった。（中略）当時は学校から帰れば和服に着換へ、外出をする場合は必ず袴の着用方を厳重に先生からお達しがあり、袴を着けぬから生意気だと上級生がよく下級生を殴ったものである。(9)

また多くの『校友会雑誌』では生徒達が教員にニックネームをそれぞれつけ、学校生活を楽しんでいた姿も浮かび上がってくる。一種中学校生を思わせるバンカラ風体質が商業学校の記録から窺うことができる。

さらに典型的な商業学校の校風と学校文化を匂わせる思い出も『会誌』には記載されている。

> 今振返つて考へますと其学生生活より実社会生活への極端なる変化を緩和出来他人への接触に幾分でも馴れた事等何物にも変え難い体験であった（中略）一生忘れる事の出来ない事は五年生の暑中休暇に先生にお願致し粉尾商店に暑中休暇実習生として四〇日間御奉公した事です、（中略）此間、関係先の工場見学、輸出入通関手続きの実際、為替相場変動の実際を勉強を致しました。(10)

また下関商業学校の校友会誌には一九一六年頃から大陸の資源開発（満蒙開拓）や大陸経営といった発想で書かれた主張が多く登場する(11)（本書12章参照）。

このように商業学校では座学での勉学と実際の実習を併せ持つ、旧制中学校にはない独特の校風を保有していた。この実習はほとんどの商業学校でも行われていた。ここから商業学校生の実業観念は学生時代に特に実践的に培われていく基盤が存在していたのである。

大分県立商業学校では『校友会雑誌』の草創期から生徒自身による論説が多くみられる。第三号では五年生が「卒業近し」と題して、実業学校の存在意義を以下のように論じていた。すなわち「中等学校は小学校で培はれた蕾をより強く育て上げ、より立派な社会人としての素地を与へて社会を送り出す準備所であるのだ。だから社会人としての要素である徳育及体育を主とすべきだ。けれど現今の中等学校は専ら知育に重きを置いてゐる状態で、実に主客顚倒である」(12)と実業学校の存在意義を中学校と比較している。ある意味で中学校には存在しない職業意識の形成という文化の優位性を誇っているようにも見受けられる。

また大分県立商業学校では四年生が「海運発達の必要」を『校友会誌』第四号で次のように論じている。「一国の貿易と船舶との間には密接なる関係がある」ことを前提にし、「商品と運搬すべき船舶が無くては、結局商売にならない」という。さらに「運賃収入も亦国際貸借上に重要なる関係を有する」として日本船舶の直近六ヶ月の海外から収得した純運賃収入を示した。結論として「海運の発達は人類の文化生活に少なからざる影響のあるものであります。（中略）海運の発達は人類の生活内容を豊富にするものであります。海運の発達によって今まで得られなかった物資を得ることができる」(13)と。将来商社や海運を担う商業学校生からすれば、港湾運営や海運に関する知識を豊かにしておくべきであるという主張をこの論説から読み取ることが可能だろう。この大分県立商業学校だけではないが、商業学校在校生や同窓会組織の中には、独特の日本商業を担う商人魂らしき意識を培うという風土（校風）や職業意識が存在していたことと捉えることができよう。

商業学校生徒は、専らに商業の展望や将来身につけるべき実務能力の問題にのみ関心をよせていたわけではない。旧制中学生と比べても同じような、哲学的な考察を巡らせている事例がある。その一例が市立甲府商業学校の『校友会誌』に見られる。「希望に関しての人生一考察」と題して、五年生が問題提起を行っている。「我々人間は生存する以上、そこに必ず何等かの目的を把握する事は言ふまでの事はなからう。（中略）生きて行く価値を肯定させる生き方とは、必らず可能だと言へる観念の下にその達成を予期して、それが為に努力する生き方である。（中略）人生は理想を追及するものであり、より高き幸福を希む希望の為に邁進するものである。さうして、あくまでも積極的態度に出て、希望の為に努力し、努力する事そのものに人生の生甲斐を見出すことである」[14]。ここに見るように、哲学的思考を保有していた実業学校生が存在していたことがわかる。

引用が長くなるため、金沢商業学校（後石川県立商業学校）の『校友会雑誌』に対する本科生の主張の標題を列記しておきたい。時代はいずれも大正中期である。

・書籍の上の学問（本科三年）／・海外雄飛論（本科二年）／・現代学生に対する吾が咆哮（本科二年）／・海運論（本科一年）／以上――『校友会誌』第二一号（一九一七年七月）

・貯蓄論（本科一年）／・日露貿易の将来を論ず（本科三年）／・我対外貿易の将来を如何（本科三年）／・戦争と海運（本科三年）／

・新聞雑誌と広告（本科三年）／・満清向商品売捌上の要訣（本科三年）／・石川県に於けるマニラ麻真田業（本科三年）／以上――『校友会誌』第二二号（一九一八年二月）

・経済的国防と殖産興業の発展（本科三年）／・英雄の一生（本科一年）／・忍従と苦闘との嗚咽（本科三年）／・生命の行くべき路（本科三年）／

・商業へ従事せんとする人々へ（本科三年）／・階級的闘争に対する最後の調整策について（本科二年）／以上――『校友会誌』第二三号（一九一八年七月）[15]

大正期にあって階級闘争について論じた商業学校二年生の主張の要旨は次の様であった。

然るに根が我利一遍を以て目的とする金持に向って道徳を吹込むべし［欠落筆者］どは豚に真珠を与へる様で無益の事である、それよりは階級的闘争を扇動して早く金持の息の根を止めるに若かずこの我等に対して道徳の講釈などせらるるは筋違ひなりなどと思ふものあるべし、が斯様の誤解も結局黄金のみを富と心得へるからである実に如是僻目から社会に闘争は起るのである。[16]（一九一九年二月）

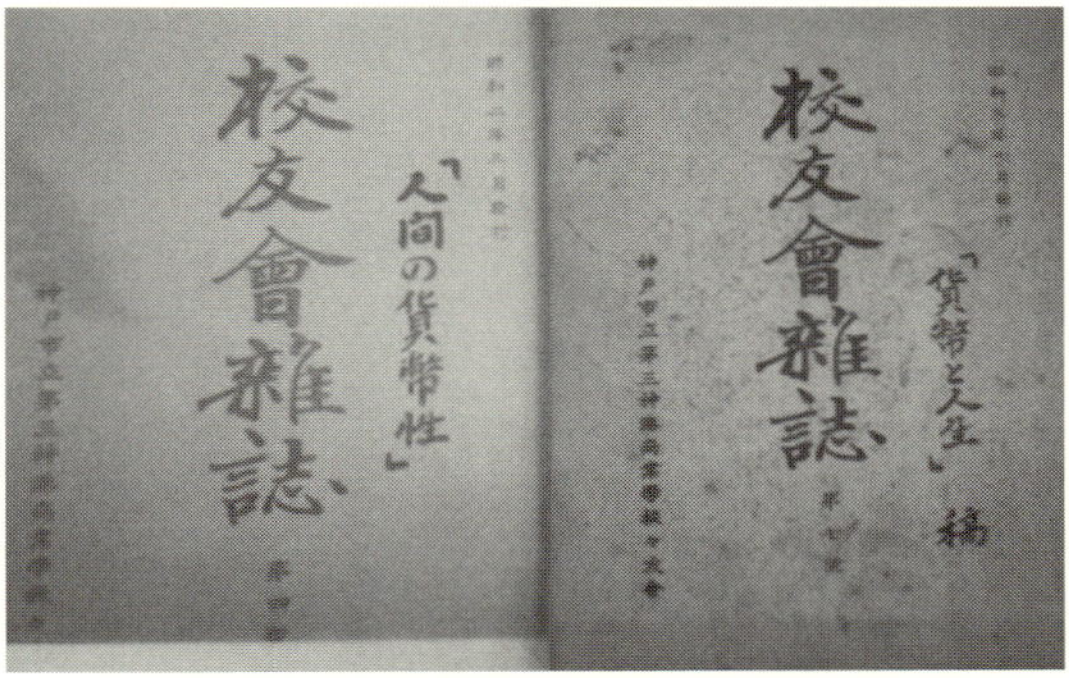

図1　第三神港商業学校『校友会誌』第4，第7号の表紙
兵庫県立第三神港商業学校『校友会誌』1927, 1928年

この主張には微妙な表現の中に富裕層と貧困層の対比の中で、闘争が必然的に生じるものであること。そして富裕層に対して国家社会のために富と事業（寄付・社会事業）を貢献すべきことを主張しているものとみてよいだろう。ロシア革命などの思想的な影響もあり、実業学校生の中にも社会科学的な思考様式が芽生えていたことは間違いない。この論説は言うまでもなく校閲されたものと思われるが、なぜこの急進的な主張が許可されたかについては別途検討が必要だろう。

特に商業学校の中で、興味深い『校友会雑誌』が市立第三神港商業学校のそれであった。第四号である表紙には、筆書きで『人間の貨幣性』というメッセージが記載されていた。目次に目を向けると創設初期の卒業生が「人格の貨幣性」という論考を投稿していた。総ての紹介は無理なので一部を引用する。

「我々は今や流通経済社会に住む者である。その社会は私有財産権と有償主義といふ二つの特徴を持つてゐる。」
「人間だって同じことで身売をして貨幣に変ることがある。身売といふと語弊があるが、（中略）強力が山へ登つて賃金をえることはつまり強力の人間性が一時貨幣に変ることである。要するに人間もそれが或る目的の手段に供せられる限りは貨幣的作用をなして居るものと見ることが出来る。(17)」

図1が『校友会雑誌』の第四号、第七号の表紙に書かれた毛筆である。

恐らくこの論説はマルクスの資本論に基づく哲学者などの思想的影響を受けていると推測できる(18)。次のようなわかりやすい表現からも人間社会の陥るべき陥穽を鋭く指摘している。つまり人間は貨幣に対する物神化を通して金融経済に支配されていくこと。また人間自身が物化されていく必然性を指摘していると理解できるであろう。商業学校のカリキュラムの中には「経済知識」という科目があり、それを自習し補う効果もこの主張から読み取ることができる。

また第四号には当該学校の第一期の卒業生が同じように「人間の貨幣性」という論稿の中で次のようにいう。「現在日本の銀行券は兌換券となっているが実は完全なる不換券である。にも拘らず差支なく流通し、これを以て支払するに何の不都合もない(19)」。つまり資本主義社会に住む限りにおいてこのようなメカニズムの矛盾を認識しておかねばならないことを後輩達に訴えに訴えかけているのであろう。この主張も卒業生という立場ならではの発言であった。金本位体制を分析する視座など、世界経済と日本経済の関係や貿易に関する実務知識を獲得するべきことを後輩たちに訴えかけているものとみてよいであろう。

3　工業学校の工業観・青年観

ここでは工業学校の四つの学校について検討しよう。石川県立工業と東京府立織染、秋田県立工業・福岡県立工業である。前者は一八八六（明治一九）年創立である。現在の金沢市の兼六園付近に設置され、日本の伝統工芸である漆工、染織、窯業、図案科などの工芸技術職人を養成するユニークな学校であった。今日でいえば、工業デザインを担う人材を養成する専門的な学校であった。当時の『校友会誌』第一五号に五回生（染織科卒）が次のような回顧を表している。少し長くなるが紹介しよう。

表1　石川県立工業学校卒業者状況（1911年）

	染織科	窯業科	漆工科	図案科	彫刻科	旧刺繍科	旧裁縫科	旧手芸科
工場	17	15	7	4	2	−	−	−
自営	22	11	30	16	3	1（女）	1	1（女）
官衙	37	7	8	8	−	−	−	−
教員	11	8	14	24	1	−	−	−
兵役	1	4	2	3	−	−	−	−
東京高等工業	1	−	−	−	−	−	−	−
東京美術学校	−	5	2	5	−	−	−	−
京都高等工芸	2	1	−	3	−	−	−	−
名古屋高等工業	1	−	−	−	−	−	−	−
外国留学	2	1	1	−	−	−	−	−
早稲田大学	−	1	−	−	−	−	−	−
関西美術院	−	−	−	2	−	−	−	−
卒業重出	1	−	1	−	−	−	−	−
死亡	5	10	11	7	3	1	−	−
不詳	4	1	6	8	1	5	2	3
合計	104	64	82	80	10	7	3	4

石川県立工業学校『創立25年記念』校友会雑誌，第16号，100頁

> 時勢の進運に伴ひ商工業の隆盛となり卒業生は在校中より就職定まり卒業後直に就職するを得大に余等の羨望する次第なれども之れ永続する者に非らず全国至る所に高等工業学校、徒弟学校等の設立するあり此等卒業生の充満するに至るときは昔日と同等に至るや計り難し今にして現在学生は在校中に充分学術及び実習をなすことに勉む可し兎角生徒中は実習を嫌い学術のみ好むの風あり元来工業学校は中学校と異り実習を経《たて》とし学術を緯《よこ》とす可きものなり故に経済上の点を取調時価、販路の状況、製品の鑑定及び損益の計算を十分知得する方法を取らざる可からず学校出の人は自営するを危険に感ずるは此知識なきに依るなり。[20]

このように明治期の末期にあって、高等工業学校卒業者に匹敵する技能的向上心と中学校生に劣らぬ学術知識を併せ持つことの重要性を紐解いているのである。

当時の石川県立工業学校卒業生の進路状況について興味深いデータがあるので、これについても触れておきたい。表1は一九一一年までの卒業生

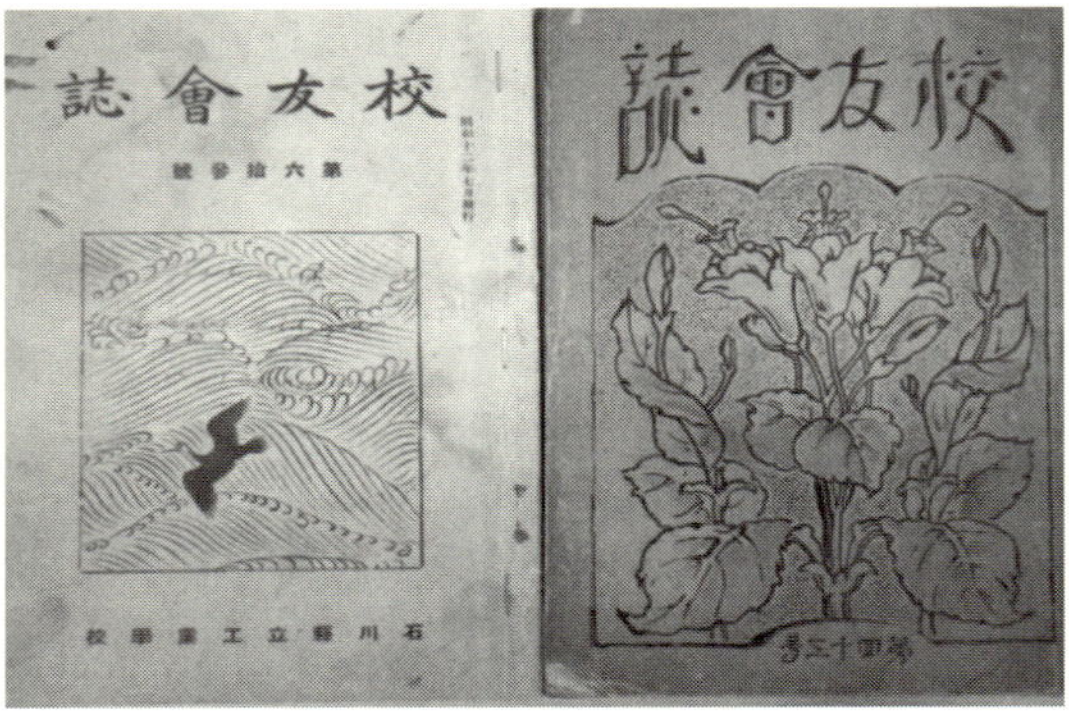

図2　石川県立工業学校第43号，63号の表紙

の状況である。

このように石川県立工業学校卒業生の中では、官庁への就職ばかりでなく、高等教育機関にも卒業生を輩出している。官庁といってもその多くは、工業試験場や羽二重輸出試験場などで、今日で言えば工業試験場のような試験機関といえる。また工業学校に創立期に女性が存在したことは驚きであり、この二名は速成科卒と本科卒だがいずれも卒業後は自営業であった。

第四二号では「住宅改善と其家について」四年生が投稿している。

> 即ち時代に適応した様式、構造、設備を施すことが必要であって今や住宅の研究が最も重大なことと考えられてきたことは喜ぶべきことである。
>
> 住宅は私達人間の容れ物であって安息所であって即ちそこに人間の生命、財産を安全に保障し、私達に慰安を与えてくれる唯一のものである」「将来の住宅としてはバンガロー式（平屋建）によるものではないかと考える[21]。

欧米の建築様式が東洋にも通用するものであることを主張している。石川県立工業学校の『校友会誌』の表紙は、工芸的にみても非常に優れており（図2）、日本画の作の作品のレベルでも上位であると言ってよい。漆工や図案科の作品であることは間違いない。その表紙のデザインについて二つだけ紹介しておきたいが、そのレベルの高の高さには驚かされる。

では、一九一一年の石川県立工業学校同窓会総会『創立二五年記念』に生徒たちの様子が記載されており、いくつかを紹介しよう。

窯業科模型部では「模型実習場はさすがに其専門丈けありて、趣向の高潔なる鮮やかなる最もみる可きものの一なりき先ず場に入りて両側の壁面を眺むれば赤、黄、緑取りどりの細長き色紙もて調和よく装ひ其下部には数個の粘土製マスクを掲げたり笑ふあり（中略）四年生の合作にて工業の神の偉大なる像を造れり高九尺に余り容貌秀麗慈愛に富み頭上には校章燦として輝き左手には月桂樹右手には大なるパレットと各科に因める工具を携へ厳然として屹立せる之れに對すれば自ら一種崇高の感に耐へざるものあり」と。このように日頃から工芸美術品の制作にわたる実技を育成していた様子が見て取れよう。

第六期に卒業した同窓生が学校時代を次のように回想している。「何事を為すにも目的と勉強が第一である本校当時の着眼は外国貿易の工芸品制作であった納富校長は農商務省へ向かって欧米各国へ工業視察員派遣の建白書を提出せられ（中略）本省では採用の時期を得なかったのは実に遺憾である（中略）畢りに一言生徒諸君に希望するのは其目的である工芸は百般であるから（中略）外国向を研究するには（中略）現品について其図様、形状、用途、嗜好を研究[22]」すべきこと、つまり工芸品の貿易（売買）が国運を左右するものだということを強調した。

石川県立工業学校はどちらかと言えば、日本の伝統工芸の製品化とその海外への販売に耐えうる工芸技術の伝承と発展を担う学校という機能を持つ存在であった。その意味からいえば『校友会誌』にみる生徒の実業観は、伝統工芸を如何に世界に冠たる地位にまで引き上げていくかという職人魂に貫かれているといっても過言ではない。

ではいわゆる近代工業の工業技術を担う系統の工業学校はどうであったか。以下に見てみよう。これまでのところ工業学校関係の『校友会誌』の史料収集状況は限界がある。しかし、校友会誌のいくつかに興味深いものがあるのでその点に限定して紹介していく。

秋田県立工業学校および福岡県立工業学校の『校友会誌』を見てみよう。

秋田県立工業学校『校友会誌』第二八号（一九二六年）には、論説欄に在校生が社会観に関する論考を寄せている。

代民族の占に就いて」

第三八号（一九三七年）では学術及論説欄に在校生の論説が多数見られる。

電気三年「中庸」／電気二年「創造と現実苦」／機械二年「人生の目的」／機械二年「膽は大に心を小に持て」／電気三年「日本古代民族の占に就いて」

電気二年「詩興・静謐を語る」／機械三年「諸子に告ぐ！」／土木一年「建築の先駆者」／建築三年「他力本願と自力本願」／土木二年「意志」／電気三年「実業とは如何」／機械三年「戦慄すべき近代文明」／機械三年「日本」／機械三年「明日の工業界を背負ふ者よ」／土木二年「理想」

これらのうち、本章に関係する論考を中心に紹介する。

人生の目的は勤労にあると思ふ、而して此の外にして目的はない事は断言しても良いのである。（中略）此処に於てすべての人と云ふ者は、自分の地位が少しでも高まると自然に驕慢の心を生じて一人自分から勤務を粗末になし、ややもすれば人を見さげて人として最大に大切である所の礼儀を失って名望を失墜するものであるから自ら驕慢の心を抑てゐなければならぬ。[23]

ありきたりの表現ではあるが、この論説は勤労の尊さを通して人生の価値実現と工業という創造的態度の確立を生徒達に喚起する意図が読み取れる。

一一年後の『校友会誌』では、同じような趣旨で「実業とは如何」が三年生から投稿されている。

実業とは虚業に対して真面目に働く者の総称であると。（中略）E・H・ゲーリー氏の言った言葉に「政治家、学校長、医者、弁護士、職人職工など大なり小なり実業的能力の支配を受けて居、実に実業に対する各人の成功は吾々生存の上に根本的必要事項である」とある様に、苟くも仕事をするものは総て実業の中に包含せらるゝものである。[24]

この時期は日中戦争に突入した時期でもあり、在校生の工業観には「工業家よ国家的信念に生きよ。愛国の焰全身を焼く如き人士でなくしてなんぞ産業の国防的大使命が果せやうぞ」[25]と。このように純粋に工業技術の向上という観点だけではなく、国家や戦争体制に資するという工業観念も、同時に生徒達には鼓舞されていたことがわかる。

次に工業学校の中では最も歴史の古い福岡県立工業学校の例をとろう。残念ながら『校友会会報』は一九一六年のものしか発見できていない。この工業学校は後に小倉工業学校を分校に持ち、いずれも今日まで継続している伝統的な学校である。

卒業生からの投稿も多数あるが、ここでは在校生の投稿についてのみ紹介しておく。標題は以下の通りである。

福岡工業学校建築科四年「建築美術に関する印象及方法に就いて」／福岡工業学校機械四年「野の人」／小倉工業学校機械科四年「学生の娯楽」／福岡工業学校機械科四年「弁論私見」／小倉工業学校機械科四年「薄志弱行」／福岡工業学校建築科四年「試験の意義」／福岡工業学校採鉱科三年「星を仰ぎて」／小倉工業学校電気科三年「勇ましかりし祖先」／福岡工業学校採鉱科三年「サクセスの真意義」／小倉工業学校機械科三年「希望と人生」／福岡工業学校建築科二年「心中の賊」／小倉工業学校機械科三年「戦争」／福岡工業学校採鉱科三年「生と死」／小倉工業学校機械科二年「乃木大将」／小倉工業学校機械科二年「我国民の意義」／福岡工業学校染織科二年「大正青年の覚悟」／福岡工業学校建築科一年「学生は苦学生に倣へ」／小倉工業学校機械科［学年不明］「国家の発展と青年の覚悟」

これらの中からいくつかを紹介しておきたい。

私共が既に人格を有する一個の青年たる以上、私共の社会は其れ丈向上した社会である。個人の発達は社会の発達である。社会は個人の化合体である、学校と学生との関係も亦同様に有機的組織をなして居ると云ふことも出来やう（中略）私は我学友会の講演部の活動が、校風の発揚、特色の増進に適切なる原動力であると信じ、校風の発揚は我校が社会に認識さるる最善なる方法であることを主張するが故に無愛嬌なることを陳述した、然し、雄弁は社会に出て公人たる時の財産であり、武器である。(26)

つまり国家の中にあってこその個人であり、個人は国家の発展に寄与するべきであるという観念を植え付けたのである。

同誌には福岡工業学校卒の卒業生が自らの現在の職務内容についての考えを明らかにしており、在校生に対する技術者の責任を促すアドバイスが記載されていて興味深いので簡潔に紹介しておく。

先ず解船工事にかかるには、最初に其の船を解放して幾何の価格品、即ち解撤材料器具類を得らるる課を究むることが先決問題となる。之に依って其の船価を定め買入価格を予算するのであるが、実は之が非常な至難事で、長い経験を持った人でも時に失敗する事がある。方法は解かんとする船の明細を知り、現状を精査し過去の経験に鑑み唯一推断によるのみで、今私の行っている此の梅ヶ香丸の例を挙げると、元帝国海軍協会所有義勇船梅ヶ香丸、総噸数三、二七二、登記簿噸数一、七六二、船長三三七尺、船艙深二一尺、三層甲板鋼製客船、明治四十二年長崎三菱製造、価格百三十万円、設計の不当と船員の不注意とにより、先年関門海峡に沈没せしを浮揚したるものなれば燭具備品等殆なし。

右につき私の見積つた解撤予算価格は

船体重量六〇満万噸とし

鋼材	四五万貫	〇、一六銭替	七二、〇〇〇円
銅真鍮材	二万貫	二、五〇銭替	五〇、〇〇〇円
鉛	五千貫	〇、七〇銭替	三、五〇〇円
鋳鉄	三万貫	〇、一三銭替	三、六〇〇円
機械器具属具類			二〇、〇〇〇円
雑			九〇〇円
合計			一五〇、〇〇〇円

解撤場所は解撤物品の運搬、処理、売捌其他諸種の関係上、大阪木津川沿岸に限るといってよい。尤も全河川内に設備し得らるる一時的解船船渠は、最大限水深一〇尺内外に過ぎぬから、それまでは築港内に繋留して上部解撤をやらねばならぬ、此の際不平均な解方や乱暴な仕事をすると、時に船体を折たり素他不測の事件を惹起すから、充分注意して上部から順次に大抵の合せ目は楔で解放す、そして所要の吃水になり次第乳(ママ)渠せしめて、縦に船体を二つ乃至三つに割開いて、全部解放する期間は三千噸級で普通一ヵ年としたものだが事情によりもつと短縮はできる。[27]

まだ実務には就業していないとはいえ、三菱造船の一三〇万円の見積もりの杜撰さと結果として沈没に至ってしま

表2　福岡工業学校卒業生職業類型表

年度＼分野	製鉄所	地方庁	陸軍兵器廠	諸官庁	鉄道会社	炭坑鉱山	諸会社	諸学校	自営	専攻生	兵役	進学	外国在留	未定	死亡	合計
1904	18	2	3	15	23	39	18	12	11	3	32	4	3	13	1	197
1917	21	—	19	93	40	259	277	33	111	—	16	52	10	13	84	1,019
1919	49	—	27	71	45	307	297	38	164	—	31	23	10	24	109	1,186

各年度『学校一覧』より作成

った、構造設計の問題性をこの福岡工業学校生はこの解撤予算の中に主張しているのではないだろうか。

その他の人生観や青年論をテーマに関する論説は、多分に国家主義的なものが多く、哲学的な匂いを感じさせるものは少ないと言わざるを得ない。その理由は定かではないが、その要因として、工業学校の中でも当校は創立が早いこと。また卒業生千人をいち早く送り出したことで有名でもあった。また就職先も当時の重厚長大産業や官公吏に卒業生の名が多くが連なっていたことがその背景にはあるように考えられる。表2は一九一九（大正八）年までの卒業生就職先である。その背景を推測できるデータである。すなわち日本でもトップの製鉄所や地方庁、諸官庁、鉄道会社など日本の工業生産や産業の基幹部分を担う部分に就職していたこと。将来の日本を工業の面から担うという教授内容により、生徒の人生観や実業観の中に国家を第一義的に捉えるという志向性が育成されていたのではないかと考えられる。

4　農業学校の農業観・社会観

ここでは農業学校でも、その歴史が古く伝統のある学校のいくつかを取り上げてみたい。福島蚕業学校、浜名蚕業学校、福岡県立農業学校、府立農林学校である。

福島県蚕業学校の『同窓会誌』には蚕繭や蚕業農家の今後のあり方を巡る生徒自身の主張が多くみられる。第一一号では「多忙なる来年の養蚕業」と題して「総括してみると大抵三か年乃至四ヵ年毎に流行と沈滞とが交代する如き順序になって居るから来年以降は確かに好景気を呈するであろう。」「一般の養蚕家に対し飼育の量は不足を感ずる程度に止むる(28)」と。日本の蚕業と絹輸出の関係において県や国の収繭制限を呼び掛けている指向性がうかがえる。

同じように静岡県浜名蚕業学校の『校友会雑誌』にも蚕業発展論が論じられている。

蚕種の良不良は養蚕の結果に大関係を及ぼすものなれば須らく養蚕家たるものは之が選択に務めざる可らずや。（中略）稚蚕は総ての障害に耐ゆる力最も弱く此の際の取扱いは蚕児の斎否強弱に大なる影響を及ぼして延ては其の収穫に関係するものにして此の間における飼育上の技術は最も精巧なるを要す(29)。

この二つの蚕業学校生徒の主張は大きくいって次の点にあった。即ち蚕の共同飼育、均質な繭の重要性を認識すること。これが世界貿易上で製品の均質性を担保することにつながること。次に農業家は如何に生産性を高めた蚕を飼育するために、その技術の修得を学校時代に身に付けることが重要であるということであった。

次に福岡県立農業学校『校友会会報』には、すでに明治期から日本の農業の存在意義を問う論稿が在校生から主張されていた。第五号の「農学生の真価を論ず」では「現世職業に貴賎の別なし国家の政務を執る大臣も門に訪づる下駄の両替へも敢て撰ばんや況や農業に於いてをや農業は神聖にして侵す可からず生命の母なり国の基なり商工業の本なり(30)」。農学校においては彼らが産出する物品が商品経済の礎となっていること。国家の基本であることを農学校生ならではの視角から、日本の現状と将来を見据えていたのである。

東京府立農林学校は管見の限りでは創設期から『校友会誌』を戦時期に至るまで発行している。現在収集できた『校友会誌』は二六、二八、二九、三三、三四号である。二六号では、生徒の論説はほとんど見られず、特別会員や客員会員が多くを語っている。生徒の主義主張は文藻や詩藻に投稿されているだけで、内面を窺うことはできない。二八号は開校二五周年を前に論説が僅かではあるが、論説および研究などに興味深く読みとることができる。

「論説　優秀なる大和民族」五年生／「東洋の現状と日本の使命」五年生／「研究　我が家の養蜂」五年生／「牛蒡花の茎の色と花の色の関係」五年生／「メタン瓦斯の研究」五年生／「杉本坊観音の由来」五年生／――以上、二八号

二九号は創立二五周年記念号により、論説や研究はほとんどが特別会員や教諭による執筆であった。三三号は追悼号による影響で、論説や研究報告はない（「研究　実験トマトの栽培法」五年生――以上三四号）。

上記の論説や研究報告の中に、農業学校ならではの農業観や人生観が示されており、その一部を紹介しておく。

二八号の「東洋の現状と日本の使命」では、農業が如何に日本の原動力になっていくのか、科学応用の力が如何に重要かを簡潔に論じている。「我が大日本帝国の最大使命とは何ぞ、亜細亜を背負つて東洋平和の盟主たるべき」であって、「我が帝国は彼等の魔手を除く可き、亜細亜の防波堤たる形にて果然其の名を世界の一等国として称さへられる」とし、国家の覇権主義を前提にした認識をもって日本が発展を遂げるために必要な点を明らかにしている。第一は「外交力は国家の力」、第二は「兵力」、第三に「産業の力」とは「産業発展こそ我等農林業を学ぶ者の重大使命」であり「農業こそ諸活動の原動力」が緊要だとする。第四に「科学応用の力」でこれは「創造工夫の力」であるとする。第五に「精神力」すなわち「常に道徳的理想に燃え、且つ物質的科学に付て、研究、熱心でなくてはならん」とし国家の力とは何かを論じた。(31)

二八号の「我が家の養蜂」では、養蜂業を営むからこそ言える「知恵」が示されている。

一月　「決して巣箱を開いてはならない」
二月　「烽王（女王）の不良なものを除き合群」
三月　「気温が定まりたる後、越冬の外装を解き近接の梅園等に転飼を行ふ」
（中略）

九月「秋風そよ吹き涼しくなった後、日履を除き暴風に倒されない様に重石を載せて行く巣門は少し小さくする、茶、ウドの開花する頃なる故、貯蜜を充分ならしめ収蜜せずして越冬の準備をし、分封熱の起こるものは速やかに抑止する。

農園の実習に基づいた科学的管理法が示されている。[32]

日中の戦局が次第に進行するなかでも東京府立農林学校では、農園実習を怠っていない状況が次の生徒の論説からもわかる。

第三四号では「実験トマトの栽培法」が掲載されている。その骨格は「1品種　2播種　3育苗内の管理　4定植　5定植後の管理　6収穫」の六項目にわたるものであった。

第三四号の「研究調査」欄では、合理的で科学的な農業を極めようとする姿勢も窺える。「実験トマトの栽培法」つまり農業の営みの感とコツを指し示している点である。冗長を避け簡潔に紹介しておく。

一、育苗の管理

1・適度の灌水は苗床管理上最も重要な作業である、灌水の適度は苗の徒長するのみならず、病虫害に対する抵抗力を弱め醸熱物の発熱を妨げて床温を低くし更に本畑定植後植痛みを多くする。之に反して灌水不足の時は苗の生育は著しくおくれて充分な成長を遂げない。然し大体に苗床の灌水は幾分控え目にする方が失敗がない。

2・換気

（イ）換気は午前十時より始め午後三時に終る但し日照時間の長短及び天候によって朝夕の時刻を敵等伸縮せねばならぬ。

（ロ）換気作業は急激に行ふことなし順次にその度を増す。普通正午より午後一時頃を最も多くし次第に閉ぢて午後二時—三時頃に全く障子を閉ぢる。

（ハ）苗が次第に成長し外気も温暖となりて定植期も近づけば暖かき日は全部開放して陽光の投射を充分に受けしめ極力苗を健全に仕立てる。

（中略）

五、定植後の管理
一・発病株は速やかに抜き取ること。跡地は硫黄華、又は石炭・木灰等を散布すること。
二・定植。三週間前に本畑に石灰窒素を散布。
三・連作を避ける事（トマトのみではなく茄子馬鈴薯等のごとき茄子科に属する物と連作を避ける事）
四・二・三年ボルドウ液を散布
五・排水良好にすること
六・下葉を摘葉し風気の流通を良くすること。
七・モザイク病の如きは病株を切った手又は器具は消毒する事
八・又育苗時代に発病するものであるからS土をフォルマリンの一〇〇倍液を散布消毒す。

このように将来のトマト栽培における育成の管理から危機管理についての的確なアドバイスを行っている。

このことから農業学校生ならでは二の実業（農業観）そのものを読み取ることができる。

一九三四年の『校友会誌』ということもあり次第に生産力向上の指導が農業精神の中にも浸透している様子がわかる。では果たして、農業学校においては日中戦争が進展する中でも、国家主義に対する批判意識が存在していたのであろうか。『校友会誌』のなかに、農業学校の生徒は鋭く主張を行っていた。

その論拠は、東京府立農林学校の『校友会誌』第三四号（一九三九年三月）の編集後記の中にひっそりと記載されている。非常に繊細に気遣いながら記載されているので読み取りにくい部分があることを了解頂きたい。しかも無記名であり、学校長や教員たちの検閲が無かったはずがない。逆説的に言えば、暗黙の了解がそこには存在したものと読み取れるのではないだろうか。

近頃全体主義といふ言葉が行はれてゐます。その意味は私共のよくするところではありませんが、学校の校友会の仕事で各員に全体的に利用されて、全体に公平に頒ち得られるのはこの校友会誌ではないでせうか。その意味からいって全員が自分のもの、吾等のものといふ気持になって欲しいのです。さうすれば会誌全体が生気が潑剌として来るでせう。[33]

明確に表現されているわけではないが、ドイツのファシズム（全体主義）を指し示す言葉としても受け取れるのではないだろうか。まさに旧制中学校の生徒自治という概念に通定する倫理性と論理を、農業学校の生徒も保有していたのである。しかしかれらは農業という職域の中で将来の身を置く運命を宿命的に持ちつつも、中学校生とは異なった生産的自己達成という別の尺度の中で、自らの存在証明をこの『校友会誌』に込めて主張していたということができよう。

おわりに

これまでに見て来たように工業学校系統の『校友会雑誌』では科学的合理精神に基づく生産力の向上や技術力の向上が目標となって、日本の工業技術を前進させようとする技術者としての自己形成の姿を読み取ることが可能である。学校文化という点で『校友会雑誌』は世界的に通用する技術をいかに努力をすべきかという視野を育成する役割を果たしていた。

商業学校では、単に日本経済を牽引する商品経済の担い手という自覚だけではなく、人間が如何に貨幣や時間という概念に縛られているのかについても社会科学的な視野をも身に付けていたことは間違いない。その上で貿易や商業において日本を如何に優位に立たせるかについて多くの主張がなされ学校文化を形成していったといえよう。

農学校関係では国の基礎は飽くまでも農業にあることを強く自覚させている。ただし農業という立場からでも世界や世情に対する問題意識が欠落しているどころか、ある意味において最もラディカルな発想を匂わせていたと言える。

このように実業学校『校友会雑誌』に見られる学校文化は実社会の職業文化や職業意識の形成を育むプロセスであったといえよう。実社会を見据えている文化意識は職人（工業学校）や商人（商業学校）、農業（農業学校）を推進する姿勢を学校時代に育成するものであった。本書の中でも検討されている中学校生の青年観との異同について今後の分析課題が残されているが、中学生は日本や植民地の統治を前提にした発想が多く見られ、実業学校では技術者として如何に日本を創り上げていくかという視点で実業観念が形成されていたことが推測できる。

(1) 福島蚕業学校や第三神港商業学校、東京府立織染学校などの創刊号では校長や教諭の論説が多く、在校生自身の校友会誌への投稿は二～三号あたりからであった。『近江尚商会誌』も明治二六年位まではほとんどが校長や会員からの投稿であった。
(2) 東京府立織染学校『校友会誌』第三号、一九三六年七月、一～二頁。
(3) 同前『校友会誌』第四・五号参照、一九三七、一九三九年。
(4) 『下商百年史』記述編、上巻、一九八三年、九八頁、参照。
(5) 下関商業学校『会誌』五〇周年記念号、一九三六年五月、参照。
(6) 滋賀県商業学校『近江尚商会誌』第二号、一八八二年五月、参照。
(7) 福島県立蚕業学校『同窓会報』第一三号、一九一二年七月、一七～一八頁。
(8) 『近江尚商会雑誌』第六号、一八八三年三月、三九～四四頁。東京大学明治新聞雑誌文庫所蔵。
(9) 市立下関商業学校『会誌』一九三六年五月、九二～九四頁。
(10) 同前、一九一六年から一九三九年の多くの論考が掲載されている。
(11) 市立下関商業学校『会誌』一九一六年。
(12) 大分商業学校『校友会誌』第三号、一九三〇年三月、三一頁。
(13) 同前、第四号、一九三一年三月。
(14) 市立甲府商業学校『校友会誌』第五五号、一九三五年二月、二七～三一頁。

(15) 金沢商業学校『校友会誌』第二一〜二四号、一九一七〜一九一九年参照。二三号の編集後記には次のようなことが記されている。「さて会誌の内容が貧弱だとか、そら何だの兎のと色々苦々しい非難を随分此迄に聞古したことだ、が本号は決してそんなことは言わせない積だ、それで未だ苦情を云ふ人は「其様な奴に限って日頃会誌に対して冷淡な奴だ」と推定してしまうが、さもなくば一種の口壁病者として悲しむべき者だ」(二三号、九七頁参照)。金沢商業学校は後に石川県立商業学校に名称変更した。

(16) 石川県立商業学校『校友会誌』第二四号、一九一九年二月、二六〜二七頁。

(17) 神戸市立第三神港商業学校校友会『校友会雑誌』第四号、一九二七年三月、一五〜二〇頁。次号である第二号には卒業生と思われる人物から「貨幣と人生」という論稿が投稿されており「守銭奴とは貨幣の手段たる性質を忘れて、これを目的とする人間のことである」と的確に主張されている。

(18) 真木悠介『時間の比較社会学』岩波書店、一九八二年、等を参照されたい。

(19) 神戸市立第三神港商業学校校友会『校友会雑誌』第四号、一九二七年三月、一五〜二〇頁。

(20) 石川県立工業学校『創立二五年記念』校友会雑誌、第一六号、一九一一年一二月、一一一〜一一三頁、参照。

(21) 石川県立工業学校『校友会誌』第四三号、一九二七年七月、一四〜一九頁参照。

(22) 同前、一一四頁。

(23) 秋田県立秋田工業学校『校友会会誌』第二八号、一九二六年一二月、二三〜二四頁。

(24) 同前、第三八号、一九三七年三月、一七〜一八、二三〜二四頁。

(25) 同前、第三八号、一九三七年三月、二三〜二四頁。

(26) 福岡工業学校校友会会報『三友』一九一六年二月、六九〜七四頁。

(27) 『福岡県立工業学校校友会会報』同前、二〇〜二二頁、参照。

(28) 福島蚕業学校『同窓会報』第一一号、一九一〇年一二月、三五頁。

(29) 浜名蚕業学校『校友と雑誌』第七号、一九〇七年、一六頁。

(30) 福岡県立農業学校『校友会会報』第五号、一九〇五年七月
(31)『会誌』東京府立農林学校校友会、第二八号、一九三四年三月
(32)『会誌』同前。第二八号、一九三四年三月、七六〜七九頁。
(33)『校友会誌』東京府立農林学校校友会、第三三号、一九三九年四月「編集後記」一五〇頁。

第7章　高等女学校の校風文化と卒業生
――大正から昭和期の跡見女学校

歌川光一

はじめに

本章の目的は、大正から昭和期の跡見女学校の校風に対する多様なアクターのまなざしを踏まえながら、高等女学校（以下、「高女」と略記）の校風文化と卒業生の関係を明らかにすることにある。

戦前期の高女および高等女学校生（以下、「女学生」と略記）に関しては、制度史のみならず、当時の高女就学者層を主要な読者とした婦人、少女雑誌の分析や、卒業生に対するアンケート調査、地方都市における近代化による社会階層の再編とジェンダー秩序の確立およびその関係に関する研究、また、学校沿革史や『校友会雑誌』等の関連資料を用いた文化史研究など、多様な観点から分析が行われている。これらの研究は、「良妻賢母」主義教育の影響下にありつつも、より複雑な様相を見せていた女学生文化の実態を明らかにしているという意味において、学校文化研究、生徒文化研究として示唆が大きいものと言える。

しかし、戦前期の女学校が、男子にとっての中学校とは異なり、中・上層女子の実質的な最終学歴となっていたことを踏まえるとき、各高女の「校風」を背負っていた高女卒業生への着目を欠かすことはできない。土田陽子が述べるように、高女については、名門高校への進学率を指標とした中学校のような学校序列が形成されていたわけではなく、「官立女学校（東京女子高等師範学校附属高等女学校）」「私立・上流階級向け女学校（女子学習院や東京女学館）」「私立・ミッション・スクール（女子学院や青山女学院）」「私立・仏教系女学校」「私立・女子教育者設立系女学校」「公立女学校」など、多様な名門校が存在し、その社会的評価は一様ではなかった(7)。

従来の高女卒業生に着目した研究としては、婚姻における高女卒の学歴の意味や(8)、地方のナンバースクールの同窓生間のネットワーク性を扱った研究(9)、メディアにおけるあるべき卒業生像に関する研究(10)を挙げることができる。これらは、卒業生が学校の威信をどのように利用しようとしたか、もしくは、学校の威信が結果としてどのように機能したかを明らかにした研究と言える。

それでは、高女の学校文化研究という視点に立つとき、高女卒業生は「女性エリート」として、同窓生との交際を続けたり、母校を懐かしんだり、という形を除いて、「校風文化」から無縁となったのだろうか。

本章では、これまで問われてこなかった、高等女学校の校風文化と卒業生の関係について、大正から昭和期の跡見女学校を事例に明らかにする。

1　跡見女学校という考察対象

跡見女学校（以下、跡見）は、一八七五年一月、跡見花蹊を中心として、「跡見学校」として開校した(11)。当初は生徒の年齢に制限はなく、年少児（四、五歳）から青年女子（一八、一九歳）までの者が受け入れられ、授業形態は、姉弟子から妹弟子へと伝達する形式を採用していた。同校は、一八八八年、神田から小石川柳町に新築移転した際に「跡見女学校」と称されるようになる。一八九五年には、高等女学校規程に沿い、入学者の資格を尋常小学校卒業程度とし、主に中等程度の女子教育機関としての性格をもつことになった。一九〇六年四月校則を改め、高等女学校令

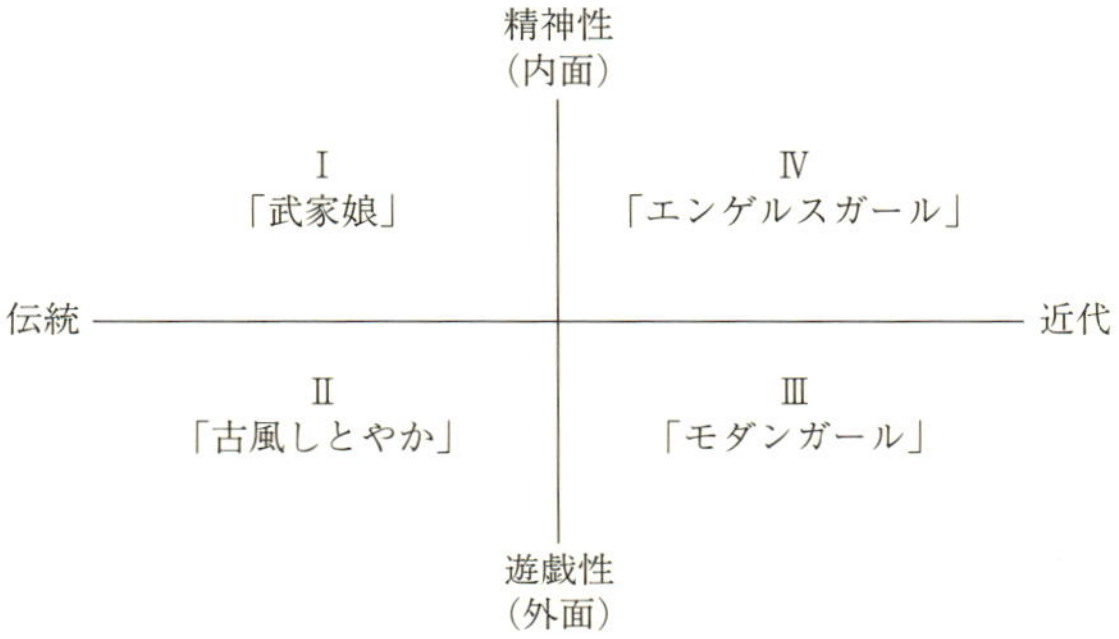

図　教養女性の４類型
稲垣恭子「武家娘と近代」注⑭，３頁

に準拠した内容とするが、花蹊自らが教える「習字」「絵画」や、多くの時間が割かれる「裁縫」に特徴があり、一九四四年四月、教育統制により跡見高等女学校と改称するまで、同校は各種学校と位置づけられた。

本章で跡見を考察対象とする理由として、次の二点を挙げることができる。第一に、女学校の卒業生の動向を検討した先行研究(12)においては、公立高女が対象となる事が多く、都市部の私立女学校が研究対象とされてこなかった。その背景には、史資料的制約はさることながら、いわゆるナンバースクールの検討が、高女卒業生のエリート意識の抽出に適していると想定されてきたことが挙げられる。しかし、既述のように、戦前期の東京では、高等女学校発令（一八九九年）以前に、東京女子師範学校附属の他にも華族高等女学校、各ミッション系高等女学校など、私立の高女が複数存在しており、校風文化を考察する上では、それらを視野に入れた高女文化の研究が重要である。

第二に、私立の高女の中でも、ミッション・スクール特有のイメージについての教育社会学研究が蓄積されている(13)のに対して、伝統を重んじる「たしなみ」系女性育成の教育方針をもった高等女学校文化の蓄積が十分でないと考えられるためである。

稲垣恭子は、戦前期の教養女性の類型を図1のように分類している(14)。図において、Ⅰ・Ⅱは、和漢の教養や弓・薙刀などの武芸、書道、茶道、華道や作法などを柱とする伝統的な「たしなみ」型教養を土台とするタイプ、

Ⅲ・Ⅳは、近代的・西洋的な知や教養を志向するタイプである。稲垣によれば、従来の研究群は、Ⅰ、Ⅱから、Ⅲ、Ⅳへの歴史的移行とその過程の検証を重視してきた。すなわち、Ⅰ、Ⅱの「たしなみ」型教養を志向する女性像が正面から検討されることは稀有であった。

本章で徐々に明らかになるように、跡見は、社会的にも、在校生・卒業生の認識としても、Ⅰ、Ⅱの分類に属する女性を育成するタイプの女学校だった。したがってその校風文化を検討することは、学校文化研究としてのみならず、戦前期の理想的女性像やその担い手を明らかにする意味でも重要な課題と言える。

以上の二つの理由から、本校では跡見を考察の対象とし、議論を進めていく。

2　マス・メディアにおける跡見女学校

跡見への就学者層

跡見は、一九〇〇年代より、東京府の代表的な私立女学校として、学校案内書[15]に加え、新聞・雑誌の学校紹介・批評企画で紹介された。特に、左記傍線部のように、中・上流以上の家庭の学生が通う女学校であることが強調された(以下、傍線はすべて引用者による)。

都下の貴婦人界中に一種の学閥あり先づ旧華族女学校出身の奥様を首に虎の門女学館及び跡見女学校出身と云ふ風にて此処数年前までは華族女学校出の奥様が一番に巾を利かし次ぎの二女学校出身者は更に振はざりしに近ごろ反対になりて虎の門と跡見出とが上流婦人界に勢力を有する様になり此に次ぎてお茶の水女子大学出とが巾を利かし居れり[16]

生徒の家庭は類を以て集るものか、貴族顕官にあらずば、鏘々たる実業家といふ顔揃だから、自然校風が貴族的で都雅であるこ

とは、一見して感ずる所である(17)

生徒三〇名許、体操の用意をして居た。廊下の彼方此方には遊びがてらといつた様な卒業生らしい令嬢の姿がちらほら見える。生徒は中流以上の保守的家庭の令嬢か、又は母親か姉が花蹊先生の薫陶を受けた縁に繋がつて来るのが多い(18)。

毎朝之と同じ方面に向かつて空てゐる普通電車に乗つて行く女学生、風姿の好いのに反して何等の髪飾のないのは跡見女学校の生徒です。何となく奥床しくそして優しい動作は此校の気風を語ると共にその家庭の中流以上である事を示してゐます(19)。

また一方では、跡見は、表層的なお嬢様校ではなく、「たしなみ」系の教育方針をもつ女学校であることも報じられた。『読売新聞』の企画「何処の女学校」では、「跡見女学校は、非現代的の非おチヤツピーを養成するのが、其の人格教養の教旨にして、且字の上手な絵の拙からぬ女性的女性を、世間に提供するのが任務であるらしい、音楽科に琴しか無いのは不可などと云ふ可からず、ハイカラの多きに堪へぬ世に、一つ位は此の種女学校の存在を認容したい(20)」と評している。

象徴としての身装情報――「校服」と「ガバレット」

このような跡見の社会的イメージを強化したのが身装(21)にまつわる情報であり、具体的には、一九一五年の紫紺の袴の校服制定(22)と一九一八年より実施された「ガバレット」という髪型である。

跡見の校服の変遷については、以下のようにまとめることができる(23)。跡見では、一八七五年の開校当時から皇后内意によるメリンスの紫の袴を着用していた。その後一八九九年には、黒木綿五つ紋の着物に白キャラコの襦袢を重ねたものを生徒の式服と決め、生徒はこれに平素着用の袴をあわせて卒業式等に臨んだ(24)。一方、平常服は「紫袴」に各自着物をあわせるという恰好で、袴にどのような着物をあわせるかは、各生徒もしくは家庭の判断にまかされていた。一九一五年には、大正天皇の即位を記念して平常服を制定すると、着物・羽織ともに袴と同色となり、全身で紫色の衣をまとうこととなる。

一九一五年の和装制服を制定するにあたり、当時の同校主事大塚重善は制定理由として、以下の七点を挙げている(25)（抜粋）。

①「紫袴を用ふる者甚多くなりて、何れの学校の生徒なるか見分け難き様になつた」
②「一定の制服を用ひしむるは、節倹の美徳を養成する上に、甚必要である」
③「事実上家庭の経済に、利益するところが少なからざる」
④「今回制定の紫紺地は、品位高尚にして、自ずから温雅貞淑の風ある様に、見ゆる」
⑤「世間に行はれ易き華美な服装は、何となく柔弱の風を生じ易」い
⑥「流行遅れの物などは、如何に善ひ品でも、嫌ふ」弊を防ぐ
⑦「一定の制服を着用する生徒は自然と自重心を起」す

高等女学校の制服制定の歴史について研究した桑田直子は、この跡見女学校の制服制定の特徴について、学校を他から区別する「象徴性」（①）、伝統的な婦徳を重視する「貞淑性」（②、④、⑤）、行き過ぎた華美は規制しつつも、女性として美しく装う「美装性」（⑥）とまとめている(26)。

一方、跡見女学校生徒の髪型については、以下のようにまとめることができる。開学当初から、跡見花蹊は、江戸時代に公卿の子供たちが結った「稚児髷」という髪型を年少者に結わせ、年長者は日本髪を結ったが、明治三〇年代には、束髪が流行するようになった。しかし、一九一八年、生徒のお下げ髪が満員電車の中で、男性のオーバーのボタンに引っかかる、という理由から禁止になり、頭髪コンクールが開催されることとなる。当時の体育教員であった

戸谷富太郎が、生徒を一列に並ばせて、走っても乱れない髪型として「ガバレット」を選出した。ガバレットは、三つ編みの髪を後ろで交叉して、前へ廻してピンで留める髪型で、これにより、一〜三年生までが「ガバレット」に、四〜五年生は上げ髪を結うこととなった[27]。

新聞・雑誌においては、これらの校服やガバレットの制定それ自体も紹介されたが[28]、同時に、跡見の生徒を見分ける目印としても紹介されることとなった。

紫紺の袴に、紫紺の着物、裾さばきも軽やかに、光つた靴を穿いて、小石川は柳町さして通つて行く姿を見ると、なるほど上品な女学生さん達だと、通る人の眼が、ぢつと注がれる、確かに跡見と云へば、一時は民間の華族女学校と云はれたも、無理からぬ次第だとうなづかれる[29]。

白い襟に紫紺の着物、同色の袴、羽織「あれが跡見の生徒」と一見してわかるその服装も、質素にしてしとやかな校風の一般が窺はれます[30]。

むらさきの香に女性特有のしとやかさをたたへ、校舎は古くとも生徒の若々しさに跡見独特の質素な華やかさを見せる。（中略）俗に云ふ跡見巻きは丁度ハチマキした様なかたちで一寸風変りなアタマで、三年以上はこのハチマキあたまに及ばずとのこと。チツポケな生徒にこのアタマは、誠に可愛いもんです[31]。

3　在校生の身装観

さて、マス・メディアでも報じられていた校服の制定は、在校生にも好意的に受け入れられた。以下は、在校生FM[32]の作文である。

とうとう制服が定まりました、嬉しいやうな、けれど、どこか責任の重くなつたやうな気がして私は、自分の姿をもの珍しく見つめました。無地といふものは、只おとなしいといふことと、静かということしか思はせないといふのが、私を何よりも喜ばせました。鏡にうつる制服の色は、かなり品のよいものでした。「つつしまねばならぬ、気をつけねばならぬ」かう心の底で、ささやいてゐました。「跡見の生徒といふことがもう誰にもわかる」かう心に思ひました時、ふとおそろしいやうな気がしました。学校へゆく道すがらも人々のひとみが自分を、もの珍しさうに見つめてゐるのが、何だかはづかしくてなりませんでした。汽車で、御友達の同じ制服姿を見ました時、同校の友といふことが、たまらなく、私になつかしい思ひを、させました。二人は何だか嬉しいやうな、ほこらしいやうな気持ちになつて、ふと顔を見合わせました時、二人とも笑つてしまひました。

一一月一五日　この日から私たちは制服を着る幸福な生徒となつたので御座います。[33]

FMの作文では、汽車で同級生と出会うという描写を用いながら、校服の「象徴性」が強調されている。

しかし、一九三〇年、跡見は、時勢の影響と大塚への移転をきっかけとした通学の便宜、運動への配慮から、新一年生から洋服制服を導入することとなる[34]（史料参照）。その際の在学生の反応は、以下のようであった。

洋服といふのはそんなにも悪いものの様ですが決してさうではございません。第一に運動にも軽快ですし、仕事をするのの《(ママ)》にも亦、お袖も筒袖で、朝の登校にも込み合つた電車の中で服を綻ばす憂ひもなく、其他衛生経済方面からも色々と、誠に便宜を計つて下さいます。和服でも随分と不便な事がございます。朝の込合つた電車の中でお袖をはさまれます時には、誠に困る事がございます。私も何時でしたか雨の日に、込んだ電車で、袖附のところを綻ばしてしまつた事がございます。殊に夏などの非常に暑い日には、気持ちの悪くなる時が往々御座います。

それでは何故校服が洋服になるのを不賛成しますか?と問はれましたなら、私はすぐお答へするでせう。第一に今迄永い間続いてきた紫の服に白袴のお襦袢の、河となく上品で奥幽しい事を。又その上にどんなに質素であるかを思はせられます。それを今更どうしやうと言ふのでせう。第二としては、次第に世の中の文化が進むに随つて、あの淑やかな和服姿が、以前に比して少なくなつてくる事を悲しい事と思ひます。古来我国二千年以来の此の美風をせめて私達跡見の生徒にだけでも、永く保つておき

一、ジヤンパードレッスは紺サーヂ。
二、ブラウスは、冬季は白サーヂ、夏季は白のポプリン。
（春秋は任意）
三、寒い時は紺サーヂのヂヤケットを着ます。
四、帽子は規定の物に限る但し被らぬも妨げなし
五、レーンコートは外套兼用の物を不日決定する筈。
注意　生地は凡て國産品を使用する事。

史料　「本校の洋装制定」
『汲泉』第83号（1930年3月20日）

たい事と存じます。然し或る方は和服は衛生的経済的の両方面から見て、害があると申されます。それもそうだと頷く事が出来ます。けれどこれもみんな其の人自身の考へ方、仕方一つでどうにでもなる事と存じます。[35]

NYの作文では、洋服の機能性にも言及されているが、「淑やかさ」を理由に和服が擁護されていることがわかる。

また、この洋服制服制定時、もしくはそれ以後に在学していた卒業生の回想をみるとき、擁護を超えて、和服制服が、洋装化が進む中での「象徴性」を際立たせるものとして憧れを抱かれていたことがうかがえる。以下のように校服とガバレットについて言及している。

KI［仮名——引用者］さんは、嘉肇会（昭和一六年卒）で、その頃はすっかり洋服になっていたけれども、着物にあこがれて「風邪を引きました」とお届けを出して、時々着ていらしたそうだ。

ガバレットは結うのに時間がかかった。M1［仮名——引用者］さんは前から跡見出のお母様が、井上先生から「娘さんをおよこしなさいよ」と言われていて、髪を長くして準備をなさっていたけれど、M2［仮名——引用者］さんは入学の時オカッパだったので、ゴムでしばるのが痛くて困ったそうだ。でも、ガバレットはなかなかハイカラなものだった。[36]

制服は「着物と袴」でも「洋服」でもいいことになっていた。姉は着物だったので、私は洋服にした。しかし、三年生、四年生になると着物が着たくなって、姉のを着てみたりした。着物だと髪はガバレットに結わなければならない。着物はメリンスと木綿があったが、皆メリンスの方が好きだった。着物も袴も紫で、紫は跡見の色だから。(37)

当時は既に校服は洋服になっていました。お姉様のお下がりもあって、昔からの和服の制服は放課後や日曜日などに着ていましたが、体操のない日などに、相談して和服で登校したこともありました。(38)

このように、校服とガバレットは、その制定から改良に至るまで、社会的に跡見の象徴とされ、在校生にも「象徴性」を有する学校文化として好意的に受け止められていた。

4　校風文化と卒業生

『汲泉』という媒体

以上のように、跡見女学校は、跡見花蹊の伝統的な教育方針と古風な令嬢風の学生を擁する、「たしなみ」系の女性育成と親和的な女学校として、各種メディアにおいて紹介されていた。

それでは、このような社会的イメージを背景として、卒業生は、母校の校風に対して、どのような反応を示したのだろうか。

ここでは、同校の校友会誌兼同窓会誌(39)であった『汲泉』における、卒業生の母校に対するまなざしを検討してみたい。

『汲泉』(40)は、一九〇〇年四月に跡見校友会が組織されたことを記念して、同年六月から発行された。校友会は、通常会員として現旧生徒を含んでおり、一一三号（一九四三年一一月三日発行）まで継続して発行された。

『汲泉』が創刊されてからしばらくの間は、在校生のための読物としての性格が強く、卒業生の情報や交流としての誌面構成とはなっていなかった。しかし、第二九～七三号の校友会会務主任を務めた石山基威の逝去を契機に、第七四号から第九四号まで、旧技芸科教員の高橋啓子を会務主任に据えたことで、同誌の性格は変化していく。第七四号では跡見李子が「校友会雑誌の新陣営」と題して、以下のように呼び掛けている。

> 今や専門の婦人少女雑誌が数十種もありまして、会員諸姉も必らず毎月の幾多の雑誌を御閲読なさる事と信じます折柄、『汲泉』には又特殊な使命がある事を信じます。即ち跡見女学校同窓会の雑誌としての内容を充実し得ます様(41)

このような編集方針の転換に際し、「『汲泉』に少しでも新鮮味を加へ、ほんとに校友会誌としての使命を果さす事は、何でも企で丶見たい(42)」として、いわば目玉企画の一つとして設けられたのが、「校友会諸姉の御消息」欄である。第一回目は、「昭和二年四月中旬、往復ハガキ四百枚を以て、一部の方々へ」「一、御在校中の御思出（例。一番苦しかつた事、一番楽しかつた事、今にお忘れにならぬ御師匠様の御教訓やら御逸話等）」、「二、御主人様の御姓名」、「三、御子様方の現況（御名と御年と。御写真も（頂戴）拝借致し度）」、「四、現在の母校に対する御希望」、「五、社会より見たる母校（出身校）への世評。（御遠慮なく願ひます。但、誌上への取捨は当方へ御一任下さい。）」、「六、「汲泉」への御希望、改善案等」、「七、故石山基威氏についての御思出、御追悼談を特におよせを願ひます」といった項目中「一項でも御返事を下さいます様にと願出」、回答を得たものが掲載されている(43)（第七四号、一九二七年）。この試みについて、学校史「柳町日記」の「九月二〇日」（第七五号、一九二七年）では以下のように述べられている。

> 夏休暇前に出しておいた往復ハガキによる「校友諸姉の御消息」欄の御返事と御子様方の御写真が前号より多いのを悦んで、印刷に廻す準備を毎日す丶めてゐる。多くの方々の「汲泉」への御希望が、この消息欄の拡張にある事が、さもこそと思はれる(44)。

このように『汲泉』の消息欄では、その設置当初、編集サイドからの質問項目に卒業生が回答する形式を採っていた。

運動・スポーツ・体育振興と校服改良問題

それでは、卒業生は、この消息欄を通じて母校のあり方について何を論じたのだろうか。ここでは、『汲泉』消息欄の中から、校服およびその改良にまつわる卒業生の反応を紹介する。本章第3節でも確認されたように、校服は、跡見の校風の象徴と目され、その改良に対しては、卒業生の反応も小さいものではなかった。

一九二〇年代の消息欄では、校服改良とともに運動・スポーツ・体育振興、校舎新築・拡張・移転の提案が度々なされている。これは、「運動・スポーツ・体育振興」のための「洋服」制服の導入および運動場の拡張、という論理が登場したためである。(45)

或程度まで体育をも盛んにせられたきこと。但し今までの運動場だけでは少々無理かと存じます。(46)

現在の母校へ教育の御方針については特に希望したい事とてございませんが、ただ校舎については、もすこし運動場が広かつたらと、いつもいつも残念に思ふことでございます。近頃、大変に女子のスポーツが盛んになつて参りましたが、それがいい事か悪い事かは各々異つた御意見もございませう。が、要はそれをどの程度迄奨励していいかにあると思ひます。運動場が狭い為に充分の運動が出来ない物足りなさは、私共の生徒時代よりも現在の生徒の方々が一層痛切に感じていらつしやるまいかと考へて居ります。(47)

主人がテニスを致しますので、よく「在学時代になぜテニスをしなかつた」と問はれますので、母校のことは何でも自まんを致してますが、この言葉にはいつも「でも……でも」と口ごもつて了ひます。テニスに限らず又、選手になるとか、対校試合とかは問題外で御座いますが、運動の益々御盛んになりますことを希望致して居ります。(48)

校服も出来ますことなら洋服にいたしましたなら、運動も活発に出来てよろしき事と存じます。(49)

高橋一郎によれば、一九二〇年代は、一九二二年に第一回女子連合競技大会、第一回全国女子競泳選手権大会、第一回全日本女子陸上選手権大会、第一回関東女子硬式庭球トーナメント大会、一九二四年には、第一回全日本女子庭球大会、第一回日本女子オリンピック大会、と各種の女子競技会が開始され、女子運動熱が急速に拡大した時期である。この女子運動熱は、それまでの「運動を通じて健全な心身を育成する」体育ではなく、競技スポーツへの転換も含んでいた。高橋によれば、「競技性」へのこだわりが、運動服の機能性の追求と直接に結びつき、女子運動服洋装化が促された。(50)『汲泉』における卒業生の意見も、このような社会的背景を意識したものとなっている。

しかし、消息欄において洋服校服制定(一九三〇年)以後も衰えを見せなかったのが、和服校服擁護、もしくは和服校服思慕であった。

道を歩いて居りましてよく紫の御校服の方を御見かけいたしますと、世の中の人々がいづれも西洋のまねをして居らつしゃいますので常に誇りたい気もちで居ります折から、親しい先生方の間で御校服を洋服に直すとの御話しでございます様承りましたが、私は何十年たちましてもあのみやさしい、恩師花蹊先生の御在世の御時と同じくゆかしい紫の御校服をおつづけ通していただきたう存じます。近頃だんだんと洋服の学校がふえて参りましたが、その様な他校のまねを昔よりおしとやかと上品そして奥ゆかしいみをしへのございます、この跡見の方々で召さなくてもおよろしいことと存じ上げます。紫御校服と、そしてゆかしい御校風をいつまでもおつづけ通してそして益々御発展遊す事を祈つて居ります。まことに妄言にて僭越と存じますが、母校に対しての希望とでも申上げませうか、一言のべさせていただきました。(51)

長いお袴を召して旧式とおつしやる方が御座いますけれど、やつぱり紫の校服を召した、やさしい、皆様のお姿が日本の女らしさを表していい事と存じます。よいお姿ならいざ知らず、近頃の女学生がおふろしきから、お大根の出てゐる様な、洋服姿は日本の恥だと存じます。[52]

校服について、いつぞやの汲泉上にて此度母校にも洋服の制定が定められました由［『汲泉』八三号の意味――引用者、史料参照］、拝見いたしましたが、社会の与論からいつても、洋服の校服もあるといふ事は今の時代ですから、別に不服はございませんが、なるべくただいまのゆかり深い紫の和服の方を御えらび下さいませ。なぜならば私ばかりでなく世間で跡見の生徒といへば、すぐにおくゆかしきを連想いたします。ただいま世の中にこの母校の一大特徴であるところのこの奥床しさを持つ生徒がいくら御座いませう。跡見の生徒は聡明で明るく、そして潑剌たる中に、どこか奥床しい処がございます。それをあの古代紫のゆかり織と白えり、濃紫の御袴の姿はほんとによく跡見の生徒の品性を表現してゐる物と存じます。畏い極みでございますが、先き頃の新聞に宮中の公式の御宴聖上陛下の御前でさえも日本国民の礼装婦人の裾模様に白襟の様式が、御許しになられた由承つてをります。また以前は洋行は必ず洋服にかぎられたのが、この節はだいぶん教養高い女性の方がむしろ得意気に和服で押通す方がある位ひ、和服は世界人からもみとめられ、また一つの日本の国民性の表はれと、覚醒せられた上からは少しも和服でいけない訳はなく、むしろ一つの袴としてあくまでも紫の袴にゆかり織の着物で押通して下さいませんかと御願ひいたします。[53]

母校にてもあの由緒深い、紫の校服を洋服に改良遊ばした由、あのゆかりの色に深い深い愛着は御座いますものの、これも時の勢と御在学中の皆様の御体育上から改めさせられた事と存じ結構に思ひます。唯、紫の着物に別れましても矢張り跡見先生の御心を心として、どこまでもいい意味での、モダーンでゐらつしゃいます様御願ひ致します[54]

以上のように、卒業生の和服校服擁護、思慕は、運動・スポーツ・体育振興と矛盾する側面もあったが、「象徴性」「貞淑性」が強調され、洋服の美装性や機能性は、意図的に看過された。稲垣恭子によれば、一九二〇年代～三〇年代は、高女の教育方針にも変化が生じ、テニスやバスケットボールに打ち込む「スポーツ少女」も生まれ、徐々に採用され定着していった洋装制服（いわゆるセーラー服）やブルマーは、「女学生を弱弱しい優美さや美しさといった旧来の『女性美』から解放し、健康的で活発な女学生へとそのイメージを変えていくことにもなった」[55]。しかし、跡見の卒業生間では、運動・スポーツ・体育振興の議論は、洋服校服の積極的受容論としては高まりを見せることなく、「たしなみ」系の女性像が強調され続けたことが伺える。

「校風」のあり方——卒業生による在校生への諸注意

さて、校友会誌兼同窓会誌であった『汲泉』の消息欄では、卒業生から在校生に対する諸注意がなされることがしばしばあった。たとえば、在校生が卒業生に対して、「お顔見知りの方でありながらお会釈もして下さらず、わざわざ知らぬふりをして通り過しておしまひになる」[56]、「跡見にもずい分すごい人がゐるねとか電車の中でも下品な言葉を使つたりしてだんだん風儀が悪くなつたなど耳にし」[57]た、といったように、礼儀のレベルの諸注意もあったが、当時もっとも警戒されたのが、跡見生が「モダン」に染まることであった。

> 一般在校生の生徒さん方は他の学校と比べましてもおとなしく昔ながらのゆかしき御姿もやさしく存じますが、只情けない事に時々見かけます二三の方々が、学生ともいはれる御身でありながら、近頃はやりますモダン化粧とでも申すのでせうか、白粉は鼻丈真白に口紅は真赤に見てもみふるひする位にて、お袴は肩よりつけた方がよい位つるし上げられ、従つて、呼吸忙しく傍でみて居りますのがまことに御気の毒に感じます。また中には耳かくしの御ぐしは後よりみますと、お袴には誠に変なもので御本人は見えない事故、御存知ない事と存じますが如何なものでせう。学生時代は白粉、口紅、まゆずみ、全廃遊ばれては、否、学生時代とは申しませんが、只紫の衣を召す時で結構です。これを実行して頂き度いのです。[58]

> 昔ながらのゆかしい校風を忘れぬやう、あまりモダンな姿を遊ばさぬやう在校生の方々にお願ひしたいと存じます。モダンガールの標本の様名なお姿で学校の帰り等に校服のまま銀座等をおあるきなさるのは見苦しいものでございますもの、常に跡見の生徒といふことをお忘れなさらぬやうにと念じます。[59]

稲垣恭子によれば、「モダンガール」は、「関東大震災（一九二三年）後の一九二〇年代後半から一九三〇年代にかけて、デパートや電話局で働く職業婦人やカフェーの女給、女学生などを含む新時代の女性を総称することばであり、断髪（ボブスタイル）や洋装といった特徴的なスタイルから新しい都市風俗の象徴と見られ」、軽薄な享楽主義者、消費主義者として「不良少女」と同義に使われる場合があった。モダンガールは、「従来の『毒婦』タイプの不良少女とは違って、その行動や嗜好、スタイルがモダンであることや、教育や階層的背景が高い場合も多いことから、新しいタイプの不良少女と見られていた(60)」。右記引用部分でも、化粧や髪型、銀座で歩く、といった容貌や行動面が、跡見の校風から逸脱したものとして捉えられている。

また、このような在校生の行動それ自体への注意と同時に、「女学生一般の言動が不良化する中でこそ、跡見らしさを発揮する」という論理も登場した。

次にこの頃毎日外出致しますので、今まで新聞紙上を通じ、或は人伝てに耳にして居りました。世相の一部分を目撃致しまして色々と考へさせられる点が多々御座います、第一に女学生の言葉や、振舞が活発を通り過ぎて乱暴に流れて居るのではないでせうか、聞くともなく耳にする女学生同志の会話、丁度あの小説のバットガールを地で行く様な言葉づかひ、例へば省線のホーム等で、学校のお話などなさいますに聞くのに堪へない様な事を口にして、むしろ得意然として居る人々を見る時同性ながら胸悪さを覚えます、否同性なるが故に悲しう御座います。街頭へ進出したり、又はスポーツの上で或は、その他の事事で、男性と伍して行くのはあへて文句は申せませんけれど、言語や動作、服装までも男性化するのは如何かと存じます。母校の皆様は、何時までも何時までも昔ながら跡見の風をお保ち下さつて、明るい快活な性質の中にも女らしさを失はない真の意味での、モダーンガールになつて頂き度切望して居ります(61)

一寸きのつきましたことを申し上げます。それは近頃の女学生方が、大変乱暴になつたことです。それが女が男の口調をまねて、平気で話していらつしやるには、只々あきれるばかりです。（中略）跡見の生徒さん達は、おしとやかですから、そんな真似はなさらないでせうと、その方から申されましたので、はつきりと、そんなことは決してございません、むしろ、丁寧すぎると云はれる位ですからと申しましたが、この言葉がうそに、ならないやうに祈つております。一般に学生が不良化した現在、母校の方方はますます真面目に女らしく、なさるやう心からお願ひいたします。(62)

また、卒業生の懸念は、本章第4節で検討した、校服の象徴性とも関連していた。以下は、ある卒業生が、電車で騒ぐ女学生を日記風に綴った記事である。

その時Y駅であったらうかドヤドヤと乗り込んだ一群の女学生、跡見の校服に非常に似た服を皆来てゐるのが、その噪ぐこと夥ただしい

『一寸一寸、あしたやつて来るのは何頁から何頁なの、あのタイガーさんときた日にゃあ、とてもやりきれないワ』

『それよりあたしのデブちゃんの方がまゐつてよ、アンタアンタ、あしたかへりにあすこに行かない。』

『あすこつて!!ウンわかつたわかつた。いつてもいいけれど、家のマザーときたらやかましくてね、この足は学校通学にしか使ふことは出来ないと思つてゐるのよ、全くやになつちまふヮ。』

其の間にも髪をひつぱつたり人のもつてゐる本をひつたくつたり、キャッキャッ悪戯けをする乱暴さ。タイガーさんとか、おデブちゃんなる言葉もおそらく先生方のニツクネームらしい。自分はただ眼をみはつた。まあこれが今女学校へ通う順良な乙女の動作であらうか、近い未来に自分の子供達が学校の往復にこんな態度をしたとしたら。私は妙に淋しくなつた。一部の人は眉をよせてこの苦々しい様をみてゐるが、彼女達はそんな事に動ずる様な意気地なしではない。ますます賑やかにしやべり噪いでゐる。更に私を驚かした事は隣にかけてゐる中流婦人二人の会話である。

(仮にAとBとする［原文］)

A『まあ何といふ無作法でせう跡見の生徒でせうか』

B『跡見……イイエ跡見さんでは御座いませんでせう校服は大変似てをりますけれど。お袴は紫でみんなきちんとしてゐますし……第一あんな乱暴なお言葉は使ひません。それに小石川ですからあの駅から来る事はないでせう。○○高女ではないでせうか。』

A『成程さうで御座いませうね学校やお家ではまさかあんなではないのでせうけれど……先生方も大変ですのね電車の中でこん

な馬鹿ふざけを教へ子達がしてゐるとはお思ひになりませんでせうからね。』

B『先生におまかせしてあるからいいと家のものが安心するのは少し無理ですね。あの年頃が一番大事な時ですから、お母様方も娘さんに余程の注意がいりますね』

AB二婦人の会話はとぎれた。私はホツトした。まあよかった。之がもしやA婦人ばかりここに乗り合わせたとしたらどうであらうか。他日何かの話の時、いつか跡見の生徒らしいのが云々…といはれないものでもない。（中略）私が降りるべきところへろきたので彼女達の其後の様子は知らないが、決して跡見の生徒でないからよかつたといふのではないが、〇〇〇女学校のバンドをまねて諸々の女学校で用ひた為いろいろな風評があつた如く跡見の校服をのみ真似ても仕方がないではなからうか(63)

以上のように、『汲泉』では、具体例を用いながら跡見らしい「校風」を提示し、在校生の言動を、直接的・間接的に注意していた。

ここでは、卒業生が、モダンガールの出現や女学生の不良化という社会背景を、跡見の校風と対立するものとして在校生に伝達したのみならず、街や電車の中といった「社会の目」を利用していた点に着目したい。当時としては、既述の運動・スポーツ・体育振興論に代表されるように、女学生の活発化は、必ずしも否定的にのみ捉えられるものではなかった。しかし卒業生は、化粧や服装などの身装、言葉遣いなどの変化を「虚栄」と捉え、跡見がそれに堕落しないように努めていたと言える。

おわりに

本章では、大正から昭和期の跡見の校風に対する多様なアクターのまなざしを検討しながら、高女の校風文化の維持・形成に果たす卒業生の役割を検討してきた。

跡見それ自体も、「たしなみ」系の女性を育成する女学校として社会的まなざしを向けられ、校服や髪型が象徴とされ、在校生もまた、それによってエリート意識を掻き立てられるような状況が存在していた。

しかし、大正期から昭和期にかけて、「それまでの社会では、名流婦人といへば無条件に尊敬されてゐたのが、職業婦人や婦人労働者の進出につれて、所謂名流婦人の有閑性や寄食性を、とやかくいふやうになつてきた[64]」中でも、卒業生はなお、校風の維持に努めようとした。本章でも確認されたように、卒業生は、女子運動熱やモダンガールの出現によって、社会的に「たしなみ」系女性像に揺らぎが生じているからこそ、校服改良問題に言及し、また、在校生の世評が校風から逸脱しないように校友会誌上で発言し続けたと考えられる。

戦前期における高女の卒業生は、主婦もしくは職業婦人というかたちで社会に出ている場合が多く、図式的に言えば、大衆文化と学校文化の間に立つ存在と考えることができる。実際、跡見の事例からも、卒業生が運動・スポーツ・体育の振興や女子の活発化といった社会的要求を学校に伝達する場合もあった。しかし同時に、校服改良問題に対してそうであったように、「モダンガール化・不良化」といった「社会の目」を利用しながら、校風文化を維持・形成する存在であったことが示唆される。

女学校の同窓生のネットワークに関する研究では、同窓生間での思い出の維持や、在校時と卒業後の人間関係の異同に着目する場合が多いが、本章の分析からは、卒業生が、母校や在校生に対して、極めて具体的な提案を挙げていたことがうかがえる。本章では、資料的制約もあり、在校生や教員が、卒業生の存在をどのように受け止めたかまでの分析には至っていないが、今後、卒業生の母校への（政治的、経済的）影響力を含めた高女の校風文化研究の可能性が開かれていると言える。

（1）　久冨善之によれば、校風文化とは、「学校の統一性を象徴し、教師・生徒の関係性を規定して、それがこの統一の下にあるのだと意味づける」象徴や儀礼の蓄積、と定義することができる。久冨善之「学校文化の構造と特質」堀尾輝久ら編『講座学校6　学校文化という磁場』柏書房、一九九六年、一八〜一九頁。

（2）水野真知子『高等女学校の研究（上）（下）――女子教育改革史の視座から』財団法人野間教育研究所、二〇〇九年。

（3）本田和子『女学生の系譜・増補版　彩色される明治』青弓社、二〇一二年、川村邦光『オトメの祈り――近代女性イメージの誕生』紀伊國屋書店、一九九三年、今田絵里香『「少女」の社会史』勁草書房、二〇〇七年。

（4）山本礼子・福田寿美子「高等女学校の研究」『和洋女子大学紀要　文系編』第二六〜第三一号、一九八六〜一九九一年、稲垣恭子『女学校と女学生　教養・たしなみ・モダン文化』中央公論新社、二〇〇七年。

（5）土田陽子『公立高等女学校にみるジェンダー秩序と階層構造――学校・生徒・メディアのダイナミズム』ミネルヴァ書房、二〇一四年。

（6）小林善帆『「花」の成立と展開』和泉書院、二〇〇七年、難波知子『学校制服の文化史　日本近代における女子生徒服装の変遷』創元社、二〇一二年。

（7）土田前掲書、三〜四頁。

（8）天野正子「婚姻における女性の学歴と社会階層」『教育社会学研究』第四二号、一九八七年、七〇〜九一頁。

（9）黄順姫「高等女学校同窓会の身体文化――戦時期の実践と記憶の再構築メカニズム」稲垣恭子・竹内洋編『不良・ヒーロー・左傾――教育と逸脱の社会学』人文書院、二〇〇二年、二〇七〜二三七頁、貫田優子「高等女学校同窓生集団の文化と構造――京都府立京都第一高等女学校卒業生調査から」『京都大学大学院教育学研究科紀要』第五三号、二〇〇七年、三七九〜三九〇頁、井上好人「明治期高等女学校卒業生における同窓会活動の意味と機能――石川県立第一高女同窓会誌の『会員消息』記事の分析から」『教育社会学研究』第八三集、二〇〇八年、一四九〜一六八頁。

（10）土田前掲著。

（11）跡見の沿革については、『跡見開学百年』墨水書房、一九七五年、を主に参照した。

（12）注（7）〜（9）を参照のこと。

(13) 佐藤八寿子『ミッション・スクール』中央公論新社、二〇〇六年。
(14) 稲垣恭子「武家娘と近代――『女のいくさ』と言説空間」『教育・社会・文化』第一二号、二〇〇九年、一～一〇頁。
(15) むらさき女史『東京女学校のぞき』須原啓興社、一九一六年。
(16) 「貴婦人の学閥」『読売新聞』一九〇八年七月一日。
(17) 飛天夜叉「『跡見女学校』の色彩」『家庭之友』一九一二年一二月号。
(18) 「女学校印象記」『読売新聞』一九一四年六月一三日。
(19) 「女学生の通学振　各女学校の特色は途上一目にて解る」『読売新聞』一九一五年三月一七日。ほかにも、「女学校の校風（一三）跡見女学校」（『読売新聞』一九一六年二月六日）など。
(20) 「何処の女学校（一七）」『読売新聞』一九一〇年四月一日。
(21) 「身装」とは、高橋晴子によれば、「身体と装いというふたつのことばの合成で」あり、「個人的魅力の表現」と「自分の所属を示すサインとして」身にまとう、髪型、服装、化粧などの文化の総称である。高橋晴子『近代日本の身装文化――「身体と装い」の文化変容』三元社、二〇〇五年、六頁。
(22) 跡見では、制服を「校服」と呼んでいた。以下、本校では、同義で用いる。
(23) 特に断りのない限り、跡見学園女子大学花蹊記念資料館編『跡見学校の校服をたどる――明治・大正期の女学生（第二版）』二〇一三年を参照。
(24) 当時の跡見生の通学姿は、一九〇九年のハイカラ節にも登場する。「歩みゆかしく行き交うはやさしき君をこいしかわ　跡見女学校の女学校生　背にたれある黒髪にさしたるリボンがひーらひら　紫ばかまがさーらさら　春の胡蝶のたわむれか」（跡見学園女子大学花蹊記念資料館、二〇一三年、七頁）。
(25) 大東重善「制服を定めたのは、跡見女学校の一大進歩である」『跡見女学校五十年史』一九二五年、跡見女学校、一〇六～一〇八頁。
(26) 桑田直子「一九二〇～三〇年代高等女学校における洋服制服の普及過程――洋装化志向および制服化志向の学校間差異に

注目して」『日本の教育史学』一九九六年、一三〇頁。

(27)「跡見のヘアスタイル――ガバレット」「跡見のお塾」記録の会編『跡見のお塾』恵雅堂出版株式会社、二〇〇〇年、二九～三〇頁。

(28)「跡見女学校の生徒服装一定　御大典の記念に木綿の紫紺地に」『読売新聞』一九一五年一一月六日、「跡見女学校の服制定まる（附）実践女学校の制服」『少女の友』一九一五年一二月号、跡見女学校幹事「紫紺の着物に紫の袴」『婦女新聞』八二四号、一九一六年三月三日、「跡見にこの髪あり　ガバレットの由来」『読売新聞』一九三〇年五月二日。

(29)三角眼鏡「跡見女学校評判記」『少女画報』一九二〇年八月号。

(30)「跡見高女（女学校評判）」『少女画報』一九二五年二月号。

(31)杉田三太郎「女学校新風景　跡見女学校の巻」『読売新聞』一九二九年五月一日。

(32)以下、在校生、卒業生の氏名については、イニシャルで表記する。

(33)FM「責任重し（制服の着心地）」『汲泉』四六号、一九一六年三月二四日。

(34)「年表」跡見学園『跡見開学百年』墨水書房、一九七五年、四六頁。

(35)NY「校服改良について」『汲泉』八一号、一九二九年七月二〇日。

(36)「玉声会」（一九二九年入学・一九三四年卒業）、「跡見のお塾」記録の会、二〇〇〇年、四八頁。

(37)麗光会HY「お塾の思い出」（一九三〇年入学・一九三五年卒業）、「跡見のお塾」記録の会、二〇〇〇年、五二～五三頁。

(38)「朝陽会の集い」（一九三四年入学・一九三九年卒業）「跡見のお塾」記録の会、二〇〇〇年、七八頁。

(39)旧制中等諸学校には、①同窓会、校友会の双方が存在し、なおかつ同窓会誌、校友会雑誌が別個に発行されている学校、②同窓会、校友会の双方が存在するが、会誌が統一されている学校、③校友会が同窓会を兼ねており、会誌も統一されている学校、またはその逆、等が存在し、同一の学校でも、時代によって①～③が変化することがある（市山雅美「『校友会雑誌』（中学校・高等女学校）の書誌的分析　補論・校友会雑誌と同窓会雑誌の関係」『旧制中等諸学校の『校友会誌』にみる学校文化の諸相の研究と史料のデータベース化』（斉藤利彦研究代表、二〇〇九～二〇一一年度科学研究費補助金基盤研究（B）研

究成果報告書（第一集）、学習院大学文学部、二〇一一年、四四〜四七頁）。
(40) 跡見学園中学校高等学校校友会泉会に所蔵。
(41) 『汲泉』七四号、一九二七年六月二日。
(42) 同右。
(43) 同右。
(44) 『汲泉』七五号、一九二七年一〇月三一日。
(45) 白鳳会（一九二六年入学・一九三一年卒業）の声として、以下のようなものが挙げられる。「柳町は運動場がせまく、体育はほとんどなく、わずかにドッジボールをする程度でした。着物のため全員たすきがけでやりました。」（「思い出の記」、「跡見のお塾」記録の会、二〇〇〇年、三八頁）
(46) 玉櫻会H、『汲泉』七五号、一九二七年一〇月三一日。
(47) 緑会S、同右。
(48) 若菜会M、『汲泉』七九号、一九二八年一二月一五日。
(49) 桃園会T、『汲泉』八二号、一九二九年一二月二〇日。
(50) 高橋一郎「女性の身体イメージの近代化——大正期のブルマー普及」高橋一郎ほか編『ブルマーの社会史——女子体育へのまなざし』青弓社、二〇〇五年、九三〜一三九頁。
(51) 蹊会F、『汲泉』八二号、一九二九年一二月二〇日。
(52) 春光会F、『汲泉』八三号、一九三〇年三月二〇日。
(53) 眞砂会H、『汲泉』八五号、一九三〇年一二月二〇日。
(54) 三五会M、同右。
(55) 稲垣前掲書『女学校と女学生』、一三六頁。
(56) 美鈴会「在校生へのお願ひ」『汲泉』八〇号、一九二九年三月二五日。

(57) 福寿草『汲泉』七六号、一九二八年二月一一日。
(58) 小石川の一卒業生「在校生二三の方々へ」『汲泉』七九号、一九二八年一二月一五日。
(59) 美鈴会Ｎ、『汲泉』八〇号。
(60) 稲垣前掲書『女学校と女学生』、一四五頁。
(61) 小桜会Ｓ、『汲泉』九〇号、一九三二年七月二〇日。
(62) 玉松会Ｓ、『汲泉』九〇号。
(63) 小百合会ＳＭ「ある日の雑記帳より」『汲泉』七九号。
(64) 神崎清『女学校ものがたり』山崎書店、一九四〇年、八六頁。

Ⅳ

生徒文化の多様な展開

第8章　自伝にみる師弟関係——『私の履歴書』の分析から

稲垣恭子

はじめに

自伝や回想録を読んでいると、「恩師」とか「私淑」といった言葉がしばしばでてくる。お世話になった先生や人生の師として尊敬している人物について使われる表現である。そういう場合、学校の授業などで知識を学ぶというだけでなく、自分自身の人生にとって深い影響力をもった人物を指すことが多い。教師と学生・生徒というフォーマルな役割関係に限らず、フォーマル・インフォーマルを含めた全面的かつ長期的なタテの関係を、一般に「師弟関係」と呼んでいる。

しかし言葉の上でも現実の関係においても、このような「師弟関係」は現在ではほとんど消失し、社会のなかでもリアリティをもたなくなりつつある。たとえば、『世界青年意識調査』（二〇〇九年版）のなかに、「学校に通う意義」についてたずねる項目がある。これをみると、日本の青年にとって学校に通う意義とは「友達との友情を育む」（六五・七パーセント）ことがもっとも重要で、以下「一般的・基礎的知識を身につける」（五五・九パーセント）、「学歴や資格を得る」（五四・五パーセント）と続いている。一方、「先生の人柄や生きかたから学ぶ」は二七・二パーセントほどで、あまり重視されていないことがわかる。また、悩み事を相談する相手について尋ねた項目でも、「近所や学校の友だち」（五三・四パーセント）、「母」（四七・一パーセント）が圧倒的に多く、「先生」（八・五パーセント）に相談する人はあまりいないようである[1]。

こうした例をみても、現代における「先生」は、人生のモデルや相談相手というよりも、標準的な知識を教えるフォーマルで機能的な役割が中心になっていることがうかがえるだろう。実際、ゼミの打ち上げやコンパで集まるような機会を除けば、授業やゼミなどフォーマルな場以外に先生と個人的に接触したり、人生談義や学問談義をするといったインフォーマルで親密な交流の機会はさほど多くない。あったとしても、自然発生的な関係というよりも授業やクラスを円滑に進めていくための方法のひとつであることが多い。

そうしたフォーマルな関係を超えて教師と関わりをもちたいと思う生徒・学生は、むしろ少ないのかもしれない。だから、親密な「師弟関係」を一方的に期待すると、セクハラやアカハラとみなされることにもなりかねない。その意味では、教師と学生・生徒の関係も、一般の社会関係と変わらない機能的・合理的な関係に集約されつつあるということができるだろう。

しかし、そもそも学校というのは、機能的・制度的な役割関係を前提とする合理的組織である。その意味では、個別的でインフォーマルな関係も含んだいわゆる「師弟関係」は、本来、学校組織にはむしろなじまないものである。にもかかわらず現実には、ある時期まではこうした「師弟関係」が学校にも社会一般のなかにも存在していた。それが急速に消失していくのは、おそらく一九七〇年代頃からである。

一九七〇年代半ば頃というと、高等学校への進学率が一〇〇パーセントに近くなると同時に、大学など高等教育への進学率が四〇パーセントを超えて大衆化が進んでいった時期である。マーチン・トロウの用語でいえば、マス段階からユニバーサル段階へと移行していった時期である。学校教育の大衆化が全面的に進行していくのにともなって、教師への期待や役割も変化していく。それまでのように、先生との個別的でインフォーマルな関係は後退し、知識や技術をわかりやすく提供することが教師の役割として前面化する。生きかたのモデルとしてあるいは学問の「師」としての教師から、標準的な知識や技術の指導サービスを提供する「教員」へとその位置づけが変わっていくのである。

教育の領域における市場原理の浸透は、教師と生徒・学生という役割関係を支える規範を切り崩し、互いを自己の目的に応じて「ツール」として利用し合う、よりドライな関係に変えていく。このような「ツール」的な関係においては、教師は顧客である学生・生徒のニーズに合った知識や技術をわかりやすく効率的に提供することが中心的な営みになる。だから、教えるときも「上から目線」で指導するのではなく、一定の距離をとりながらも顧客である生徒・学生の感情や心理に配慮し、居心地のいい関係を維持していくことが期待される。それは、師弟関係にともなう自然な感情の交流というよりも、それ自体商品化されたサービスとしての側面が強い。現代における教師―生徒・学生の関係は、さまざまな意味で「師弟関係」とは対極にある関係になっているということができるだろう。

このように、現実のなかでの教師と学生・生徒の関係が「ツール」化の度合いを深めていく一方で、生きかたのモデルとしての「師」を求めたり、失われつつある「師弟関係」に新鮮さやロマンを見出すといった新たな志向も生まれつつある。「カリスマ料理研究家」や「カリスマ投資家」が、料理や経済の専門家としてだけでなく、生きかたのモデルとして憧れの対象になったりするのも、そうした現象の表われだろう。

教師と学生・生徒の関係のこのような変化をふまえた上で、本章ではこれまで「師弟関係」が実際にどのようなものであり、またそれがどのように社会的に意味づけられてきたのかについて考えてみたい。冒頭でも述べたように、自伝や回想録には「先生」「師」の思い出が綴られることが多い。たとえば、『日本経済新聞』（以下日経新聞）に一九五六年から現在までずっと連載されているコラムを書籍化した『私の履歴書』は、各界の著名人が自身の人生を回顧的に綴った自伝的読み物だが、そのなかにはさまざまな「先生」や「師」の思い出が数多く登場している。総計すると七五〇名を超える『私の履歴書』の著者のほとんどは第二次世界大戦前生まれであり、その多くは旧制の学校教育経験者である。彼らが「先生」についてどのように語っているかは、著者自身の人生観を映し出すと同時に、その時代における「先生」「師」の位置や意味を知る上でも重要なてがかりとなる。

本章ではこうした視点から、『私の履歴書』における「先生」の思い出を素材として、学校文化における「先生（師）」の意味について再考してみたい。

1　『私の履歴書』と「先生」の思い出

著者のプロフィール

まず、『私の履歴書』の著者のプロフィールについてみておこう。表1は、一九五六年から二〇〇八年までの間に、『私の履歴書』に掲載された各界著名人五六一名（日本人男性[2]）について、掲載時年齢、出生年（二〇年ごとのコーホート）、掲載時期（二〇年ごと）、出身地、職業（本人）、出身階層、最終学歴によってそれぞれ分類したものである。世代的には、一八六〇年代生まれから一九四〇年代生まれまで含まれているが、中心は一八七〇年代から一九三〇年代生まれになっている。職業では、会社経営者を中心に、芸術・芸能関係、知識人や文筆家、政治家まで、財界、学界、文学界、政界など各界で活躍してきた著名人が登場している。なかでも、会社経営者が約四五パーセントを占めていること、学歴では高等教育卒が七六・五パーセントと高学歴であることが特徴である。世代と掲載時期はほぼ対応する形で掲載されている。

「先生」の思い出はどのくらい書かれているか

各著者がそれぞれほぼ一ヶ月にわたって記述している内容には、出生地や幼少時の家族関係、学校生活、軍隊経験、

表1　データの概要

掲載時年齢	N	%
90代	12	2.1
80代	108	19.3
70代	280	49.9
60代	144	25.7
50代	17	3.0
計	561	100.0
出生年	N	%
1861-70	3	0.5
1871-90	90	16.0
1891-10	232	41.4
1911-30	191	34.0
1931-50	45	8.0
計	561	100.0
掲載時期	N	%
1956-1975	227	40.5
1976-1995	204	36.4
1996-2008	130	23.2
計	561	100.0
出身地	N	%
東京	153	27.3
地方大都市部	71	12.7
地方市部	124	22.1
地方郡部	213	38.0
計	561	100.0

本人職業	N	%
会社経営者	252	44.9
芸術・芸能	134	23.9
専門職	68	12.1
文筆	61	10.9
政治家	30	5.3
官僚	16	2.9
計	561	100.0
出身階層	N	%
上	90	16.4
中の上	303	55.2
中の下	131	23.9
下	25	4.6
計	549	100.0
欠損値	12	
最終学歴	N	%
高等教育	426	76.5
中等教育	63	11.3
初等教育	68	12.2
計	557	100.0
欠損値	4	

高等教育：大学	N	%
東大	164	38.5
京大	37	8.7
他帝大	24	5.6
官公立専門学校	90	21.1
早稲田	29	6.8
慶応	41	9.6
他私大	41	9.6
計	426	100.0
高等教育以外	131	
欠損値	4	
高等教育：学部	N	%
文	60	14.6
法	105	25.6
経済	116	28.3
医	20	4.9
理	19	4.6
工	50	12.2
農	11	2.7
芸術	29	7.1
計	410	100.0
分類不能	16	
高等教育以外	131	
欠損値	4	

結婚、就職や職業生活などにまつわるさまざまな経験やエピソードが含まれている。そしてそのなかには、学校の先生や芸事、習い事の師匠、あるいは書物を通して間接的に影響を受けた心の師や人生の師についての思い出などが、数多く語られている。では、ひとりの著者の記述全体のなかで「先生（師）」の思い出がどのくらいの分量を占めているのか、また登場する「先生」の人数はどのくらいなのか、まず量的な側面からみてみよう。

表2は、著者が何らかの形で「先生」について記述しているかどうかについて示したものである。「学校の先生」は小学校から大学まで学校時代に出会った先生、「学校以外の先生」は稽古事や職場の上司、宗教家、作家（著作）等、学校以外のところで出会った先生（師）である。そのいずれかについて、その思い出を記述している著者の割合は全体で九四・五パーセントと高く、自己の軌跡を語

表 2 「先生」の思い出の記述の有無

		記述あり	記述なし	計
学校	人数	471	90	561
	%	84.0	16.0	100.0
学校外	人数	293	268	561
	%	52.2	47.8	100.0
全体	人数	530	31	561
	%	94.5	5.5	100.0

表 3 「先生」の思い出の全体的傾向

		種類別内訳		全体
		学校	学校外	
思い出記述量（%）	記述総量に占める割合	3.1	2.7	5.8
	先生の記述に占める割合	52.9	47.1	100
先生数（人）		5	2	7
思い出記述総量／先生数（%）		0.7	2.0	1.1

る上で「先生（師）」の存在が欠かせないものであることがわかる。なかでも、「学校の先生」については八四パーセントの人が何らかの形で触れており、「先生」といえば「学校の先生」という意識は強いようだ。しかしそれだけでなく、半数以上の著者はさらに「学校以外の先生」を「心の師」や「人生の師」として挙げている。これまで経験してきたさまざまな人間関係のなかでも、「師」とする人物とのタテの社会的関係が、人生語りのなかで重要な意味をもっていたことがうかがえる。

では、どのくらいの分量が「先生」の思い出に割かれているのだろうか[3]。表3は、「学校の先生」「学校以外の先生」のそれぞれについての思い出の記述量とそのなかに登場する「先生」の人数の平均を示したものである。「思い出　%」の上段（「値」）は、「学校の先生」「学校以外の先生」のそれぞれについて、全体の記述量の何パーセントくらいを費やしているかを示したものである。著者ひとりの一ヶ月の記述全体が原稿用紙に換算して約一〇五枚だから、全体平均の五・八パーセントというと原稿用紙五枚半ほどである。その内訳をみると、「学校の先生」が五二・九パーセント、「学校外の先生」が四七・一パーセントである。登場する先生の人数をみると、全体で約七人、その内五人は「学校の先生」になっており、やはり思い出に残る先生というと、まずは学校時代の先生ということになるだろう。

また学校の先生については、全般に最後に経験した学校段階の先生の思い出が多く書かれる傾向がある。『私の履歴書』の執筆者は帝大卒を中心とした高学歴者が多いことから、大学時代の先生の思い出が豊富に登場する。

2　さまざまな思い出の語りかた

『私の履歴書』は、一般に出生から現在までの軌跡を時系列にそって語っていくスタイルをとっていることが多く、一見すると記述量の配分やパターンはだいたい類似しているように思えるかもしれない。しかし実際には、思い出の半分以上が「先生」の話題で占められているケースもあれば、「先生」なるものについてまったく触れられていないものもある。また、ひとりの「師」について厚く語る人もいれば、これまでに出会ったさまざまな「先生」について幅広く語る人もいる。人生にとって「先生」が重要な位置を占めている人からほとんど話題にしない人まで、それぞれの記述の厚みや語りかたは多様である。そこで、どんな人がどのように「先生」の思い出を語っているのか、より具体的にみてみよう。

「先生」の思い出を分厚く語る人

表4は、記述全体のなかで「先生」の思い出の記述総量が二〇パーセント以上を占めている人である。既にみたように、「先生」ひとりあたりの記述量の平均は一・一パーセント（表3）だから、ここに挙げられている人たちにとって、「先生（師）」との関係が人生にとってひじょうに重要な意味をもっていたとおもわれる。

表4　「先生」の思い出記述量の多い人

順位	名前	思い出率（%）	先生数	生年
1	中村真一郎	72.3	40	1918
2	原安三郎	58.6	12	1884
3	豊道春海	32.3	4	1878
4	梅若六郎	28.9	7	1907
5	尾上松緑	25.5	8	1913
6	園田高弘	25.4	6	1928
7	奥田元宋	24.5	20	1912
8	小島政二郎	24.3	4	1894
9	尾崎一雄	23.6	6	1899
10	早石修	23.0	11	1920
11	窪田空穂	22.1	11	1877
12	桐竹紋十郎	21.7	6	1900
13	久松潜一	21.5	24	1894
14	菊地庄次郎	21.5	12	1912
15	尾上梅幸	21.4	9	1915
16	竹本住大夫	20.0	11	1924

トップに挙げられた作家の中村真一郎は、実に全体の七二・三パーセントを「先生」の思い出に当てており、そのなかに登場する「先生」も四〇人とひじょうに多い。「先生」との関係が人生そのものといえるほどである。財界では、日本化薬会長で実業界の重鎮だった原安三郎、日本郵船の会長を務めた菊地庄次郎が入っている。しかし記述量の上位を占めているのは、作家や画家、歌舞伎俳優、能楽師、文楽人形つかい、音楽家など芸術・芸能関係の職業人が目立つ。

また、思い出の総量と登場する先生の人数とを見比べると、中村真一郎や画家の奥田元宋のように、記述量、先生数ともに多い人もいるが、数は少ないがひとりひとりの「先生（師）」についてより厚く語るタイプもある。

そこで、ひとりの「先生」についてとりわけ厚く記述している著者と、それぞれが誰を「先生（師）」として取り上げているかを示したのが、表5である。

トップの原安三郎は、実業界・政界の重鎮であった山本条太郎について、全体の四〇パーセントを費やして述べている。自身の生きかたに決定的に重要な人物が山本条太郎

表5　ひとりの「先生」の思い出記述量の多い人物

順位	名前	主たる先生の思い出率（%）	生年	先生の名前	備考（職業・関係）
1	原安三郎	40.5	1884	山本条太郎	三井物産常務
2	尾崎一雄	22.4	1899	志賀直哉	作家
3	豊道春海	21.8	1878	西川春洞	書家
4	尾上松緑	21.6	1913	尾上菊五郎	歌舞伎役者（6代目）
5	桐竹紋十郎	19.0	1900	吉田文五郎	文楽師
6	尾上梅幸	17.5	1915	尾上菊五郎	歌舞伎役者（父）
7	船村徹	16.2	1932	高野公男	作曲家
8	福永健司	15.1	1910	吉田茂	政治家
9	奥田元宋	14.5	1912	児玉希望	画家
10	菊地庄次郎	13.7	1912	河合栄治郎	経済学者、東京帝大教授

という「師」であったことがわかる。続いて作家の尾崎一雄、書道家の豊道春海、歌舞伎役者の尾上松緑らも、その世界での直接の「師」の話題が二〇パーセント以上を占めている。

書道や歌舞伎、文楽などのいわゆる伝統芸術・芸能の世界では、「師」との関係は密接かつ長期にわたるトータルなものであることが多い。たとえば、書道家の豊道春海は、一八九一（明治二四）年、一三歳のときに師匠の西川春洞の下に入門してからのことを、さまざまなエピソードを交えて詳しく述べている(4)。入門して一〇年間、楷書以外の字を書くことを許されず、徹底的に基本をたたきこまれたこと。暖をとりながら字を書いているというと「それはいけませんな」といわれ、真意をただすと「寒さを忘れて汗が出るくらいでなければ」といわれたこと。しかしその後も汗がでるような体験はなかったのに、四六年たった七二歳になってはじめてその意味を知ったこと等。師のことばや動作のひとつひとつについて、昨日のことのように詳細に語っている。

文楽人形つかいの桐竹紋十郎も、一九〇九（明治四二）年に九歳で師匠の文五郎のところに門弟第一号として弟子入りしてから師匠が九二歳で亡くなるまで、五二年間の「師」とのさまざまな思い出を書いている(5)。最初はお茶くみ、使い走りなどの雑用ばかりをさせられるが、その間にこの世界のしきたりや空気を察し、また浄瑠璃や三味線の間を覚えていったこと。

足十年、左十年といわれる人形つかいの稽古も、口で説明したり手をとって教えるというのではなく、師匠や先輩の問わず語りの芸談や雑用の合間にひとり練習してみるという「師匠があってなし」のやりかただったこと。戦後、組合派の会を組織したことで一時は師匠と気まずい距離ができたが、和解できたときには感無量だったこと等。戦前・戦後の波瀾万丈のなかでも師弟の関係は根強く維持されていったことがうかがえる。

伝統芸術や芸能の世界では、こうした「師」でもあり「父」でもあるような公私にわたる密接な師弟関係が形成されるのが通例である。そうした師弟関係は生涯にわたって持続される。その意味では、人生にとって「師」の存在はきわめて大きいといえるだろう。

しかし、このような師弟関係が必ずしも伝統芸術・芸能の世界のように直接、職業につながる関係だけに限られるわけではない。たとえばここに挙がっている菊地庄次郎は、記述全体の一三パーセントの分量を使って大学時代の恩師である河合栄治郎の思い出を書いている[6]。河合栄治郎といえば、「学生叢書」シリーズでも有名な昭和教養主義を代表する知識人であり、当時の大学生の憧れの人物であった。菊地は、ちょうど経済学部の派閥闘争のときに学生時代を送り、就職は河合の世話で日本郵船にいくことになったらしい。学生時代のゼミなどの思い出はもちろん、卒業後も経済同友会の立ち上げのときなど節目節目で河合のことばや生きかたを参照している。河合栄治郎を生涯の「師」とする点では、伝統的な師弟関係にも通じるところがあると同時に、知識人モデルを理想とする経済人の事例としても興味深い。

「先生」の人数の多い人

一方、著者のなかにはたくさんの「先生」を取り上げて記述するタイプもある。表6は、登場する「先生」の人数が多い順に二〇位（二二人）までリストしたものである。

表6 「先生」の人数の多い著者

順位	名前	先生数	思い出総量（%）	主たる先生の思い出（%）	生年	掲載時役職
1	中村真一郎	40	72.3	3.9	1918	作家
2	東畑精一	36	11.4	2.7	1899	東大名誉教授
3	加山又造	33	7.2	1.0	1927	日本画家
4	土屋喬雄	31	12.4	3.0	1896	東京大学名誉教授
5	小原国芳	31	11.8	2.3	1887	玉川学園総長
6	諸橋轍次	30	8.3	3.0	1883	東京教育大名誉教授
	小平邦彦	30	8.9	1.3	1915	東京大学名誉教授
8	植村甲午郎	29	9.9	1.8	1894	経団連副会長
9	武見太郎	28	17.0	3.6	1904	日本医師会長
10	田中耕太郎	27	13.8	3.2	1890	最高裁長官
	林屋辰三郎	27	4.8	1.4	1914	歴史学者
	斎藤茂太	27	1.5	0.3	1916	精神科医
14	和田恒輔	25	7.8	1.2	1887	富士電機製造相談役
15	貝塚茂樹	24	18.5	3.6	1904	京都大学名誉教授
	久松潜一	24	21.5	3.8	1894	東京大学名誉教授
	松田権六	24	3.8	1.3	1896	漆芸家
	平山郁夫	24	8.2	2.3	1930	日本画家
	杉村隆	24	14.7	2.7	1926	国立がんセンター名誉教授
20	小川芳男	23	11.7	1.8	1909	東外大名誉教授
	小宮隆太郎	23	11.6	1.7	1928	日本学士院会員
	中村元	23	15.5	3.9	1912	インド哲学者

最も多いのはやはり作家の中村真一郎の四〇人である。それに続いて農業経済学者の東畑精一、日本画家の加山又造、経済学者の土田喬雄、玉川学園の創始者である小原国芳、漢学者の諸橋轍次など学者、医師、裁判官などの専門職や、学園、経団連、日本医師会といった組織の長が名前を連ねている。いずれも二〇人を超える数の「先生」を挙げているのだから、人生語りにおいて「先生（師）」が占めている位置はかなり大きいことがうかがえる。しかし、中村真一郎を除けば、先生一人あたりの思い出率は低く平均を下回っている。「主たる先生」の思い出をみても、その上位に出てくる顔ぶれとは大きく隔たっていることがわかる（表5参照）。「先生（師）」との出会いが人生語りにとって大切なものではあるものの、必ずしも特定の「師」に影響を受けたというわけではないようだ。

東洋学の貝塚茂樹は、旧制高校、大学時代に出会ったさまざまな「先生」との交流について書いている。(7) 大学時代の思い出には、最初は気が進まなかった東洋学を専攻することになったことや、私塾のような雰囲気のなかで恩師である内藤湖南、桑原隲蔵をはじめ京大文学部（京都帝大文科大学）の教授や友人との豊富な人間関係が記述されている。直接・間接の師弟関係を軸としたネットワークを通して、学者としての知的形成がなされていったプロセスがうかがえる。

東畑精一は、小学校から大学まで合わせて三六人の「先生」を挙げているが、中心になっているのはやはり大学時代の「先生」である。入学した東大農学部の教授、留学先で出会った学者たちとの幅広いつながりやその過程で出会った本や読書についても述べられている。こうした知的形成過程に加えて、さらに後半では吉田内閣の農林大臣を打診されて断ったことから政界、財界との関係など、専門を媒介とした他の「界」とのつながりも書かれていて興味深い。(8)

数多くの「師」とのつながりが社会関係資本として力をもった例としては、ドイツの医学者や西田幾多郎、安倍能成などの書物に「私淑」し、実際にも親交を広げていった武見太郎なども挙げることができるだろう。(9) 大学卒業後に入った慶応の医局とは考えかたが合わず、辞職して別の方向を目指すことになるのだが、それを支えたのがビュルガーやクレールといったドイツの科学者の考えかた、さらにその背景となった田辺元や戸坂潤、西田幾多郎らの哲学書だったという。ただその読書のしかたは、敬慕する「師」の著作を深く読み込んでいくというものではなく、そうした知的権威で武装しながら自身の医学界での立場を確固としたものにしていく資本にもなっている。大学や医学などの世界における組織の長の「先生」語りのひとつのタイプともいえるかもしれない。

教育界では、玉川学園の創始者であり教育学者でもある小原国芳も数多くの「師」について書いている。(10)『師道論』という著書ももつ教育学者らしく、「私は文字通りの『お師匠様』の多くに出会ったことをただただ感謝して居ります」(『私の履歴書　文化人一九』一九八四年、二六頁)と述べ、小学校から大学時代の恩師まで三一人の「師」の名前を挙げながら、自身の軌跡を語っている。特に広島高等師範学校を出たあと三年間在籍した京大で西田幾多郎や波多野精一の授業を受け、授業を終えた西田の後ろ姿を「神様を拝む気持」で見送ったことや、波多野に一年間指導を受けて「先生の偉大さに、すっかり打たれてしまった」(同書、二六一頁)ことなど、大仰ともいえる表現で述べている。そうした出会いはただ自らのアイデンティティや生きかたのモデルとしてだけでなく、大学経営の実践のなかで縦横に生かされることになっている。さまざまな「師」との出会いを社会関係資本として積極的に活用していることがうかがえる。

「先生」について語らない人

このように「先生(師)」について厚く語る人がいる一方で、「先生」についてまったく言及していない人が全体で三一人いる。表7は、「先生」についての記述がない著者のリストである。

これをみると、「先生」の思い出を語らない人の多くは会社経営者、なかでも創業者型の会社経営者であることがわかるだろう。また、学歴でいうと初等教育卒の場合が多い。彼らの思い出語りの中心は、著者が自らの力で人生を切り開いていく過程に焦点があてられており、教えを受けた「先生」や自身がモデルとする「人生の師」について語るような視点はないのである。たとえば日清食品の創業者である安藤百福の場合、連載の出だしから、即席めんの開発に没頭していた頃の苦労や開発秘話が語られている。その過程でお世話になった人たちの名前はでてくるが、彼を後押しし援助してくれた人としてであって、自身がモデルとする先達=「師」として登場する人はいない。まさにセルフメイドマンの物語である。

丸善の社長を務めた司忠も、中学校に進学するのをあきらめて丸善に丁稚奉公したというから勉強が嫌いだったわ

表7 「先生」についての記述のない著者

	名前	掲載時役職	職業6分類	出生年	学歴
1	大谷竹次郎	松竹会長	会社経営者	1877	初等
2	大谷米太郎	大谷重工業社長	会社経営者	1881	初等
3	井上貞次郎	聯合紙器社長	会社経営者	1882	初等
4	遠山元一	日興証券会長	会社経営者	1889	初等
5	山崎種二	山崎証券社長	会社経営者	1893	初等
6	司忠	丸善社長	会社経営者	1893	初等
7	松下幸之助	松下電器産業相談役	会社経営者	1894	初等
8	小原鉄五郎	城南信用金庫理事長	会社経営者	1899	初等
9	嶋田卓彌	蛇の目ミシン工業社長	会社経営者	1901	初等
10	安井正義	ブラザー工業会長	会社経営者	1904	初等
11	安藤百福	日清食品会長	会社経営者	1910	初等
12	潮田健次郎	住生活グループ前会長	会社経営者	1926	初等
13	岡野喜太郎	駿河銀行頭取	会社経営者	1864	中等
14	永田雅一	大映社長	会社経営者	1906	中等
15	藍澤彌八	東証理事長	会社経営者	1880	高等
16	平塚常次郎	日魯漁業社長	会社経営者	1881	高等
17	内ヶ崎贇五郎	東北電力社長	会社経営者	1895	高等
18	川崎大次郎	第百生命保険会長	会社経営者	1906	高等
19	横河正三	横河電機名誉会長	会社経営者	1914	高等
20	高橋政知	オリエンタルランド相談役	会社経営者	1913	高等
21	江頭匡一	ロイヤル創業者取締役	会社経営者	1923	高等
22	衣笠貞之助	映画監督	芸術・芸能	1896	不明
23	遠藤実	作曲家	芸術・芸能	1932	初等
24	小原豊雲	小笠原流家元	芸術・芸能	1908	中等
25	笠智衆	俳優	芸術・芸能	1904	中等
26	長谷川伸	作家	文筆	1884	初等
27	室生犀星	作家	文筆	1889	初等
28	村松梢風	作家	文筆	1889	高等
29	広津和郎	作家	文筆	1891	高等
30	中山義秀	作家	文筆	1900	高等
31	林　房雄	作家	文筆	1903	高等

けではないのだが、小学校時代の思い出を含めて「先生」は登場しない。また、丸善に入ってから寄宿舎の勉強部屋に大学生がやってきて語学を教えてもらう「丸善夜学校」というのがあって、夜遅くまで勉強していたというエピソードはでてくるが、その先生の名前も覚えていないという。学校の先生だけでなく、話の全体が彼自身の行動や視点を中心に展開し、そこに登場する他の人々はたいてい脇役あるいは背景のような位置で描かれているのである(11)。

こうした事例には、創業者型の経営者のものの見かたや人生観が現れているようで興味深い。戦後日本社会を牽引した経済人のなかでも、菊地庄次郎などのように「師」との関係を重視するタイプから、「師」の存在を必要としない創業者タイプまで多様であることがうかがえる。

3　各「界」における思い出の特徴

職業と「先生」の思い出

このように、「先生（師）」の思い出の語りかたには、記述の量や先生の人数といった量的な側面からだけみても、さまざまなタイプがあることがわかる。これまでみてきたリストには特に著者の個性が強く表れていて面白いのだが、全体としてみると、職業や学歴、社会的地位など著者が所属する「界」によって、「先生」の語りかたに違いがあることがわかる(12)。なかでも影響が大きいのは職業である。そこで、大学、法曹関係、医師など専門職を中心とする「知識人界」、伝統芸能から近代芸術まで含む「芸術・芸能界」、会社経営者を中心とする「財界」の三つの「界」について、それぞれ「先生」語りのタイプを分類し、その特徴をみていくことにする。

図1と図2は、「会社経営者」「芸術・芸能職」「専門職」の三つの職業カテゴリーについて、それぞれサブカテゴリーを含めてプロットしたものである(13)。図1は、縦軸に「先生」の思い出記述量（総量）、横軸に登場する先生数を

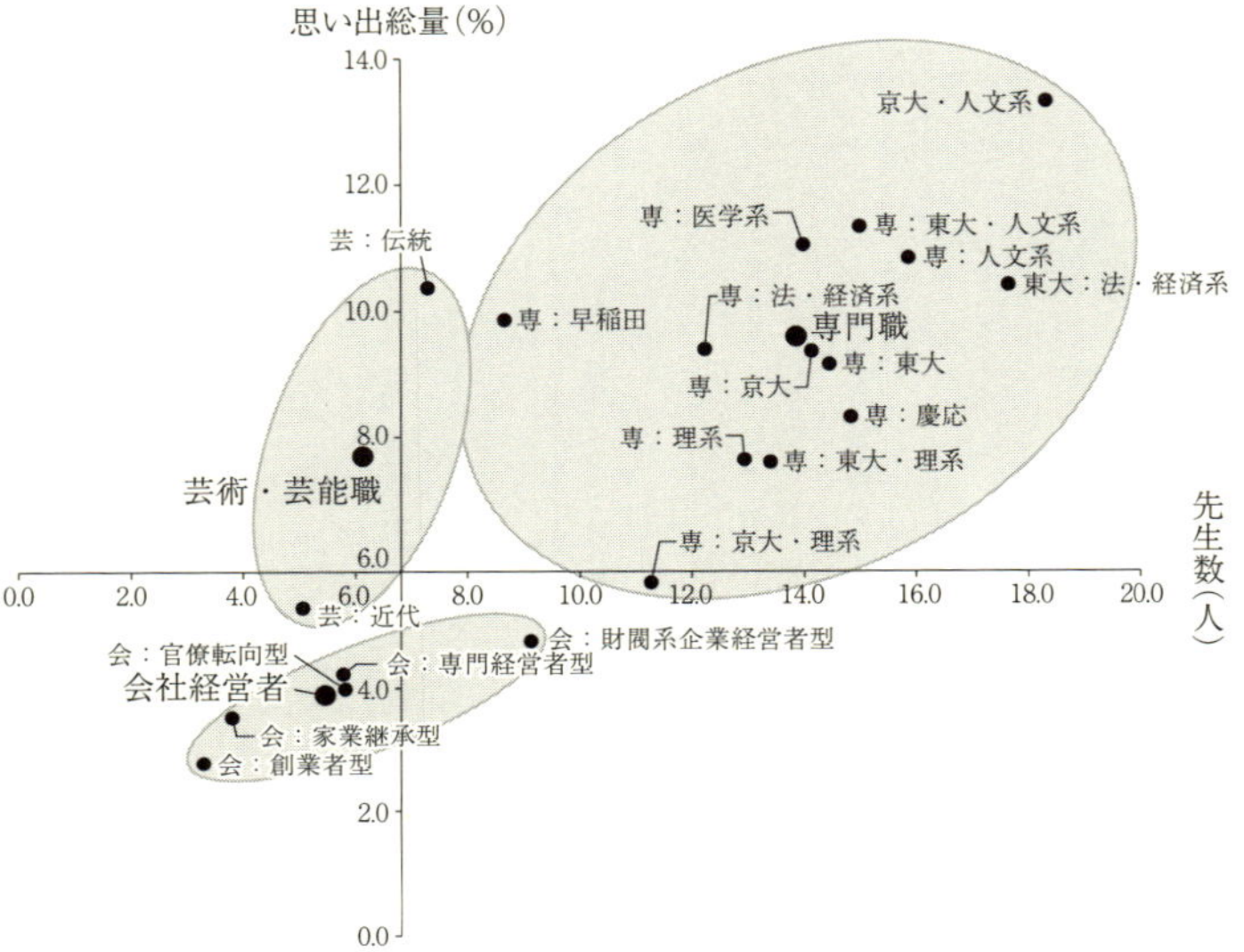

図１　各「界」における思い出タイプの布置（記述総量×先生数）

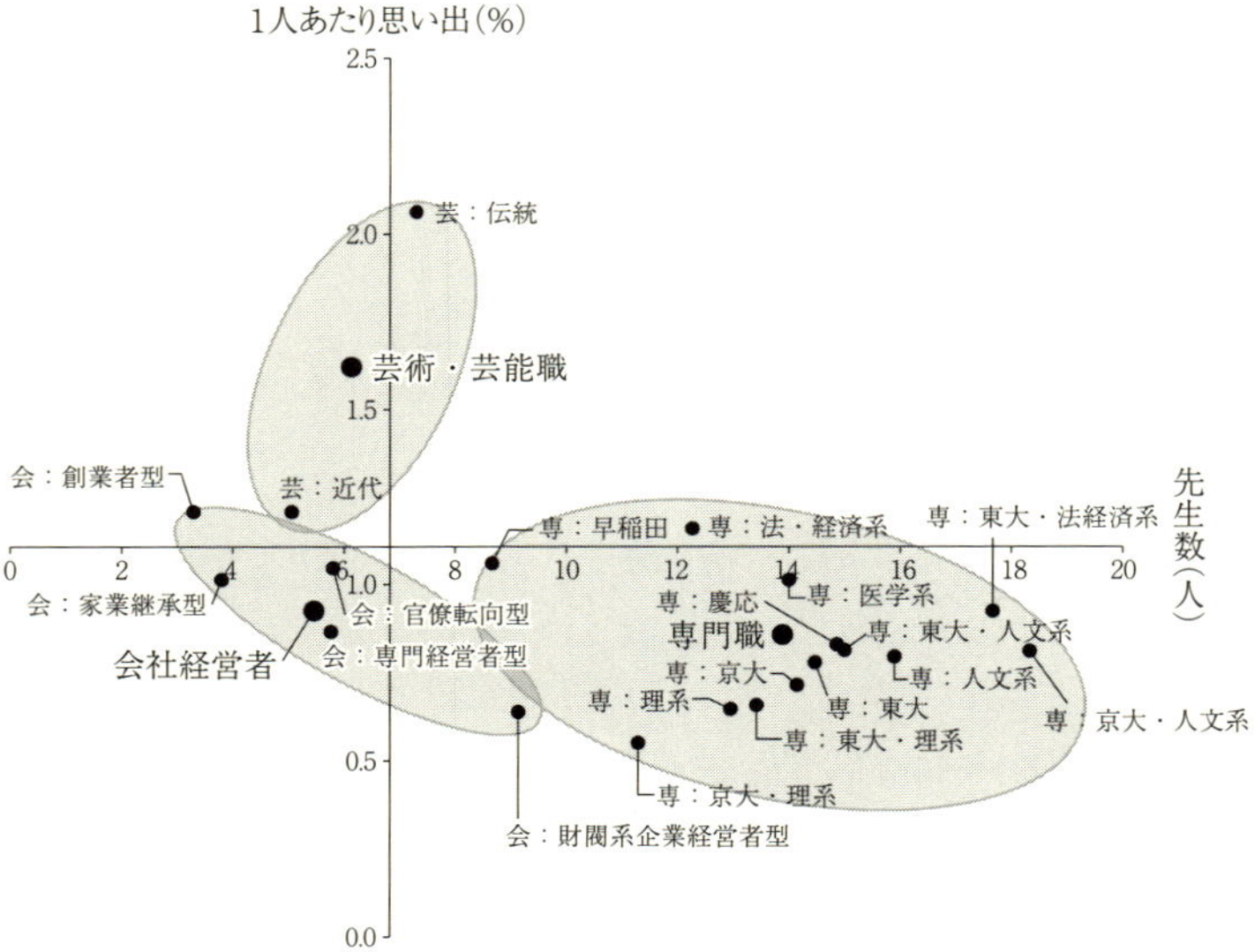

図２　各「界」における思い出タイプの布置（一人当たり記述量×先生数）

とっている。図2は、縦軸に「先生」ひとりあたりの記述量、横軸に先生数をとったものである。各職業カテゴリーは円で囲んで示している。

まず、三つの職業カテゴリー全体の関係についてざっとみてみよう。図1からわかるように、「先生」についての記述総量、先生数ともに多いところに位置しているのが専門職である。記述量が九・六パーセント、先生数が一四人と、他の職業と比べてかなり多い。ただしその分、「先生」一人一人についての記述量はさほど高くない。しかし、人生全体の思い出のなかで「先生」との関係が重要な位置を占める職業であるといえるだろう。

その対極にあるのが会社経営者である。思い出の記述総量、一人当たり記述量、先生数ともに少なく、学校・学校外のいずれにおいても、全体的にみると「先生」の影は薄いということができるだろう。

一方、先生の数は少ないが、それぞれの思い出を厚く記述するタイプが芸術・芸能職である（図2参照）。これらの職業においては、学校・学校外を問わず、特定の「先生」との密接な関係が思い出として深く刻まれていることがうかがえる。

さらにそれぞれの職業カテゴリーをみると、そのなかでの分散もかなり大きいことがわかる。特に専門職では大学や領域によってかなり幅があるが、芸術・芸能、会社経営者もそれぞれサブタイプによって傾向が異なっている。そこで次に、各職業カテゴリーについてより詳細にその特徴を分析していきながら、各「界」における「先生」の意味について考えてみることにしたい。

「芸術・芸能界」における「師」の意味

まず、特定の「師」や「先生」の思い出を厚く語るタイプである芸術・芸能関係の職業についてみてみよう。芸術・芸能職のなかに含まれているのは、落語や歌舞伎、文楽、日本画、書道、現代美術、クラシック音楽、写真、スポーツなどの領域の第一線で活躍する人物である。すでに述べたように、全体的にみれば登場する「先生」の人数は少ないもののそれぞれについての記述はかなり厚く、密接な師弟関係があったことがうかがえる。特に歌舞伎や落語、書道などの「伝統部門」においてその傾向が強い（図1参照）。先にみた歌舞伎役者の尾上松緑、文楽人形つかいの桐竹紋十郎、書道家の豊道春海などは、まさにこのタイプである。

彼らの思い出には、それぞれの世界における独特のしきたりやリズムを体得していくのに相当の時間を必要とすることや、その習得にとって「師」の存在は絶対だが、それらは言葉やテキストで直接教えられるというよりも修業生活のなかで体得していくものであることが共通に語られている。また、修業は厳しいが、それを遂げれば「師」の後を継いでその世界の第一線で活躍できることが暗黙の前提にもなっている。

友禅の森口華弘は、「師」である中川華邨の工房に一五歳で入門して以来の思い出を詳細に述べている。入門して三〜四年は拭き掃除や使い走りといった雑用が続くが、その間に工房生活が板についていくという点では、書道家の豊道春海や文楽の桐竹紋十郎とも似通っている。しかし、どんな場合にも黙って師に従うというわけではない。自分よりも下の弟子が独立させてもらうことになったときのエピソードには、慣例と違う扱いを受ける理由を師に問いただすとともに、もう少し残されるのであれば塾頭格という地位になることを弟子一同に宣言してほしいという条件を出してもいる[14]。厳格だが密度の濃い情愛を伴った関係と、職業上の地位の保証という契約関係が一体となった、独特の師弟関係が存在していたことがわかる。

姫岡勤は、封建的主従関係における「義理」と「恩」といった、一見、非合理的な情緒的・精神的な絆を支えていたのは、双方の利益を保証するという合理的計算に基づく社会的基盤であったことを説得的に論じている[15]。伝統的な師弟関係を支えていたのも、そうした合理性と精神性が一体となった規範と社会的土壌であったといえるだろう。「伝統部門」の芸術家や芸能関係の著者の「師」の思い出語りには、そうした独特の世界と師弟関係が映しだされている。

しかし同じ芸術・芸能関係でも、写真や映画、現代美術、建築といった「近代部門」では、思い出の記述量、人数ともに少なく、グラフ上の位置関係だけみれば、むしろ会社経営者に近い。このタイプとしては、村上信夫（帝国ホテル料理長）、土門拳（写真家）、谷口吉郎（建築家）、古賀政男（作曲家）、岩田専太郎（画家）などが挙げられる。とはいえ、芸術家としての生きかたは、会社経営者とは異なる独自性ももっている。

たとえば、挿絵画家の岩田専太郎の場合、「先生」の思い出率は記述全体の一・七パーセント、先生数は三人といずれも平均よりも少ない。小学校卒業後、家の事情で進学できなかったこともあり、友禅図案家や印刷図案家のところに弟子入りするものの長続きせず、そのうちに新聞や雑誌の挿絵の仕事を担当するようになった経緯を率直に語っている。[16] そもそも図案の世界を選んだのは、どこかの小僧として長く修業するのが嫌で、てっとり早く独立できるとおもったからという。ところが、友禅図案も印刷図案も当時はまだ徒弟制度だったから、一人前になるまでに何年もかかる。さら洗いや子守りからはじまる長期の修業が性に合わずやめてしまうのである。だから、「師」の話もまったくでてこない。同じ友禅の修業話でも森口華弘とはずいぶん違っている。長い修業で技を身に付けるタイプではなかったが、その分自らの嗅覚を頼りに仕事をしてきたことが全体のなかから感じられて面白い。筆一本の気ままな暮しを通してきたところなどからも、創業者型の会社経営者ともまた違ったタイプであることがうかがえる。岩田専太郎の「履歴書」からは、モデルとしての「師」との関係を通した伝統的な自己形成の物語とも、自己主張の強さと統率力で切り開いていった創業者型の会社経営者の物語とも異なり、組織や制度にとらわれない気ままさと自分自身をクールにみつめるリフレクションがそのアイデンティティを支えてきたのだとおもわれる。確固とした師弟関係よりも、偶然に得られた弱いつながりのなかから、自分に合ったものを選んでいくようなスタイルの生きかたである。伝統芸術・芸能の世界とも、また創業者タイプの財界人とも異なる、独自の世界が感じられて興味深い。

知識人「界」における「師」の意味

学者や医師、法曹関係者などの専門職を中心とする知識人「界」では、芸術・芸能の世界とはまた違った傾向がみられる。このカテゴリーに属する著者の思い出には、登場する「先生」の人数も多く、したがって記述全体のなかで占める割合も大きい。ただしその分、「先生」一人あたりの記述量はさほど多くはないが、紙面の配分を考えるとやむを得ないところかもしれない。芸術・芸能の世界とはまた違った意味で、「先生」「師」の存在が人生のなかで重要な位置を占めていることが推察される。

まず特徴的なのは、専門領域の「先生」との関係だけでなく、それを軸としながらも、隣接領域の「先生」や先輩などとの思い出が豊富に語られる傾向が強いことである。「先生」が知的形成にとって重要な位置を占めている点では「芸術界」の人たちと同様だが、「知識人界」では一人の「師」との密接な関係に限らず、直接・間接を含めてさまざまな「師」との関係やそのなかでの知的刺激が文化資本・社会関係資本として重要な意味をもっているとおもえるのである。

しかし、芸術・芸能関係や会社経営者に比べて、文系・理系、専門領域、大学のカラーによって「先生」の思い出の語りかたにかなり分散があることも事実である。まず一見して、京大・人文系の著者の場合、「先生」の人数も記述量の総和もとびぬけて多いことがわかる。先に取り上げた貝塚茂樹もその一人だが、その他に谷川徹三（思い出率一八・七パーセント、先生数一四人）、河盛好蔵（一九・三パーセント、一三人）、梅原猛（五・七パーセント、一二人）、樋口隆康（一二・七パーセント、二〇人）、林屋辰三郎（四・八パーセント、二七人）などが挙げられる。これらの思い出のなかで、「先生」「師」としてよく登場するのは、西田幾多郎、桑原武夫など、いわゆる「京都学派」「新京都学派」を象徴する人物である（表8参照）。思い出のなかには、こうした「先生」を中心として、細分化された専門領域を超えてつながる活発な知的ネットワークが数多くのエピソードとともに語られている。

それに比べると、東大法・経済学部出身の著者の場合、登場する「先生」の人数は一四人と多いが、記述総量でみるとさほど多くない。一人ひとりの「先生」について細かく語られてはいないのである。思い出の中心になっているのは、やはり大学および旧制高校の「先生」で、よく登場するのは美濃部達吉、末広厳太郎、上杉愼吉、牧野英一、河合栄治郎、穂積重遠、大内兵衛など法学部・経済学部の教授である。なかでも、美濃部達吉については、金森徳次郎、鹿島守之助、土屋喬雄、植村甲午郎、東条猛猪、福田赳夫、伊部恭之助など学者、官僚をはじめとして政治家、会社経営者を含めて一九人がその名前を挙げている。また、新渡戸稲造や「偉大なる暗闇」として知られる岩元禎など、旧制第一高等学校の「先生」もしばしば登場している。「先生」として名前が挙げられている東京帝大教授たちが、官・民合わせて当時の知的権威の象徴であったことがうかがえる。

一方、早稲田大学出身の著者の場合、先生数は多くないが「先生」一人についての思い出の記述量は比較的多い。著者に作家や芸術家が比較的多く含まれていることもあって、どちらかというと芸術家や文筆業に近いタイプになっている。

財界における「師」の意味

芸術・芸能職や専門職の著者に比べて会社経営者の場合は、全体としてみると思い出の記述量、人数ともに少ない。「先生」と同じ「界」に所属していないことが多いこともあって、全体としては「先生」への思い入れはさほど大きくないといえるだろう。しかしここでも、経営者のタイプによって、その思い出にはかなりヴァリエーションがある。

すでに述べたように、「創業者型」の経営者の場合、「先生」「師」についての記述はあまり多くない。とくに初等教育卒の創業者の場合には、人生モデルとしての「師」について語ることよりも、著者自身の視点とオリジナリティが話題の中心になる傾向が強い。人生全体のなかで「先生」「師」が占める位置は比較的小さいといえるだろう。

表8　登場頻度の高い「先生」

登場頻度	先生の名前					
19	美濃部達吉					
14	新渡戸稲造	小泉信三	末弘厳太郎			
13	上杉慎吉	牧野英一				
12	河合栄治郎	穂積重遠				
11	福田徳三					
10	西田幾多郎					
9	河上肇					
8	大内兵衛	我妻栄	矢作栄蔵			
7	深井鑑一郎					
6	福沢諭吉	南原繁	高橋誠一郎	岩元禎	宮沢俊義	筧　克
5	安倍能成	横田喜三郎	夏目漱石	滝川幸辰	気賀勘重	桑原武夫
	高浜虚子	水島銕也	石川剛	藤島作		

それに対して、大企業の経営者（「財閥系企業経営者」）の場合、登場する先生数も多く、どちらかというとむしろ「専門職」に近いところに位置している。「財閥系企業経営者」に東大（法経）出身者が多いことを考えると、学者、官僚、政治家なども含めて、「東大タイプ」として括ることもできるかもしれない。これらの著者の思い出に登場する「先生」としては、河合栄治郎、末広厳太郎、大内兵衛らの名前がよく挙がっている。その思い出には、たとえば菊地庄次郎のように、「師」である河合栄治郎を学生時代のみならず仕事上の重要な判断の際に常に参照したというようなタイプもあるが、多くは人気教授、就職教授[17]、名物教授の名前を次々と挙げて当時の学部や教室の雰囲気を回顧するものになっている。

また、企業経営者の思い出には、専門分野の先生の名前と同時に、福沢諭吉や新渡戸稲造、小泉信三といった近代日本を代表する知識人が、「先生」「師」として挙げられることも多い。直接に指導を受けた場合だけでなく、校風のなかで語り継がれたエピソードや、書物を通した間接的な師事などさまざまな形で思い出が披露されている。大企業経営者にとって、大学時代の「恩師」との関係は、学生文化や校風の象徴であると同時に、その権威が自らのアイデンティティを支える重要な意味をもっていたことがうかがえる。戦前期に高等教育を受けた財界人にとって、近代日本の代表的知識人が自らのモデルとして社会的、象徴的な意味をもっていたことは興味深い。

おわりに

本章では、戦後日本の各界で活躍してきた人物がどのような師弟関係を経験し、それを自己形成の物語として提示してきたのかについて、『私の履歴書』をもとに考察してきた。本章で取り上げたように、「先生」の思い出の記述量や先生数といった量的な側面からみても、自己形成を語るうえで「先生」「師」が重要なキーワードのひとつになってきたことがわかる。しかし、より詳細にみていくと、伝統芸術、近代芸術、学界、法曹界、財界など、各「界」における師弟関係の特徴が浮かび上がってくる。

そこには、それぞれの「界」の師弟関係の実態と同時に、「師」という存在がどのように表象されてきたのかが映し出されている。制度化の度合いが高い伝統芸術や芸能の世界、伝統よりも斬新さや押し出しの強さが武器になる会社創業者、広い知的ネットワークが文化資本・社会資本となる知識人の世界と、それぞれ「師」の意味も異なっていることがうかがえる。本章は、各「界」にさらに立ち入って、さらにその諸相を明らかにしていくための第一歩となる基礎的な作業である。

（1）　内閣府政策統括官『第八回世界青年意識調査報告書』二〇〇九年。
（2）　『私の履歴書』の執筆者には女性、外国人の執筆者も含まれているが、人数が少ないため統計処理のことも考慮し、ここでは日本人の男性のみを対象としている。

（3）思い出の分析には、主として各著者の①自伝に占める「先生」の思い出の記述量、②自伝に登場する先生数、③「先生」一人当たりの思い出の記述量、④主たる「先生」の思い出の記述量を指標として用いている。各指標の算出の具体的な手順は以下の通りである。①の思い出の記述量は、各「先生」についての思い出の該当箇所の行数を特定し、それを自伝全体の行数で割った値（％）である。②の自伝に登場する先生数は、自伝のなかで著者が「先生」、「師」として記述している人物の人数である。その際、「先生」の質の違いを分析に反映させるために、「学校の先生」と「学校外の先生」に分類した。③の「先生」一人当たりの思い出の記述量は、①を②で割った値である。④は、最も多く記述している「先生」の思い出の記述量である。これらの指標を使った分析の概要については、稲垣恭子・濱貴子「財界人・文化人の『師弟関係』――『私の履歴書』の分析から」『京都大学大学院教育学研究科紀要』第五九号、二〇一三年、一～二四頁を参照されたい。

（4）豊道春海『私の履歴書　文化人六』日本経済新聞社、一九八三年、四〇三～四五〇頁（一九六八年九月『日本経済新聞』連載）。

（5）桐竹紋十郎『私の履歴書　文化人一一』日本経済新聞社、一九八四年、一三一～一九九頁（一九六七年二月『日本経済新聞』連載）。

（6）菊地庄次郎『私の履歴書　経済人二二』日本経済新聞社、二〇〇四年、二五一～三二五頁（一九八四年六月『日本経済新聞』連載）。

（7）貝塚茂樹『私の履歴書　文化人一七』日本経済新聞社、一九八四年、二八九～三六〇頁（一九七八年七月『日本経済新聞』連載）。

（8）東畑精一『私の履歴書　文化人二〇』日本経済新聞社、一九八四年、一八一～二六五頁（一九七八年四月『日本経済新聞』連載）。

（9）武見太郎『私の履歴書　文化人一七』日本経済新聞社、一九八四年、四二五～五一六頁（一九七七年六月『日本経済新聞』連載）。

（10）小原国芳『私の履歴書　文化人一九』日本経済新聞社、一九八四年、二二五～三一三頁（一九七四年一〇月『日本経済新聞』連載)。

(11) 司忠『私の履歴書　経済人一二』日本経済新聞社、一九八〇年、一八五〜二四九頁(一九六九年三月『日本経済新聞』連載)。

(12)「先生」の思い出の記述量の規定要因について重回帰分析を行なった結果、最も影響が強いのは職業であることが導き出された。稲垣・濱、前掲論文、七頁。

(13) 各職業カテゴリーのサブカテゴリーは次のように設定した。

＊「会社経営者」――「創業者型」「家業継承型」「専門経営者型」「財閥系企業経営者型」(これらのサブカテゴリーの分類は、鳥羽欽一郎『日本における企業家・経営者の研究――「私の履歴書」掲載一六七人のサンプルを中心として』(早稲田大学産業経営研究所、一九八七年)の分類にしたがっている。)

＊「芸術・芸能職」――「伝統部門」「近代部門」

＊「専門職」――「東大」「京大」「早稲田」「慶応」/「人文系」「理系」「法・経済系」「医学系」

専門職は高等教育卒の学歴のため、主な出身大学である東大、京大、早稲田、慶応の四大学をサブカテゴリーとした。人数の多い東大、京大については、さらに分野別にサブカテゴリーを設定している。

(14) 森口華弘『私の履歴書　文化人八』日本経済新聞社、一九八四年、二〇五〜二七七頁(一九七六年一二月『日本経済新聞』連載)。

(15) 姫岡勤「義理の観念とその社会的基礎」姫岡勤『家族社会学論集』一九八三年、ミネルヴァ書房。

(16) 岩田専太郎『私の履歴書　文化人六』日本経済新聞社、一九八三年、三三三〜三九九頁(一九六七年八月『日本経済新聞』連載)。

(17) 就職教授とは、就職先のあっせんを積極的にしてくれる教授のことを指す。

第9章 近代日本の学校文化と文芸活動
――『校友会雑誌』という磁場

斉藤利彦

1 石川啄木の場合

明治四三（一九一〇）年一〇月一七日夜、石川啄木は母校の盛岡中学校校友会雑誌部宛てに、次のような直筆の葉書を出している。母校を離れて八年が経っていた。

岩手縣盛岡市 盛岡中学校 雑誌部理事諸君 御中
東京朝日新聞社編集室 石川啄木

校友会雑誌御恵贈に預かり、往時の友に合ひ候様にてなつかしく拝見いたし候、小生等の編集した頃の幼稚なる体裁を思へば隔世の感あり、原稿御請求の葉書はたしかに頂戴いたし候ひしが期限があまり長かったのでそのうちつい失念いたし、お申訳無之候、杜陵の秋今如何、諸君の御健在を祈り上げ候、艸々

十月十七日夜[1]

この時期は、啄木にとって喜びと悲しみが深く交錯していた時期であった。同年六月には「大逆事件」の報道がなされ、その半年後に二四名もの死刑判決が出されている。国家の強権が支配を強めていく状況に対し、八月下旬、啄木は評論「時代閉塞の現状」を執筆する。一〇月初旬、二転三転の結果、ようやく処女歌集『一握の砂』の出版契約が成り、最後の歌稿を出版社に手渡す。同月四日には長男真一が出生、しかし同二七日に死去。そうした中で、校友

会雑誌部への連絡の筆がとられていたのである。葉書は雑誌部からの寄稿依頼への丁寧な返信であり、彼自身も中学校時代に校友会雑誌の編集に参加していたことが記されている。『校友会雑誌』を「往時の友に合ひ候様」と記していることにも、啄木の同誌への素直な感情が示されているだろう。

実際に、啄木の『校友会雑誌』への深い関わりは、六年間にわたって通算六号に及んでおり、それらは以下の投稿と掲載によって明らかである（投稿者名は、当初は啄木の初期の雅号である「白蘋」名が用いられている）。

一、『校友会雑誌』第三号（明治三五年三月二四日発行）
石川白蘋「牧舎の賦」（「詞藻」欄）
白蘋短歌七首（「短歌」欄）

二、『校友会雑誌』第四号（明治三五年七月一二日発行）
石川白蘋「高調」（「詞藻」欄）
白蘋短歌九首（「短歌」欄）

三、『校友会雑誌』第五号（明治三五年一二月一一日発行）

四、『校友会雑誌』第七号（明治三七年一一月発行）
石川啄木「秋草一束」（欄の区分無し）

五、『校友会雑誌』第九号（明治四〇年三月一日発行）
夢想家「林中書」（「附録」欄）

六、『校友会雑誌』第一〇号（明治四〇年九月二〇日発行）
石川啄木「一握の砂」（欄の区分無し）

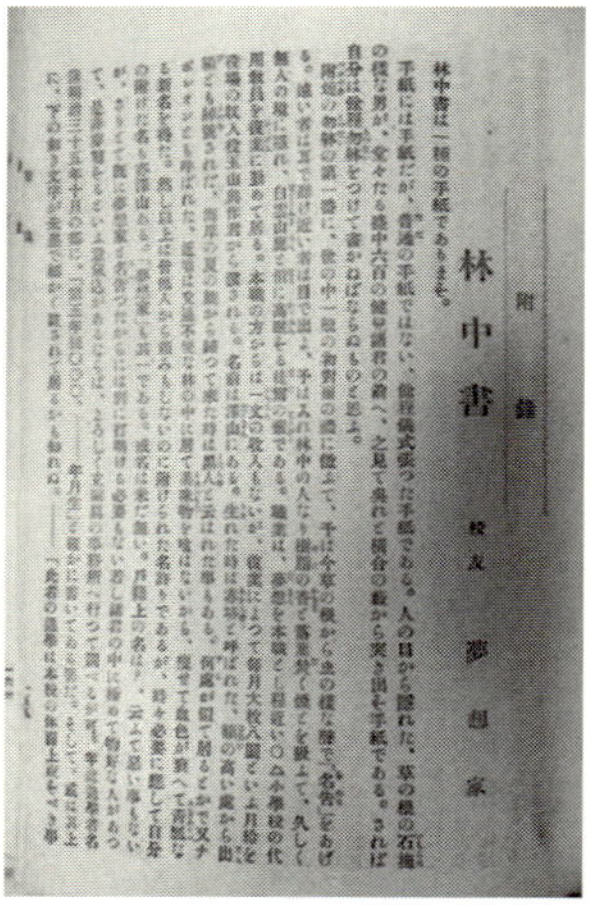
附録
林中書
校友　夢想家

図1「林中書」

上記のうち、五の「林中書」は啄木の残した代表的な時代批評として、文学史上もたびたび取り上げられている。また、「一握の砂」は歌集『一握の砂』とは異なる、いわばエッセイであるが、このタイトルを最初に記したのが

『校友会雑誌』上であったことは興味深い。「いのちなき 砂のかなしさよ さらさらと 握れば指の あひだより落つ」という、握っても手のひらからこぼれ落ちていく砂のイメージは、早くも中学時代の彼の感受性に根ざすものであった。

ところで、さらに啄木が残したいくつかの日記を見るなら、これら以外にも彼が『校友会雑誌』への関与とシンパシーを密に持っていたことが分かるのである。

まず、明治三五（一九〇五）年一一月一九日の日記である。啄木は前月の二七日に盛岡中学校を中途退学し、今後の身の立て方を模索するために上京していた。この時の日記を彼は「秋韷笛語」と名付けているが、一九日の記述に、「この日一日小説の構想と落光記（校友会雑誌へ）の考案にて日をくらす」[2]と記した。将来の展望が見つからない中で、『校友会雑誌』への投稿意欲が彼の心の支えの一つとなっていたことが見てとれる。

だが三ヶ月後の翌三六年二月、啄木は生活に行き詰まり帰郷する。そして定職を持たぬまま、短歌や評論を新聞や雑誌に寄稿している。そこでも『校友会雑誌』へのまなざしは保たれていた。例えば明治三七（一九〇四）年四月二八日の『岩手日報』掲載の「渋民村より」では、「盛中校友会雑誌のために聊か卑見申進むべく候」と記し、同誌について批評を行っている。「嘗て在校時代には小生もこれが編集の任に当たりたる事有之候事とて、読過の際は充分の注意を払ひたる積りに御座候」と自信と意欲をのぞかせ、以下のように母校の『校友会雑誌』上の論稿を俎上に載せるのである。

論文欄は毎号紙数の大部分を占むると共に、又常に比較的他欄より幼稚なる傾向有之候が、本号も亦其例外に立ち難く見受けられ候

吾人の標準とか題したる某君の国家主義論は、推断陋劣、着眼浅薄、由来皮相の国家主義を、弥益皮相に述べ来りたる所、稚気紛々として近づく可からず候。筆を進めて其謬見の謬見たる所以を精究するは評家の義務かも知れず候へど、自明の理を管々し

く申上ぐも児戯に等しかるべく候に付、差控へ申候。(3)

「推断陋劣、着眼浅薄」な「皮相の国家主義」への妥協を許さない啄木の態度が、この時期早くも示されているが、このように苛烈ともいえる厳しい批評は、同時に『校友会雑誌』への彼の関与と期待の強さを示すものであろう。

ところで、この後啄木は生活の場を転々とし、ますます生活は困窮していく。北海道で新生活を切り開こうとし、函館、札幌と職を求め、小樽で新聞記者として職を得る。この時期に記し続けた一九〇七（明治四〇）年一〇月二日の「丁未日誌」は、冒頭にこう記している。

「盛岡中学校の校友会雑誌来る。予が贈りし『一握の砂』を載せたり。(4)」

住まいと職を転々とする中にあっても、『校友会雑誌』との繋がりを保ち続けていたことが示されている。啄木にとって『校友会雑誌』とは、自らの自尊心を励まし、文学者としての将来への羅針盤のように彼を惹きつける磁場としてあったのだ。

2　芥川龍之介の場合

ところで、『校友会雑誌』への強い関わりは、一人啄木のみであったのだろうか。先の啄木の葉書と同年の二月、東京府立第三中学校『学友会雑誌』第一五号（一九一〇年二月一〇日発行）に、以下のような文章が掲載されている。

「編集を完りたる日に」五甲　芥川龍之介

○僕は僕たちの手になった雑誌の発刊を嬉しく思ふ。これが僕たちの拓いたささやかな路だ。僕たちの挑げた燈火微だ。僕たちの努力は遂にこれだけの事しか出来なかった。

○しかしながら祖先は夢み子孫は行ふと云ふ。僕は幾年かの後に、僕たちの夢みている或物を此雑誌から生み出す人のあるのを信じている。

〇本号は投稿の数が極めて多かつた。このすべてを掲載するのは到底不可能な事であつた。止むを得ず、其為に投稿の全数の約三分の二を此号に掲げることにした。

「僕は幾年かの後に、僕たちの夢みている或物を此雑誌から生み出す人のあるのを信じている」という言葉は、若き芥川自身の秘かな決意を感じさせる強い印象を残すものである。また、「僕たちの努力は遂にこれだけの事しか出来なかった」とは、高揚感と同時に醒めたシニカルな芥川の資質を伝えている。『校友会雑誌』が文芸への意欲を育て、創作活動の切磋琢磨の場となり得ることを、芥川は早くも察知していた。いずれにしても、この創作活動のメディアに、芥川が託していた思いの強さを物語るものであろう。

さらに、当時五年生であった芥川は、この号の巻頭に、彼の最初の長編「義仲論」を掲載した。それは、「(一) 平氏政府、(二) 革命軍、(三) 最後」の三つから構成された作品であり、二七歳で挙兵した義仲が信州を治め平氏打倒のために京を目ざし、北陸での闘いで大勝し平氏追討に大きな功績をあげながらも、しかし滅んでいく様を描き出したものである。芥川研究者武田昌憲は、「旧制中学時代の早熟で驚嘆すべき知識・教養を駆使した力作」(5)であると評価し、また、佐藤泰正によって、「芥川が芥川たりえた、自己形成の、原点と見る」(6)と評された作品である。まさに、中学生時代の芥川は、その後の自己表現の「原点」を『校友会雑誌』という創作の場で形成したと見ることも可能であろう。

芥川の同誌上での活躍は多岐にわたっており、同校入学の一年次に早くも「一丙 芥川龍之介」の署名で「三日間の日記」を掲載しており（第八号、一九〇六年一月三一日発行）、二年次の第一〇号（明治同年一二月二日発行）では「秋季運動会の記」を、五年次には第一四号（一九〇九年七月二三日発行）の「講演」欄で「日本海海戦の逸事」を筆録し、第一五号（一九一〇年二月一〇日発行）の「校報」欄では「公伊藤の霊柩を迎ふ」「近藤君を送るの記」「一学期柔道部納会」の三本の記事をものしている。それればかりではなく、同号の「編集兼発行人」は「芥川龍之介」と記されている。

さらに注目すべきは、芥川はこの誌上で、他の生徒の作品に対しても活発な批評活動を行っていることである。例えば第一五号の「雑録」欄に「前号批評」を載せ、同級生徒の新体詩に対し、「願くは書くに先つて読んで見給へ。（中略）正直なところ、僕はこの、なっていないのを悲しむ者だ」と遠慮のない批評をしている。

また、第一四号「雑録」欄には「五甲芥川妄評」として、「前々号及前号批評」を載せている。例えば、「文苑」欄の二年生の作品に対し、「叙景の筆もすぐれていれば、周囲の色も空気も相当に描かれていいます、稍散漫に失しなかったなら、最後の陳蓊な一行がなかったならと蜀望の念が起こらない事もありません」と、やはり妥協のない批評を行っている。このように、自己の作品を投稿するのみならず、編集にも携わりさらには批評も行うなど、『校友会雑誌』への芥川の積極的な関与は目を見はるばかりである。

そして、このような多彩な活動は、一人芥川のみが行っていたのではなく、友人の西川栄次郎、岡野市太郎、二年上級生の河合栄治郎、久保田万太郎等の他の生徒も同様に行っていた。河合、岡野は、別の号の「編集兼発行人」にもなっている。まさに『校友会雑誌』は、生徒たちが「書く」ことと「読む」こと、さらには「編集」し「批評」することの、多元的な文芸活動を引き寄せ創造する磁場として機能してもいたことが見てとれる。

3　萩原朔太郎の場合

さらに目を転じて、群馬県立前橋中学校校友会誌『坂東太郎』第四二号（一九〇五年七月二〇日発行）を見てみよう。同校校友会の「役員改選」の記事に「雑誌部幹事」として名を記されているのは、萩原朔太郎である。この前号から朔太郎は、以下の多彩な作品を次々と『坂東太郎』に発表していた。

・第四一号（明治三八年三月二三日発行）
筆名「萩原美棹」で「新体詩」の「煤掃」
・第四二号（明治三八年七月二〇日発行）
筆名「みさほ」で「美文」の「冬ごもり」
筆名「美棹」で「長詩」の「蛇いちご」
筆名「萩原美棹」で短歌一二首
・第四三号（明治三八年一二月二〇日発行）
筆名「萩原美棹」で短歌二六首
筆名「萩原美棹」で「長詩」の「秋の日」
・第四四号（明治三九年七月二〇日発行）
筆名「萩原美棹」で短歌五首

この時期、朔太郎は妹わかの友人馬場仲子に初恋の思いを抱いていたとされる。その想いを『校友会雑誌』上で詠いあげたのであろうか。例えば、以下の短歌が掲載されている。

〇夏草に趣ある小家の人なれば面影に似し恋もする哉
〇御手そへて悲しみ給へ野かざるを恋なき人の十九夏草
〇夜は夜まで昼は昼ま恋いてあらばエトナの山はもえであるべし［――以上四三号］

また、「長詩」の「蛇いちご」は、以下のような詩編からなっている。

魔よ
名を蛇と呼ばれて
拗者の

呪ひ歌
節なれぬ

野に生いて
光なき身の
運命悲しや
世を逆に
感じては

のろはれし
夏の日を
妖艶の
蟲者と
接吻交す蛇苺［――以上四二号］

「恋」や「接吻」等、当時の『校友会雑誌』には禁句であったろう表現を、朔太郎は軽々と使いこなしてしまっている。『校友会雑誌』は、彼の抑えきれない表現への欲望を引き出し引き寄せる磁場であったといえよう。これらの短歌や詩に濃密に漂うエロティシズムと反逆とは、後に完成する朔太郎の詩の世界を原基的に内包しているかのようである。

さらに、前記のように朔太郎は「雑誌部幹事」として、『坂東太郎』第四二号の編集にも参与していた。それまでの同誌の表紙は毛筆書体で題字が記された簡素なものであったのに対し(7)、四二号は表紙に薄いセピア色を用い、題字も表紙の中央ではなく右下段に図案化して配置し、その装いを一変させたのである。しかし、その表紙はあまりに「ハイカラすぎる」として非難をあびることになった。それに対し、雑誌部の委員たちは次号の「編集だより」において、次のような反論とさらなる展開（「前号にも勝るハイカラ的」「ダブルハイカラ」）を宣言している。

本誌前号は開闢以来の一大改新であった。之がために賛辞も聞いた、攻撃も喰った。が概して吾々幹事は愉快でたまらん。（中略）此上は前号にも勝るハイカラ的、否突飛な雑誌が発行したくなってきたので遂に見らる、様なダブルハイカラ的なのを編集発行することに決心したのである。

こうしてできあがったのが、図2の表紙である。それまでの楷書体や隷書体による題字（本書第1章参照）の仕様に比べ、かなり独特の図案といえよう。この号の雑誌部の部長は、後に日本伝承民謡の研究家町田嘉章として知られる町田英であり、朔太郎も幹事として名を連ねていた。しかし、こうした急進さに批判も多かったためか、次号ではまた以前の表紙に戻されている(8)。

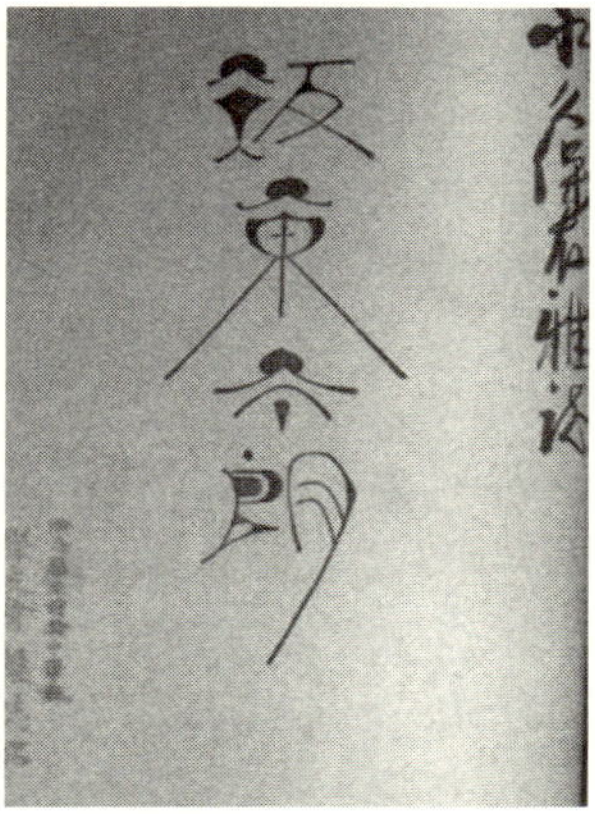

図2「坂東太郎」

こうした中学校時代を、朔太郎は後の作品「郷土望景詩」の中の「中学の校庭」で、次のように詠うのである。

われの中学にありたるひは
艶めく情熱になやみたり
いかりて書物をなげすて
ひとり校庭の草に寝ころび居しが
なにものの哀傷ぞ
はるかに青きを飛びさり
天日直射して熱く帽子に照りぬ(9)。

こうして、朔太郎もまた多くの作品を『校友会雑誌』上に発表し、さらには編集活動にも参加しつつ文学的な表現を模索し続けていた。

4　文学者の出発と『校友会雑誌』

以上、石川啄木、芥川龍之介、萩原朔太郎という三人の文学者にそくして、その創作活動の出発点に『校友会雑誌』の存在があったことを見てきた。ところで、こうした職業的な文学者として後に自立していった者たちと『校友会雑誌』との関わりは、この三人に限ったものであったのだろうか。この点を、さらに広い視野で検証しておく必要がある。

大正五（一九一六）年五月、雑誌『新潮』を発行し新興の出版社となった新潮社から、『文章倶楽部』が月刊誌として刊行された。その大正八年五月号と同六月号において「余の文章が始めて活字となりし時」というアンケート結果が二回にわたり掲載されている。対象となったのは、島崎藤村、大町桂月、厨川白村、生田春月、岩野泡明、芥川龍之介、永井荷風、北原白秋、佐藤春夫、野口米次郎、加藤一夫、小川未明、菊池寛、徳田秋声、相馬泰三、長谷川天渓、鈴木三重吉、藤森成吉、武者小路実篤、江馬修、岡本かの子、吉田絃二郎、広津和郎、豊島與志雄等の、ベテランと新進作家を含めた総勢八九名である。

この五月号については、すでに文学研究者の紅野謙介によって優れた分析がなされている。紅野は、「文学の読者が増殖し、その中から文学の作者が大量に再生産されるようにならなければ、文学は社会や文化のなかで一定の領域を確保できなかったはずである」という、重要な問題の提起を行っている。その上で、「文学への欲望を目覚めさせ、その点火によって対象としての文学を実体験するにいたる歴史的な装置が動いた」ととらえ、その「歴史的な装置」として当時の新聞・雑誌の投稿欄や懸賞募集の企画あるいは『校友会雑誌』に着目している。(10)

ただしその分析は、前記五月号のみが対象とされている。本章では以下に島崎藤村、大町桂月、岩野泡明、武者小路実篤、江馬修、岡本かの子、吉田紘二郎、広津和郎、豊島與志雄等を含む六月号を合わせ検討を行うこととしよう。総勢八九名の回答を、紅野が行ったようにメディアの種類に着目し分類してみると、以下のようなものとなる（回答の中には、複数のメディアにまたがり厳密には分類しにくい場合もある）。

①博文館や金港堂、新声社などの投書雑誌ないし雑誌投書欄——三一名
②新聞の投書・懸賞募集——一七名
③学校で刊行されていた『校友会雑誌』——一七名
④無名の回覧雑誌・同人雑誌——五名
⑤文芸雑誌——九名
⑥その他——一二名

以上のように、初めて作品として掲載された最も多くの場合が、博文館や金港堂、新声社などの投書雑誌であることは首肯しうるところである。だが、二番目に多い回答が『校友会雑誌』であることに注目する必要がある。ほぼ五人に一人の割合で、多くの職業的文学者が『校友会雑誌』に作品を掲載した体験をもっていた。具体的には、例えば次のような例である。以下、前記五、六月号から引用する。

厨川白村：日清戦争の頃に中学の校友会雑誌に歌を出し、その後少年園発行の「文庫」に論文紀行文など出し候。いまは茫として夢の如し。
中村星湖：中学一年の頃。校友会雑誌で。作文の教師から文才は認められていたので、活字になった時には、余恵に得意に感じたでしょう。
山宮充：二人の作文の先生の選評がついていました。生まれて初めて自分の書いたものが活字となり、本の体裁になって現れた

のですから、嬉しくて嬉しくて幾度自分の詩や文章を繰返して読んだか知れません。

和辻哲郎：中学の三年の時、学校の雑誌に新体詩をのせてもらいました。非常に幸福な気持ちになりました。自分の詩が世界的名作ででもあるかのように思えたのでした。

村山勇三：予が中学の三年に進級せし春、校友会雑誌に五頁ばかりの感想文「故郷」載る。自分以外のそして以上の人が書いたもののように胸を躍らして多分眼を充血さして幾度か読んだことを記憶する。

武者小路実篤：学習院の雑誌。出さなければよかったと恥しい気がしました。

芥川龍之介：東京府立第三中学校学友会雑誌に作文が載った時、題はたしか日記の一節だったと思う。当時はまだなり立ての一年生だった。

藤森成吉：中学三年頃、学友会の雑誌に投書せし文章が最初。別の感想無し。

豊島與志雄：明治四〇年頃と覚えています。福岡中学修猷館の雑誌部員となって何か感想を書いたときです。活字に組まれたのを見ると、原稿の時よりずっと文章が立派になったような気がして自ら何度も読み返したことを覚えています。美しい文字にチャームされ易かった頃です。

広津和郎：中学の一年か二年の頃、その中学の校友会雑誌に、小品文を書いた事があるのが自分の文の活字になった一番最初と記憶しています。その当時の感想は別段今記憶に残っていません。何でも非常にうれしかったと云ふことだけ覚えています。

5　野間宏の場合

以上、啄木、芥川、朔太郎を含む多くの文学者にとって、その創作活動の出発点に『校友会雑誌』の存在があったことを見てきた。ところで、これまで検討してきた文学者は、ほとんどが活字文化が普及し始めた時期に青春期を過ごした者たちであった。それでは、こうした関わりは、『校友会雑誌』が新しい活字メディアとして中学生を惹きつける魅力を有していた時期に特有のことであったのだろうか。確かに前記の豊島や広津等は、「活字に組まれた」ことの感動や「美しい文字にチャームされ易かった」ことを率直に記している。

しかし、そのような『校友会雑誌』の役割は、前述の世代に特有のものではなかった。その例として、昭和期の世代に属する野間宏を場合を検討してみよう。

昭和六（一九三一）年七月発行の大阪府立北野中学校校友会雑誌『六陵』第七三号に、当時五年生であった野間は二一編の作品を一挙に発表している。「野間令一郎」のペンネームで、掌編小説「鰯原鯛三」「俳諧師」「法顕三蔵」「妖術師」「パレスの後裔」を、随筆「春の微笑」「とんび」「情熱主義と寂濁主義と浪漫主義」「調言」を、詩である「或る夢遊病者の詩」「桃源」「蚊」「ユートピア」「私は―」「寂」「のぞみ」「牡丹」「燕」「露」の二〇編を、さらには、「野間実僧」のペンネームで俳句二五句からなる「俳諧日記より」、である。目次からも分かるように、この号はまさに野間怜一郎の「特集号」とでもいうべき感を呈していた(11)。

この昭和初期には多くの雑誌が刊行され、空前の「円本ブーム」も引き続いており、いわば活字へのめずらしさ自体は存在していなかった。野間は、それまで一編の作品も発表してこなかったが、この時まさに爆発ともいうべき創作への熱情と意志にとり憑かれ、それを引きつけた磁場が『校友会雑誌』であったといえる。

その背景には何があったのだろうか。この年、「満州事変」が勃発し、日本は一五年間にわたる戦争に突入した。だが「柳条湖事件」が起こったのは九月一八日のことであり、先の作品の執筆時には知る由もないことである。しかし、後に京都帝国大学に進学して反戦活動に参加し、検挙され服役した野間であってみれば、戦争に向かう時代の空気を敏感に感じていたとしても不思議ではないだろう。

実際に同じ号に同級の五年生が「戦争」という論稿を書いているのは、偶然とは思えない。そこには、「戦争！何と熱血的韻律を持っていることか。戦争の号外の鈴音を聞いた事のない我等若輩が、日清、日露、日独と不思議にも十年毎に闘っては勝ち、闘っては勝っているのを知った時、此のように戦争により国威は揚り、国運が発展するものならば、十年毎に日英、日米と戦争をやれば、今日のような不景気は吹飛んでしまって、今にも日本は世界の王になれるように考える」と記されている。ここに示された歴史認識の蒙昧さと傲岸さは驚くべきものであるが、むろん、野間はこの同級生の戦争賛美の言説とは全く違った眼で、戦争に進みつつある時代をとらえていただろう。

だが、文学者の創作の熱情や意志は、時代のみに直接に結びつけて考慮されるものではない。いずれにしても、野間を創作に駆り立てたものは、活字文化へのあこがれではなく、創作の意欲、いわば書くことの欲望そのものであったろう。

そしてこのことは、これまで検討してきた啄木や芥川、朔太郎等のすべてに根源的に当てはまっている。いわばこの昭和初期においても、創作への意欲に取り憑かれた若者たちにとって、そこに最も身近なメディアとしての『校友会雑誌』が存在し、彼らに創作の場を与えたことが重要な意味をもったのである。

6　『校友会雑誌』における文芸欄

ところで、こうした『校友会雑誌』への関わりは、むろん後に職業的な文学者となった者たちのみに限られるものではなかったということが重要である。多くの「普通」の生徒たち（言うまでもなく芥川や野間等も、当時は「普通」の生徒たちであったのだが）もまた、『校友会雑誌』を自らの表現の場ととらえていたことに注目しよう。文学という領域の成立は、卓越した作家の出現のみで成り立つものではない。表現の場に参入する広汎な者たちのすそ野の広がりにおいて支えられていくものである。

これらの『校友会雑誌』には、ほとんどの場合生徒の文芸作品を掲載する欄が設定されていた。具体的には、「文苑」や「芸苑」欄という名称が最も多く見られる。内容は作文、手紙文、写生文、身辺記、紀行文、随筆、小説あるいは戯曲などである。

それらの文芸欄の活発さがどれほどのものであったのかを、検討してみよう。まずはいくつかの例をあげ、『校友会雑誌』中に占める文芸欄の頁数とその割合を、時代別、地域別に分析してみる。

北海道庁立旭川中学校『学友会雑誌』第二六号（一九三三年二月二五日発行）は、「研究・評論」「和歌」「断想」「紀行文」「詞」「創作」「部報」の各欄によって構成されており、全二八六頁のうち「和歌」から「創作」までの文芸に関する欄の頁数は一〇三頁から二三五頁までに及び、全体のほぼ五割を占めていた。

岩手県立盛岡中学校『校友会雑誌』第四三号（一九二九年一二月二五日発行）は、「文苑」「創作」「散文」「詞藻」「歌苑」「消息」「校報」「部報」の各欄によって構成され、全二一〇頁のうち「文苑」から「歌苑」までの文芸的な欄の頁数は一一八頁で、全体のほぼ六割を占めていた。

福井県立福井中学校『明新』第四号（一九一四年三月二七日発行）は、「思潮」「文林」「詞苑」「通信」「彙報」「会報」の各欄によって構成されており、全一四一頁のうち「文林」から「詞苑」までの文芸的な欄の頁数は三八頁から九四頁までの全体の四割を占め、六一名の生徒が創作文、詩、漢詩、短歌等の作品を掲載していた。

愛知県立第三中学校『校友』第三号（一九〇五年三月発行）は、「論説」「学術」「文芸」「英文詩」「雑録」「漫録」「雑報」「会報」の各欄によって構成されているが、全一五九頁のうち「文芸」から「英文詩」までの文芸的な欄の頁は五九頁から一一五頁までであり、全体の三割五分を占め、創作、短歌、漢詩、新体詩、俳句、漢文等の作品が掲載されていた。

山口県立長府中学校『校友会誌』第二二号（一九二四年三月一〇日発行）は、「講演」「説苑」「文苑」「歌と詩」「俳句」「修学旅行記」「雑報」の各欄によって構成されているが、全一九二頁のうち「文苑」から「俳句」までの文芸的な欄の頁数は二九頁から一一九頁までに及び、全体のほぼ五割を占めていた。

高等女学校の場合はどうだろうか。東京府立第六高等女学校『校友』第一〇号（一九三三年一二月一〇日発行）は、「説苑」「研究」「文苑」「詞歌」「英語」「紀行」「行事」「哀悼」「報告」の各欄によって構成されており、全二三六頁のうち、「文苑」から「紀行」までの文芸的な欄の頁は六三頁から一六〇頁までで、全体のほぼ五割を占めていた。

実業学校の例では、甲府市立甲府商業学校『商友会誌』第二三号（一九三九年一二月一五日発行）は、「説苑」「文苑」「詩・和歌」「彙報」の各欄によって構成され、全一一七頁のうち「文苑」から「詩・和歌」までの文芸的な欄の頁は二九頁から八〇頁まで全体の四割四分を占め、四二人の生徒が俳句・漢詩を含む作品を掲載していた。

それでは、一つの作品の分量はどれほどであったのか。一頁程度の小品が多い場合もある一方で、会津中学校『学而会雑誌』第一六号（一九一四年）のように、六頁にもわたる生徒の小説など、長い作品が掲載される場合もあった。

さらには「詞藻」といった欄が設定されることも多く、「和歌」、「俳句」など別々の欄を設ける場合もあった。内容は、生徒たちの短歌、俳句、新体詩といった作品である。また、明治期の『校友会雑誌』には生徒たちが創作した漢詩も多く掲載されており、あるいは大正期以降は童謡[12]や民謡、川柳が掲載されてもいる。

7　文芸活動の具体相

それでは次に、生徒たちによる文芸活動への具体的な取り組みを、さらにはそれに対する他の生徒たちや学校側の対応がどのようなものであったのかを検討してみよう。

例えば、明治三〇年代の岐阜中学校校友会雑誌『華陽』の場合、あまりにも雑誌中に占める文芸欄の割合が多すぎるとして、以下のように他の生徒たちから批判が出るほどであった。だが、それに対する反論が出され、議論は興味深い展開をたどっていく。

まずは、「実に昨今の華陽投稿者は、暁星の如く罕に、たゞ二三の文学的嗜好を具備せる輩の、これに熱心にするあるのみ」(13)や、「賛助会員佐々木紫光君『華陽文士に告ぐ』なる警告的文を寄す。読むものは所謂文士のみ」(14)といった批判が掲載された。それほど多くの文芸的内容が誌面にあふれていたということである。こうした状況を改革すべく、雑誌部は文芸的なもの以外でも自由に投稿できる、以下のような「華陽欄」という独自の欄の設置を提案した。

未だ吾人の以つて満足せざる所は、投稿するもの、ある一部のものに限り居ることとなり。実にこの事たるや、以て足れりとなさゞりしこと、既に久しきにあるなり。吾人役員是に決する所ありて此の風を改めんとし、次号より華陽欄なる一欄を設けて、広く会員の稿を募らんとす。華陽欄たるや自由の意志の発表をする所なり、か、るが故に批評可なり。不平可なり。漫筆可なり。随筆可なり。その他あらゆるもの（規則以内のものなれば）可なり。会員諸君!!!、奮つて投稿せよ、(15)

この提案は、文芸的内容の掲載を押しとどめようとするものではない。むしろ一部の生徒たちに限定されない、より多くの生徒たちの投稿を促そうとするものであった。

しかし、こうした意見に対しては、むしろ文芸志向の強い生徒からすぐさま反論が出されるに至った。

当局者或は又曰はむ。この欄は言はゞ初学者の練習に供したるなり。（中略）この言にして若し真ならば、余は当局者を以て、吾が華陽会の顔に泥を塗る者と言はざるべからず。十分に練習の上、上手になつてから、之を誌にのするも未だおそしとなさゞるなり。

ここにあるのは、文芸欄の水準を低下しかねない新たな投稿欄への危惧の表明であった。

これに対して、次号ではさらなる反論が出される。その中で、「吾人が華陽欄を設立したる目的は、華陽をして所謂文士の独占物となさず、運動家も、弁士も、文士も皆華陽誌上を筆を奮つて優を争」(16)うことであると論じられている。ここでも、「華陽欄」の新設は、幅広い生徒の参加を実現するためのものであると提示される。ただし、「華陽をして所謂文士の独占物となさず」という意見には注目を要する。このような論争が『校友会雑誌』上で起こったことは、一面から見れば文芸欄があまりにも活発すぎたことの証左でもあろう。

ところで文芸欄の状況に関しては、以上とは逆の動向も存在した。すなわち、生徒たちの文芸作品をさらに大幅に誌面に掲載することを目ざし、『校友会雑誌』を学校文芸の確固たる拠点として確立しようとする動向である。例えば、昭和期の横浜第一中学校の校友会雑誌『桜陵』では、「俳句会」など生徒たちの様々な会の発表の場を提供するのが『校友会雑誌』の役割ととらえられていた。むろん、文芸以外のものも積極的に取り入れ、全校的な雑誌にしようという意識がその基本にはあった。それが『桜陵』の「総合的使命」に合致すると考えられていた。第五一号（一九三五年）の編集後記は、以下のように記されている。

もう一つの喜びは、五年中田・重富両君の骨折により俳句会が生まれて、本誌がその一部を割いて、その編集を委ねるに至ったことである。一体「桜陵」に頼まれるから原稿を載せてやるのだといふ観念が、ともすればあり勝ちなのに、「桜陵」の一部を是非僕達に任せてくれといふ積極的な端緒をなすものとして祝福せざるを得ない。かくて短歌会も生れよ。創作発表会も生れよ。各部報係より進んで本誌に注文を持て。「桜陵」雑誌はやがて全き意味の綜合的使命を果たすときが来るであらう。(17)

この「俳句会」自身は、俳句欄の編集について「これは主として上級同人がその任に当ります。俳句欄を分けて同人詠草及び雑詠とし、同人は特に趣味を持つた主として先輩諸兄及び上級生を以て組織し、雑詠は桜陵発行の都度、全校より募集せる句を同人が大体共選します」(18)と述べている。

第五二号（一九三五年）には、「俳句会」以外に、「作文会」、「詩吟会」（五三号まで）の欄も設けられている。第五三号（一九三六年）には、「化学研究会」(19)、第五四号（一九三六年）には「短歌会」（五七号まで）の欄も設けられる。

8　文芸部の位置づけをめぐって

以上のように、『校友会雑誌』上で文芸活動をどれほど重視したのかは様々な事例があり、学校によって正反対の立場がとられることもあった。それは、校友会の中に置かれた「文芸部」の位置づけをめぐる議論として展開されている。

「文芸部はそれ自体に於て、文芸活動の半面を持ってゐる。これが文芸的作品が、過重の誹りをうけながらも、雑誌の大半を占めてゐる所以である」（小田原中学校）[20]のように、文芸重視の必然性を議論する意見もあれば、さらに進んで『校友会雑誌』を文芸的機能に特化させ文芸部の雑誌へと転換させようとする、以下の本牧中学校のような例も存在した。こうした動きは、旧制第一高等学校の『校友会雑誌』が完全に文芸部の手によって編集されていたことと同様の志向ということができる[21]。

こうして、本牧中学校『牧浜』は、一九二八（昭和三）年、学校全体の生徒の発表の場や各部活動の報告といった校友会誌から、文芸部による専門的な雑誌へと性格を特化させた。

以下、昭和七年に掲載された文芸部の生徒の論説「牧浜回顧」によって、そのいきさつを追っていこう。

創刊号は、「弁論的な作品と地理的或は歴史的作品によつて殆どその大半は埋められてゐた。文芸作品としては戯曲『鐘の響』が僅かにその一隅にあらはれてゐたが、それも教訓的なものに陥つてしまつて文芸的価値を認め得るものではなか」ったとし、第二号についても、「今迄の弁論的な作品が影をひそめたもの丶、これに発表されてゐる作品は作文的なもの丶みで文芸価値のあるものは見受けられなかつた」ととらえ、この頃の『牧浜』は、「中等学校のそれと同様に作品の発表と各部の報告を兼た所謂校友会雑誌として平凡に終つてゐる」状況であるとみなされている。

しかし、一九二八年、「新任の吉本先生が文芸部長となるや、突然牧浜の独立運動が決行された。この運動に対して当時教頭であつた及川校長の多大な賛同を得て、終に牧浜は文芸部のみの純文芸誌として更生するに至つた」(22)とされるのである。

及川校長は、「文芸部の従来の雑誌は何んだか訳の分らぬ雑誌で何を目的に、何んな方針でやつてゐるのか分からない。修身倫理の訓話めいたものがあるかと思ふと、地理、博物の研究報告書もある。各部の部報もある。何処に文芸らしい所があるか。文芸部の使命は、この校内に於ける文芸思潮の指導の任に当ることが第一義の使命であるから、その使命の為めに全力を挙げて進むべきである」と主張したとされている。

実際に第二号の編集後記を見ると、「学校日誌や校友通信、校友名簿などを急に掲載する事になりて、名簿の整理上、大変な手数と時間とを必要とした」とされ、「吾々文芸部のものが一週間もの徹夜をした」(23)というように、文芸部は文芸以外のことにも関与し『校友会雑誌』を創りあげていたことがうかがえる。

それに対し『牧浜』第六号の内容は、「文学日本と通俗文学是否論」、詩、小品、俳句会吟詠、短歌、牧浜雑詠、短歌会詠草、「中津川吟行」、「牧浜回顧」、民謡小曲、創作というように、文芸以外の内容は掲載されていない。

ただし、その一方で、文芸部長（教員）は、文芸的傾向の行き過ぎを懸念していたという事実もあった(24)。

> 諸君の理想通り、所謂文芸雑誌らしい体裁と内容とを且《ママ》備することが出来たが、然し、一面に於て、余りに文学的ならんとして、優秀なる作品を選抜する結果、自ら上級生偏重の弊があつたのは多少不満に思つてゐるところである。元来本校文芸部の仕事の目的は、単なる文芸趣味の普及にあつて、多くの生徒全部が斯道に度はづれた関心を持ちすぎることは却て中等教育の本旨に悖る恐れがある。

以上のように、『校友会雑誌』上には様々な意見と動向が見られたが、いずれにしてもそれは生徒たちの文芸活動の活発さ故のものであったと見ることができる。

こうして『校友会雑誌』は、近代日本の中等諸学校の生徒たちが、読み、書き、編集し、批評し合うという文芸活動を、自発的に行う磁場としての意味をもつものであった。文芸に対する若者の感受性を多様にすくい上げ、切磋琢磨し、日本近代の文学的展開の沃野を切り開く学校文化として、大きな役割をはたすものであったのである。

(1) この葉書は、一九一〇年当時校友会雑誌部の理事を務めていた人物の遺族により二〇〇二年に公開された史料である。現在、公益財団法人盛岡市文化振興事業団「盛岡てがみ館」に所蔵されている。
(2) 『啄木全集』第五巻、筑摩書房、一九六七年。
(3) 『啄木全集』第四巻、筑摩書房、一九六七年。
(4) 『啄木全集』第一四巻、岩波書店、一九五四年。
(5) 志村有弘編『芥川龍之介大事典』勉誠出版、二〇〇二年、七三六頁。
(6) 佐藤泰正著作集4『芥川龍之介論』翰林書房、二〇〇〇年、二四頁。
(7) 本書第1章「『校友会雑誌』にみる学校文化――表紙の変遷を通して」(斉藤利彦)参照。
(8) 前橋高等学校校史編纂委員会『前橋高校八十七年史 上巻』一九六四年、四七三頁〜四七四頁。
(9) 『萩原朔太郎全集』第二巻、筑摩書房、一九七六年、三三一頁。
(10) 紅野謙介『投機としての文学――活字・懸賞・メディア』新曜社、二〇〇三年、二一一頁〜二一六頁。
(11) 黒古一夫「『書くこと』・『読むこと』の始まり」『野間宏』勉誠出版、二〇〇四年。
(12) 厚木中学校『戸陵』第二〇号、一九二九年。日本大学第四普通部『学友』第五号、一九三五年、津島中学校『校友』第三八号、一九二七年などに掲載されている。
(13) 涼蔭「会員諸氏の自覚を促す」『華陽』第二五号、一九〇一年。
(14) 巧婦鳥(船戸延一通常会員)「華陽文壇の将来」『華陽』第三一号、一九〇三年。
(15) 雑誌部幹事「稟告」『華陽』第三六号、一九〇四年。

(16) 蕭々碧梧（雑誌部幹事神山義次）「『斥妄兄の華陽欄の創設に就いて』について」『華陽』第三八号、一九〇五年。
(17) 「編集後記」横浜第一中学校『桜陵』第五一号、一九三五年。
(18) 「神中俳句会創立の言葉に代へて」同上。
(19) 第五二号の「編集後記」には、「化学実験研究会も、毎日真摯に研究して居られるのだから、本誌に其の成果を発表して貰ひ度い」と書いてある。
(20) 「編集後記」小田原中学校『相洋』第一八号、一九二九年。
(21) 稲垣眞美『旧制一高の文学』国書刊行会、二〇〇六年、三頁〜六頁。
(22) 伊藤邦太郎（卒業を控えた生徒）「牧浜回顧」本牧中学校『牧浜』第六号、一九三一年。
(23) 中田記「編集余禄」『牧浜』第二号、一九二三年。
(24) 岩橋敏雄「編集後記」『牧浜』第六号、一九一八年。

第10章　創作活動のアジール

——昭和戦前戦中期盛岡中学校『校友会雑誌』短歌欄・短歌作品の分析から

茂木謙之介

はじめに

本章の目的は、昭和戦前戦中期における旧制中学校『校友会雑誌』（以下『』を略す）の所謂「短歌欄」（「詩苑」「歌苑」など）に掲載された作品の分析を通して、校友会雑誌における文学的作品の様相と同時代の文学場の動向との接続可能性を探り、翻っては校友会雑誌というメディアが如何なる創作の場たりえていたのかを考察することにある。

従来、綴方教育の研究史においては制度や教科書、教授法等のシステム的な側面に注目があつまる一方で、その実作、なかでも文学的な作品そのものに関しては等閑視されてきた(1)。本章では、システム的なものの分析に拘泥することなく、生徒らの表現に注目する校友会雑誌研究という視角から、生徒を含む校友による実際の作品分析を試み、研究史に厚みを加えることを目指したい。

一方で、その校友会雑誌における文芸活動に関する先行研究では、学校を卒業後に文壇で活躍した作家の活動に注目が集まり、当該作家の一源流として校友会雑誌における文芸活動というものが指摘されてきた傾向がある(2)。しかし、それらの研究では校友会雑誌における大多数である、それ以外の一般生徒、教職員ら校友による作品については考察されることがなく、後の有名作家ですら一人の生徒としてフラットに参加していた、創作の場としての文芸欄への目配りが十分なされてきたとは言い難い。また、この視角においては校友会雑誌というメディアの在り様がその後の文学界に影響を与えたという論法が自明のものとなっており、時代状況の中で柔軟に変遷を遂げた雑誌メディアとしての校友会雑誌を考えたとき、同時代文学場の状況から校友会雑誌へのベクトルも考慮に入れねばその在り様を捕え損ねよう。本章では同時代の歌壇状況へも目配りをしつつ、同時代におけるメディアとしての様相を問うていく。

また、従来の文学研究における昭和短歌の研究では、戦中期の短歌についていわゆる戦時詠、戦争短歌の問題がクローズアップされ、同時代までの様々の短歌の試みがその方向性に収斂していくという図式で説明されているが、本章では戦中期校友会雑誌における戦時詩歌の具体例を提示することによって、それらの先行論の整理に止まらない可能性を示唆することをも試みたい。

以下、本章では校友会雑誌における文芸作品を考察する足がかりとして、昭和期の岩手県立盛岡中学校『校友会雑誌』における短歌作品群と、それらの作品を掲載した短歌欄をサンプルに分析を試みる。

明治以降の歌壇の歴史を考えたとき、昭和戦前期はまさに中央歌壇において短歌をめぐる状況が多様化・流動化した時代であり、他メディアとの関係を確認するには最適の時期である。

また旧制中学校の校友会雑誌を分析対象とした理由は、その作品群に内在する多様性にある。結論を先取りするようだが、旧制中学校校友会雑誌に掲載される短歌作品にはある程度同時代歌壇における様々の表現の試みを取り入れた可能性が指摘できる。中でも対象とした盛岡中学の『校友会雑誌』は、他の学校と比しても非常に充実した短歌欄を擁する雑誌であると同時に、かつて同雑誌に関わり、同時代にひろく認知され、同雑誌内でも称揚された歌人・啄木石川一を輩出したメディアであり、校友会雑誌における短歌欄を横断してみたとき、主にその作品の掲載傾向について一つの好例となることが挙げられる。

そして、文芸作品を分析するにあたり、短歌を選択した理由としては、校友会雑誌における詩歌欄の普遍性が挙げられる。校友会雑誌における所謂「文苑」を見たときに気付かされるのは、論説文などはある程度広くみられるものであるのに対し、小説文は必ずしもすべての雑誌に確認されるわけではなく、また掲載される場合があっても、それは毎号の掲載が保証されるものではない。それに対し、詩歌の欄は広く校友会雑誌一般に確認することが指摘でき、文芸作品の横断的な視角での分析が可能となろう(3)。

以下の考察では先ず、昭和期の歌壇の状況を簡単にまとめ、その後盛岡中学校『校友会雑誌』における戦前期と戦中期の短歌作品およびそれに付随する様々の言説を分析する。作者である生徒・教職員が短歌という形式の下、表現のレヴェルで何を描こうとしたのかという問題とともに、各作品が時代的な背景の中で如何にして生成してきたのかを探ることによって、校友会雑誌というメディアの定位をも試みたい（以下、引用にあたっては同雑誌の巻号のみを記す）。

1　昭和戦前・戦中期の歌壇状況

議論の前提として、本章が扱う昭和戦前・戦中期の歌壇の状況について簡単に整理しておきたい(4)。やや図式的ではあるが、昭和戦前期の歌壇は三つの潮流のせめぎ合いにあったということが従来指摘されている。

第一の潮流としては雑誌『アラ、ギ』に一起源をもつリアリズムの系譜を挙げることができる。昭和戦前期は大正期の『アラ、ギ』の全盛期を率いた島木赤彦が一九二六年に死去し、編集者が斉藤茂吉へ、そして一九三〇年からは土屋文明へと移行する時期にあたる。編集者のシフトと共に変質を被りつつも『アラ、ギ』は大正時代の初期から歌壇の中心として君臨していた。

所謂「『アラ、ギ』リアリズム」と呼ばれる短歌の特徴としては明治大正期のロマン主義的な短歌に特徴的な物語性を否定し、写生が重視されることが挙げられる。

第二の潮流としては、大正末からその動きを活発化させたモダニズム短歌の隆盛を挙げることができる。一九二四年に石原純、釈超空らが参画して雑誌『日光』が創刊され、『アラ、ギ』への対抗意識のもと、自由口語詩潮流の影響を受けた定型からの解放と、リアリズム的描写からの脱却を目指した短歌の可能性が志向された。『日光』は一九二七年に廃刊をむかえることとなったが、その定型からの解放と視点の自在さは昭和短歌の一つの潮流として存し続けた。

そして第三の潮流として、プロレタリア短歌の派生と縮退を挙げることができよう。一九三〇年に雑誌『エスプリ』が創刊され、巻頭の辞では「古典派短歌への精神的反逆と近代派無産派への芸術的批判」というテーゼが掲げられ、ロマン主義短歌とリアリズム短歌への批判が展開された。同潮流には前川佐美雄の参画など人的なレヴェルも相俟って、モダニズム短歌からの派生側面が従来より指摘されてきたが、特徴としてはモチーフとしてプロレタリアートを描きこんでいくことと、同時代の社会構造へのまなざしが描かれることが挙げられよう。しかし、表現の場が『短歌前衛』や『プロレタリア短歌』など多数のメディアに拡散したうえ、一九三三年前後より本格化したプロレタリア文学への弾圧の前にその勢力を縮退させていった。

この三つの潮流がせめぎ合うのが戦前の歌壇状況であるとしたとき、戦中期に関してはそれらが戦時詩歌として糾合されていったことが往々にして指摘されている。翼賛文学団体である大日本歌人会の結成（一九四一年）や同会およびその他の文学分野の翼賛団体を糾合した大日本文学報国会の誕生（一九四二年）という動きもさることながら、それらと連動する形で大日本歌人協会編『支那事変歌集（戦地篇／銃後篇）』（改造社、一九三八年）や大日本文学報国会編『大東亜戦争歌集』（共栄出版社、一九四三年）などに代表される戦時詩歌のアンソロジーが編まれたことは特筆に値しよう。そこには多ジャンルに亘る歌人が参画して、戦争詠を大量生産し、このことは所謂戦争協力の問題として戦後歌壇および戦後の短歌研究で取沙汰されることとなった。

以上、非常に図式的ではあるが、昭和戦前・戦中期における状況について概観した。このような多様化から画一化へという短歌をめぐる当時の状況を念頭に校友会雑誌における短歌について考察を試みる。

昭和戦前期校友会雑誌短歌のスタイルをめぐって

本節では、昭和戦前期の盛岡中学『校友会雑誌』における短歌について分析を試みる。

分析にあたっては、まず掲載された作品について、それぞれのスタイルに着目し、同時代の歌壇との距離を探る。それに際しては同雑誌内で召喚される様々の中央文壇、歌壇の言説にも注目する。

まず、校友会雑誌の短歌と中央歌壇との距離を考えたとき目につくのは、所謂『アラ、ギ』的リアリズムと親和的な校友会雑誌の短歌である。

一九二七年の盛岡中学『校友会雑誌』第四三号に掲載された四年生の作品および一九三〇年の第四三号に掲載された五年生の連作を例として挙げよう。

「草路」　　　　　　　　　　　　四丙　山内智

朝風にゆるゝ草叢たどりゆけば野菊咲きをり秋来るらしも

「山路を歩みて」　　　　　　　　五甲　森義尚

かさこそと落葉する音きこえ来て奥山路のいと静かなり

温き日向山路に午更けて紅葉散り行くを足とめて見し

口笛をふきつゝ歩めば奥山路木の葉の落ちる音の淋しも

両者とも豊かな視覚的表現が写生的に描かれる反面、一首の中の物語性は乏しい『アラ、ギ』的な短歌となっている。中でも後者の連作については一首ごとに時間の描きこみと共に山奥に向かっての歩みの深化が表現され、連作での物語性を獲得しているといえる。まさに斉藤茂吉の連作にも通底する『アラ、ギ』的な方法を採用しているということができよう。

次に着目すべきは、ある種のモダニズム短歌的様相である。同中学校の校友会雑誌では一九二八年前後からその傾向を確認することができる。一九二八年の第四二号に掲載された菊池謙樹の連作「真赤な太陽」には以下のような作品が並ぶ。

逆に車は辷る急坂だ、後押がない太陽は真赤だ。
公園のベンチの上にねそべつて秋の空気に、空腹を言う。
今頃は庭一ぱいにこほろぎが鳴いているでせう、故郷の家。
街路樹の木陰の草にねころんで青空を見る、とびがないていた。

一首目からモダニズム短歌の特徴として従来指摘されてきた短歌の定型からの解放が確認できるとともに、全体を俯瞰して見たとき、一首から四首にかけて一首における文字数がふやされ、斜め左に向かって作品全体が伸びる表記が為されていることに気付かされよう。まさしく短歌としての形式を離れる一方で表記上の形式を志向する前衛的な意識が読み取れる。

このような傾向は翌一九二九年の第四三号にも引き継がれ、五内・泉舘留八の連作「撓む平行線」では以下のような前衛短歌と隣接するような歌が確認できる。

灯煙街々の顔が崩れ出し青蛾は灯に戯れ外は巣に籠るそして平行線は時々婉曲する
朗らかな初夏の朝娘は機関車に生命を亡ぼす

校友会雑誌短歌とモダニズム短歌との関連性を考えたとき、注目すべきは短歌欄に召喚されてくる中央歌壇の言説である。同じく四三号に掲載の五丁・三田善右衛門「その日その日」では「暗き日なりポケットに手をつんこんで黙つて下を向いて行く男」のようにモダニズム短歌として評価可能なテクストが提示された直後に、当該時期に科学者かつモダニズム歌人として活躍した石原純が、花岡謙二によって編まれた口語短歌のアンソロジーである『分類　現代口語歌集』（紅玉堂書店、一九二八年）に寄せた「序」が引用されている。

古典的な伝統的な短歌を私は必ずしも美しいとしないわけではない。併しそれが用ひてゐる古典的な語法は既に我々の時代から遠く残し去られたものであることは否定せられない事実である。現時の人々は古典文学や特殊の用途に於ける外は全く之に接しないやうになつてゐる。この事情の下に現代語法による新短歌が生まれることは余りに当然の事柄と云はねばならない。単に口語に於てばかりではなく、殆ど一般的な文語としてそれは既に我々に普通になつてゐるからである。

ここでは、口語短歌を詠むことの積極性が主張されていることが確認できるが、石原の指す「新短歌」がモダニズム短歌を意識したものであることを考え合わせたとき、これを引用することが引用部直前に掲載された三田の短歌の理論的な支柱となっていることが明快であろう。加えてここで着目すべきことは、この校友会雑誌が発行されるわずか一年前に刊行されたアンソロジーの言説への目配りが為されているということである。この石原の引用がだれによってなされたものであるかということについて確定的な判断はできないが、同時代の言説との接続が意識的に行われていたことは明らかであろう。

しかし、このようなモダニズム短歌をめぐる言説が決して校友会雑誌内で支配的であるというわけではなく、それと拮抗する言説が同雑誌で出来していることにも目を向ける必要がある。石原純の言説が引用されて二年後の第四五号では柿本人麻呂、山上憶良らの歌が『万葉集』から引用され詩歌欄の扉を飾っている。当時、斉藤茂吉をはじめ『アラ、ギ』同人における理想として『万葉集』が挙げられていたことを考えたとき、その強固な定型性とも考え併せて、モダニズム短歌的なものとの距離をとる姿勢としても評価することが可能であろう。また同号が発行された一九三一年はまさに日中戦争の開始年でもあり、時局との隣接可能性としても捉えうるものと言うことができ、いわば同時代のせめぎ合う歌壇状況の縮図とでも言うべき状況を校友会雑誌の中に見出すことが可能なのである。

このような歌壇状況との接続を考えたときに見逃すことができないのは、校友会雑誌におけるプロレタリア短歌的な様相である。例えば一九二八年の第四二号に掲載された二名の連作を見てみよう。

「暗い街・赤い灯」　吉田清一

暗い街だ。悲しい事がつながつてゐる。長い長い鎖の様に。
悲しい事実だ、一斤のパンで、夜毎夜毎青春がすりへらされるとは。
暗い街、あかい灯の下で泣いてゐた女のうなじの白かつたこと。
痩せこけた男が一人街角で、二人の巡査にこずかれてゐた。

「雑詠」　久慈清一

海藻もて吾は黒人の真似をしき友の笑顔をふと見たくなり
「戦争」を徹頭徹尾厭がりて友と先生とに叱られし哉
交番の裏の小部屋にムチの音人々口に無理と語れり

前者には「青春がすりへらされる」「あかい灯」などの売買春や労働者と思しき「痩せこけた男」が描かれるなど、プロレタリア短歌としての解釈可能性をもつとともに、定型からの解放というモダニズム短歌としての様式を備えていることが看取されよう。また、後者の作品は三首目で官憲の弾圧と評価可能な表現が確認でき、二首目では「『戦争』を徹頭徹尾厭がりて」とあるように反戦歌の要素すらも読み取れる(5)。しかし、このようなプロレタリア短歌に隣接するような短歌はやはりプロレタリア短歌が縮退する一九三三年前後に姿を消してゆく。まさに校友会短歌が時代状況との関わりの中で生成されていたことを示すものである。

このように見たとき、『アラ、ギ』リアリズム、モダニズム、そしてプロレタリアと、校友会雑誌の短歌は同時代の歌壇状況をそのまま反映しているかのような印象を受けるが、校友会雑誌における短歌状況を考える際に閑却してはならない潮流がもう一つある。それは、校友会雑誌に於いて量産されたロマン主義短歌である。

一例として第四〇号（一九二七年）に掲載の五年生二名の短歌を見てみよう。

「煉瓦焼場」　五乙　栃内一矢
ひとり楽しこゝの丘べの瓦場に煉瓦摘む音絶えて寂しも
瓦場にひとりを仰ぐ大空の青きにも似つわがかなしみは

「砂濱」　五丙　高橋武雄
砂濱に少女のふみし足跡をむなしく消して浪は去りけり
砂濱に貝ひろひをればわだつみの沖べを走る船の帆の見ゆ

両者ともに一首の中における物語性、場面性が強調され、情緒的な描写がなされるなど、いわば同時代の歌壇では片隅に追いやられた感のある『明星』的なロマン主義の強固な残存が確認されよう。このようなスタイルの短歌は他の校友会雑誌においても大多数を占めるものであるが、殊に盛岡中学におけるロマン主義短歌の文脈としては同中学校の卒業生である石川啄木の存在を指摘せねばならない。

本章で扱う時代よりも少々遡るが、一九二一年発刊の第三四号に、言語学者の金田一京助が寄稿した「子規より啄木へ――（未定稿啄木追想録の中から）」を見てみたい。当時東京帝国大学講師の金田一は同校の卒業生であり、啄木とは在学時から親交があり、啄木研究の先鞭をつけたことでも知られる。

同テクストの中で金田一は明治後期の歌壇状況について、与謝野晶子らのロマンチシズムと正岡子規の写生主義を挙げ、それらを乗り越える者として啄木を語っている。

ありとある現実の惨禍の下から自ら赤条々にロマンチシズムの旧套を擺脱して立ち、自然主義の煉獄より直ちに厳粛な真実へ肉迫し、仆れては起き、突落されては這上り、嘆きの岸より慟哭の谷へ、号泣の丘より嗚咽の淵へ、流転漂蕩、人間限りなき哀苦の隙より終に仄かに愛の世界を咫尺のうちに憧憬しつゝ、力尽き息絶えて死んで行つた一種の殉道者、石川啄木を歌壇における民衆芸術の先蹤、人道主義の先駆として、見ることを忘れてはいけない。（後略）(6)

ここでは記述の現在時より一〇年前の歌壇状況が紹介され、その中で啄木が称揚されていることが看取される。まさしく中央歌壇と校友会雑誌との接続が確認されるわけだが、校友会雑誌という学校と密接不可分なメディアを考えたとき、そこで卒業生としての啄木の存在が絶えず想起されるものとなっていることを見逃してはならない。まさに学校における伝統的な短歌の様相と、同じ学校の卒業生のスタイルとが重ねられる状況なのである。この問題については校友会雑誌短歌に描きこまれた表現の分析で再び考察する。

さしあたり、戦前期校友会雑誌における短歌のスタイルに関して端的にまとめておくならば、写生を旨とし物語性を排したリアリズム短歌、定型への問いを前景化させ自由な視点での創作を志向したモダニズム短歌、および労働と社会構造への疑義を提示したプロレタリア短歌という同時代の歌壇状況の影響を受けた作品が提示される中、伝統的な近代短歌の系譜であるロマン主義的な作品が掲載され続けるというある種の混淆状況にあったということができよう。

この様々の短歌潮流が同居するというメディア的な位相は同時代の様々のメディアと比較しても非常に特異なこと

であることが指摘できる。例えば前述の各潮流の拠って立つ雑誌は潮流ごとの棲み分けがほぼ徹底されており、同時代の総合文芸雑誌である『新潮』でも「短歌」「俳句」欄は一九三二年に復活するが、そこでは窪田空穂が選者を務めており、リアリズム詠が中心的に掲載されていた。

また同じ校友会雑誌でも、高等女学校における短歌は全く様相を異にする。跡見高等女学校における短歌をみてみよう。一九三二年に同校の学友雑誌『汲泉』に掲載された渡部節子の連作「詠草の中より」から二首を挙げる。

草つみて帰りくる野の夕まくれおほろにかすむ春の月かげ
天つ空うらゝに晴れて見るからに春立つ朝の長閑なるかな

古典的なモチーフがちりばめられ、まさに明治期のロマン主義短歌以前のスタイルが堅持されている。同年の同誌をみわたしても旧制中学に確認されるような口語自由律の新体短歌はなく、ある種の「教養」としての高等女学校雑誌の短歌の位置づけが確認できよう。いわば様々の表現形式を許したという点に於いて、中学校校友会雑誌の短歌欄は非常に特異な場として指摘しうるのである。

また、加えてここで指摘しておくべきこととしては、同時代歌壇の言説を導入するなど、中央歌壇への目配りがある一方で、それから超然としたスタイルの短歌も同居するような校友会雑誌短歌の自由さは、決してその生成者に依存するものではなく、作品群的にも作品的にも内在するものでもあったということである。

作品群的な自由さを考えたとき、着目すべきは同一人物のスタイルの経年変化の可能性である。校友会雑誌が様々の生徒、教職員、校友に開かれていたことを考えたとき、同一人物が複数回にわたって作品を投稿することが制度的に可能であり、そのような事例はいくつか確認することができる。

一例として、先ほど筆者が一九二八年の四二号掲載の作品を評してプロレタリア短歌的と位置付けた久慈清一が翌年の四三号に載せた作品を見てみよう。

「青草」　　久慈清一

誰が血ぞも知らずかなしき我がために殺たれし夜蚊のこの紅き血は
我が血すひて翅のみなりしやせ夜蚊の肥りて飛ばず打つも悲しき

先ほど掲げたプロレタリア短歌的な様相は影をひそめ、ある種のロマン主義的な情緒性が前景化していることが看取されよう。(7) 個別のジャンルに限定された短歌がまとまって掲載される雑誌メディア等と違い、様々の様式を許容する校友会雑誌においては同一人物においてもその作品のスタイルが必ずしも一定のものとはならないのである。

同様のことは同じ号に掲載された同一人物による作品群の内部に於いても指摘することができる。一九二七年の第四〇号に掲載された五甲・上田重彦(8)の連作「生活の破片」一二首のうち二首を見てみよう。

星流るとも――
気にも、とめずなりぬ此頃の
ゆがめられたる心を思ふ

淪落の娘に悲し、ゴロツキの父が
酒手ねだり居れる
街はづれかな

ここでは全体を通して、土岐善麿が始め、その後啄木的なスタイルとして知られる所謂三行詩が採用され、まさに一首目は啄木の影響を受けたロマン主義的な歌として捉えることができる。しかし、二首目は定型をはずれており、同時に社会批判的な様相を呈するところからは、ある種のプロレタリア短歌とも捉えられよう。いわば啄木によって人口に膾炙した三行詩という枠組みを採用しつつ、それを乗り越える試みが為されているのである。しかもこの二首目に関して注目すべきは、スタイルの面で定型からの解放を企図しているにもかかわらず、一首の中における物語性は確固として保持されていることである。即ち一首の中においても様々のスタイルが糾合されるような様相を持っているのだ。

この様相は好意的に評価するならば、様々の表現の可能性を許す校友会雑誌というメディアの自由さにも回収できようが、一方で否定的に評価するならば、一首中においてスタイルが確立しえていないとみることもできよう。少なくとも中央メディアでは不可能な表現を可能とした特異な場として改めて位置付けることができるのではなかろうか。

2　表現における規範

次に個別の作品内に何が描かれているのかに注目し、戦前期の校友会雑誌における短歌の特徴を括りだすことを目指したい。予め述べておくならば以下分析を試みて行くような校友会雑誌特有の表現は決して頻繁にみられるわけではなく、ほとんどがこれまでに挙げたような束縛のない歌であるが、そのような中でも独特の表現、モチーフとして描きこまれてくるものであり、一つの徴候として考察を試みる。

校友会雑誌短歌における特徴的な表現の一つとしてまず着目すべきは地域および母校へのまなざしである。一九三一年の第四五号に掲載された、佐々木賢太郎の「意気」という連作を見てみよう。

北上の流れ砕くる意気をもて進まん吾は白亜男の子よ
あかつきの冷気にめげず雄々しくも咲きほころびる梅の花かな
うしろでに手を組み胸をはりあげて志士横川はなんと叫ぶや

（満蒙の風雲急なり。大先輩横川省三氏は吾らに何を暗示するや？）

第一首では、まず北上川という身の回りの地域へのまなざしが描きこまれ、その激流に寄り添う存在としての「白亜男の子」としての自分が表現される。ここで言う「白亜」とは、同校の別名「白亜城」のことであり、端的に学校への帰属意識が確認されよう。二首目では同じく厳しい自然に立ち向かう花を描き、そして三首目では時代状況を意識する文脈を括弧書きで示しつつ、地域の先人を召喚することでその厳しい状況への対峙を図っている。周知のとおり横川省三は、岩手県出身の新聞記者かつ軍事探偵であり、日露戦争の際にスパイとしてハルピンでロシア軍によって銃殺された人物である。同連作が発表されたのは満州事変直後であり、その激変する時代状況を描くに際して、かつて満州と関わった自らの地域の先人を経由していることが読み取れる。母校との接続も含めた地域の描きこみがこの連作における「吾」の「意気」と直截的に結び付けられているのである。

地域の先人に関わる表現を考えたとき、閑却できないのは先ほども言及した同校の卒業生にして歌人の石川啄木である。ここまで啄木に関しては校友会雑誌短歌におけるロマン主義短歌の一源流として、また三行詩という形式から言及してきたが、ここではより直截的な接続を確認しておきたい。

一例として挙げたいのは一九三二年の第四六号における校友会賛助員にして国語漢文教諭の上野嘉重郎の連作および五年・佐々木秀好の連作である。

上野のものは「吾子のなきことも知らずにわが父はおもちやの車送りよこしぬ」「新しき位牌に向かひをろがみぬ父の送りし玩具をそなへて」とあるように、幼子を喪った父の歌であるが、注目すべきはその連作のタイトルが「悲しき玩具」と題されていることである。まさに土岐善麿の編集による啄木の遺稿集『悲しき玩具　一握の砂以後』（東雲堂、一九一二年）と同一の表題となっており、同校の卒業生・啄木の存在を容易に想起させるものである。一読してリアリズム詠と位置づけることができる連作にすら強固な参照項として啄木が召喚されるのは非常に興味深い。

続けて佐々木の連作を見てみよう。まずタイトルであるが「一鍬の土」と名付けられ、前掲上野のタイトルとも相俟って有名な啄木の作品群を強く思い起こさせるものとなっていることが指摘できる。その中の一首を試みに挙げてみると「世の中の矛盾を悩み苦しみて荒びゆく身をぢつと見つめぬ」と、啄木の代表歌の一つ「はたらけど はたらけど……」と近接する表現を確認することができよう。

言うなれば卒業生を召喚するという創作のスタイルを選択することで、ある紋切型の反復を生んでいる状況が出来しているると考えられるのである。これは前節までに指摘してきた、自由な表現の場としての校友会雑誌の短歌欄の位置づけから考えたとき、そこへのゆるやかな規範として捉えることも可能であろう。いわば作品と地域および学校への接続がある程度の強度を以て図られているのである。

その反面、学校生活の実体的な描写の少なさは指摘せねばならない。例えば一九二九年の第四三号に掲載された五甲・菊地三郎「戦況を聴く」は「八月二日暑熱の福島に於て我軍仙台二中軍と戦へるをラヂオにて聴く」と詞書があるように、あたかも野球の実況を行うような連作がなされている。また、一九三七年の五一号掲載の五年・内沢栄吉郎の「ピッチヤーの投げし白球あざやかにカーブ描きてワンストライク」などの歌が収められた連作「べーすぼーる」などは、鑑賞に耐えるか否かという問題はあるものの、学校生活に付随したスポーツを描いていることは確認されよう。しかし、これらの例ですら非常に稀なケースであり、校友会雑誌短歌から学校生活そのものを看取することはかなり困難となっている。このことは校友会雑誌というメディアに於いて、学校生活という日常と短歌という文学が直截的に接続されていないことを意味しよう。いわば日常とは距離をとった地点で校友会短歌は成立していたのである。

このことは、旅行や旅先での風物に関わる短歌作品の多さからも指摘できる。例えば一九三〇年の第四三号では一七点の連作のうち、「温泉雑詠」「夏山で」「繁温泉にて」「山路を歩みて」など八作が旅について言及した作品であり、他の年度の雑誌でもかなりの数を占めている。ここで注意すべきは同時代の校友会雑誌における所謂「文苑」の欄を見たときにも、かなりの数の紀行文がおさめられているという点である。いわば紀行文的な短歌作品は校友会雑誌における一つの安定したジャンルであり、中には第四三号の五丙・堀米実の「北海の旅」における「旅立つ瞳見送る瞳雨が白かつた淋しかつた」のようにモダニズム短歌との接続が図られたものなどもあるが、多くは同号の五乙・佐藤武「繁温泉にて」の「奥山の静けき湯場を訪れて朝露しげき野らを歩めり」のように体験を端的に記述するものである。まさにある種の祝祭的で非日常的なものが作品の生成のレヴェルで要請されていたのであり、それはまさしくメディア自体が内側から生成していった規範的なスタイルだったのである。

以上から、昭和戦前期の校友会雑誌における短歌については、そのスタイルをめぐって多様な可能性をみせながら、それ自体は強固に保たれるものでは決してなく、また表現そのもののレヴェルではある程度の限定と狭隘さが同居するものとして位置付けることが可能であろう。

3　戦中期『校友会雑誌』短歌の様相

つづけて、戦中期の校友会雑誌短歌に目を向けてみたい。前述のように先行論においては様々の歌人が戦争詠にシフトしていく歌壇状況が論じられているが、校友会雑誌においてもそれに隣接する短歌を多く観察することができる。まず、盧溝橋事件の生起した一九三七年の第五一号では同年一一月の上海陥落を表題にした連作、五年・藤田文雄のその名も「上海陥落」が掲載される。

上海陥落の祝旗高澄む秋空に見上げ微笑み人らすぎゆく
寝もやらで母を慕ひて泣きにける弟愛しすべはあらざり

残り蠅追い払はんと手を上げてわが立ち来れば風の身にしむ

まさに歌題において戦争が前景化していることが明快に看取されるが、その一方で表題と直接的につながる歌が一首しかないことにも気づかされる。同様のことが同じ第五一号で一年生の短歌が二九首集められた「銃後集　一年」においても確認される。初めの数首は「今日もまた皇国のために征く人を駅に送りて軍歌うたへり」のような、戦争を意識した作品となっているが、後半の短歌に至っては「降る雨の音と川瀬の水音に一人寂しき温泉の宿」など通常の紀行文的な表現がちりばめられた雑詠が並ぶ。即ち、表題こそ時局性を引き受けてはいるものの、すべての作品がその方向性に回収されるわけではなく、表題から自由な、言い換えれば時代状況から距離をとった作品も多く看取することができるのである。翌一九三八年の第五二号を見てみよう。ここでは補習科・沢野耕一郎なる人物が「み民われ」という表題で五首を掲載している。

うからをば苦しき生活に残すもあらむ出で征く兵は悲しきものを
かりそめの遊びにあらず支那兵になる子供なき街つむじかな
息をのみまなこみはりて征きし師のあらはれざるとニユースまもりぬ
秋雨にぬれて光れる山寺の甍の色をさびしみにけり
端居してすぎしたつきをかたりますおほ母が指太くかなしき

「み民われ」という表現は言うまでもなく当時の天皇を元首とする国家の一員としての自己を語るタームであり、はじめの三首はまさしく戦争に関わらせての作品であるが、その様相は出征兵の銃後を憂いたり、敵兵であるはずの中国少年兵の在り様に思いをはせたりなどと、「み民」として聖戦に協力的な視角からのみ表現されているとは必ずしも言えないことに気付かされよう。加えて四首目以降は紀行文的な様相や家族の描写などが看取されるなど、表題からの明快なズレが見て取れる。昭和戦前期の校友会雑誌短歌において、同一の表題を持つ連作の中でも作品の様相が一定しないことは先ほど述べた通りであるが、戦中期にあって時局への言及を行いつつ、戦前期のそれと同様に作品の様相が一定しないことは一考に値しよう。この問題は端的に生成者の作歌における未熟さに回収するのではなく、表題からのずらしを確信犯的に行った表現としても評価できるのではなかろうか。このような傾向は一九四〇年の、所謂皇紀二六〇〇年式典と関連させて「奉讃二千六百年」という表題で短歌を集めた第五四号についても指摘できる。同年は盛岡中学にとって創立六〇周年に当たり、同号の短歌欄には奉祝歌が七首、六〇周年記念歌が四首収められているが、それら以外に短歌欄に収められた三八首は時局に言及することなく、「夕映の雲紫にうつろひて山の峯高く日ぐらし泣きぬ」などといったロマン主義的な短歌、乃至リアリズム詠である。

時代状況の中で戦争詠一辺倒の傾向があった同時代歌壇と比した場合、ある程度の時局性は前景化しているものの、ある程度その状況から解放された場として戦中期の校友会雑誌短歌欄を位置付けることが可能ではなかろうか。

スタイルの面から考えたときにも戦中期の短歌については興味深い問題を看取することができる。それは例えば一九三八年の第五二号に掲載された五年・加藤文男「戦争に関する旧稿十六首」に収められた短歌「天遠く金属体の飛びゆくは見よ音となり点となり台風となり海軍機百機編隊」のような、軍隊をモチーフとしつつ読まれた新体短歌の存在である。同時代に『万葉集』称揚の文脈からモダニズム短歌的なものが縮退していったことは従来より言及される処であるが、絶対数は少ないものの校友会雑誌に確固として残存していることは一考すべき問題であろう。

5　規範としての教師

では、本章の最後に少々後付的にはなるが、戦前戦中期の校友会雑誌における短歌欄の生成に関して、教師の関わりについて確認しておきたい。ここまで主に生徒の実作に注目して考察してきたが、校友会雑誌が生徒と教職員とを主な構成員とする校友会によって形成されていたことを考えたとき、時に指導的な役割を以て校友会雑誌に関わる教師の行動にも目を配る必要があろう。

校友会雑誌における短歌の選定等に関してはそのシステムを裏付ける十分な史料がなく、その基準については明らかではない。また盛岡中学に関しては短歌の実作に関していかなる教育が行われていたのか、ということについても明らかにすることはできないが、国語および漢文を担当する教師が校友会の賛助会員、特別会員として詩作を掲載している場合があり、本節では主にそれらの作品がどのような様相を呈しているのかを手がかりに考察を試みたい。

昭和戦前・戦中期の盛岡中学『校友会雑誌』を横断してみたとき、生徒教師を通して短歌欄に最も多く寄稿する者として国語及漢文教諭の及川作松の名を見ることができる。及川は大正昭和期の文芸雑誌『文章倶楽部』に主に俳句で複数回掲載された経験を持ち、岩手県内の多数の学校の校歌の作詞も手掛けた人物である。彼が盛岡中学において実態的に如何なる作歌指導を行ったかは明らかではないが、第四二号以降断続的に作品を掲載しており、以下その及川の作品の分析から教師の関わりについて傍証的に明らかにしてみたい(9)。手始めに及川の作品が初めて掲載された第四二号の作品を以下に掲げる。

「演習見学」第四二号
演習を見物せんと真夜中のシヨボ降る雨の中を出でけり
ゆけ〳〵ど時雨は止まず暗の中ゆ折々遠く銃の音聞ゆ
行き〳〵て観武が原の野に入れど夜は未だ明けず虫の一つ鳴く

徹底して写生を行い、また一首ごとに時間の進展が描かれ、連作全体を見渡すことによって物語性を獲得する『アララギ』的なリアリズムのスタイルを持った短歌群である。まさしく同時代歌壇との関わりを意識した作品となっていることが指摘できよう。以下、彼の作品を数点取り出してみよう。

「逝く秋をしのびて」第四六号
〇横川大人の銅像を見て
山脈の端ににほひつゝ沈みゆく夕日を望み立てる大人はも
赤き日の今ぞ沈める山脈を見つめて大人は何を思へる

「旅日記より」第四八号
初瀬にて
こもりくの初瀬の夜のふけ行けばいよゝさやけき河の音かな
朝床に雨かと聞けば初瀬川たぎつ渡るゝ昔にぞありける

「皇軍を憶ふ」第五二号
蜘蛛の子の敵をけ散らし皇軍は今日も征くらん山又山と
そゝりたつ大別山に神のごと我が皇軍の御旗たちけん

これらからは地域の先人との召喚、紀行文との接続、戦時詠と、一読して明快なように本章が前節までで挙げてきた校友会短歌の内容面における様相と非常に近接していることが指摘できよう。いわば及川の作品は同時代の学校短歌が持つ特徴を備えた、ある種の規範的作品として見做すことができるのである。

しかし、注意を要するのは、これまた前章までに述べたように、生徒らによる実作がスタイルにおいても、また作品の内容においてもこの規範的な教師の作品に縛られているわけではない、ということである。言い換えれば先ほどまでに確認してきたモダニズム短歌やプロレタリア短歌的な様相が教師から教えられて生成してきたものであるとは言い切れないと評価することができ、それはむしろ生徒らの主体的な選択の結果生まれた作品として読むことも可能なのである。及川の作品がある種の規範的な作品たり得ているとしても、それは端的に校友会雑誌における多様な作品群を縛り付ける拘束力を持つものではなかった。ここからは教師と生徒の作品が実質的にせめぎ合う場としての校友会雑誌の短歌欄という、先ほどまでの指摘を改めて強固にすることができるのではなかろうか(10)。

おわりに

以上、同時代の状況を手がかりに昭和戦前戦中期における中学校校友会雑誌における短歌および短歌欄の様相を探ってきた。

戦前期の校友会雑誌短歌からはスタイルの面でリアリズム、モダニズム、プロレタリアという同時代歌壇の動向ともリンクする動きが見て取れるとともに、同時代歌壇では閑却されたロマン主義的な作品も看取され、それらの位相を異にする様々の作品が共存することの可能な表現の場としての校友会雑誌の短歌欄を評価することができる。その様々のスタイルも確立された強固なものではなく、作成主体、作品群、個別の作品のレヴェルで可変性を伴うものであったが、それでもなお同一雑誌内で共存を可能にしたことは、同時代歌壇ではそれぞれが独立したメディアに拠って立つ状況にあったのを考え合わせたとき、非常に独特の環境であったと指摘できよう。

内容に踏み込んだとき、一つの特徴的な徴候としては作品自体地域性および卒業生や「校風」と接続しての表現を挙げることができ、それは教職員の作品を参照項としてみたとき、ある種の規範として機能しうるものであったと位置づけられる。しかし、その規範は創作活動そのものを束縛することなく、短歌欄に於いては非常に幅の広い表現の様相が看取された。

また、往々にして戦争詠への傾斜が指摘される戦中期にあって、確かに戦争詠は量産されるものの、それに縛られない短歌が掲載されていたことは特筆すべきである。短歌の持つ即自的な性格が戦争という時代状況の中で安易に接続されていった同時代の歌壇状況と比したとき、また同時代の非常に不自由な言論状況に鑑みたとき、そして昭和戦前期の歌壇において様々の潮流が分裂する状況を鑑みたときにも、校友会雑誌誌上における短歌欄は創作活動の、ある種のアジールとして位置付け得よう[11]。様々の生成主体がフラットな関係の中で、同時代の様々の文脈を召喚しつつ創造を行う場として校友会雑誌短歌欄は存していたのである。まさに、個別の作品のレヴェルと共に、それを支える場のレヴェルにおいて、同時代の文化状況と比した時に際立った独自性を持つ学校文化としての短歌作品と短歌欄の在り様を定位することが出来るのではなかろうか。

謝辞
本章の執筆にあたっては東北大学・佐藤伸宏教授、横浜国立大学・一柳廣孝教授、山形大学・森岡卓司准教授に多大なる示唆を得た。この場を借りて御礼申し上げる。

（1）　中内敏夫『生活綴方成立史研究』（明治図書出版、一九七〇年）、滑川道夫『日本作文綴方教育史』（国土社、一九七七〜一九八三年）、太郎良信『生活綴方教育史の研究』（教育史料出版会、一九九〇年）。

（2）　紅野謙介『投機としての文学』（新曜社、二〇〇三年）、斉藤利彦「『校友会雑誌』研究に向けて」『旧制中等諸学校の『校友会雑誌』にみる学校文化の諸相の研究とデータベース化』（科学研究費補助金（基盤研究B）研究成果報告書、二〇一一年）。

（3）　このことは同時代の中央文壇の状況と比較すると非常に特異な様相であることは指摘しておきたい。同時代において短歌は文芸雑誌、総合雑誌から姿を消し、発表の場はそれぞれの作品スタイルに適合する短歌雑誌に限られていく。この状況と比した時、校友会雑誌における短歌欄の維持は、旧来の文芸雑誌のスタイルを維持しているとも位置付け得る、ある種独特の現象であったと言うことができよう。当時の歌壇と文壇との関わりについては高島健一郎「序列化される「歌壇」」（『横浜国大国語研究』第二一号、二〇〇三年）を参照のこと。

（4）まとめにあたっては渡部順三『底本 近代短歌史』（春秋社、一九六四年）、木俣修『昭和短歌史』（明治書院、一九六四年）、篠弘『近代短歌論争史　昭和篇』（角川書店、一九八一年）、山根巴、大久保晴雄編『近代の短歌』（双文社出版、一九九二年）、武川忠一責任編集『和歌文学九　講座近代の短歌』（勉誠社、一九九四年）、桜井富雄『日本文学報国会』（青木書店、一九九五年）、田中綾『権力と叙事詩』（ながらみ書房、二〇〇一年）、小池光ほか『昭和短歌の再検討』（砂子屋、二〇〇一年）、三枝昂之『昭和短歌精神史』（本阿弥書店、二〇〇五年）などを参照した。

（5）同号については執筆者の学年や身分等が掲載されていないことも一考に値しよう。中学校という強固な国家システムの内部における雑誌でありながら、そこでの表現行為にあたっては平等であるかのような表記が為されているのである。これを裏付けるに十分な根拠を提示することは困難であるが、プロレタリア短歌的な作品を最も多く掲載した同号に於いてこのような試みが為されていることは非常に示唆的である。

（6）この金田一の論稿は同雑誌が初出であり、啄木研究の先鞭をつけた金田一の『石川啄木』（文教閣、一九三四年）の一章「啄木の追憶」として収められている。しかし注目すべきは、同単行本においてこの初出の引用部「石川啄木を歌壇における民衆芸術の先蹤、人道主義の先駆として、見ることを忘れてはいけない」のうち、「人道主義の先駆として、」という一節が唯一削除されているということである。同単行本を底本とした『金田一京助全集』一三巻（三省堂、一九九三年）においてもこの削除については明らかにされておらず、他の史料も存しないため、ここでは十分な検討を加えることはできないが、単行本化された一九三四年がプロレタリア文学の縮退した時期であることと、中野重治が啄木を称揚していた事を考え合わせたとき、所謂リベラリストとして啄木が解釈され、規制の対象となることを避けた可能性が考えられよう。このことからは単行本化される段階での同時代的な問題として考えることができる一方で、そのような表現を可能とした場としてメディアとしての校友会雑誌を評価することも可能であろう。

（7）ただし、この作品に関しては、他の解釈可能性も残されてはいよう。いわば蚊をプロレタリアートに、打ち殺す主体をブルジョアジーに置き換え、体制側にしかなれない自らの立場をアイロニカルに、しかも隠微に描き出す戦略をとっているとも解釈可能であり、直截的にしかプロレタリアを描けなかった昨年と比して生成者の成長として考えることもできるのである。しかし、論証は極めて困難であり、ここではある一定度の変化を確認しておきたい。

(8)　同人物は後に小説「精神病教室」や「彷徨えるユダヤ人」等を著した作家・石上玄一郎（一九一〇〜二〇〇九）であり、盛岡中学卒業後に入学した旧制弘前高校『校友会雑誌』でもプロレタリア文学的な小説を著していることが知られている。ここではある種のロマン主義的な様相をも混淆するような作品を残していることに注目しておきたい。

(9)　管見の限りでは及川の作品群は以下のようになる。第四三号「温泉雑録」、第四五号「静寂」、第四六号「逝く秋をしのびて」、第四八号「旅日記より」、第四九号「子のまかりて」、五二号「皇軍を憶ふ」。

(10)　一九二一年の段階で川越中学校に転出した国語漢文科教諭の長谷川誠一が一九三八年の第五二号に短歌を寄稿しているが、ここでは「危機か　非常時か、黒ずんだ冬の青ぞらに大欅の小枝がゆれる、梢。」という歌が確認され、当に時局性を意識しつつもそれに回収されないモダニズム的な作品が生み出されていることには注目すべきである。

(11)　「アジール」（Asyl）とは一般に中世期の犯罪者や負債者、奴隷などが逃げ込んだ場合に保護を得られる場所として理解されており、「避難所」や「聖域」などの複層的なニュアンスを帯びる言葉であるが、本章においては、同時代のメディア状況や言論規制の状況では達成しえなかった表現を図らずも成り立たせるような、ある種の隔絶した特異な場として運用する。

第11章　高等女学校における教師と生徒による音楽活動

――『校友会雑誌』上における表現を手がかりに

古仲素子

はじめに

本章の目的は、高等女学校における教師と生徒による音楽活動の実態を、『校友会雑誌』（以下一般称について『　』は略す）上の文章表現をもとに明らかにすることである。校友会雑誌に掲載された音楽に関する教師の論考や生徒の作文、音楽会の記事から、当時の音楽活動の姿を照らし出すことで、高等女学校の教師と生徒による音楽活動、さらには高等女学校の学校文化がいかなるありようを呈していたのかについて考察を行う。

高等女学校における教育は、いわゆる「其の生徒をして他日中人以上の家に嫁し賢母良妻たらしむるの素養を為す」(1)ものとして知られているが、小山静子は、良妻賢母思想とはそもそも「特殊な戦前日本の女性規範・女性観」にもとづくものではなく、「近代社会における性別役割分業を支えるイデオロギーであるとともに、歴史的状況の変化に応じて、女性の欲求を吸収しながら、その内実を変化させていった思想」であると述べる(2)。そして、高等女学校の教育の実際についても、単なるイデオロギーの上からの浸透とは言えない側面が多分に存在したことが明らかにされてきている。

戦前期の高等女学校の学校文化について、兵庫県立篠山高等女学校を事例としながら検討した広田照幸によれば、高等女学校における教育は、学歴の問題を中心に動いていた男子の中等教育とは大きく異なる様相を見せるという。広田は、高等女学校では多くの生徒が卒業後には専業主婦としての道を歩む状況の中、「人格形成」という「抽象的であいまいな目標による学校生活の意義づけ」がなされ、そのなかで生徒たちは「日々のさまざまな活動の意義と重要性を自明視し」、「前後の人生とは切り離された、一種解放的な期間」を楽しんでいたと述べる(3)。右記の指摘は、高等女学校の学校文化を考察する上で注目に値するが、その「一種解放的な期間」で行われていた個別の活動の具体的な様相については、さらなる検討を要するように思われる。

ここで、本書のテーマである学校文化それ自体について述べておくならば、例えば久冨善之がその構成要素として「制度文化」「教員文化」「生徒文化」「校風文化」の四つを挙げたように(4)、学校文化とは非常に多様かつ広範な要素を含みこむものである。そしてその中には、例えば学校行事等に見られるように、個々の学校において教師と生徒が自分たちの文化をつくっていく側面が必ずと言って良いほど存在する。しかしながら、これまでの学校文化研究においては、教師と生徒がときには葛藤やズレを抱え込みながらも、教育制度や学校外の様々な文化とのかかわりの中で個別の学校の文化を相互につくり上げていく様に対する着目が、必ずしも充分でなかったのではないだろうか。

そのような個別の学校の文化を検討するにあたって、本章では、女学生たちの文化の重要な一部を構成していた音楽に焦点をあてる。当時の女学生たちは女子の嗜みとして様々な稽古事を行っており(5)、その中には茶道や華道に加え、琴、ピアノ、ヴァイオリンなど、音楽に関わるものも多かった(6)。高等女学校においても、一八九九（明治三二）年に音楽科は必修教科となり、さらに、授業以外の場でも定期的に音楽会が開催されるなど、様々な場面で音楽が重視されていた。しかし、女学生たちが普段の練習の成果をいかに発揮、あるいは表現していたのか、また、先に挙げたような稽古事が家庭で行われている中で、高等女学校での音楽の重視がどのような意味を持ち、いかなる役割を果たしていたのかについて、これまで充分な検討がなされてきたとは言い難い。

以上のような問題意識のもと、本章では、創立初期から東京音楽学校出身の音楽教員を置き、音楽会などを盛んに行っていた高等女学校のひとつである、青森県立弘前高等女学校（現在の青森県立弘前中央高等学校）における音楽活動を主な対象とする。弘前高等女学校の『校友会誌』に掲載された、教師・生徒の音楽に関する文章や音楽会についての記事を、他の学校の事例を補足的に用いつつ検討することで、高等女学校の教師と生徒が、自分たちの音楽活動、ひいては自分たちの学校文化をいかにつくり上げていったのかについて、解明することを目指す。

1　高等女学校における音楽の重視

はじめに、高等女学校における音楽の扱いに関して、本節で概観する。まず、学科課程における「音楽科」についてであるが、高等女学校の学科内容がはじめて定められたのは、一八九五（明治二八）年の高等女学校規程でのことである。ここでは、「音楽」は各学年週二時間ずつとされ、その内容は「単音唱歌及複音唱歌ヲ授ク又便宜箏曲等ヲ授ク」「音楽ヲ授クルニハ歌詞楽譜ノ高雅純正ニシテ教育上裨益アルモノニ就キテ練習セシムベシ」とされていた(7)。そして、一八九九（明治三二）年に出された「高等女学校学科及其程度ニ関スル規則」で音楽は必修教科となり(8)、それは同年の高等女学校令および一九〇一（明治三四）年の高等女学校令施行規則においても同様の位置づけとなっている(9)。本章で中心的に取り上げる青森県立弘前高等女学校（設立当初は青森県立第一高等女学校、のち一九〇九（明治四二）年に改称、以下弘前高女と略記(10)）では、「本校の学科課程は修身、国語、歴史、地理、数学、理科、図画、家事、裁縫、音楽、体操とす、又随意科目とし教育の一科目を加ふ」と定められている(11)。その中で音楽科は各学年週二時間、教授内容としては一〜二年生で単音唱歌、三年生ではそれに加えて複音唱歌、四年生ではさらに楽器使用法が教授されることとなっていた(12)。

　

比較のため、一九〇一（明治三四）年に出された中学校令施行規則を見てみると、旧制中学校の唱歌科は一〜三年生でそれぞれ週一時間のみ、また、「当分之ヲ欠クコトヲ得」という随意科目としての扱いであった(13)。実際、当時の教師の配置を比較してみても、一九〇一（明治三四）年八月の時点で、全国で唱歌担当の教師を置いていた公立中学校は一八四校中一九校（一〇・三%）であったのに対し、音楽担当の教師を配置していた公立の高等女学校は六三校中五三校（八四・一%）と、その違いの大きさが確認できる(14)。

このように、高等女学校では旧制中学校と比べ、成立初期から音楽が重視されていたが(15)、それは教科としての音楽科のみにとどまらない。続いて教科外の活動として、校友会の活動に目を移してみよう。弘前高女の校友会は、開校後まもなくの一九〇一（明治三四）年六月に発足した。校友会の会則では、その目的を「会員ノ親睦ヲ厚ウシ徳操ヲ修養シ智識ヲ交換スルコト」とし、具体的な事業を「講演部（演述、対話、暗誦等）」「運動部（遊技、遠足等）」「音楽部（音楽演奏）」「総務部（予算調製《ママ》、会計、庶務）」「編集部（本会記事、会誌編集）」の五つと定め(16)、音楽をその活動の一つとして挙げている。また、弘前高女の『校友会誌』第一号では、校友会の目的は「智徳を磨き、全校の美風を養」うことであり、「其の会毎に談話、朗読、音楽などいたしまして和気藹々の裡に、その目的の通り、次第に盛んになつて参ります」と述べられている(17)。ここでいう「其の会毎に」とは、会則中に規定されている校友会の会合（「通常会」「臨時会」「総会」の三種類(18)）のことを指すと考えられるが、右記の文章からも、それらの会合において音楽が談話や朗読と並んで重要な位置を占めていたことが分かる。

実際、多くの高等女学校では定期的に音楽会が開催されており、そこでは合唱や独唱などの歌唱に加え、ピアノ、オルガン、ヴァイオリン、琴などの楽器演奏が行われていた。また、高等女学校の音楽会では、生徒や教師による演奏のほか、卒業生、さらにはプロの音楽家を呼ぶ例も多かったことが、その大きな特徴である(19)。そうした音楽活動を行うにあたっては、前述したピアノをはじめとする様々な楽器が必要とされるが、各学校では保護者や同窓会の協力を得つつ、そのような設備を整えることにも力を尽くしていた。弘前高女でも、設立当初よりピアノ、オルガン、ヴァイオリンなどが備え付けられており、生徒が楽器を使用できる環境が整えられていた[20]。しかし、その後は「学校の器械器具費は一ヶ年僅々四五百円位であつてピアノの如き高価のものはなかなか容易に買えない」状況にあったことから、創立二〇周年の際に寄附金を募って、ドイツの有名なピアノメーカーであるベヒシュタインのグランドピアノを購入している[21]。

以上のように、高等女学校では教科のみならず教科外においても音楽に非常に力を入れており、生徒たちが使用する楽器を揃えたり、ときにはプロの生演奏に触れる機会を提供するなどしていた。では、このような音楽の重視はいかなる意図のもとで行われ、さらに実際の音楽活動の場ではどのような指導が行われていたのか、校友会雑誌を主な手掛かりとしながら次節で検討する。

2　学校設立初期における教師の音楽に対する意識とその指導

音楽に対する教師の意識

高等女学校の校友会雑誌には、教師が執筆した音楽に関する論考がしばしば掲載されているが、弘前高女についてもそれは例外ではない。弘前高女の『校友會誌』には、設立初期の第一号と第二号に続けて、賛助員の「好楽子」による、音楽に関する文章が載せられている[22]。この「好楽子」がどの人物を指すのかは不明だが、弘前高女の「開校紀念の歌」を作曲した人物であること、さらに、弘前高女の校友会の会則に従えば賛助員は「本校職員と職員たりしもの」であることに鑑みると、当時の音楽教師である小関得久の可能性が高いのではないかと考えられる[23]。小関は東京音楽学校の助教授を務め、ヴァイオリンの演奏を得意とし（図1参照）、明治期の弘前高女の様々な記念歌の作曲を担

図1　ヴァイオリンを弾く小関得久（左）
青森県立弘前中央高等学校『八十年史』126頁。

当していた[24]。以下の文章は、第一号に掲載された記事「家庭の音楽につきて思ふところを述ぶ」である。

> 実に音楽は我々人間に欠くべからざるものでありまして、人をして温和に優美に、性情を調和し潔白高尚なる考を起こさしむるものであります（中略）活気もあり、慰めもあるところの、かの高尚優美なる音楽を用い、和気藹々なる家庭を造ることは目下の婦人の急務だろうと思います。しかしこの音楽も妄りに多く用いて、只遊びにのみ耽るようになつては却つて有効なる音楽も大なる弊害を起す基となりますから之を乱用しないと同時に、之をよろしい方に用いて、家庭の風美を造り、引いては社会の弊風を改良せんことを希望してやまないところであります[25]。〔傍線は引用者による、以下同〕

ここでは、音楽は人間に「欠くべからざるもの」「温和に優美に、性情を調和し潔白高尚なる考を起こさしむるもの」であり、そのような「活気もあり、慰めもあるところの」「高尚優美なる音楽を用い」ることで、「和気藹々なる家庭を造ること」が「目下の婦人の急務」だという主張が行われている。ただし、「この音楽も妄りに多く用いて、只遊びにのみ耽るようになつては」「大なる弊害を起す基とな」るという注意も同時になされている。さらに、婦人が音楽を「よろしい方に用いて、家庭の風美を造」ることで、家庭のみならず「社会の弊風を改良」することになるという論理の接続も看過できない。

ここで、他の学校の例をひとつ見てみたい。東京府立第三高等女学校（現・東京都立駒場高等学校）の『会誌』に掲載された「夏季休暇と音楽」という文章である。この文章でも、冒頭で「家庭の平和の如きは女子の重大なる責任」として家庭における女子の役割を強調し、その「修養の材料」として音楽の重要性に言及している。さらに、

「つまらない幼稚園唱歌の一節でも音楽に趣味を持つてる人の耳には、深い妙味を覚え、子供の覚束ない歌にまで心を入れて、厳格に子女を躾けながらも温和柔順の徳をも養成する事が出来ます」というように、女子が「音楽に趣味を持」つことで、子女のしつけにも良い影響を与えることが可能になると述べる。以上のような主張を行った上で「夏休の涼しい心も清らかな時に一時間なり、三十分なり、是非御稽古をしてほしい」と、夏期休暇中の音楽練習をより直接的に生徒たちに促しているのである。また、文中には「家に楽器のない方は（中略）学校に来て練習せらるる便利もございます」というように、楽器を所持していない生徒への配慮もうかがえる。(26)

それでは、弘前高女の『校友会誌』に戻り、第二号の同じく「好楽子」による「子女の教育と音楽」を見てみよう。

> 教育上に、最もねうちもあり高尚なたのしみともなり又一家の和楽を保つ上から言うても一番によい結果を得るものは、音楽より外に適当なるものはないのであります。家庭にきれいな音楽がありますと、つまり社会によい風習を及ぼすので、是等の事を重にやるのは一家の主婦になるところの即ち婦人方であります。
>
> 日本音楽で一番多く用ひられて居るものは箏三味線で、中にも三味線は最も多い（中略）此の楽器は（中略）其の演奏者及び歌詞等は最も卑猥なので重に酒席の興を添えるという方にばかり用いられて居ります。箏の方は中流以上の家庭に行われ、其音色もきれいでありますから、三味線の様ではありませんが、矢張不完全な所がありますから、子供の教育を助け様とする方には少くもありません（中略）それ等の欠点がなく高尚な感じを与え、おとなも子供も共に楽しめる処のものは独西洋音楽であます（ママ）り。西洋音楽は正しいものでありますから、それを聞いて悪しきかんねんの起ることなく、心を高潔にする事ができるのであります（中略）子女の教育をたすくるものは西洋音楽であります。(27)

音楽が「高尚なたのしみ」「一家の和楽を保つ」という見方や、「家庭にきれいな音楽」があることで「社会によい風習を及ぼす」という点、さらに、それらの音楽を演奏するのが「一家の主婦になるところの即ち婦人方」であるという点で、先に挙げた第一号の論考と共通している。また、音楽と子どもの教育との関連について述べている点では先の東京府立第三高等女学校の記事とも重なるが、この論考では、子どもの教育上ふさわしいのは日本音楽よりも西洋音楽だということが強調されている点に注目したい。日本音楽の代表的な楽器である三味線や箏を「其の演奏者及び歌詞等は最も卑猥」（三味線）「三味線の様ではありませんが、矢張不完全」（箏）として斥ける一方で、西洋音楽を「正しいもの」とし、それを聞くことで「悪しきかんねんの起ることなく、心を高潔にする事ができる」と主張しているのである。

このような、音楽による「一家団欒」の創出と西洋音楽の重視という考えは、西洋音楽の普及を目的とした論者たちが一九一〇年代初頭に音楽雑誌上で盛んに展開した「家庭音楽」の言説と重なる。「家庭音楽」とはすなわち、「妻と子どもを音楽の担い手とし、西洋音楽の導入によって家庭における一家団欒を形成することを目標にし」たものであり、論者の顔触れを見ると、山田源一郎[28]、幸田延子[29]、田村虎蔵[30]など、東京音楽学校関係者が中心となっていた[31]。

前述したように、当時弘前高女の音楽教師であった小関は、東京音楽学校の助教授を務めていた人物であった。小関が弘前高女を去ることになった一九〇七（明治四〇）年の『校友会誌』第三号では、「過去五年の其むかし未だ我師の君の当地に御座まさざりし程の弘前の里は如何、音楽としいえば琴三味などの日本固有のもののみなりしを、ここ数年間の音楽の盛んになりしこと、かしここに音楽会の声しきりなるを以ても知らる可し[32]」として、弘前での西洋音楽の普及に対する小関の貢献が称えられている。弘前高女のように、西洋音楽に通じた音楽教師を置いていた高等女学校においては、一九〇〇年代後半以降に成立する音楽ジャーナリズムを先取りする形で、校友会雑誌上で音楽に関する言説が展開されていた。そして、先に見たような内容の論考を教師自らが校友会雑誌に執筆・掲載することで、読者である生徒に音楽の重要性を説いていたのである。さらなる検討を行うために、続いては、弘前高女の音楽会の記事における教師の記述を分析することで、実際の指導の様子に迫っていくこととしたい。

音楽会での演奏に対する教師の批評

第1節でも触れたように、多くの高等女学校で行われていた行事の一つに、音楽会がある。高等女学校の校友会雑誌を見ると、音楽会は「春季音楽会」などのような定期的に開催されるもののほかにも、創立記念やピアノ寄贈の際など、様々な場面で行われていたことが確認できる[33]。その演目は生徒による歌唱・演奏が中心であったが、教師や卒業生に加えてプロの演奏家を呼ぶことや、地域の人々を観客として招いて大々的に催されることも多かった[34]。本章で中心に取り上げている弘前高女の音楽会についても、一九二三（大正一二）年からは弘前公会堂で一般公開という形で行われ、一九二四（大正一三）年には七五〇人、一九二六（大正一五）年には一〇〇〇人もの聴衆を集めており[35]、地域とのかかわりの中でこのような行事が成立していたことがうかがえる。生徒たちにとっても、多くの聴衆の前で日頃の練習の成果を披露する貴重な機会となっていたことは想像に難くない。

　弘前高女の音楽会は、一九〇三（明治三六）年一一月三日に第一回が行われた[36]。『校友会誌』には「第三回音楽演奏会」（一九〇四（明治三七）年一一月一二日）から記事が掲載されており、この演奏会は時節柄、日露戦争の「祝勝音楽会」と称して、来賓や父兄を招待して音楽教室で開催されたという[37]。

　当日の演奏プログラムをまとめたものが表1である。唱歌に加え、演奏にはピアノ、オルガン、ヴァイオリン、琴などの楽器が用いられている。本節前半で検討した教師の文章では、琴（箏）は三味線ほどではないものの「不完全な」楽器として批判の対象とされていたが、弘前高女での実際の音楽演奏会の場面においては、第三回（一九〇四（明治三七）年）から第一一回（一九一三（大正二）年）まで、稽古事との関連上、継続して用いられていた。中でも、西洋楽器であるヴァイオリンと箏の合奏が行われている点は、注目に値する[38]。また、演奏曲目については「征夷歌」（作詞・土井晩翠、作曲・楠美恩三郎）、「広瀬中佐」（文部省唱歌）など、日露戦争後という時勢の影響が多分に見られる点がこの回の特徴である。

表1　弘前高女第3回音楽演奏会プログラム（1904年）

	形態	曲名	演奏者
第一部	唱歌	秋のみのり 征夷歌	3年生
	箏、バイオリン合奏	小野の山	箏…補習科　奈良 ヴァイオリン…補習科　小田桐
	唱歌	広瀬中佐	2年生
	オルガン連奏	センテニアール マーチ	補習科　渋谷 補習科　佐藤
	唱歌	騎馬勇士 旅順陥落	1年生
	箏	なすの	4年生　伴 補習科　小田桐
	唱歌	嗚呼赤心愛国の士	4年生
	バイオリン、オルガン合奏	露国の行進 ブラッシスマーチ	オルガン…補習科　岩淵 バイオリン　小関先生
	楽隊	対話	2年生
第二部	オルガン、バイオリン合奏	五月の進行 楽隊の進行	補習科
	オルガン独奏	スペイン国歌 ロユスベルマーチ	補習科　岩淵
	唱歌	ほととぎす	補習科
	バイオリン、オルガン合奏	越後獅子	オルガン…補習科　岩淵 バイオリン　小関先生
	唱歌	陸奥のふぶき	4年生
	箏	きぬた	補習科　奈良 3年生　成田 2年生　永野
	唱歌	船出 祝捷歌 君が代	補習科 一同

青森県立第一高等女学校々友会『校友会誌』第2号，1905年7月，56-58頁より作成

記事では、プログラムの各曲に対して音楽教師である小関による批評がなされており、当時の指導の様子がうかがえる。「さしたる欠点はなかりしも、ヴァイオリンの時におかしき音出でたるが如し」（「小野の山」）「時々不揃の処ありて聞苦しかりしが乙の二部の処心地よく美しく聞こえたり」（「五月の進行」・「楽隊の進行」）というような演奏技術面に関するコメントのほか、特に唱歌の場合、「かの五連隊の勇士困苦艱難のうちに其の職務より免れざるの悲惨の情此によりて知らるべきを（中略）当時を追想して悲哀の念禁じがたきまでに至らざりしは遺憾なりし」（「陸奥のひびき」）などのコメントからもわかるように、歌詞の内容をいかに表現するかということにも重点が置かれていた。[39]

これまで見てきたように、高等女学校においては音楽教師を中心として、音楽が女子にとって肝要なものだと認識するとともに、校友会雑誌上で教師の書いた論考を通して、音楽――論者によっては西洋音楽に限られる――を家庭において適切な形で演奏することで、家庭の団欒や子どもの教育、さらには社会により良い影響を及ぼすのが婦人の大切な役割の一つであると生徒に伝えていた。弘前高女の例では、音楽教師の小関による論考が『校友会誌』の第一号と第二号に連続して掲載されていたほか、実際の音楽会の場面でも各演奏に対して小関による批評がなされていたように、特に学校設立初期においては、音楽教育や音楽文化というものをどのように根付かせていくのかという教師の意識が、実際の音楽活動にも強く反映されていたと言える。次節では、小関が転任した後の弘前高女の音楽活動について、生徒の作文および音楽会記事をもとに検討する。

3　音楽活動に関する生徒の意識とその表現

生徒の作文「音楽の効用」の検討

小関が転任した後も弘前高女では、中島かつ、中西フミといずれも東京音楽学校出身の教師が音楽教師を務めた。

右記の二人の在職期間はいずれも短かったが[40]、その後一九一一（明治四四）年に着任した、弘前高女の第三回の卒業生で東京音楽学校出身の今しげは、その後一九三六（昭和一一）年までの長きにわたって弘前高女の音楽教師を務めた人物である。

今が着任して三年後の、弘前高女の『校友会誌』第八号では、「音楽の効用」というタイトルで生徒の作文が掲載されている。同じタイトルの作文が多数、かつ筆者が全員四年生であることから授業での課題作文だと考えられる。授業で課された作文という性格は充分に考慮する必要があるものの、これらは高等女学校生徒、中でも最高学年である四年生の、音楽に対する意識を考察する上で重要な資料を提供してくれている。以下で、いくつか例を挙げてみよう（便宜上、それぞれに①～③の番号をふった[41]）。

①音楽の人生に其の効用の大なること数ふるに暇あらず（中略）又吾らが弾ずるピアノの音に合せて唱歌を歌ふときや自らオルガン、ヴァイオリン等を試る時など精神の爽快なる事いはむ方なく（中略）音楽に吾が精神を用いる時は自然品性の陶冶に与りて力あるべく身体の強健精神の修養を計る上に大なる効あるは吾等の経験上うたがひなきことと信ずるなり。

音楽を嗜まざる人なりとせんか陰鬱におちいり快活なる精神を養うことあたはざるべしさて音楽は男となく女となく必要なるものなりといへども女子はこと更天性柔和なる性と相待ちて優美なるものなれば音楽の優美なる点よりいふも音楽は女子の特有物といひうべし

②古より楽は人心を和ぐといへるが如く、実に音楽は身体を強健ならしめ、且つ人心を優美ならしむるものなり。自然の楽としては種々あれども特に小鳥のよき声にて人々をよろこばするあれども、人工の音楽は自然の音楽より偉大なる効あり。人を善良にうつらしめたる類種々あり。又はいかなる悲感におちいりたる人にても愉快なる楽を聞きて、遂に其を打忘るる事常々少なからざるなり（中略）吾等妙齢の女子たるもの、楽をつとめはげみて精神の修養につとめなん

③人は本能的に音楽を愛好する性を有す（中略）今音楽の人道に及ぼす効力の一端を摘書すれば（中略）音楽は美の観念を養成し、且趣味を高尚にし、徳性を涵養す（中略）又声音を練習する時は肺の運動を旺盛ならしめ以て其健康を増進し且つ声音明瞭晴朗となり聴くものをして快感を惹起せしむ（中略）音楽の感化力は実に強大なる事は前述の如く野卑なる俗曲の流行は実に恐るべき害毒を社会に流すものなり（中略）又人は先天的に音楽趣味を備ふるものなれば之を利用して教育上に及ぼす力も亦少からず（中略）嗚呼音楽の人生に及ぼす効力偉大なりと云ひつべし

①～③ともに、音楽が人間に大きな影響を与えるものであるという点では共通している。身体への影響については、「身体を強健ならしめ」（②）「声音を練習する時は肺の運動を旺盛ならしめ以て其健康を増進」（③）というように、いずれも良い影響があるとされているが、精神への影響に関しては、①・②では「快活なる精神を養う」「人心を優美ならしむる」と述べられているのに対し、③では「音楽は美の観念を養成し、且趣味を高尚にし、徳性を涵養す」とする一方で、「野卑なる俗曲」のように楽曲によっては「恐るべき害毒を社会に流す」ものにもなりうると捉えられている。さらに、「教育上に及ぼす力も亦少からず」（③）というような音楽の教育上の効果に関する認識や、「音楽の優美なる点よりいふも音楽は女子の特有物といひうべし」（①）「吾等妙齢の女子たるもの、楽をつとめはげみて精神の修養につとめなん」（②）など、音楽が女子にとって重要なものだという認識もうかがえる。中でも、「吾らが弾ずるピアノの音に合せて唱歌を歌うときや自らオルガン、ヴァイオリン等を試る時など精神の爽快なる事いはむ方なく」（①）などのように、生徒自身の経験から音楽の効果について述べている点は注目に値する。

以上のように、生徒たちは作文の中で、音楽が持つ様々な効果や、女性にとっての音楽の重要性について述べ、ときにはそれらを自身の経験とも重ね合わせる形で表現していた。続いては、この時期の音楽会記事をもとに、実際の音楽活動の様子や校友会雑誌上における生徒の表現について、さらに検討を行う。

音楽会記事に見られる生徒による批評と文章表現

前項で検討した作文が書かれた頃から、弘前高女の『校友会誌』の音楽会記事には、音楽活動に関する生徒の表現が様々な形で登場し始める。それでは、同時期の一九一三（大正二）年に行われた、「第十一回音楽演奏会」についての記事を見てみよう。記事の冒頭では、「音楽が人の心を高尚ならしむる微妙な力もちてわらは等が徳性涵養に与りて力あるは言ふも更なり」「これをうたふに於ては身体をも健康ならしむるものなり」など、先に挙げた生徒の作文とも重なるような音楽の効果に関する内容に加えて「はやく其日のきたらん事のみこころにくりかえされ、ピアノとよく調和して余韻ながきしらべに、魂さへ奪れて、ききとるたのしさなど偲びてはただただ胸おどるのみ[42]」という、音楽会を非常に楽しみにしている生徒の気持ちが表現されている。

続いて、当日の演奏プログラムを表2に示した。曲目は歌唱については、「才女」（『小学唱歌集』一八八四（明治一七）年に掲載）「秋の夜」（『女学唱歌（第一集）』一九〇九（明治四二）年に掲載）「浦のあけくれ」（『中等音楽教科書（巻四）』一九〇八（明治四一）年に掲載）のように、各種の唱歌集や教科書に掲載されている曲が中心に扱われていた。ピアノやヴァイオリンなどの器楽に関しては、ハイドンやモーツァルト（モザート）、ベートーヴェンなどの曲が演奏されており、クラシックの占める割合が以前よりも高くなっている[43]。また、翌年の第一二回（一九一四（大正三）年）の音楽演奏会以降は琴がプログラムからぱったりと姿を消してしまうことからも、西洋音楽を重視しようとする音楽教師の意向は、弘前高女では一定の影響力を持ったものと考えられる。

さらに、この時期以降の弘前高女の音楽会記事における特筆すべき点として、生徒自らが互いの演奏の出来について批評を行っている点が挙げられる。その文章には「一寸まちがひしも全体はよく出来たり」（「カーナヴァルポルカ」）「出はじめ少し揃はざりしかもしかりとするも上出来ならん」（「稜威」）などのような、各演奏の技術についての批評だけでなく、「年もおなじころなる少女子《おとめご》のきくからやさしき声にて花よ花よと呼びくる少女子あはれのところ殊に面白くきくからほほえまるる曲なり」（「花売女」）、「むらさきのよこぐもは空にたなびきて浦あくれば、ほのかにつき冴え磯馴《そなれ》の松にかくしてあけくるる雄大なる雄大なる海のさまをしのぶにふさわしき曲なり」（「浦のあけくれ」）など、曲想についての言及も多い。また、教師の演奏に関しては、「聴者は只恍惚たるのみああ幼き者共のわれ等もつとめばや師の君も昔は少女なりければ」「一弓ひかれて窓外に洩るれば花に舞ふ胡蝶もために羽を休めんばかりうるはしともうるはしう」などのように、卓越した演奏技術および表現力に対する生徒たちの尊敬や憧れの気持ちが綴られている。

さらに、音楽会に関する生徒たちの文章表現は、各演奏に対する批評のみにとどまらない。以下は、弘前高女『校友会誌』第一八号に掲載された、音楽会についての生徒の文章である。

> 期待された音楽会は遂に来りぬ（中略）音楽は人々の趣味を高尚ならしめる、私共の平素の練習ぶりを発揮する音楽会、何とゆかしい集ひではありませんか。無邪気な一年生の「春が来た」の合唱にやがて音楽は開始された。なごやかな春は目覚め、野に山に花咲き鳥歌ふ有様が可愛い小さな唇から転り出して、場内は時ならぬ春と化せられる。プログラムは一枚一枚めくられて行く（中略）美しいソプラノによつてやさしい昼の夢が歌はれた時、満場は、ただ感心と陶酔とに満たされた。ああ、その声のうるはしさよ、ああ、うら若き乙女の覚むるも惜しき昼の夢よ！そは実に聴客をして陶然と白日の夢に酔はしめたのであつた。(44)

「音楽は人々の趣味を高尚ならしめる」という音楽の重要性に関する記述や、「私共の平素の練習ぶりを発揮する音楽会、何とゆかしい集い」という記述に加え、「場内は時ならぬ春と化せられる」（「春が来た」）、「実に聴客をして陶然と白日の夢に酔はしめた」（「昼の夢」）など、音楽会の様子そのものが、そこで演奏された曲の雰囲気やイメージと重ね合わせられながら表現されている。このような音楽会の様子に関する女学生たちの文章表現は、弘前高女『校友會誌』の他の号にも(45)（「三年のピアノ独奏に群集はたゆたふ所なく鍵におどる白指によつて奏でられる曲の中にうつとりと惹きこまれて行く」「「さくらんぼ見つけた（中略）」ときれいな声で歌われた時、人々の心は再びさくらんぼの

表 2　弘前高女第 11 回音楽演奏会（1913 年）・プログラムと批評

	曲名	演奏者	生徒によるコメント	備考
オルガン連奏	カーナヴァルポルカ	4 年生　永山 4 年生　榎戸	一寸まちがひしも全体はよく出来たり。その時西洋の或るところにて今や悲しみに入らんとせりああその前ポルカのいかに人々の心そそりしか。	
唱歌	才女	1 年有志	蘆山の峯、遺愛の鐘、めに見るごときその風情、一年生としてあっぱれの出来ばへ	『小学唱歌集』（明 17）
	花売女		前者と同じくよし、年もおなじころなる少女子のきくからやさしき声にて花よ花よと呼びくる少女子あはれのところ殊に面白くきくからほほえまるる曲なり。	『中等教育唱歌集』（明 40）
ヴァイオリン独奏	アンダー（ハイドン） アウストリアン（ハイドン）	4 年生　関	練習の功大なる哉、実によく奏せられたり。	
独唱	秋の夜	4 年生　鹽見	曲想充分につき、誠によくうたはれたり露しげき浅茅生きりぎりす鳴きてと想深き此の曲を想ふかからしめて人に聴したる床しと云ふべし。	『女学唱歌（第一集）』（明 33）
	近目のしくじり		前者は高尚後者はむしろこつけいなり。さてさて近目となりて鳥を人とまちがひなどしてあることの美しき伴奏つきて唱えば中々に面白くもあるかな。	
オルガン独奏	レーマンス	4 年生　木村	普通の曲なれど上品にして流暢なり	
琴	小夜砧	3 年生　梶塚 3 年生　成田	よく出来たりよさむき秋の夜きかまほしうなん。	生田流箏曲家、津田寛青により作曲

実る夏に帰るのでした」[46]、また、他の学校の校友会雑誌においても随所に見られる（「先生のピアノ独奏おおその十指がピアノの白いキーの上を滑りおどる（中略）其美妙なリズムに神秘な森をさまよふかと思うと又忽ち華やかな園に導かれて行く」[47]「独唱「小夜の渚」――美しい声と静かな音律、魅力ある態度、豊な声量は、淋しく小暗い滅の情緒を遺憾なく表はして人々を恍惚

ヴァイオリン二部合奏		今先生 鷹島先生	聴者はさながら電気にでもうたれたる如くばふぜんたる事しばし、一弓ひかれて窓外に洩るれば花に舞う胡蝶もためにに羽を休めんばかりうるはしともうるはしう。	
唱歌	菅公	3年生	思へばこその月夜のうたげに君がたびたるみけしの袖、と赤心一轍なる中心も鳴呼正義の光も一時はそのかがやき筑紫のそらにかくれたり、罪なき忠臣も配所の風や如何に身にしみけんはた君をおもふ忠臣の配所の月や如何に眺められけんまごころこめて誠によくうたはれたり。	『中等音楽教科書3』（明41）
ピアノ連弾	アリーデスフヒガロー（モザート）	4年生　工藤 4年生　千川	復音なるもよく調子を合せ上手にひかれたり、爽快なるピアノのメロデーはくしきしらべしてピアニストの前より窓の外クロバーの上にゆるく流れてゆく。	歌劇「フィガロの結婚」のアリア
唱歌	浦のあけくれ	4年生	独唱及三部合唱むらさきのよこぐもは空にたなびきて浦あくれば、ほのかにつき冴え磯馴の松にかくしてあけくるる雄大なる雄大なる海のさまをしのぶにふさはしき曲なり、前の菅公と同じ位なる出来ばえなりしも派手なる曲なり。	『中等音楽教科書4』（明41）
ピアノ独奏	狩の曲（メンデルスゾーン）	今先生	聴者は只恍惚たるのみああ幼き者共のわれ等もつとめばや師の君も昔は少女なりければ。	メンデルスゾーンの無言歌集第1巻（作品19）に収録
合唱及合奏	稜威（ベートーヴェン）	4年生	出はじめ少し揃はざりしかもしかりとするも上出来ならん、態度に声に厳の感あらはれてよしああ忘れ難きそのうたよしらべよ	『女声唱歌』（明42）原曲は作品48の4『自然における神の栄光』。近藤朔風によって訳詞

青森県立弘前高等女学校々友会『校友会誌』第8号，1914年3月，84-85頁より作成。
なお，備考欄は筆者による。

とさせました」[48]。以上のように、女学生たちは校友会雑誌上で、各演奏に対する批評、さらには音楽会当日の様子に関して、様々な工夫を凝らした描写を行っていたのである[49]。

これまで見てきたように、弘前高女の生徒たちは音楽を女性にとって重要なものと認識していただけでなく、授業および稽古事における普段の練習の成果を発揮する場として、音楽会を非常に重要視していた。実際、音楽会の場で生徒たちは、教師の優れた演奏技術や豊かな表現力を肯定的に受けとめ、自身でも技術に加え曲想や表現を大切にして演奏を行っていた。そして、校友会雑誌上で互いの演奏に対する批評や、音楽会の様子に関する文章表現を行うことも数多くあった。以上の検討からは、教師と生徒あるいは生徒同士のかかわりの中で、音楽活動そのものを楽しみ、かつその表現の仕方にも積極的に工夫を凝らす女学生たちの姿が明らかになったと言えよう。

おわりに

以上、弘前高等女学校の『校友会誌』を主な史料としながら、高等女学校の教師と生徒それぞれの音楽に対する眼差しに関して考察を行うとともに、音楽会の記事の分析を通して、教師と生徒による実際の音楽活動の様子について検討してきた。その内容を今一度振り返ると、次のようになる。

第1節では、高等女学校の教科および教科外における音楽の扱いについて、その概要を述べた。高等女学校においては、その成立初期から学科課程上で音楽科は必修とされており、教科外でも音楽会が定期的に開催されていた。また、生徒たちが使用する楽器設備を整えたり、ときにはプロの生演奏に触れる機会を提供したりするなど、音楽に非常に力を入れていたことが解明された。

第2節では、弘前高女の設立初期に音楽教師によって執筆された文章を検討し、音楽に対する教師側の意識を明らかにするとともに、音楽会の記事から当時の実際の指導の様子について考察した。その結果、高等女学校では音楽教師を中心に、音楽を特に女性にとって重要なものと認識し、音楽、中でも西洋音楽を家庭で演奏することで家庭の団欒や子どもの教育、さらには社会により良い影響を及ぼすのが婦人の大切な役割であると捉えていたこと、また、そのような音楽の重要性について校友会雑誌を通して生徒に伝えていたことが解明された。さらに、同時期の音楽会記事に掲載された音楽教師の批評を併せて検討した結果、特に設立初期の音楽活動には、音楽教育や音楽文化をいかに根付かせていくのかという教師の意識が強く反映されていたことが明らかになった。

そして第3節では、弘前高女の生徒の作文から彼女らの音楽に対する意識を検討するとともに、音楽会の記事を用いながら実際の音楽活動の様子を明らかにした。生徒たちの作文からは、女性にとっての音楽の重要性や、音楽が持つ効果についての認識を、彼女たちがときには自身の経験とも重ね合わせる形で表現していた様子が浮かび上がった。そして、生徒たちは普段の練習の成果を発揮する場としての音楽会を非常に重要視し、教師の優れた演奏技術や表現力を肯定的に受けとめつつ、自身でも技術に加え曲想や表現を大切にしながら演奏を行っていたことが明らかになった。さらに、校友会雑誌上で各演奏に対する批評を行ったり、音楽会の様子自体を曲のイメージと重ね合わせる形で文章として表現したりするなど、音楽活動やそれに関わる表現活動に積極的に携わっていた様子も解明された。

最後に、本章で明らかになったことをふまえ、当時の高等女学校の音楽活動が持っていた意義や特徴について、学校文化との関連を含め若干の考察を試みたい。第一に、高等女学校の音楽活動は、女学生に多様な種類の音楽に触れる機会を提供したという点である。むろん、学校での音楽活動には、学校制度や音楽教師の指導の方向性によって枠付けられていた部分が存在したことは、本章で紹介した資料の記述からも明らかである。しかしながら、東京音楽学校出身の音楽教師の指導や楽器を使用できる環境の整備、プロの演奏家の招聘、大規模会場での演奏は、彼女たちに家庭での稽古事とは異なる形で、様々な楽器や音楽に接する経験を可能にしたと思われる。実際の音楽会の場でもそのプログラムは多岐にわたっており、弘前高女の例で言うと、創立初期には授業で学んだ西洋楽器の演奏と、稽古事で学んだ琴の演奏が折衷したプログラムが組まれていた点も見逃せない。

第二に、高等女学校の教師と生徒による音楽に関する表現についてである。音楽教師は論考の執筆や日々の指導に加えて、ときには実際に演奏を披露することを通して、女性にとっての音楽活動の意義や重要性を生徒に伝えていた。一方、生徒たちは音楽教師の影響を受けながら、日頃の練習の成果を発揮する音楽会の場で、演奏技術のみならず曲想や表現にも重きを置きつつ演奏を行っていた。さらに、音楽活動それ自体を楽しむことに加え、互いの演奏に対する批評や音楽会の様子に関する描写など、音楽活動にかかわる文章表現にも工夫を凝らしていた。以上の検討からは、教師と生徒、あるいは生徒同士のかかわりの中で音楽文化に触れ、さらには音楽活動を自分たちの活動として様々な形で表現しつくり上げていく、学校文化の作り手としての教師と女学生の姿が浮かび上がったと言えるだろう。

(1)　文部省編『歴代文部大臣式辞集』一九六九年、一一七頁。
(2)　小山静子『良妻賢母という規範』勁草書房、一九九一年、二三六頁。
(3)　広田照幸「学校文化と生徒の意識」天野郁夫編『学歴主義の社会史』有信堂、一九九一年、一四七〜一四九・一五一頁。
(4)　久冨善之「学校文化の構造と特質」堀尾輝久ら編『講座学校6　学校文化という磁場』柏書房、一九九六年、一五〜二一頁。
(5)　稲垣恭子『女学校と女学生――教養・たしなみ・モダン文化』中央公論新社、二〇〇七年。
(6)　当時の女学生たちが稽古事として嗜んでいた音楽については、玉川裕子「お琴から洋琴（ピアノ）へ――山の手令嬢のお稽古事事情」（『音楽芸術』第五六号、一九九八年一二月、七〇〜七六頁）、坂本麻実子「稽古する娘たちの明治日本と西洋音楽」（『富山大学教育学部紀要』第五六号、二〇〇二年二月、六一〜六八頁）などを参照。
(7)　「官報」第三四七三号（一八九五年一月二九日）。
(8)　「官報」第四六八九号（一八九九年二月二一日）。
(9)　「官報」第五三一二号（一九〇一年三月二三日）。
(10)　一八九九（明治三二）年の高等女学校令で、各府県に高等女学校の設置が義務付けられたことで、一九〇一（明治三四）

年に開校された、青森県で最初の高等女学校である（青森県立弘前中央高等学校『八十年史』青森県立弘前中央高等学校創立八十周年記念行事実行委員会、一九八〇年、六六～六七頁）。

(11) 同上、七一頁。弘前高女の『校友会誌』の発行は一九〇四（明治三七）年一二月に始まった。

(12) 青森県立第一高等女学校『青森県立第一高等女学校一覧』一九〇七年二月、二五～二六頁。

(13) 「官報」第五二九八号（一八九五年一月二九日）。

(14) 坂本麻実子『明治中等音楽教師の研究――「田舎教師」とその時代』（風間書房、二〇〇六年）一〇三頁。ただし、唱歌担当の教師を置いていたごく一部の中学校では校友会に音楽部が設置されることもあり（古仲素子「一九〇〇年代～一九一〇年代における旧制中学校の音楽教育――東京府立第三中学校学友会音楽部の活動に着目して」『音楽教育学』第四四巻第一号、二〇一四年六月、一三～二四頁）、さらに一九二〇年代以降は、ハーモニカなどの安価な楽器や蓄音機の普及によって、音楽が人々にとってより身近なものとなったことから、生徒の側から音楽部創設の要望が出るなどの新たな展開も生じた（古仲素子「一九二〇年代におけるハーモニカの普及と旧制中学校の音楽部――楽器メーカーとのかかわりに着目して」教育史学会第五六回大会研究発表、二〇一二年九月二二日）。

(15) 先行研究においても、高等女学校では音楽や絵画などの芸術がしばしば「女らしさ」に結び付くものとして考えられていた（今田絵里香『「少女」の社会史』勁草書房、二〇〇七年、一二一頁）のに対し、旧制高校などの男子の教育機関では、文学や音楽などの文化的趣味は「軟弱」として受け入れられなかったことが指摘されている（加藤善子「昭和初期の学生と音楽趣味」『大阪大学教育学年報』第一号、一九九六年三月、一一八頁）。音楽とジェンダーの関わりという観点からも、この違いをふまえることは重要である。

(16) 「青森県立第一高等女学校々友会々則」青森県立第一高等女学校々友会『校友会誌』第一号、一九〇四年一二月、八五～八六頁。

(17) 「発刊のことば」前掲『校友会誌』第一号、一頁。

(18) 前掲「青森県立第一高等女学校々友会々則」八五～八六頁。

(19) 例えば、大分県立中津高等女学校（現・大分県立中津北高等学校）では、一九二八（昭和三）年にソプラノ歌手の永井郁子の独唱会を開催している（大分県立中津高等女学校校友会『撫子』第一四号、一九二八年三月、一八九頁）。
(20) 前掲『青森県立第一高等女学校一覧』四八～四九頁。
(21) 「ピアノ贈呈式に於ける挨拶」青森県立弘前高等女学校々友会『校友会誌』第一五号、一九二五年四月、七一～七六頁。
(22) 前掲『校友会誌』第一号、一〇～一一頁。
(23) 前掲「青森県立第一高等女学校々友会々則」八五頁。
(24) 前掲『八十年史』一二六頁。
(25) 好楽子「家庭の音楽につきて思うところを述ぶ」前掲『校友会誌』第一号、一八～二〇頁。
(26) 岡部とく「夏季休暇と音楽」東京府立第三高等女学校校友会『会誌』第二七号、一九一四年七月、三二～三三頁。
(27) 好楽子「子女の教育と音楽」青森県立第一高等女学校々友会『校友会誌』第二号、一九〇五年七月、一八～一九頁。
(28) 一八六九（明治二）年東京生まれ。一八八九（明治二二）年に東京音楽学校専修部を卒業。一八九九（明治三二）年に同校の教授となる。『中学唱歌』（一九〇一年）や『女学唱歌』（一九〇一年）などの編纂にも積極的に携わった。
(29) 一八七〇（明治三）年、東京に生まれる。兄は幸田露伴。音楽取調掛伝習生を経て、一八八九（明治二二）年から欧米に留学した。一八九五（明治二八）年に帰国後、東京音楽学校教授を務めるが、一九〇九（明治四二）年に休職を命じられ、同年一一月から八ヶ月ヨーロッパに滞在する。このヨーロッパ滞在については、近年、当時の幸田の日記が翻刻されている（瀧井敬子・平高典子編著『幸田延の『滞欧日記』』東京藝術大学出版会、二〇一二年）。
(30) 一八七三（明治六）年鳥取県生まれ。一八九五（明治二八）年に東京音楽学校を卒業後、東京音楽学校と東京高等師範学校で教鞭をとる。当時使用されていた『小学唱歌集』の難解さを感じて言文一致唱歌を提唱、一九〇〇（明治三三）年には納所弁次郎とともに『幼年唱歌』を刊行した。「浦島太郎」「金太郎」などの作曲者でもある。
(31) 周東美材「鳴り響く家庭空間――一九一〇―二〇年代日本における家庭音楽の言説」関東社会学会『年報社会学論集』第二一号、二〇〇八年、九五～一〇六頁。

(32)　青森県立第一高等女学校々友会『校友会誌』第三号、一九〇七年一一月、五四～五五頁。ただし、ここでの「未だ我師の君の（中略）日本固有のもののみなりし」という記述には注意が必要である。洋楽受容についての先行研究によれば、弘前という地域はプロテスタントの布教活動が活発に展開された地域であり、明治初期から讃美歌に親しむ人々が一定数存在していたという（安田寛・北原かな子「弘前における洋楽受容のはじまり」『弘前大学教育学部紀要』第七九号、一九九八年三月、五一～六二頁）。

(33)　前述した弘前高女の創立二〇周年の際にも、ピアノ贈呈に伴って音楽会が開催されている（「ピアノ贈呈式」前掲『校友会誌』第一五号、七二～七三頁）。また、東京府立第三高等女学校でも、一九一六（大正五）年九月に創立二五周年記念としてピアノが寄贈され、その披露を兼ねて同年一一月に音楽会が開かれている（東京府立第三高等女学校校友会『会報』第三七号、一九一七年一二月、七九～八一頁）。

(34)　注(19)で触れた大分県立中津高等女学校における永井郁子の独唱会には、千人余りの聴衆が集まったという（前掲『撫子』第一四号、一八九頁）。

(35)　前掲『八十年史』一六三頁。

(36)　前掲『八十年史』五七頁。

(37)　前掲『校友会誌』第二号、五四頁。

(38)　演奏者は、ピアノやオルガン、ヴァイオリンについては音楽の授業で「楽器使用法」を学んでいた四年生および補習科の生徒に限られているが、稽古事として行われていた琴に関しては他の学年の生徒の名前も見られる。実際、他の学校の事例を見ると、例えば兵庫県立第一神戸高等女学校（現・兵庫県立神戸高等学校）の校友会のように、音楽部と箏曲部の両方を置いていた学校も存在した（兵庫県立第一神戸高等女学校々友会『楠のかをり』第九一号、一九三六年五月、五頁）。

(39)　「第三回音楽演奏会」前掲『校友会誌』第二号、五四～五八頁。

(40)　中島は一九〇七（明治四〇）年三月から一九一〇（明治四三）年三月までの三年間、中西は一九一〇（明治四三）年三月から一九一一（明治四四）年三月までの一年間、弘前高女で教鞭をとった（前掲『八十年史』六七三～六七四頁）。

(41) 青森県立弘前高等女学校々友会『校友会誌』第八号、一九一四年三月、四七～四九頁。
(42) 同右、八四～八五頁。
(43) 当時の音楽教師の今について、二代目校長の永井直好の娘である永井寿遠子（一九二五年卒）は「今しげ先生は美人でお声もきれいで、シューベルト・シューマンの曲が特にお好きだったらしく、よく歌曲を教えて下さいました」と語っている（青森県立弘前中央高等学校『八十周年記念誌』青森県立弘前中央高等学校創立八十周年記念行事実行委員会、一九八〇年、一四～一五頁）。
(44) 「音楽会記事」青森県立弘前高等女学校々友会『校友会誌』第一八号、一九二九年三月、一〇七～一〇八頁。
(45) 「音楽会記事」青森県立弘前高等女学校々友会『校友会誌』第一九号、一九三〇年一二月、二一四頁。
(46) 「音楽会記事」青森県立弘前高等女学校々友会『校友会誌』第二〇号、一九三一年一二月、八九頁。
(47) 「記念音楽会」『創立二十五周年記念号』静岡県立沼津高等女学校校友会、一九二六年、三九頁。
(48) 「音楽会の記」長崎県立長崎高等女学校『校友会誌』第二七号、一九三〇年三月、二一〇頁。
(49) とくに一九二〇年代以降は、小説や文学作品が教育メディアとしての地位を獲得していくとともに、雑誌や単行本などの大衆メディアが人びとにとって身近なものとなり始めた時期であった（稲垣前掲書、五七頁）。本章で主な対象とした弘前高女でも、一九二六（大正一五）年に図書部が設立され、文学作品や伝記、各教科に関する書物、実用書、雑誌『少女倶楽部』や『主婦の友』などが揃えられている（青森県立弘前高等女学校々友会『校友会誌』第一六号、一九二六年一一月、五〇～五七頁）。本章で挙げたような女学生の文章表現と、小説や雑誌などのメディアとの関連は非常に重要なテーマであるが、これについては別稿に譲りたい。

V

帝国日本と学校文化

第12章　大陸への修学旅行と帝国日本

井澤直也

はじめに

本章は明治期から昭和期において実施された修学旅行、特に「満鮮（韓）支」（＝満州・朝鮮（併合以前の一時は韓国［大韓帝国］）・「支那［中国］」）旅行に焦点をあて、旧制中等諸学校の学校文化に与えた影響について検討する。教育史の分野において、この「満鮮（韓）支」[1]への修学旅行という事柄自体、これまで充分には検討されてこなかったといってもよく、さらに中等諸学校の例を分析するのは本書が初めてといっても過言ではない。

本章は以下見るように、修学旅行は、現地の観光や神社参拝、そして軍事的・国家的イデオロギーの育成また学習、さらには行商など、多様な形態を持っていた。また学校全体で行うか、呼び掛ける場合も、個人の資格で参加する場合もあった。明治期から中等諸学校では様々な修学旅行が実施されていたが、中学校では伊勢神宮参拝が多く、東京高等商業学校、彦根高等商業学校においては本章で論じる「満鮮（韓）支」旅行が隆盛を誇っていた。東京と広島の高等師範学校においては「満鮮（韓）」旅行が大正・昭和期に実施されていた。この「満韓」修学旅行の端緒として、実業学校、特に商業学校において「満鮮（韓）支」旅行が存在した。以下に見るように、それは単なる旅行ではなく、満州や朝鮮（韓国）での行商、カリキュラムの一環としての商業実習でもあった。

本章では、まず中等諸学校において修学旅行が始まった意味や、修学旅行の形態の変遷を追うことにより、修学旅行が生徒にとってどのような意味を持ち得たのかを明らかにする。神宮参拝による修学旅行の役割は天皇制イデオロギーを内面化しようとするものであったことは言うまでもない。しかしながら、単なるイデオロギーの育成とは異なる役割が「満鮮（韓）支」旅行には存在したのではないか。多くの実業学校でこの旅行が実行されるようになったのはなぜか、その歴史的意義をめぐり、いくつかの事例を検証することが本章の意図である。

中等程度の実業学校での「満鮮（韓）支」修学旅行の内実が、租借地・植民地のインフラフストラクチャー事業（南満州鉄道、朝鮮鉄道など）や、そこでの貿易取引を担う伊藤忠、住友商事などの商社に人材を送り込む装置であった点も看過できない。学校卒業後のいわば「リクルート装置」として「満鮮（韓）支」旅行は成立していた側面が強い。京城、大連などの要所要所で、在校生とそれぞれの学校の卒業生が面会し、講義を受講し、激励を受けていることからもそれは明らかである。中学校や商業学校の『校友会雑誌』では、およそ二〜三週間にも達する行程中に、そうした面会の記録が多く残されている。あまり知られていないが、明治末期より商業学校では満州、韓国、中国への商業実習が行われていた。本章で多く紹介する八幡商業学校の場合は、一九一〇（明治四三）年より毎年欠かすことなく、こうした海外修学旅行が行われていた。これは日露戦争以降の満州、中国の見学が、当時の社会的な要望にもなっていたこととも関連する。

1　先行研究と本章の位置

近代日本の学校が学校行事として取り組んできた学校文化の一つの形態が修学旅行である。鈴木普慈夫は「満韓修学旅行の教育思想的考察(2)」において、高等商業学校から中学校、実業学校における修学旅行の歴史と意義について検証している。本章にとっても極めて重要な問題提起があり、その点を軸に鈴木の議論を簡潔にまとめておく。

鈴木によれば、修学旅行の公的規程は一八八八（明治二一）年の「尋常師範学設備準則」にあり、初期の官立高等師範学校においては、「明治二十年八月、初めて長途修学旅行を実施す。修学旅行は、はじめ行軍旅行に学術上の実施観察研究を併せ行つたが、此の方法には種々の不便が多かつたので、のち修学旅行と行軍旅行とを分離し、修学旅行は専ら学術の研究を目的とし」たという(3)。鈴木によれば、通常行われる修学旅行には神社、仏閣、御陵などの国家史蹟を訪問見学先に選定するが、国防啓蒙の領域から、日清・日露戦争時の戦跡を訪問し生徒たちに直接に軍事的活動の跡を偲ばせ国防国家の意識を育成しようとしたものとして「満鮮（韓）」修学旅行を位置づけている(4)。

三谷憲正は「日本近代の朝鮮観——明治期の満韓修学旅行をめぐって」において「明治三九年日露戦争の余燼いまだ冷めやらぬ満韓の地へと多くの学校が修学旅行を行っていたのだ」とし、当時の『読売新聞』を引用して陸軍所轄の船舶鉄道が旅行者（「生徒及監督者が団を云ふ」）に対しては無償で輸送し、都合三五〇〇名の高等師範学校、東京府立各学校生徒を乗船させたことに注目している(5)。鈴木も三谷もこれらの修学旅行が陸軍省や文部省の主導で実施されたものであること、また、師範学校を中心とした国防意識の形成を育成した旅行を中心に論述しているが、本章で紹介する修学旅行の一形態として実務学習（海外行商）が存在したことには分析が及んでいない。

本章では「満鮮（韓）支」修学旅行の分析にあたって、本章では中等諸学校について、当該の『学校一覧』『校友会雑誌』『学校百年史』等の資料を用いて分析することにする。この背景として考慮すべきことは、以下のようなのである。①日清、日露の戦争を終え、陸軍などが配属将校などを現地に視察に行かせ、日程の段取りを行っていたこと、単独の学校だけでなく全国から「満鮮（韓）支」旅行への志望者を募っていたこと。②これにより多くの高等商業学校生、中学校生、商業学校生が大陸での商業・工業に従事することを目指すようになったこと、③朝鮮鉄道や南満州鉄道の建設、日本人居住地の開拓や都市建設が進み、現地の中国人や朝鮮人を単純で安価な労働力として従えたこと。その中で日本人が経済活動を行うことは必然であるというような植民思想のもと、各学校の卒業生が定住・定着していったこと。(6) ④植民地在住の日本人のために日本製品を持ち込んでいた住友商事や伊藤忠商事、三菱商事などの総合商社、また、各地の鉄道事業（南満州鉄道、朝鮮鉄道等）、石炭発掘事業（撫順炭鉱）などに多くの日本人が派遣されていること。また上述のように南満州鉄道などは「満鮮（韓）支」修学旅行の移動手段であるばかりでなく、鉄道・船舶による旅行費用の面でも支援を行っていたこと。⑤朝鮮（韓国）にも多くの日本人が在住し、東洋拓殖株式会社や朝鮮金融組合による事業が網の目のように張り巡らされていたこと。これらの時代的背景が「満鮮（韓）支」修学旅行の成立を担保・促進する要因として存在していたことに注目したい。なお前史として、明治中期に一般的なツーリズムとして「満鮮（韓）」旅行が盛んであり、この影響を受けて学校の「満鮮（韓）」修学旅行が旺盛になったことが要因としてあった。

久保尚之は『満州の誕生』の中で、都城商業学校の「満鮮（韓）支」修学旅行の詳細を明らかにしている。都城からの茶の輸出を発端に、一九二二（大正一一）年から一九四三（昭和一八）年まで継続していたこの修学旅行は、国威発揚ではなく、大正時代の世界的な平和を願望する雰囲気に始まったことを指摘している点は興味深い(7)（ただし本書は学術書でないため、これらの議論の根拠となる資料が示されていない）。

また、同窓会のネットワークも重要である。各学校の同窓会名簿には地方別、外国の都市別の記載が多い。卒業生からの在校生に対して就職の呼びかけがあり、各学校（特に商業学校卒）の就職斡旋と就職決定において、この同窓会ネットワークは大きな役割を持っていた。こうした同窓会組織の形成が明治末から昭和の初期までの「満鮮（韓）支」修学旅行にも大きな役割と機能を担うことになったと考えられる。(8)

先述した鈴木「満韓修学旅行の教育思想的考察」は「満韓」旅行の歴史的発展や文部省の対応の推移を精査しているが、この論文は主にイデオロギー的分析が主軸となっており、「満州」・中国・朝鮮に当時作り上げられた中等諸学校の同窓会ネットワークや、商業（行商）として行われていた商業学校の「満鮮（韓）支」行商旅行の分析を加えていないのが課題である。先述したように鈴木は生徒の国防国家意識の育成を企図して始められたこれらの修学旅行が、韓国併合後の大正時代においては、朝鮮の社会・文化・産業等を実見し、日本の国力発展について思考させることを目的とするように変化したとしている(9)。この分析は大筋では妥当であるが、「満鮮（韓）支」修学旅行の発端であった、あるいは並行して行われていた商業学校の海外行商の意味については詳細には検討されず、商業学校卒業生の満州や朝鮮（韓国）への修学旅行が、商業学校生の卒業後の進路に与えていた影響を分析していない。

本章では、以下、中等諸学校の中では先駆的であった商業学校における「満鮮（韓）支」修学旅行の代表例、さらに東京府立第一中学校、第三中学校、工業学校など他中等学校における「満鮮（韓）支」旅行について紹介し、その歴史的意義を再検討する。

2　商業学校における「満鮮（韓）支」修学旅行の端緒

『下関商業高等学校百年史』によれば、同校の「満鮮」旅行は一九二四年から三九年まで一六年間、毎年五月に実施されたとある(10)。長期にわたって旅行が成立した背景には、おそらくその背景に下関が地理的に一番朝鮮に渡航するのに利便性の高い土地であったこと、多国籍貿易を行う開港場であったことがある。先に鈴木が指摘したように修学旅行の規程は一八八八年に「尋常師範学設備準則」に示されているので、ここから数十年を経て商業学校で運用がされるようになっていたのである（工業学校も同様である）。中学校と比べ実業学校の場合には、学校所在地域の商工業をどのように発展させていくかという問題意識が生徒の意識の中により強く貫かれていることは、商業学校の校友会誌の多くが物語っている。

滋賀県商業（後の八幡商業）学校では、一八九八年（明治三一）年前後に、実習教育が発展した海外行商を中国各地で行うようになった。中国において現地の商人と競争するのは相当の覚悟が必要であるとして、ひとまず譲って朝鮮での行商に挑戦することになった。有志を募り二五名が自己の資力をもって海外行商にでかけようとした。旅費の確保などの関係から、全校の修学旅行としてではなく、結局少人数での海外行商になったことが、英文による『八幡商業五五年史』に記載されている。

The Shiga Commercial School in Omi has made a new departure in practical Commercial training. Mr. Tutaro Hatano and assistant teacher, with four students of the third year class, came up to the Capital a few weeks ago, with about 200 yen worth of Hamachirimen (a kind of Japanese crape), and letter-paper. These they hawked about the streets and speedily disposed of their stock of goods. They left Tokyo a few days ago. Quite satisfied with the success of their first attempt in trade.[11]

このように八幡商業や下関商業の例にあっては、修学旅行として企図されたものの、最終的には生徒が自己資金によって、海外行商を行うことになったことが示されている。たしかに生徒にとっては朝鮮や中国に自己資金で旅立つことは容易ではなかったであろう。先述の鈴木や三谷の論文にも、陸軍省による渡航費用の援助、軍艦や南満州鉄道などの施設の提供や費用援助が指摘されている。商業学校は自己負担で行商を行ったことが重要である。

ところで一九二〇（大正九）年に出版された『満鮮旅行案内』には「満鮮旅行」の目的が明確に示されている。「植民思想を助長し、国民指導の根拠を与えるに資すること。また日本の勢力範囲を理解し、邦家の現状に副はんとするの上、殊に新領土朝鮮の開発同化を急ぐ」[12]ものであり、このように民間や商業ベースで「満鮮（韓）」旅行は国民の中に、大正から昭和期にかけて次第に浸透していったことがわかる。本書は三〇〇頁に及ぶものであるが、主要な関連する目次を示しておく。

七　鮮人の特質／四一　撫順炭鉱／五〇　遺憾な在満日人／七五　満鉄本社の特色／一〇五　朝鮮の富源／一〇六　満州の富源／一〇七　青島を根拠とした山東の富源開発

この中から一部を紹介し、いかにしてこうした書籍が日本人の侵略意識を助長したのかについて示しておきたい。

四一、撫順炭鉱　毎日五千万噸を採掘するとしても五百年は採掘し得られる、以て如何に炭量が無尽の富たるかが想像される。現今の採炭高は一日約六、七千噸である。／而も之れ等の坑夫の多数は賃金の安い苦力で、値段は非常に安く物価調節の為め内地へは余り吐けぬがドシドシ支那《ママ》其の他の諸外国へ輸出されつつある。[13]

朝鮮や満州には日清戦争以降、様々なインフラが整備されるようになり、日本人もその地で就業するようになった。しかし、そこでの日本人の意識とは、いかに現地の原材料を安く調達し、それを諸外国との貿易の商品として販売し、蓄財するかを問うたのである。本書のような「満鮮（韓）」旅行関係の小冊子は、一九一〇年代から多く発行[14]されており、国外から国内に至るまで日本人の意識を海外進出に駆り立てることにマスコミも国家から利用されたといってよいであろう。

また特筆すべきこととして、「五〇　遺憾な在満日人」には、在留邦人に対する批判意識も顔を覗わせている。例えば「日支合弁は支那《ママ》人を主に使い資金を多く出させて、日人自身の利益を厚うして支那《ママ》人を泣かす。（中略）例えば支那《ママ》人より大豆を買ふも手付けをなして品物丈はとって、後はつきはなして夜逃げをする」[15]など、植民地の中国人に対する差別的な扱いなどを批判している点は興味深い。

3　行商としての「満鮮（韓）支」旅行

当時の「満鮮（韓）支」旅行の旅程の全体像を示す資料がある。東京府立第一商業発行の『僕らの見たる満州南

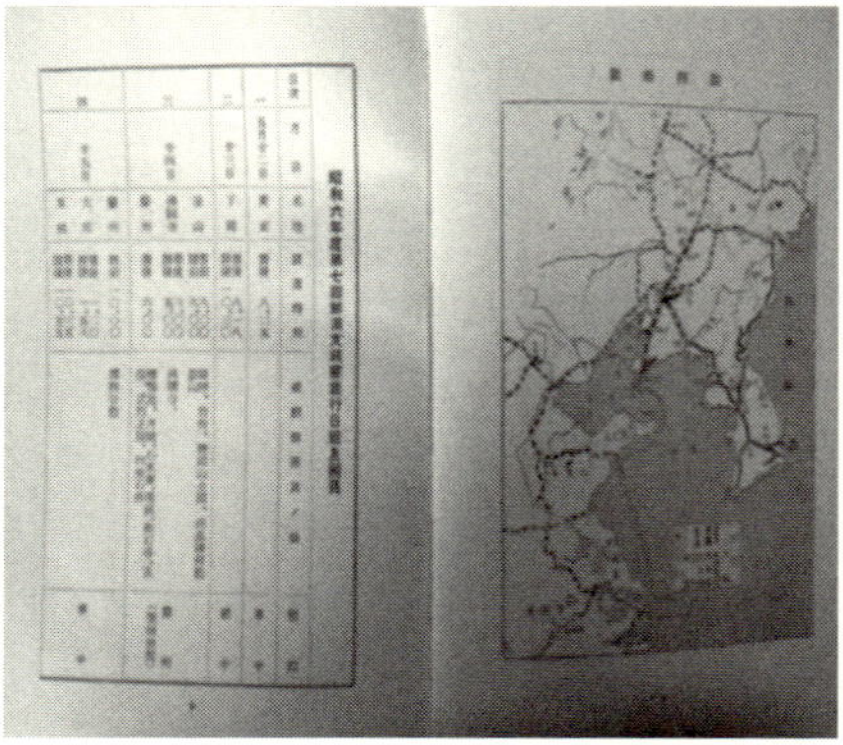
図１　「満鮮（韓）支」修学旅行の旅程略図

支』（一九三一年）に収録された旅程略図を示す（図1）。

先行研究がこれまであまり注目してこなかったこれらの商業学校の修学旅行について、その事例を紹介しよう。これまでも見てきた八幡商業学校や神戸商業学校、そしてこの東京府立第一商業学校には詳しい資料が残されている。神戸商業学校生徒による『修学行商日誌』[16]には、商業学校の修学旅行の一つの原型が示されている。驚くことに本書は、一九一八（大正七）年の一八版まで頻繁に増刷されている。「満韓行商」の記録を単行本として出版している生徒は管見のかぎり神戸商業学校が全国で唯一である。

この本には実に興味深い日記が記載されている。学校主催の修学行商日記として二九頁にわたって「清国上海杭州蘇州紀行」が記載されているのである。旅行の日程は一八九九（明治三二）年七月二二日から八月九日の一八日間で、紀行文の末尾には、この修学旅行が行商を一つの目的としていたことがはっきりと示されている。

余が行商旅行に費せしは

日数	九八日	海路	一四六三浬
旅費	一二〇余円	売上送金額	一〇八〇円内外
鉄道	二〇〇四哩七一鎖	一日平均売上	一一円強[17]

このような行商を二週間強の日程で実行したのであった。修学旅行日記には細かい行商内容が記載されておらず、明確には言えないが、いくつかの日記から推測することができるので、紹介しておきたい。

蚕業の如何に盛なるをやをも察するに足る可し、又所々に煙草園の散在せるをみることが少なからざれば、此種の業の将来をも計らる可く、且つ人口日増の此土にして、此平野、木材に乏しきにより、煉瓦製造の如き事業も亦有望なるべく、又石材に富裕なるものの如く彼此に架ずる橋梁は何れも三日月形の石橋のみ(18)。

こうした表現の中に、日本の縮緬や地域の特産品、石材などの輸出入を意識した行商の実態を窺うことができる。

またこの行商旅行には、官公庁の役人や有力企業などに在職する数百人の斡旋があったことが示されている。その一部を示すのが図2である。

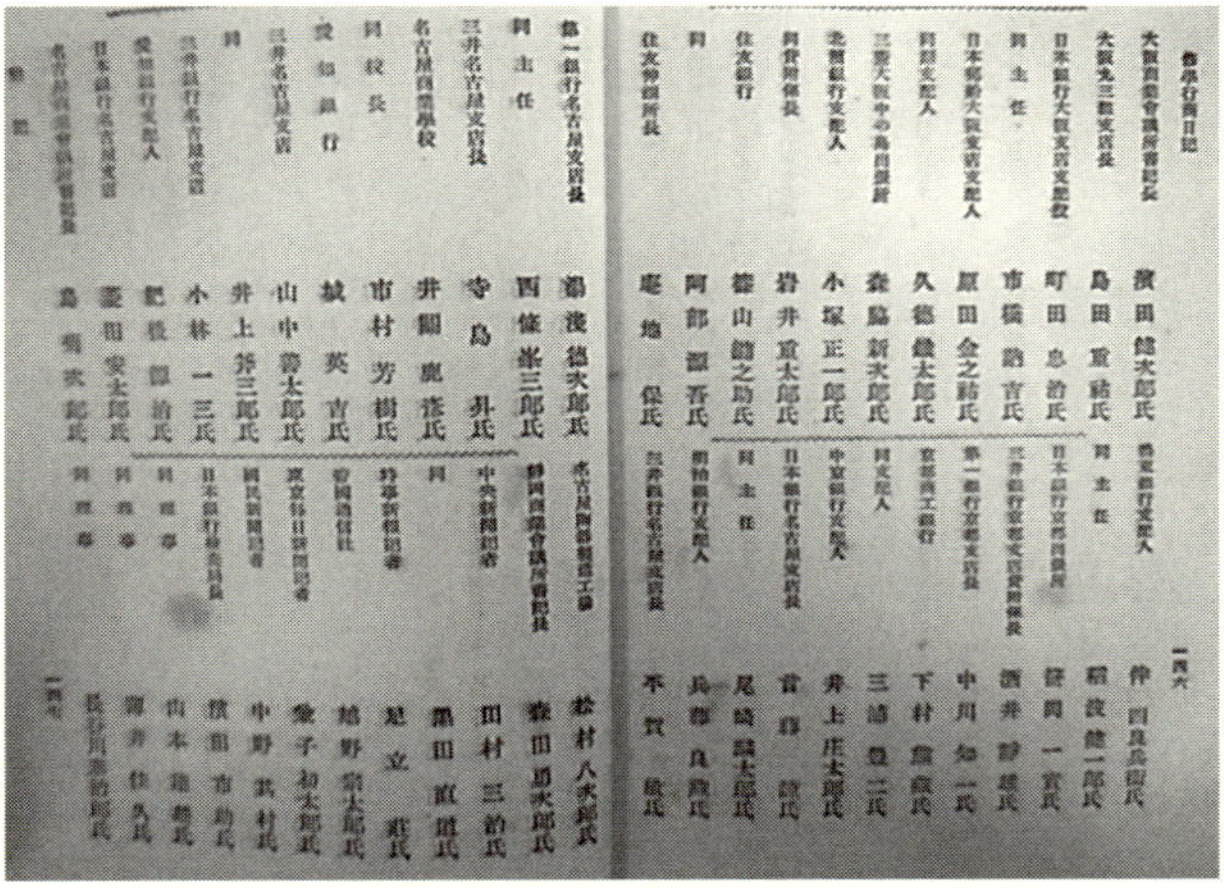

図2　神戸商業学校の修学行商の斡旋者リスト

このほか滋賀県商業学校（後の八幡商業）の同窓会誌一八九八（明治三一）年には次のような記事がみられる（「外国商業実修補助増加の義に付建議書」）。

「海外貿易の進暢を図るは勿論之に要する人才の養成は刻下最も其必須を感ずる所なり」として農商務省の予算の増額を求めているのであるが、海外の行商に対する強い姿勢を感じることができる(19)。

近江尚商会会誌（八幡商業同窓会の通称）には、明治期から大正期にかけていくつも「満鮮（韓）」旅行の記事が見られる。神戸商業学校と同様、この旅行でも行商を行っていたものと思われる。同会会誌の第五一号には、「回光通信機、機械水雷、探海燈ダム丸其他戦時日露両軍における糧食及衣服の比較、……鉄条網散兵壕、其他各種の模型ありて、余等も同大尉の熱心且快活なる弁を合いまって非常に趣味多く感ぢたり[20]」とある。

同会誌は一九一〇年一二月の五三号より名称を『近江商人』と変更している。一九三四年の『近江商人』には

> 満鮮は気候の悪い住みにくい所と考へられているがさほど悪くはなく、釜山では人口一五万人のその中内地人は五万人といはれ他は朝鮮人《（ママ）》であるが、朝鮮人には財産を多く持つているものが少ない故に常に商業上其他の事でも内地人におされ気味である[21]。

このように、滋賀県商業学校と神戸商業学校の二つの商業学校の「満鮮（韓）」修学旅行には行商という営業行為が明確に位置づけられていた。

これらの学校以外では、松江商業学校が独自に「満鮮」修学旅行を実施していた。『松江商業高等学校六〇年史』には次のような事実が記載されている。長くなるが紹介する。

> 第一回満鮮修学旅行　大正一五年度を迎える。大正一五年は暮近くになって昭和となる。大正の最後の年であった。この春、第一回の満鮮修学旅行が行われることになった。大戦後のわが国においては、大陸に対する関心はいよいよ増していったようである。満鮮へ進出（就職）した卒業生はかなりの数に達していた。大正一一年の秋には、中島校長の支那《（ママ）》視察のことがあった。以降学校日誌を点検すると、さきにも触れたように、学者や名士を招いて満州事情・支那《（ママ）》事情に関する講演が盛んに行われている。このように関心が高まっていった帰結として満鮮修学旅行が実行されたのである。大正一五年五月二日、五年生四二名が尾形久吉、田中精一教諭に引率され満鮮旅行の途についた。（中略）彼等はまた、大連市の整然とした都市計画や、他を圧してそびえる銀行・会社・ホテル・官公署などの建物に感嘆し、満鉄の広軌鉄道の乗心地にも、撫順炭鉱の開発にも感嘆した。かれらは、朝鮮はもちろんのこと、当時満州に進出しつつあった日本資本の勢いに感嘆した。そして、満州で活躍しつつある先輩は、「皆異口同音に今当に日本人が此の地において活躍すべき好時期である」と生徒たちに語ったのである[22]。

次の文は生徒の感想である。

> 何と云っても満州は原料地だ。あの大連埠頭に山なす大豆、豆粕、或は高粱を見るとき、満蒙の大平原より吐出される物資の如何に豊饒なるかを察せしむに足る。殊に人口希薄に起因する消費額の僅少、供給額多くは物価低廉、労銀の安価は、共に以つて

満蒙の工業を発展させるものである。加之、世界屈指の産炭額を有する撫順炭鉱と彼の名高き鞍山の製鉄業は実に工業に益する処分なるものがある。工業のみならず、各種産業の現状は既に諸君の知れる如くに実に可驚き盛況を呈している。人口増加、食糧不足等の問題に悩みつつある我等日本国民の猶益々移住開発に努むべき処こそ、我満蒙の天地である。（中略）今こそ我等の活躍すべき絶好機会、狭小なる利害を捨て国家百年の大計につけ、満蒙の天地に活躍せよ。[23]

図3に示すのが満鮮（韓）支旅行の一端を示す写真である。八幡商業学校では一八九七（明治三〇）年の段階で校長が次の様な構想を抱いていたことが『八幡商業五十五年史』に記載されている。

当時外務次官だった小村寿太郎伯は本校の壮業に対し左の激励的意見を開陳せられた。支那（ママ）内地に入り行商を試みんとするには、支那（ママ）商人と競争するの覚悟なかるべからず。然るに支那（ママ）人は世界中最も行商に巧みなる国人なり。（中略）古来如何に行商を以て有名なる江州商人も未だ海外行商の経験なきを以て、今俄に斯る勁敵と競争を試むるは実に容易の業にあらず、中原の鹿果して何人の手に落つるかを知らざるなり。（中略）先ず第一に朝鮮（ママ）に行商を試むるに在り。[24]

図3　八幡商業学校の「満韓支」修学旅行

この計画は当初実現を見なかったという。しかし一九三一（昭和六）年になり夏休み二二日間を利用して「支那」、朝鮮行商旅行となり、当初の目論見が復活したのである。[25]

この行商修学旅行の日程はどのようになっていたのであろうか。復活した行商修学旅行には教員二名と生徒六名の参加であった。

八月四日　八幡出発、神戸港より乗船、上海に向かう。
八月五日　船中
八月六日　午後三時上海着、上海見学　日本海軍陸戦隊、新公園。

八月七日　上海見学　虹口マーケット、平安公司、新々公司、仏蘭西公園、豊田紡織廠、東亜同文書院、後家匯天文台、黄浦灘路、商業中枢区域、ルナパーク
八月八日　上海見学　日本領事館、金篠取引所、正金銀行上海支店、阿部市洋行、三井銀行、東棉洋行
八月九日　上海見学　上海城内支那《（ママ）》人街の視察をなす傍ら行商に従事する。
八月一〇日　上海出発、蘇州に向ふ。
八月一一日　南京城城壁、鶏鳴寺、明の孝陵、孫文陵墓、南京発上海に向ふ。
八月一二日　上海にて乗船青島に向ふ。
八月一三日　青島着、青島見学　青島測候所、青島宰畜股份公司、萬年山旭山、青島にて乗船大連に向ふ。
八月一四日　大連着、大連見学　大連埠頭
八月一五日　大連見学　蒙資源館、三泰油房、など。
八月一六日　大連見学　市内の商況視察を兼ね行商に従事す。
八月一七日　大連発旅順へ　旅順見学　聖戦蹟、旅順―大連―奉天
八月一八日　奉天着撫順へ　順見学　撫順炭鉱、撫順発奉天へ。
八月一九日　奉天見学　北陵、堂善堂、城内―吉順絲房、夕刻より行商に従事す。奉天発京城へ
八月二〇日　京城着
八月二一日　京城見学　商工奨励韓、朝鮮神宮、南山公園、科学館、景福宮、総督府、旧王上跡。
八月二二日　城見学　徳宮、行商をなす、京城発釜山へ。
八月二三日　釜山着　釜山見学　島海水浴場、日鮮市場、龍頭山。釜山公立第一商業学校、釜山発下関へ。
八月二四日　下関着
八月二五日　近江八幡着[26]　［波線が行商の従事の記述――引用者］

この行程は、一九三一（昭和六）年に敢行された行商修学旅行の行程である。八幡商業の「満鮮（韓）」旅行では要

所要所で行商が行われており、扱った商品は滋賀県下の特産品であったという。おそらく先に引用した英文の記載や地域の特性から見て、縮緬や綿織物であったと思われる。この旅行には、八幡商業の同窓会近江尚商会の支部（上海、青島、大連、奉天、京城、釜山）が協力をしていた。その協力のもと中国や朝鮮での商業実習として生徒たちは二二日間の体験をし学んだのである。この「満鮮（韓）支」行商修学旅行は、先述のように一九四一年まで継続していたことが『八幡商業五五年史』には記載されている。行商によって得られた収益は八〇円余り（一回につき）とそれほど高額ではないが、中国事情研究費として学校に献金されていた。八幡商業学校の『近江尚商会誌』には「満鮮（韓）支」修学旅行に関する生徒の旅行記が他校と比べて群を抜いて多い。次に多いのが下関商業学校の『会誌』である。[27]

上述のように中国や朝鮮と地理的にも近い下関商業学校では、行商修学旅行の前に「満鮮視察旅行」が行われていた。一九〇六（明治三九）年、「生徒十名と教諭の引率にて大連、旅順、奉天、撫順、鉄嶺、遼陽、営口、金州、南山、安東、京城、仁川、釜山等の日露戦争後の戦跡を視察した」という、実に二七日に及ぶ旅行であったという。[28]次の記録が一九一六（大正五）年に実施された台湾旅行である（「大正五年四月一九日、我等一行五八名は下関を後に台湾旅行の途に上らんとす、午後四時六千有屯の亜米利加丸はスクリウの響と共に航海の歩を踏み出した」）。[29]下関商業学校の「満鮮（韓）支」修学旅行は一九二四（大正一三）年から三九（昭和一四）年まで継続したというが、この旅行の背景にもまた同校を卒業し、海外の企業や植民地の官庁に赴任した先輩の存在が見逃せない。同校の『校友会誌』には、一九一六年以降の「満鮮（韓）支」旅行の紀行文が掲載されている。第六二号（一九二〇年）には「吾人の活躍を待つ支那」として次のような主張が展開されているが、中国の発展にとって必要な日本人の態度を問題視もしている。

翻つて、邦人の支那《ママ》に於ける発展の跡に見るに、利己的にして無秩序無方針、遂に今日の地位に陥るに至ったのは（中略）（一）我国が、支那に接近して、位置する関係上、よからざる分子も続々渡支したること。（二）支那《ママ》開発の為に、熱心にして真面目なるものなし。（三）共同の精神を欠く、（四）我国の立場並に国是を考慮するものなし。[30]

また同『会誌』第六五号（一九二三年）では四年生が「支那《ママ》に於ける我が同胞の自覚を望む」と題して次のようにいう。

支那《ママ》は動力、生産共に原料の宝蔵である。然るに各種産業の未だ全盛の域に達しないのは、智と資本の欠乏によるのである。我が領土の民族包容力は最大限に近い。（中略）価値少なき天産物の価値を大ならしめるは、人類の幸福を増進するものである(31)。

これら下関商業学校の校友会誌には、大正の中ごろから昭和以降の号にも毎回のように中国や満州の資源開発や日本の商圏をいかに確保するかという観点から書かれた論説が多く登場する。

こうした行商修学旅行の成果は商業学校の教育課程自体への影響も少なくない。多くの商業学校には商品陳列室が設けられていた。ここには日本各地の特産品はいうまでもなく、「満鮮（韓）支」修学旅行で収集した特産品が学内に展示されていたことが、八幡商業学校『近江商人』（「満鮮事情展覧会」）に掲載されている。

一一月二二、二三、二四、二五に亘つて本校に於て満鮮事情展覧会が開催された。今や満鮮は世界の注目の的となり総てが？にとざされている時である。この時にあたりて満蒙展覧会が開催されたことは真に意義深い事である。この展覧会の目的は一般世人をして満鮮を理解させるものである。陳列品の一部は我等五年生の満鮮旅行によって集めた資料であり、他は全く在外先輩諸氏のご協力によるものである(32)。

商業学校では先述したように、明治末以降、商業実践（商業実習）がカリキュラムの上で必須科目となっており、海外での行商も授業の延長線上に行われたことが読み取れるであろう。商業実践は極めて実務的な科目であり、商品の選別のほか、海外の旅行で実際に外国での商品を発見するという実務的な目的が込められていたといえる。これらのことから、商業学校の「満鮮（韓）支」修学旅行には、こうした行商修学旅行を土台に、海外における卒業後の職業選択と市場の可能性を学校在学中に探る意味が込められていたことが窺える。

4　旧制中学校の「満鮮（韓）支」旅行

日清・日露戦争まで、旧制中等学校の修学旅行について、従来の研究では先述のように評価されている敬神崇拝の観念を生徒に注入する神社参拝から、日清・日露戦争後にはその戦跡を訪問地に選び、生徒たちに直接軍事活動の跡を偲ばせることによって国防国家の意識を育成しようとする意味合いへと変化したという(33)。二〇三高地の見学などはその典型であった。

東京府立第一中学校（府立一中）や東京府立第三中学校（府立三中）の学校史には、「満鮮」修学旅行について次のような記述が見られる。

日露戦争の勝利によって（中略）中学生に満州に修学旅行に行かせようと計画が文部省から陸軍省に持ち込まれ、全国中学校で満州修学旅行が実現するようになったのは明治三九年のことであった。東京から参加したのは、東京高師、同付属中、府立師範、府立一中、二中、三中、四中、府立織染学校などで、（中略）府立一中生徒は教員九名、五年生二十一名、四年生十九名の合計四十九名。七月十三日の新橋駅発、広島宇品港から琴平丸に乗船、大連、旅順、奉天、遼陽などの主として日露戦争の戦蹟見学で、約一か月間にわたり八月十二日に新橋に帰省（中略）陸軍が主導し、主に二〇三高地などを訪れて、軍人が激戦の話をするという場面が多く、少年の志気を鼓舞する目的が感じられるが、生徒の視野を大きくするにも役立った旅行であった(34)。（府立一中）

府立三中では、

一九〇六年夏、陸軍御用船琴平丸を使用し、全国の中学生、高等学校生約三千人を対象に、五回に分け、満州修学旅行が実施された。東京からは中学生として府立一中、二中、三中、四中、織染学校の五校が参加し、八田三喜（府立第三中学校長）は第三団の団長を務めた。（中略）三中の一隊（職員十一、生徒四十五、計五十六人）は、七月十三日、新橋停車場前に集合、午前六時東京府知事の見送りを受け発車、十五日午前六時広島着、十時宇品港から御用船に乗った。門司を経由して，十八日午後、関東総督府管轄下の大連に上陸している。（中略）二十二日、満鉄に乗り旅順へ二〇三高地見学、（中略）二十五日奉天。（中略）二十七日、鉄嶺。二十九日、遼陽。三十日、営口。八月一日南山。二日、大連着。五日、大連より乗船。八日夜、宇品着。新橋・宇品間汽車賃六円八十七銭、琴平丸の船賃と満鉄汽車賃は無料、食費計十四円八銭、雑費一円二十二銭、記念帳印刷費二円八十三銭、生徒旅費は総合計二十五円であった。(35)

その他に旧制中等学校の校友会雑誌の中で満鮮旅行について述べたものは多くはない。筆者の管見の限りでは、まとまって論述されたものはごくわずかであるが、『盛岡中学校校友会誌』の第九号（一九〇七年）には「満韓旅行雑感」という随想が記載されている。ここには旧制中学生のアジア認識を知る上で極めて興味深い記述がある。

吾々国民は此大責任を引き受けるとして如何に其富を作つたらよいのですか其は種種な方法もありませうが実業を以つて第一とするのは●（ママ）もがなでありますと然しながら今日限りある面積の所で如何に勤勉に働き如何に巧に土地を利用しても内国の生産力は限りがあります然るに此に至極都合がよいことには満韓という新舞台が設けられたのではありませぬか。(36)

これは個人の「満鮮旅行」の随想とはいえ、日本の植民地に対する中学校なりの意識喚起の意図を明確に読み取ることができる。

5　紀行文にみる中等諸学校生の社会・文化意識

これまで「満韓支」修学旅行の大枠について検証してきたが、この旅行に参加した生徒たちの紀行文の中から、彼らのその価値観や文化意識に関連する記述について検討したい。しばしば見てきたように紀行文が多く見出せる八幡商業学校の雑誌『近江尚商会会誌』からいくつかを紹介する。

一九〇八年の『近江尚商会会誌』（第三〇号）には次のような記述がみられる。「外国商業実習補助費増加の建議書」と題し、外国での商業実習を農商務省の費用で賄うべきであるとの意見が提出されている(37)。またこの号には在校生の「満鮮支」旅行の紀行が綴られている。この紀行文では、南満州鉄道会社が各停車場に向かって本社から打電訓令を行い、そのおかげで「何等不自由を感じず充分の優遇に浴せし」とし、「満韓支」修学旅行への後方からの支援と当該地域での優遇をはかった企業への思いをはせたのちにこう綴る(38)。

余や旅順及大連を見物するに当り、露国が如何に巨額の放貢をなしたりかを、初めて想像することを得たり、唯前者は一大商港たるに反し、後者は東洋に於て否世界に於る一大軍港にして実に完全無欠なる地位を占め、難攻不落たる豊に偶然なる言葉にあらざるを信ず、啻に露国の設計大にして、設備完全なりしに驚くのみ、然らば斯くの如き軍港を陥落せしめたる、我が軍の武勇には猶ほ一層驚かざるを得ざるなり(39)。

また盛岡中学の生徒は次のようにも述べる。

以上述べました満韓には未だ発達しない若し発達させれば十分利益のある事業が沢山残つて居ります如何にしても我国は軍港とか鉄道とか建物とか鉄道とか少なくとも露国の経営した跡を引受けて完成していくというふうには露国でやったように本国の富を持つて来て、徒に支那労働者《(ママ)》のみに益するよりは彼土において産業を発達せしめて富を得以て此等を経営して累を本国に及ぼさないと思います。夫には大に我国の人民が彼地に行つて或は自ら其事業に手を下し或は彼らを親切に導き之を発達せしむることをしなければ駄目であります(40)。

この盛岡中学校の例のほかには、大分県立中学校の『碩田校友会誌』の第八一・八二号（一九二九年）に「満鮮旅行」の紀行文が掲載されている。この中で興味深い論稿（講演）が、同校卒業で満鉄中央研究所に在籍する卒業生が「私が大豆として」である。この論考は、「大連港の総輸出額六五〇万噸の内石炭が二八〇万噸、大豆及びその他の製品と二百三十万噸と申せば大豆は満州にとって如何に大きな産物であるかわかりませう(41)」と指摘し、全体としていかに日本人を韓国や満州に居住させ、利潤追求のシステムを築き上げ、日本の経済的発展を成し遂げていくかという文脈において修学旅行の意義を見出すものであり、そのような生徒や同窓生は少なからず存在していた。

また一九三〇年の下関商業学校の『校友会誌』には、四年生が「行け新天地満蒙へ」と題し、結論において満蒙開拓への意気込みを同窓生にこのように指し示している。

> 満州！満州に産業を興し、商業を盛ならしめ、以て之を開発し、之を利用するは、当に我等大和民族の為すべき所ではないだろうか？　諸君が満蒙を観、識り、究めん事を、翼ふ真の意義は此れに、あるのではあるまいか？近代科学の知識を以て近代企業の経営を志すならば、（中略）そこに有利なる事業が多々横たわっている[42]。

しかし、日本による韓国や満州の支配を支えるこうした思想に対して、やや論調の異なる意見も表明されることがある。

先にも紹介した八幡商業学校『近江商人』の「満州国人に接して」においては、以下のような意見が述べられる。

> 大連到着後間もなく私は埠頭広場で日本の交通巡査が荷車を引く一満州人を足蹴にしているのを目撃して驚いた。最近の問題の様に交通整理の必要から叱責する事態は当然な事かもしれない。併し足蹴にするとは極東の盟主、文明国たる日本人として採るべき道ではない。如何に華工と云えども世界人類に於る厳然たる一人格者である。殊に民衆の指導者たるべき警官としての認識不足を憤慨したのである。若し彼等の全てが日本人のこの横暴を認めた時（中略）如何に大陸的性質の所有者である彼等とは云へ、彼等が日本人に対する崇尊と敬慕の念を離れて日本人に対する反感を抱いた時、巨費と尊き皇軍の血に依つて基づき立てられた彼等の生命線は如何に成り行くであらうか？（中略）現代の日本国民は満州否世界に対して今少し大きく眼を見開かねばならない。満州に対する優越感を去れ[43]！。

このように、当時進行していた戦局を思いつつも、日本の支配に対して（明確な文言ではないものの）批判的な意見を持つ商業学校生が存在していたことは忘れるべきではないが、生徒たちは「満鮮（韓）支」修学旅行の趣旨が日本の大陸への発展の基礎となるべき学習であることを、明確に認識していた。日中の戦局が進む中、八幡商業学校のある五年生は、「満鮮（韓）支」旅行の意義を以下のように提起していた。

一、実地観察によって大陸発展の基礎を作り彼の地に対する認識を深め日満の親交を増すこと。
二、先輩諸子御活躍の現状に直接して、大八商の魂を結合すること。
三、銃後学生の意気を示して日本の力強さを知らしめ日本信頼するに足るの感を抱かしむること。(44)

中等諸学校の中でも群を抜いて盛んだった八幡商業学校の「満鮮（韓）支」修学旅行はその内容や観点において「時代のニーズ」に対応した取り組みであったといえよう。そうした修学旅行を明治の末期から継続的に同窓会組織が支援しながら実施した点は特筆すべきことであった。

これらの他に、工業学校での「満韓」修学旅行の記録として、わずかであるが二つの事例を紹介する。

石川県立工業学校四年生が『校友会誌』第四二号（一九二六年）に執筆した紀行文は、大正期末から昭和初期の工業学校の「満鮮（韓）支」に対するスタンスが示されている点で興味深い。

本年の暑中休暇を利用して我等は北支満鮮旅行を試みた。七月二三日我等一行十名は（中略）天津に向かって航海を続けた。（中略）午前九時より日本工業倶楽部において小林陽之助氏の天津概観について講話を聞き、終つて十時より英国、仏蘭西、伊太利、旧独逸、日本各租界を見学したが、何れも街道は、鉄筋コンクリート式でアカシアの並木が立並び第建築物は軒を連ね交通は秩序正しく整理せられ（中略）公園等実に堂々たるものであった。(45)

つまり工業学生としては、中国の社会資本や交通基盤の状況、その構造建築物に対して、修学旅行を将来の利潤を追求するにあたっての基礎的調査としていたことを示しているようである。

もう一つの事例として、福岡工業学校の一九三四（昭和九）年の記録があり、その一部を紹介する。文中に掲載されている写真から判断して、教員と生徒の三四名が渡航したと推測できる。

昭和七年に満州国が誕生し、本校の卒業生も満鮮に就職する者が次第に増えており、修学旅行先に選ばれた。（後略）
四日目　撫順。先輩の出迎えを受け旅館に落ち着く。駅前の各土産品店の内には「歓迎福岡工業」と大書された立て看板が目につく。郊外電車に揺られ古城露天掘を見学する。撫順の露天掘を代表するもので、東西五粁、南北一粁の広範囲に及ぶものなり、坑内の石炭は傾斜スキップで運ばれ、選鉱機に覆される。選炭場を見学し、坑内に降りて行く。発破の壮観、電車ショベルの威力、眼に映ずるものすべてが、我々をして呆然とさせる。
次にオイルセール工場を見学、東洋第一を誇る大竪坑の龍鳳凰竪坑へ。近き日に捲塔は天空にその雄姿を現し、今や大活動の威力を備えつつあるようだ。夜は歓迎晩餐会に招待される。（中略）八日目　旅順に着くやボディ甚だ優秀ならざる馬車に乗せられて、物凄く鼻息の荒い案内人に引率されて出発した。二〇三高地は日露戦役で鳴らした難攻不落を誇るポート、アーサーの核心というべき所。眺望は断然よい。東鶏冠山保塁は規模の雄大さ、その構造の堅固さ、全く驚くべきものがある。いまさらながら当時の露国の文化状態に驚かされた。水師営を見て回り、夕刻大連へ。(46)

なお同校の「満鮮（韓）支」旅行は、一九三四年以降も継続していたようである。

以上のように可能な限り『校友会雑誌』を中心として、「満鮮（韓）支」修学旅行（あるいは行商修学旅行）の検討を行ってきた。本章の議論をまとめ、最後にこうした修学旅行が、学校文化にどのような意義をもったかについて述べようと思う。

6　「満鮮（支）」修学旅行と学校文化

これまで見てきたように、「満鮮（韓）支」修学旅行は、明治期三〇年代から観光（ツーリズム）事業として浸透した。その動きに便乗した「満鮮（韓）支」への修学旅行は、国民意識や軍国イデオロギーの形成という修学旅行の意味合いに加え、海外での行商行為や中国・朝鮮から学ぶべきものを探る意味が加わっていったといえる。明治三〇年代といえば南満州鉄道や朝鮮鉄道の建設といった植民地におけるインフラ（社会資本整備）が充実した時期でもあり、「満鮮（韓）支」修学旅行が盛んになっていく時期と極めて近い。

多くの中等学校では、渡航航路において陸軍省や文部省の支援を受け、生徒たちの旅費の負担を軽減する配慮が行われている。ただし商業学校の事例を見ると、航路において軍用船に乗船したという記載はなく、五年生を中心として生徒自らが神戸や下関から航路費用を準備していたようである。

校友会誌の中で、この「満鮮（韓）支」修学旅行の記載が多く見られたのが滋賀県立商業学校や下関商業学校であった。また神戸商業学校は単独で『行商日記』という単行本を発行した。本書は後々まで増刷されており、商業学校生に購読され大陸に対する学生の意識を喚起したものとみてよいであろう。

先行研究では次のように「満鮮（韓）支」修学旅行が総括されている。

鈴木普慈夫は「日露戦争直後に文部省と陸軍省によって、生徒達に国防国家意識の助長の意図をもって、学校行事としての端緒を開かれ、韓国併合が断行されるや、植民地朝鮮半島に対する知識を、生徒達に啓発する学校行事として発展を続け、さらに満蒙政策の展開を見るや、大陸の関する知識を広め、満蒙政策への理解を得て、積極的に大陸に進出する人材の育成を目指すことが意図されるようになった[47]」と結論づけている。

筆者としては、こうした評価を首肯しつつも、必ずしも単純化できない実態を本章を通して紹介・検討してきた。つまり中等諸学校の「満韓（鮮）支」修学旅行が、大きな意味において朝鮮、満州への移民や進出を誘うような装置になったことは否定できないし、その背景には、戦前期の修学旅行一般が皇国民の養成というイデオロギー装置としての役割があった。しかし、本章でみてきた『校友会雑誌』における紀行文を検討することにより、明治末から昭和初期の、大陸（満州・中国・朝鮮）に進出していた商業学校・工業学校では、卒業生[48]が大陸の奉天や大連・哈爾濱・厦門などでも同窓会組織を作り上げ、校友会誌にも論説などを投稿していた。また商圏の広がりを背景に、商業学校の「行商」旅行、工業学校生の大陸の社会資本への着目など、他の中等諸学校では見られない展開があったことが、本章の検討によって明らかになったと思う。「満鮮（韓）支」修学旅行は、こうした意味で、特に商業学校の学校文化に、大陸への侵略的な資本主義的生産活動・営業活動への動機づけを与え、卒業生のネットワークを前提に、在学生の卒業後の海外進出を大いに促進するものとしてその教育課程に影響を与えたものと言いうる。

そして、しかしこうした旅行での実見聞を通じて、当時の日本の大陸経営のあり方に一石を投じた紀行文を卒業生や在校生が投稿することもあった。こうした、いわばひとつの「隠れたカリキュラム」も併せて、修学旅行は在校生の進路選択に大きな影響を及ぼしたのである。同窓会のネットワークとしては、在校生が将来携わる貿易や商品の販売ルートの確保をこの「満韓（鮮）支」修学旅行で学習させることにより、その絆を強めたのである。こうした修学旅行は天皇制公教育を裏側で支える人的ネットワークを築く役割を持ち、いわば天皇制公教育と資本主義公教育の車の両輪の役割を果たしたともいえよう。

（1）明治期から学校において、本章で論じる修学旅行について「満韓旅行」あるいは「満鮮旅行」「満鮮支旅行」という言語が使用された。これらの用語は歴史的な意味をもつものであるが、以下これらを包括して「満・鮮（韓国）・支」旅行という言語を本章では使用することにする。
（2）鈴木普慈夫「満韓修学旅行の教育思想的考察」『社会文化史学』第四八号、二〇〇六年。
（3）『創立六十年東京文理科大学東京高等師範学校』一九三一年、三三一頁。
（4）鈴木前掲論文参照。
（5）三谷憲正「日本近代の朝鮮観」『Gyros』第一一号、二〇〇五年。
（6）井澤直也「人材供給における商業学校労働力の定着過程」『日本の教育史学』第四六号、二〇〇三年、井澤直也「大正期における専門学校生の海外進出に関する研究」『東洋文化研究』第五号、二〇〇三年、を参照のこと。

(7) 久保尚之『満州の誕生』丸善ライブラリー、一九九六年、二～五五頁。
(8) 高等教育、特に旧制専門学校の「満鮮（韓）支」修学旅行については阿部安成が「大陸に興奮する修学旅行――山口高等商業学校がゆく「満韓支」「鮮満支」」（『中国』21号　愛知大学現代中国学会編一九九七年。参照）がある。
(9) 鈴木前掲「満韓修学旅行の教育思想的考察」、一三一頁。
(10) 『下商百年史　図録編』一九八四年、一〇二～一〇八頁。
(11) 『八幡商業五十五年史』一九四一、三七九頁。県議会が海外修学旅行への補助金として毎年三〇〇円を予算に計上した。
(12) 金岡助九郎編『満鮮旅行案内』、駸々堂書店一九二〇年、二頁。
(13) 同前、九六頁。
(14) 『日本朝満州旅行便覧』、文明堂、一九一一年、『朝鮮満州旅行案内』三省堂、一九二九年、『満州旅行案内』、南満州鉄道、一九一四年、などがある。
(15) 金子前掲書、一三二頁。
(16) 神戸商業学校生徒岡本米蔵『修学行商日記』神戸商業学校刊（初版一九〇〇年）。ここには当時の文部大臣、前文部大臣、東京商業会議会頭などによる題字も見られる。本書は大正期までに約一万部発行されたという。
(17) 同前、一四四頁。
(18) 同前、一二八～一二九頁。
(19) 滋賀県商業学校『近江尚商会会誌』第三〇号、一八九八年、三三頁。
(20) 同『近江尚商会会誌』第五一号、一九〇七年、三三頁。
(21) 滋賀県八幡商業学校『近江商人』第一〇九号、一九三四年、七一頁。
(22) 『松江商業高等学校六〇年史』一九六二年、三三四～三三七頁。
(23) 同前、三三四～三三七頁参照。
(24) 『八幡商業五十五年史』三七七～三七九頁参照。

(25) 前掲『八幡商業五十五年史』、三七七〜三七九頁を参照。
(26) 同前、三八〇〜三八一頁。
(27) 森川治人『明治期における商業教育と教育課程の形成と展開』雄松堂、二〇〇四年、参照。明治期の商業学校規定には「商業実習（実践）」というカリキュラムが定められている。
(28) 前掲『下商七十年史』、二九一頁参照。
(29) 同前、二九五〜六頁。
(30) 下関商業学校校友会『会誌』六二号、一九二〇年、六二頁参照。
(31) 同『会誌』六五号、一九二三年、六頁。
(32) 前掲『近江商人』一一三号、一九三七年、八五頁参照。
(33) 鈴木前掲「満韓修学旅行の教育思想的考察」参照。
(34) 東京都立日比谷高等学校編『日比谷高校百年誌　上巻』一九七九年、九四頁。
(35) 東京都立両国高校編『両国高校百年誌』二〇〇四年、四九〜五〇頁。
(36) 盛岡中学校『校友会誌』第九号、一九〇七年三月、参照。
(37) 前掲『近江尚商会会誌』第三〇号、一八九八六年、六月参照。
(38) 同前。
(39) 前掲『近江尚商会会誌』第三一号、一八九八年一一月、八六頁。
(40) 盛岡中学校『校友会誌』第九号、一九〇七年、五二頁、参照。
(41) 大分中学校『碩田交友会誌』第八二号、一九二九年、一〇八頁、参照。
(42) 下関商業学校校友会『会誌』六五号、一九二三年、〇頁参照。
(43) 八幡商業学校『近江商人』第一〇一号、一九三四年三月、一〇二〜一〇三頁。
(44) 『近江商人』第一一三号、一九三七年三月、五三頁。

(45) 石川県立工業学校『校友会誌』第四二号、一九二六年一二月、四九〜五〇頁。
(46)『福岡工業高等学校百年史』一九九八年、一一八〜一二〇頁、参照。
(47) 鈴木前掲論文、参照。
(48) 井澤直也『実業学校から見た近代日本の青年の進路』明星大学出版部、二〇一一年、を参照。なお、注に挙げた以外の参考文献として、渡部宗助「中学校生徒の異文化体験——一九〇六年の『満韓大修学旅行』の分析」『国立教育研究所研究集録』第二一号、一九九〇年、高媛「満州修学旅行の誕生」『彷書月刊』第二一五号、二〇〇三年八月、高媛「戦勝が生み出した観光——日露戦争翌年における満州修学旅行」二〇〇九年、駒沢大学グローバルスタディー研究科（東京大学提出博士論文の一部）、東京府立第一商業学校『大陸を歩みて』一九三一年、富文館。

第13章　中等諸学校生徒のアジア認識の生成と相克
——台北第一中学校、台北第二師範学校、京城公立中学校、新京中学校

梅野正信

はじめに

戦前期の中等諸学校で発行された『校友会雑誌』（以下『　』を略す）については、これまで斉藤利彦らにより多角的・総合的研究が進められてきた(1)。旧制中学校への進学率は昭和期に入っても一〇％弱で推移し、国民全体からすれば比較的少数にとどまるものであったことや、校友会雑誌の多くが学校や教師の実質的検閲下にあり、歴史的資料として取り扱う際には、生徒の自由な心性の発露とはいえぬ点など、慎重な留保を必要とする資料である。しかしそれでも戦時期の雑誌や書簡等が検閲を受けながら一定の資料的価値を有すること、中学校、高等女学校、師範学校に限定しても、大学生や高等学校生と比べ広範な層が享受した教育機会であったこと等を考えると、中等諸学校の校友会雑誌もまた学校文化を今に伝える歴史的記録の一つとして取り扱うことができるのではないだろうか。

本章が検討対象とする、台湾総督府、朝鮮総督府および「満州国」に設置された中等学校の校友会雑誌に記載された生徒たちの記述は、先述したように、総督府や憲兵隊等の検閲を経たものも少なくない。また、日本人教師、日本人学生が特権的地位を維持する中で作成されたものである。したがってそれは、自己責任のもとに個人によって表出された論調や主張と断定し取り扱うには慎重であるべきで、せいぜいのところ、特定の地域、特定の学校、特定の校

友会雑誌に描き出された記述の特徴や傾向を確認する作業にとどまる。しかしそれでも、校友会雑誌に描かれた、または校友会雑誌が描き出した中等諸学校生徒のアジア認識（あるいは素朴なアジアイメージ）の構成要素を、時期をおって整理、比較し、各構成要素の生成と変容、相克の様相を確認する意義は少なくない。そしてこのことは、ひいては、戦後日本のアジア認識（イメージ）へ受け継がれたであろう言説の構成要素を確認する作業としての意味も、持つように思われる。

今日日本の領土とする地域の外にあって、戦前期、日本人および当該国諸地域の人々を対象として設置され、日本の実質的統制下または影響下にあった中等諸学校は、主に台湾総督府（一八九五年設置）、朝鮮総督府（一九一〇年設置）、関東州、樺太庁、南洋群島、現中国東北部にあたる戦前の「満州国」（一九三二年建国）、そして中国国内に確認することができる。本章では、以下、第一に、比較的まとまった形で資料を確認できる台北第一中学校の校友会雑誌『麗正』を用いて、「御大典」（一九二八年）、柳条湖事件（一九三一年）、盧溝橋事件（一九三七年）の時期の各前後、対米英戦（一九四一年）以降の四期に分け、各期における中学生による言説の特徴、言説を構成する諸要素の生成、相克、変容の様相を整理し[2]、第二に、とりわけ、中国との戦争状態を体感し、昭和戦前期の中等学校生徒のアジア認識に転機をもたらした盧溝橋事件前後について、台北第二師範学校の校友会雑誌『芳蘭』、半島に位置する京城公立中学校[3]『校友會誌』、大陸に位置する新京中学校の校友会雑誌『第一陣』に記載された中学生の言説と比較し、第三に、戦前期における中等学校校友会雑誌に共有されていたアジア認識（イメージ）の総括を試みたい。

1　台北州立第一中学校学友会雑誌言説にみるアジア認識の生成過程

台湾総督府下に設置された台北第一中学校は、一八九八年に国語学校の尋常中等科として開設されたあと、一九二

表1　生徒執筆散文題目（『麗正』第34, 35, 36号）

第34号 1927年3月	【想華】（生徒執筆はなし、以下略）／【詞藻】「宗教と科学（五）」「或日（五）」「常識（五）」「立志（五）」「剛健（四）」「運命論（四）」「正義（四）」「運命（四）」「李崠山上に立ちて（三）」「第二学期は半ば過ぎた（三）」「雨の夕（三）」「起床五分前（三）」「雨後の月（二）」「春の思ひ出（二）」「寒稽古中の或日（二）」「想ひ出（二）」「静かな夜（一）」「学校の一日（一）」「歳末の感（一）」「夜明まで（一）」
第35号 1927年12月	【想華】「朝香宮殿下を仰ぎて（五）」／【詞藻】「暮色（五）」「楽は苦の種（四）」「言論の必要を論ず（四）」「逆境（四）」「靴（三）」「奈良（三）」「思出（三）」「休暇中の一日（三）」「豊年の夕暮（二）」「秋の感（二）」「愛の威力（二）」「或る朝（二）」「帰寮の日（二）」「日月短潭の一夜（一）」「僕の家の赤ん坊（一）」「運動会（一）」「一番面白かった事（一）」
第36号 1928年12月	【想華】「我国学校教育の目的（五）」／【詞藻】「御大典と国民（五）」「御大典と我等昭和青年の覚悟（五）」「即位の大礼（五）」「御大典を祝し奉る（五）」「吾々の御大典拝賀式（五）」「御大典（四）」「御大典について（四）」「御大典について（四）」「涼味（四）」「夜間演習に於ける飯盒隊として（三）」「台北橋争奪戦の見学（三）」「夕暮れ（三）」「郊外の秋（三）「御大典を迎へて（二）」「御大典を迎へて（二）」「御大典を迎へて（二）」「御大典を迎へて（二）」「御大典を迎へて（二）」「魚釣（二）」「魚つり（二）」「御大礼の第一日（一）」「ララー山の朝（一）」「再試合（一）」「静かな夕暮（一）」「淡水港（四）」

表中（　）内の数字は執筆者の学年を示している。章末注では，前述した校友会雑誌史料取り扱いの趣旨をふまえ，執筆者氏名を省略しタイトル・頁数を示すことで原文との照合が可能となるようにしている。なお，題目に付した傍線は本文中に抜粋引用した一文であることを意味している。

○年に台北州立台北第一中学校となった。校友会雑誌名は『麗正』。一九四二年六月発行誌まで台北州立台北第一中学校麗正会、一九四三年三月発行誌から台北州立台北第一中学校報国校友会となる。

皇室礼賛に潜む欧米批判の萌芽――「御大典」の高揚

『麗正』第三六号（一九二八年）は、勅語等（三頁分）、口絵（九頁分）、想華（一二三頁分）、詞藻（三五頁分）、紀行・修学旅行（二一頁分）、通信・彙報（四一頁分）の合計二三二頁で構成されている。「想華」は数頁にわたる論説で学外者や教員が主に執筆し、「詞藻」は半頁から二頁程度までの散文に相当する小文で在校生が主に執筆し、一部に教員や学外者が寄稿している。以下、前述の時期ごとに、「想華」および「詞藻」一覧から研究論文を除く在校生執筆記事題目を取り出し、記述の特徴を探ってみたい(4)。

・**正義感**　一九二六年一二月二五日、大正天皇が亡くなり昭和に改元となる。『麗正』第三四号が発行された一九二七年、台湾は日本統治三二年目を迎えていた（以下引用は各論考の一部を抜粋し、旧字体の漢字は新字体に置き替えている）。

新たに来たる大正十六年は、僕の計画通りに日を進めてやろう。さうして快活に、自由に面白く過ごしてやらう。城内が忙しい様に僕の心も忙しい、又城内が騒がしいように、僕の家の中も何となく騒がしく、活気づいた。さうして城内の夜が、昼の様に明るい如くに、僕の家にも光明が輝き出した。（「歳末の感」[5]）

内憂外患交々日本帝国に押し寄せつゝあるではないか。然るに正義心の失せたる事かやうに甚だしきものはない。我等が身辺に迫りつゝある此の大難を切抜けるには一に正義の力があるのみである。（「正義」[6]）

「内憂外患」「正義」の語こそあれ、生々しい現実を指しての文脈ではない。青年期特有の直截な心情や論理が素直に表明されている。牧歌的文章が多く見られるのは、この時期の特徴の一つである。

・御大典礼賛と対外優位の融合　京都御所紫宸殿で即位式（御大典）が挙行されたのは一九二八年一一月一〇日。『麗正』第三六号はその直後の発行である。同年五月三日には済南事件、六月四日に張作霖爆死事件が起きており、対外的な緊迫感が多少なりとも刺激したのであろうか、皇室皇国に対する誇らしげな言辞に加え、欧米およびロシアに対抗しての優越感を表す文章もみえる。

東亜の一角には暗雲低迷し、太平洋を中心として、英米の白人は暗々裏に毒牙を磨き只管好機到来を待ち、内にはマルクス輩の急進思想にかぶれて国家を省みぬ不逞のやからが暗中飛躍している。（「御大典について」[7]）

安泰なる平和、世界一の国体、其はすべて聖天子の御力の致す所である、さうして国民の或者はこの最重要事を脳裏から没却し

表 2　生徒執筆散文題目（『麗正』第 42, 43, 44 号）

第 42 号 1935 年 3 月	【想華】「台湾の歴史について（五）」「青年と信仰（五）」「我が大和民族の偉大性と其の責務（四）」／【詞藻】「新しき台湾（五）」「卒業を前にして（五）」「緊張（四）」「自己を語る（四）」「秋の宵鼠（四）」「旅（三）」「偉人東郷平八郎（三）」「虹（三）」「非常時に際して（三）」「赤ちゃん（二）」「寂寞（二）」「木の間から（一）」「雨の旭ヶ岡より（一）」「恐ろしき一夜（一）」「出初め式（一）」「バスの中（一）」
第 43 号 1936 年 3 月	【想華】（生徒執筆はなし）／【詞藻】「現代青年の覚悟（五）」「湖口を偲びて（五）」「居候の一日（五）」「鎌倉大仏の独言（五）」「田園将に蕪せんとす（五）」「現代の学生（四）」「内省の力（四）」「文学と国民性（四）」「社会と自分（四）」「隣の家（三）」「熱帯の或る風景（三）」「浜の朝（三）」「言葉（三）」「朝（二）」「夕方（二）」「山上より（二）」「学校まで（二）」「夕立（二）」「魚釣り（二）」「山茶花（一）」「海（一）」「魚（一）」
第 44 号 1937 年 3 月	【詞藻】「苺（五）」「新高登山の記（四）」「高野参り（四）」「ローラースケート」（三）「山の夕暮（三）」「年頭の決心（三）」「雨（三）」「登山（三）」「北一中生徒としての道（三）」「床の中で（三）」「寒稽古の行き途（三）」「痛（三）」「起床（三）」「寒稽古（三）」「朝の笑（一）」「弘ちゃん（三）」「早朝（三）」「夕暗せまる競馬場（三）」「腕ずまう（三）」「竹とんぼ（二）」「僕の性分（二）」「煙（二）」「農園の収穫（二）」「時計修繕（二）」「発表の日（一）」「入学の模様を内地のおじさんに知らせる文（一）」「草山から新北投まで水源地野外演習（一）」「飯盒炊飯（一）」「月見（一）」「ロック（一）」

てゐる。かの赤化思想に中毒したロシア臭い青年達、若しくは利に汲々として之を省みるに暇のないあはれむ可き金貨蒐集家達、彼らは冷静と理性を失った。（「御大典」）[8]

非常時認識と内省の併存――柳条湖事件（満州事変）のあと　柳条湖事件（一九三一年九月一八日）、関東軍の錦州占領（一九三二年一月三日）、上海事変（同年一月二八日）、「満州国」建国（同年三月一日）、国際連盟からの脱退（一九三三年三月二七日）と、中国東北部における日本の侵攻政策が進む。他方一九三五年一月には国連が日本の南洋統治権継続を承認するなど、中国・欧米との全面戦争（盧溝橋事件・一九三七年七月七日）には至っていない。第四二号、第四三号、第四四号は、このような時期に発行されている。

・欧米・ロシア批判とアジア盟主（皇国日本）の自覚　時局の緊迫感を強調する意味で「非常時」[9]という言葉が頻繁に用いられるようになる。「我が大和民族の偉大性と其の責務」の四年生も「非常時局にある吾々が如何に国体を意識し、之を世界に普及すべきであるか」と書き出している。氏の「非常時」とは日本を悪者にして満州権益を奪おうとする欧米・ロシア、その策略にのる支那・中国の動向を指している。根本的解決として示された、「万世一系の皇室」をいただく日本が「アジアの砦」として反欧米運動を統括し指導するという構図は、満州・中国政策正当化の論理そのものである。

現今欧米人は国際連盟ていふ闘争宣伝の機関を藉りて、あはよくば一石を投じて波紋を生ぜしめようと試みて居る。之が自ら自由平和を口にして、日本を以て好敵戦国かの如くなす。（中略）有色人種の水平運動乃至解放運動は印度に、仏領印度に、支那に、蘭領印度に、アフリカの各地に、熾烈を極めてゐる。（中略）万世一系の皇室と、国民一体の国家、一心報国の観念は茲に一つの宗教となって国民の脳裏に刻みつけられた。是に於て私は叫ぶ。我が日本の使命は東西文化の融合に在りと。大和島根の文明を人類の向上に資すべきであって、日本の世界進出は世界平和の確立であり、独り日本人のみにあらず人類への責務なりと考へる。（「我が大和民族の偉大性と其の責務」[10]）

同様の言い回しは、「非常時に際して」にもみることができる。

我々有色人種のすべては、日本を除く外殆ど白人に制せられてゐる。独立国の名はあるにしても、支那の如く欧州各国より自由にせられては全く有色人種の恥である。此の支那を救ふのは日本の使命である。新たに生れた満州国を指導するのも日本の使命である。（「非常時に際して」[11]）

・**最前線**　「我等の台湾は栄光に輝き、波も静かに恩沢を湛え、言問はぬ草木に至るまで皇化に浴して無窮無限の生命を言挙げしつ成長してゐるのである」と書き出すのは「新しき台湾」の五年生である。氏は非常時における台湾の役割を「南方の第一線」と表現する。

米国の東洋侵略政策がますます露骨になって来てゐる。（中略）赤露は五箇年計画の下に、積極的に東西進出の野望を抱きつゝあり、支那は排日・侮日の陋劣極まる政略を以て満蒙の地を奪ひ還さうとしつゝある。かくの如き状勢にある東洋の時局の展開は、正に台湾を中心に暗雲を漂はしつゝあるのである。（中略）光栄ある我が五百万の島民は結束相擁し、以て南方の此の第一線を死守すべく覚悟あるべきである。（「新しき台湾」[12]）

・**内省する心**　実際の戦争・戦闘と対峙直面しない時期のゆえであろうか、『麗正』にはまだ、日本を自省的にとらえる散文も掲載されている。「内省の力」がそれである。

非常時日本の真相を見ても、まだまだ日本人として反省すべき点があらう。日本移民の不歓迎の点、日支間の不円満、即決の国民性を持つ短所、その他種々の点を見ても、日本の正当なる立場、正義に立脚してゐることは勿論ながら、斯く事実の存するからにはもう一度猛省を促すべき余地はあらうと思ふ。善から更により以上の善へと邁進する心こそ世界の盟主として常に心懸けるべき事に違ひない。（「内省の力」[13]）

「即決の国民性」とは言い得て妙である。日本の正当性をいいながらも自省と反省の言を加えており、青年らしい正義感、公平感と憂国の情を覗う一文である。

・**学園の平和**　第四四号の発行は盧溝橋事件の四ヶ月前にあたる。満州問題が一旦の落ち着きを見せたためか、題目にも、学校生活の平穏な風景を描くものがみえる。一年生の一文をみてみよう。

僕等は学校に来ると先ず控所といふ所に学用品を置き、七時半にラッパの合図によって校庭に集合し、朝礼を行い体操をして愈々授業が始まります。（中略）今年から制服が国防色に改められました。襟は折襟で皆が整列した時には非常に綺麗で又勇ましくもあります。（「入学の模様を内地のおじさんに知らせる文[14]」）

つぎに示すのは、中学生らしい道徳的正義感溢れる一文である。「質実剛健この言葉は我が北一中の精神の一つである」と書き始める三年生は、中学生の悪行の数々を教えてくれる。

質実剛健、この言葉は我北一中の精神の一つである。（中略）然るに此の精神が我が北一中生徒達に全然残つてゐない。尤も大きいのはこの間の女学生との事件である。一中の制服を着けた者がそんなことをするやうではまことになげかはしく、我々一同の肩見が狭い。又殆ど毎年のやうに起こるストライキなども又大きい事柄である。生徒に先生に師として尊敬すべきにもかかはらず反抗して学業を怠り先生に楯付くなどといふことは一中精神を忘却した、恩を仇で酬ゆる無頼の行為である。（中略）その他活動館の出入試験の時のカンニング、帽子の線を抜取る等数へあげる遑がない。（「北一中生徒としての道」[15]）

氏は、「胸に手をおいて良いか悪いか反省して後悪ければやめ良ければ行ふていふ様にすれば良いと思ふ。北一中のあらゆる生徒諸君よこの心がけで行かう」と訴えて一文を結んでいる。

戦争との直面——盧溝橋事件

盧溝橋事件（一九三七年七月七日）の後、日本は河北治安維持を名目として満州・朝鮮より河北への派兵を決定、一五日には南京政府に向けて「断固膺懲」の声明を出す。同年一二月一三日には南京を占領（南京事件）、翌年一月一六日に「爾後国民政府を対手とせず」を表明（第一次近衛声明）する。日本は宣戦布告をせぬまま対中国戦争を拡大させていく。

『麗正』第四五号は盧溝橋事件後南京事件に至る時期の、第四七号、第四八号はノモンハン事件（一九三九年七月）から対米英戦争（真珠湾攻撃）に至る時期の発行である。

戦地に赴き、戦死する者が身近にでてくる。第四五号には「本校職員並卒業生出身者応召軍人名簿」「勲は高し靖国の英霊」「輝く武功と銃後の華」などの記事が並ぶ。第四七号、第四八号からは、死に直面した中学生の声の高ぶりが聞こえてくる。

・**軍人賛美の表出**　具体的な相手との戦闘と勝利は、いままでにない高揚感を中学生にもたらした。命を賭してこの

表3　生徒執筆散文題目（『麗正』第45, 47, 48号）

第45号 1938年3月	【詞藻】「岡原少将追慕（五）」「苦杯を嘗む（五）」「追想断片（五）」「中学生の幻想（五）」「自己かへり見て（五）」「出船感傷（二）」「海藻取り（二）」「合格の喜び（一）」「北条時宗を想ふ（三）」
第47号 1940年3月	【詞藻】「広東に対する私見（五）」「入試漫語（四）」「戦争と科学（三）」「友（三）」「犬（一）」
第48号 1941年3月	【詞藻】「科学と文明（五）」「『ごかい』買ひ（五）」「空を守れ（四）」「大王アレキサンダーを偲ぶ（四）」「益坂（四）」「水銀灯の下（四）」「朝（三）」「金魚（三）」「大男と小男（三）」「大自然（三）」「団結（二）」「木瓜の最後（二）」「寒稽古（二）」「大沌登山（二）」「東京見物（一）」「台風（一）」「正月（一）」「犬（一）」「台湾神社祭（一）」

戦闘を戦う軍人への熱狂的な崇拝が顕れる。「岡原少将追慕[16]」は講演の感激を綴るものである。

我等の興奮絶頂に達し、無意識に外界にあらはるるものは猛烈に体内を回転する日本精神の相打つ拍手だ。熱意あふる丶この拍手の度毎に「愉快だ、実に愉快だ。」と自ら泣かれるのである。何故に愉快なのか、何故に泣かれるのか。ああ泣いた泣いた私は感慨極まって泣いた。話すも熱、聴くも熱、清き日本精神を頭上に揚げて、お丶尊き講演は終わった。

・皇軍勝利への快哉　現実の勝利に率直な快哉が示され、その反面、中国に対する嘲笑と憎悪がためらいなく表明されるようになる。

追撃戦、包囲戦、堅塁突破に大成功大威力を中外に発揮してゐることは、大変うれしい。蔣政権が外人軍事顧問をして科学を総動員してつくられたる上海・徐州・南京・広東などの大堅塁も我が機械化部隊の前には手も足もでず、あへなくも葬りさられてこれを捨て丶逃げたことなどは実に痛快極りない。（「戦争と科学[17]」）

欧州大戦の勃発（一九三九年九月）をあげて、大陸に戦う日本軍兵士に思いを致さぬのは不謹慎だと諌めるものもある。「広東に対する私見」の五年生である。

聖戦始まって以来三年有余、其の間皇軍の向かふ所敵無く、北支を瞬く間に席巻し、徐州を屠り、上海を占領し、首都南京城を陥落せしめ、更に南下して広東を破り、ついで南海島を占領し、遂に武漢三鎮を攻略して、聖戦も此処に一段落を告げ、その方針も武力より治安に転じ、各地に治安維持会が設立され、北支は臨時政府、中支は維新政府によって着々その実を挙げてゐる。然るに此の時に当り欧州に第二次欧州大戦が勃発は、国民の注意が斉しく西欧の動乱に向けられ、つい鼻先にある大陸で、警備に治安維持に、或は行政に産業復興に、身命を賭して闘って居られる皇軍並に民間の諸勇士の困苦艱難に、漸次関心を失なひつゝある現状は、甚だ遺憾とする所である。(「広東に対する私見」(18))

・空襲の不安　台湾は空襲を予感させる地勢にあった。「空を守れ」の四年生は「差当って空襲の災害を憂ふるには及ばないかも知れない」と述べながら、しかし、こう続けている。

近頃迄露骨に武力行使を試みた国家と日本海や満州の野をさし挟んで相対してゐる。何れも航空機の発達に於ては世界有数の国で、而も前進基地は我が国土の爆撃圏内にあることを留意せねばならない。(中略)又如何に防空に務めても、敵機の何分の一かは、我々の頭上に現はれることを予期せねばならぬ(中略)防空演習等も単なる防衛団の技術的訓練よりも精神的訓練に重点を置くべきではなからうか。殊に開戦の暁に於いては、今よりも一層、青年は少なくなるであらうから、其の時にあたつて、人心の動揺を防ぎ、日夜の爆弾の雨に敢然と対抗する為、国民に発剌たる生気と、明朗なる雰囲気とを与へる若人の義務は、我々学生に依って果されねばならない。(「空を守れ」(19))

高揚し焦燥し憎悪する心性——真珠湾攻撃のあと

第四九号(一九四二年)の巻頭は「開戦の詔書」である。「福家先生御戦死」の頁とあわせて、「文藻」(「詞藻」欄を改称)にも、四年生の追悼文「福家先生」(20)がみえる。各号の彙報に「卒業生戦死者」が記載されるのも、この時期の特徴である。勝利の快哉とともに戦死もまた身近に迫る事柄となっていた。

・熱狂　「戦い開かる」の一年生は真珠湾攻撃半年前の出来事を思い起こしている。一九四一年の夏「八月も中ばを

表4　生徒執筆散文題目（『麗正』第49,50,51号）

第49号 1942年6月	【文藻】「大東亜戦争（五）」「我等今こそ立てり（五）」「いざ討たん（五）」「思ひ出（四）」「福家先生（四）」「夢（二）」「狗（一）」「畠（一）」「顔（一）」「かうもり（一）」「ルーズベルトへ送る（一）」「戦開かる（一）」「夜（一）」「夜は更けて（一）」「開戦第一日（一）」
第50号 1943年3月	【文藻】「街（五）」「趣味の必要性（四）」「御民われ（四）」「敵愾心（四）」「一撃（三）」「初秋（三）」「大東亜戦争と吾等の覚悟（三）」「新竹一円の春（二）」「達磨さん（二）」「父（二）」「駆足参拝（二）」「日本刀（一）」「深みある生活（一）」「エスの死（一）」「正月断片」（一）」
第51号 1944年3月	【論説】「創造（未記載）」「空襲警報（未記載）」「アッツ島に玉砕せる忠魂に応ふ（未記載）」「夜稽古（未記載）」「軍神九勇士（未記載）」

過ぎる頃」のことである。

澄んだ空に幾筋かの探照灯の光が、或は十文字に交り、或は飛行機を追ふ様に走り、夏の夜空を警戒して居た。真新しい飛行機が無儘に飛ぶ。又或時には、真暗な途に二つの大きな目玉を走らせて、長蛇の如くに、勇しく進んだトラック隊やガウガウと市中をひびかせた戦車隊、銃砲隊にあつと驚かされた事も度々あつた。「南進の基地台湾」「軍事拠点台湾」この言葉と其の事実を比べ考へては、「いよいよやるのか。」「アメリカとやるのか?」「すごいなあ!」と僕はつくづく感じて居た。今当に其の時が来たのだ。台湾にも前ぶれが訪れて居たのだ。（「戦い開かる」[21]）

台北第一中学校の生徒も一二月八日の真珠湾攻撃の勝利に快哉を叫んでいた。『麗正』第四九号はその半年後の発行である。これ以降、文字の此処彼処から彼等の直截な高揚感が伝わってくるような文章が、これまでに増してみられるようになる。

ラジオがあたりの静けさを破つてあたりに響く。皆吉報ばかりだ。思はず心の中で万歳を叫ぶ。やくわんの音も高まつて戦勝を喜んでゐるかの如く聞える。吉報、大吉報ばかりだ。僕の心はおどる。海陸の荒鷲を思ふ。又陸軍将兵の苦労をしのぶ。英美兵は支那兵よりも弱いと聞いてゐたが、なるほどさうかもしれない。ニュースも遂に終わつた。時計を見ると十一時半だ。（「夜」[22]）

此の日、此の大詔を拝して一億の民、誰か感涙にむせばなかつた者があらうか。誰か快哉を叫ばなかつた者があらうか。誰しも「うむ。やつた!!米英みてをれ。かくなつたからには日本の実力を示すだけだ。負けた《ママ》なるものか。」と思ひ、日頃の鬱憤を晴らしたに違ひない。

（中略）世界平和の確立を阻止する者は、彼米国である。考へて見るに、日米英戦は今に始つたのではないのである。既に満州事変当時から開始されてゐるのであつて、それは年を経るに従つて、又皇軍の戦勝が拡大されるに従つて露骨さを増して来ただけである。我々は此をどんなに歯を喰ひしばつて我慢したであろうか。まして第一線にあつた将兵は、どんなにか涙を呑んで我慢したであらう。（「大東亜戦争」[23]）

・支那事変完遂の戦い　米英戦はもとをただせば中国をめぐる戦い、支那事変完遂の戦いであると指摘するのは、「我等今こそ立てり」の五年生である。

事此処に到り今や支那事変の完遂が単に蔣政権の軍事・政治・経済力等の撃破に依つて求め得べくもなく、実に今迄述べ来たつた如き悪辣極まる包囲陣を突破するにあらざれば、真に事変を解決し、大東亜に平和の理想を打ち建てん事は到底望み得べくもない事が彼ら自体の行動に依つて立証されるに至つたのである。（中略）見よ!!今大東亜の一角に打ち揚げられた世界新秩序建設の狼煙の瞬く間に世界を席巻し、輝かしき大東亜の黎明今将に明んとするを。（「我等今こそ立てり」[24]）

・欧米憎悪の昂進　彼らの欧米認識、アジア認識は、理想と平和の弁としての大東亜共栄圏思想を引きながら、やがて、自ら合理化の根拠としていた道理的・道徳的批判の一線さえ超えていく。嘲笑と憎悪が臆せず語られるようになる。

戦争好きのルーズベルトよ、とう〳〵日本と戦はねばならぬ羽目に落込んだね。嬉しいか、いや嬉しくないだらう。何故ならば米国は負け続だものね。そろ〳〵頭から湯気が立つだらう。此方から見ればむしろ愉快だね。（「ルーズベルトへ送る」[25]）

我等が忠勇なる将兵は吹雪ふきまくるアリョーシャンに、満州の野に、南は赤道越えた彼方の海に、あらゆる困苦欠乏に打ち克つて、輝かしい戦果を挙げつゝある。（中略）勝つて、勝つて、アングロサクソンの姿が、亜細亜の上から、いや地球の天地から形を没し去つてしまふまで戦ひ抜こう。よしやるぞ。見よ東亜の空が明るくなつた。地球の上に朝がやつて来るぞ。(「大東亜戦争と吾等の覚悟(26)」)

満州・支那両事変の背後に策動した真の敵を、東亜民族殊に憐れむべき支那民衆に看破せしむる時は到来したのである。(中略)有色の屈辱の下に喘ぎ続け、アングロサクソンの搾取に喰くアジア十億の民よ!!(「いざ討たん!(27)」)

・**空襲の体験**　第四八号(一九四一年)の「空を守れ」が警戒した空爆は、第四九号(一九四二年)の「大東亜戦争(28)」でも「未だ我が国土に敵機来襲を見ないが」と危惧するにとどまっていた。だが第五一号(一九四四年)「空襲警報(未記載)」にいたり、ついに現実の空襲が記される。

木曜日の五時限。それは丁度幾何の難問に頭をひねつて居る時だった。ゴーツと凄い音を立て、飛行機が校舎の上を飛んで来た。それと同時に突然「ボーツ。」と聞きなれないサイレンの音だ。今日の夜明け頃高射砲を何発も射つ音が聴え幾分気持ちが引き締まつてゐた時だつたので「さては」と直感した。教室の皆も敏感だ。口々に「窓閉めろ。」「空襲だ。」「出よう出よう。」等と急に騒がしくなつた。(「空襲警報(29)」)

・**焦燥と憎悪**　ミッドウェー海戦(一九四二年六月五日)で敗北を喫したあと日本軍は、一九四二年一二月八日ニューギニア・バサブア、翌年一月二日ブナ、二月一日ガダルカナル、五月二九日にアッツ島守備隊を玉砕させる。南方戦線は敗北と玉砕を繰り返す。中学生にも玉砕の意味は理解できよう。高揚感と悲壮感の交錯した文章が増えてくる。

我々は此度アッツ島に於て玉砕せられた勇士達の心を心とし各自の持場をしっかり守り、敵国学生に負けない様努力し以て勇士達の忠魂に報いなければならぬ。(「アッツ島に玉砕せる忠魂に応ふ(30)」)

焦燥感が欧米に対する憎悪を昂進させる。同時に身近な出来事への批判的言辞が強められていく。周囲を詰《なじ》る言葉が躊躇いなく使われる。「敵愾心」がそれである。

最近或人から次の様な話を聞いた。「最近台北に来た俘虜が列をなして収容所へとむかつたがその沿道にて見物してをつた一婦人が目前を通る俘虜達をみて「まあお可愛さうにと言つた」といふ事である。もう一つは、「やはり俘虜が収容所に向かひつゝある時折しもこれをみていた女事務員が「いくらなんでもこんなに町を引張り廻さなくてもよいのに」と言つた所が傍でみてをつた男の人（帰還軍人）が憤慢やる方なくあはやその女事務員をなぐろうとしたが女であつた為漸くの事で免れた」という事である。果たしてこれ日本人なりしや。否々これは唯様相のみ日本人にてその精神たるや日本人にあらず。（「敵愾心」[31]）

・中国人留学生「懇切の希望」『麗正』第五〇号には「今春台北第一中学校に入学して第四学年の聴講生になつた」中国人留学生の一文が掲載されている。一九四二年度における中国人留学生の立場は微妙である。「入学後の感想」（留学所感）には、日中の交流を期待して海を渡った青年の躊躇とためらい、「懇切の希望」が記されている。

日本の教育精神は忠君愛国の尚武精神で生徒中は階級の制度をはつきり分けて、下級は上級に遇つた場合にただ尊敬する。先生が生徒に対する時厳しい尊厳の態度を以て生徒たちを教化する。中国と日本の国体によって生徒と生徒の間が少し違う。中国は今共和の国となつた。生徒間の階級はない。たゞこの点は違つて居る。生徒は先生に対してやつぱり甚だ尊敬する。（中略）実に日本と中国は歴史上文化の交流が或る。地理上の関係も又非常に深く、今後東亜建設の際にあたつて一層緊密提携の結成の必要がある。その考へは中国と日本のたくさんの人たちが既に持つて居る。（中略）尚中国の国民性と日本の国民性の特徴は何かといふことをしつかり研究すれば必ず日本と中国提携の前途は楽観的である。以上は自分懇切の希望で、数年前両方の誤解から起こつた事変は又日本の中国通が少なくて而も中国の日本通も少ない。これは大切な原因である。故に中国は既に日本への留学生を派出して居る。日本も亦多く文化界と教育界等先輩が中国へ行き、中国の各方面を研究する。（「入学後の感想」[32]）

「誤解から起こつた事変」「日本の中国通が少なくて而も中国の日本通も少ない。これは大切な原因である」と訴える留学生氏の思いは、戦後史において、どう生かされていったのだろうか。

2　台北第二師範学校、京城公立中学校、新京中学校生徒の『校友会雑誌』にみるアジア認識

昭和初年の理想主義的アジア盟主論から真珠湾攻撃以降の悲壮な欧米憎悪観に至る間の転回点、対中国全面戦争の契機である盧溝橋事件の前後について、台北第二師範学校、京城公立中学校、新京中学校の『校友会雑誌』から、中等学校生徒の言説をみていく。

戦死の風景――台北第二師範学校『芳蘭』

一九三七年前後の台北市内が丁寧に記述されていることから、台北第二師範学校の校友会雑誌の記述を加えておく。台北第二師範は一九二七年に公学校教員を養成する師範学校として台北師範学校から分立・創設された。校友会雑誌名は『芳蘭』、以下は第一〇号（一九三七年二月）と第一一号（一九三八年二月）から生徒による随想欄「文苑」の題目である。

盧溝橋事件（一九三七年七月）前の第一〇号に時局を論じた作品は見当たらないが、事件後の第一一号になると、戦争に直面した台北市の様子が記載されるようになる。また、両号ともに挿絵として軍人の絵が多く描かれている。

・日本語弁論大会の時局　講習科一年生「思わぬ収穫」は、偶然に参観した日本語大会の様子を伝える一文である。ある日曜日、公学校の前で「台北州下国語演習大会々場」の看板を目にする。

表5　生徒執筆散文題目（『芳蘭』第10, 11号）

第10号 1937年 2月(33)	「母校を訪うて（演一）」「自然の教訓（演二）」「思出（演一）」「二宮尊徳先生（演一）（台）」「敏ちゃん（演二）」「病身（演二）」「空想（講二）」「山陰の感傷詩（講二）」「雨（普五）」「郷土の伝説（普五）（台）」「山（普四）」「秋植（普四）（台）」「散歩（普三）（台）」「犬（普三）」「兄さんの昼（講一）（台）」「我が故郷（講一）」「耳（普二）」「輝ちゃん（普二）（台）」「追憶（講一）」「或る日の失敗（講一）（台）」「魚釣り（普一）」「五月の景風（普一）（台）」
第11号 1938年 2月(34)	「校旗と私（演二）」「卒業に臨みて（演二）」「悲しい思出（演一）」「秋の夜雑感（演二）」「龍さん（演二）」「勇気（講二）」「感謝（普五）」「出征の朝（普五）」「我等の覚悟（普四）（台）」「理想の生活（普四）」「晩秋（講一）」「海辺の午後（講一）」「別れ（普三）」「静寂（普三）（台）」「思はぬ収穫（講一）（台）」「一ちゃん（講一）」「夏休みの或日の午後（普一）」「山の子供（普二）（台）」「夏休みの思ひ出から（普一）（台）」「散髪（普一）」

章末注では，史料取り扱いの趣旨をふまえ，執筆者氏名を省略し，タイトル・頁数を示すことで原文との照合が可能となるようにしている。なお，（台）は台湾名の生徒であることを示し引用注の氏名頭文字は省略している。（　）内の数字は学年であるが，普通科五年の上に演習科，ほかに講習科が設置されていた。

流石は郡を代表して集まる猛者だけあつて中々上手だ。聴けば皆即題なのに発音と云ひ、アクセントと云ひ申し分のないものばかりだ。而もその内容の豊富さ、度胸の良さ、あれ程大勢の前で良くも堂々と熱弁をふるへたものだと、いやはや舌を巻いて感心せずには居れなかつた。それと同時に私は又感激すべきことを発見したのである。登壇する者、誰と云はず、題目こそ違へ、異口同音に我が皇軍に対する感謝と銃後の国民としての務めを熱叫してゐるではないか。そして自分の将来の覚悟を披瀝し、聴衆に何か暗示を与えてゐる様子、実に末頼もしく、心強い心地がして覚えず目頭が熱くなり、身震ひがしたのである。（「思はぬ収穫」（台湾名）(35)）

・身近な死との直面　入営、応召、出征が日常の風景になる。死の予感と現実が日常に加えられていく。「出生の朝」の五年生氏は兄の出征の様子を、「一ちゃん」の講習科一年生は年上の知人が出征して死亡したことを、それぞれに情感豊かに綴っている。

出征旗を先頭に並べた集団が建功神社の境内を出て云つた。みんな晴々とした顔である。奉公袋を手にした兄は、それ等の大勢な群衆に煽りたてられるやうに徐に歩いてゐた。「天に代わりて」はまだまだ途切れる様子もない。（中略）「死ぬにしても戦場なら本望ですな」Nさんはそんな事を言つてから腰のきせるに煙草を詰めると。「なに、お宅の息子さんは大丈夫ぢや」と弁解するやうに言ふ。お婆さんは「あらたかな不動様がついて居さへすりや」と言つて憎い程無造作にお守りの力を信じ切つてすませて居た。（中略）僕は乏しい気持ちになつて、父の仏壇の置いてある居間の方へ歩いて去つた。（「出征の朝」[36]）

一ちやんの戦死をだ。この間出征したばかりなのに信じられない。一ちやんはまだまだ戦死して居られないで一生懸命働いて居られるんだ。どうか新聞の誤報である様にと心に念じた。（中略）一ちやんの家には「名誉の家」の大提灯が寂しくぶら下がつて、よく一ちやんが一緒に蚤を取ってやつた愛犬ベルが一ちやんの戦死を知つてか、さびしそうに目をして提灯の下でうなだれてゐる。（「一ちやん」[37]）

「出征の朝」は軽口をたたくNさんや知り合いのおばあさんの言葉をあげて、最後は「乏しい気持」で仏壇に向かう姿、兄のような親しい知人「一ちやん」の死を「誤報である様に」と願い、愛犬を「戦死を知つてか、さびしそうに」と重ねて一抹の寂しさを書き入れる。

・台湾島民の非常時　「我等の覚悟」は台湾人生徒の一文である。中国大陸と関わりの深い台湾島民が、盧溝橋事件以来大陸の経済的資産を失ったことが記されている。

先日、先輩〇〇氏のお話の中に、「今度の事変で、支那にあつた本島籍民は総ての財産を失つた。真に裸一貫になつて帰つてきた。けれども貴重な何者かを土産に持つて帰つた。それは帝国臣民としての尊い信念である。何物を持つてしても換へることの出来ない尊い信念を唯一の土産に持つて帰つたのである。」といふ意味の言葉があつた。私はそれを聞いて真に感服した。五百万の本島同胞の中にはともすれば皇国の有難さを忘れ、不穏な言動をなす不逞の徒が居ないとも限らない。さういふ彼等に何を植え付けるべきか。今次事変に依つて何を彼等に与ふべきか。それは日本の真の姿であらねばならぬ。（「我等の覚悟」（台湾名[38]））（引用中〇〇は個人名のため省略）

表 6　生徒執筆散文題目（京城公立中学校『校友会誌』第 28, 29 号）

第 28 号 1937 年 3 月[39]	「文学雑感（五）」「国史を理解せよ（五）」「入学試験を論ず（四）、現代の偉人（四）」「創造と模写（四）」「入学試験を論ず（四）」「国家と青年（四）」「人の真価（四）」「中学に於て我々は何を求むべきか（四）」「国家と青年（四）」「来たるべき非常時に対する我等の覚悟（二）」
第 29 号 1938 年 3 月[40]	「仰ぎ見る目（五）」「日本精神を論ず（五）」「支那を論ず（五）」「支那を論ず（五）」「支那を論ず（五）」「日本文化に就て」（五）」「現代人（五）」「勝敗（五）」「勝敗（五）」「京中の生徒に（五）」

京城公立中学校校友会雑誌言説にみるアジア認識

中国大陸と接する朝鮮や、独立国とはいえ日本とは実質的従属関係にあった「満州国」の中学校について、盧溝橋事件前後の校友会雑誌から中学生の言説を取り上げていく。

京城中学校は一九〇九年に創立、一九一〇年に朝鮮総督府中学校となり、一九一三年官立京城中学校、一九二五年から京畿道管轄の京城公立中学校となった。表紙には『校友会誌』と表記されている。

・正義感　台北第一中学校『麗正』と同様、京城公立中学校『校友会誌』にも中学生らしい正義感から自覚と奮起を促す一文をみることができる。

近来京中に女の如きグジグジした人間が多くなつて来た。隠居の様に元気のない者もゐる。こちらが分からぬ所を聞いても只、知らぬ存ぜぬで通さうとする。比較的優秀な生徒にこの様な人間が多い。自分のひがみかも知れぬが往々経験する。分つてゐながらこれだから、始末が悪い。（「中学に於て我々は何を求むべきか[41]」）

・欧米・ロシア批判とアジア盟主（皇国日本）の自覚　日本の優越性、皇道の優越性を説く矛先は欧米とソビエト・ロシアの悪意策略、これを狡猾に利用する中国である。この図式は『麗正』の生徒言説と大きくは違わない。

東洋の老大国中華民国はどうでせうか、英米伊の各国は、中国を自国製産品の一大消費都市市場かの如く考へて自国の為に中国を苦しめ、又北西よりソ連の赤色共産党は潜入し、今中国は目覚めぬと滅亡の外はない様です。(「国家と青年」[42])

我々は支那人を地位的に征服すると共に、彼等を共に導かねばならぬ。亜細亜大陸は東洋のものだ。その中で同じ東洋人が相争つてよからうか。(中略)我々は征服によつて得た支配的地位・指導的地位に立つて無智たる彼等を明るく導き、大陸開発に向つて相提携して巡むべきだ。(「仰ぎ見る目」[43])

徹底した日貨排斥を敢行し、更に又初等学校児童の教科書にまでも打倒日本を標榜する抗日排日侮日の思想が織込んであるが如きに至つては言語道断である。協定蹂躙、日貨ボイコットにより日本商人を路頭に迷はせ、或は邦人虐殺等々……、支那の暴挙をあげれば枚挙に遑が無い。(中略)支那よ、一刻も早く過去の迷夢より覚醒せよ。白人の鉄鎖より脱して若き亜細亜の雄叫びに耳を傾けよ。而して黄色人同士固くスクラム組んで、亜細亜を真に亜細亜民族の亜細亜たらしめようではないか。(「支那を論ず」[44])

我が皇軍は、言ふまでもなく、支那膺懲のために、奮闘してゐる。そして、その目的も、真に支那をして、自覚せしめ、排日思想、抗日行動を全滅し、そして、全支那を真に、平和な支那たらしむるのであり、現在、支那さへ自覚して奮起すれば、東洋の平和は言ふまでもなく、そのことによつてのみ成立するのである。(「支那を論ず」[45])

感情的発散的文章であるが、まだ現実に敗北を喫する前の特徴を示す一文である。

・焦燥と憎悪　身近な生活から問題を言挙げして非国民を作り出し、これによって自論の正当性を強調するのも、中学生に限らぬ、この時期の言説の特徴であろう。

或る新聞にかく報ぜられた。或る人が練兵場の近くに土地を買ひ、家居を建築し、日々の戦線の為に騒がしいから敬練をさしひ

表7　生徒執筆散文題目（『第一陣』第4, 6号）

第4号 1937年 2月(48)	「現代支那と日本の使命（三）」「銃（四）」「現代の要求する人物（四）」「偉大なる真実性（三）」「立志（三）」「大都会と田舎（三）」「士気と精神（三）」「我が抱負（三）」「自彊息まず（三）」「世界と日本（三）」「世に処するには（二）」「支那に就て（二）」「運命と人間（二）」「師恩（二）」「信仰（二）」「土（二）」
第6号 1939年 2月(49)	「建国精神の意義（四）」「試みに（五）」

かえてもらひたい等と、手紙を出したとか。此れが真の帝国国民の行為であらうか。（中略）彼の如き者は、大日本帝国の国民とは言はれないであらう。（「来たるべき非常時に対する我等の覚悟(46)」）

この二年生の一文にみる焦燥感と憎悪の一体となった書き様は、台北第一中学校四年生「敵愾心」（『麗正』一九四三年）と同様の性向を示すものといえる。

・内省する心　日本の問題点、課題を指摘する記述もみえる。日本精神は客観性、普遍妥当性、科学性を兼ね備えるべきとするこの一文は、盧溝橋事件の後に掲載（一九三八年）されたことを考えると、旧制中学生の知的水準とともに、抽象的批判であれば政治的意思表示も容認されていたことを示す事例として、あげておきたい。

在来の日本精神は主観的であった。主観的なる思想は詩的であり、熱情的であり、従つて客観性なる理性の維持が困難となる。かゝる結果現時の如き場合には徒らに興奮してその不可なる者までが軍人たらんと願ひ出で、その容れられざるや自殺するが如き、而も新聞はこれを奨励するが如く書き立てる。彼等はその客観性に大なる不足を有するのである。（中略）我等は客観的に物事を考へそこに普通性妥当性を発見する即ち科学性を加へる必要がある。かくの如き主・客両観を兼備せる日本精神こそ世界無比の指導原理となるであらう。（「日本精神を論ず(47)」）

新京中学校校友会誌言説にみるアジア認識

新京中学校は一九三三年の創立、校友会雑誌名は『第一陣』である。盧溝橋事件の前後、第四号と第六号（創立五周年記念号）をみてみよう。

・欧米・ロシア批判とアジア盟主（皇国日本）の自覚　台北第一中学校、京城公立中学校と同様、新京中学校でも東亜盟主としての皇国日本論が顕著であった。加えて、国境を接することもあってか、「赤化の危機」が強調されている。

> 隣邦支那の赤化の危機を救ふ者、それこそ東亜の盟主神国日本そのものである。今や前途に大なる希望を前提とした非常時に直面してゐる。外には軍備拡充が控へ、内には庶政一新を待つ声が高い。然もその困難を打破してゆくとき、苦難と闘争に充ちた此の世界に皇道を宣布し、恩威並び備われる皇国日本を盟主とする、真に平和な、王道楽土が建設されるのだ。（「世界と日本」[50]）

・内省する心　三年生の「現代支那と日本の使命」は、「内省の力」（『麗正』）や「日本精神を論ず」（『京城公立中学校校友会誌』）と比べても、日本の政策を批判的、自省的に捉える論理が明快に記されている点で、際立っている。氏は「現在支那国民の多数が口にする偽りなき所は何れも抗日・侮日・打倒日本であり、その行ふところは均しく排日・排貨の表現である」「満州事変・上海事変の勃発によって油を注がれた近来の支那の抗日運動は支那全国の表面を秋の野芝の如く燃え広がった」「之は無論断じて南京政府の全責任にあることは明白である」（「現代支那と日本の使命」[51]）と結論付けておいて、しかし、こう続けている。

> 客観的に見るに、昨年度の日支国交調整は全然失敗に帰したばかりでなく、見方によつては、却て悪くなつたともいへる。日本の期待は何等達成せられなかつたのだから失敗といふは弁解の余地はない。また日本では思ひもかけぬ敵愾心を支那国民に植え付け、対日即時宣戦を叫ぶ声が朝野に充ち、これを利用せんとする者さへ輩出し、西南では両広の排日旗挙げとなり、西北では張学良氏の容共抗日を標榜するクーデターなどの突発した程で、日支関係は却て悪化したといふも過言ではない。勿論この失敗と悪化とは、日支両国当事者共にその責を逃れないものであつて、日本側には支那の人心を把握するに十分なだけの認識をもたない憾みがあるが、支那側にも日本の対支要望についてこれ亦十分の認識を欠ける誹りを免れない。率直にいへば我が日支国交

調整の交渉方式は如何にも生硬なものでどう見ても半可通の誇りを免れなかつた。支那は新たに英国の援助、露西亜の暗中飛躍に力を得て、漸次自暴自棄の状態から立直りつゝあるのだ。而して、もし日本が宣戦せずに戦争をしかける手で来るならば、今度こそは宣戦して戦はずといふ信念を以て来てゐる。かく支那は内的、且つ外的に昨年来とみに対日戦を現実的に考え来つて居る。それは即ち、日本の嚇せば支那は直ちに屈服するだらうと見くびつてゐた嫌を彼等は見抜いた事を意味する。本年度に於いて我が外交方針の転換こそ吾人の念願である。(「現代支那と日本の使命」(52))

「失敗と悪化」という記述がそのまま掲載されている点については、様々な解釈が考えられよう。まがりなりにも独立国家と認識していたからか、五族共和・王道楽土の理念から許容範囲とされたのか、興味深いところである。同様の思いは「試みに」からも読み取ることが出来る。五年生の漢詩作である。併記された訳文のみをあげる。

日本と中国と同じ東方に在って、一つの海を隔ててゐるだけで、大変近くに同情しあつて、同じ庭に住んでゐるのに似てゐます。此の様な密接な関係があるからには両国の人は必ず言語を知り、尚ほ風俗人情を知らなければなりませぬ。両国人が若しも、本当に此の様な相互の交際が出来るならば、阻隔を免れる事が出来ます。相互のしたしみはやはり此から連絡して、国交も又更に親密を加へねばなりませぬ。此の様に言ひ出すと、両国人は相互に言語を学ぶ事が最も大事な事であります。(「試みに」(53))

さきにあげた「入学後の感想」(『麗正』一九四三年)とともに、自省的に相互理解を訴える、数少ない記述として、ここに留めておきたい。

3　アジア認識の相克、そして「揺れ」

植民地台湾、朝鮮、「満州国」の校友会雑誌に記載された中等諸学校生の言説から、アジア認識の生成と相克のありようを、整理してみたい。

第一に、台北第一中学校の校友会誌『麗正』に掲載された散文中の言説では、昭和初年の「御大典」から柳条湖事件を経る過程で「皇室礼賛」「対外優位」「アジア盟主」等の語が強調されはじめ、盧溝橋事件の後には、「欧米・ロシア批判」や「支那膺懲」論がアジア盟主意識とともに顕在化・焦点化されている。戦争・戦死の身辺体験が「軍人賛美」「勝利の快哉」を昂進させているのも、この時期の特徴といえる。真珠湾攻撃を機として、これらの諸要素が、「熱狂的快哉」をともなって語られるようになり、しかし次の段階では、戦局悪化にともない、欧米と中国への、さらには国内身辺に対する、「焦燥的憎悪」へと向かわせることになる。

第二に、一九三七年前後の台北第二師範学校『芳蘭』に掲載された散文からは、台北第一中学校『麗正』にはみられなかった、たとえば、身近な「戦死の悲しみ」を率直に表現する作品、大陸との関係を絶たれた台湾人の逃げ場の無い覚悟の様相、日本語弁論大会にみられる皇民化・同化教育の実際を覗うような作品を確認することができる。

第三に、一九三七年前後の京城公立中学校および新京中学校の校友会雑誌からは、台北第一中学校『麗正』と同様、「欧米・ロシア批判」と「支那膺懲」のための「対外優位」意識や「アジア盟主」論を確認することができる。

最後に中等学校生たちのアジア認識に潜む「揺れ」についても触れておきたい。戦局の拡大にあってなお学究の徒らしく日本を批判的に「内省する心」を、数は少ないものの、確認できたことは、これも本論の成果の一つとしたい。率直で直截な形をなした言説が、制約された中でなお表明されるありさまは、中国人生徒の「留学所感」とともに、アジア認識の揺れを示すものとして、広く共有されるべき課題と思われる。

謝辞
本章に用いた校友会雑誌のうち、玉川大学教育博物館所蔵雑誌については白柳弘幸のご厚意により閲覧を許された。ここに謝意を記しておきたい。

（1）『旧制中等諸学校の『校友会誌』にみる学校文化の諸相の研究と史料のデータベース化』（基盤研究（B）二〇〇九～二〇一二年度科学研究費補助金研究成果報告書（第一集）研究代表者・斉藤利彦）二〇一一年一〇月。斉藤利彦・市川雅美「旧制中学校における校友会雑誌の研究」『東京大学大学院教育学研究科紀要』第四八巻、二〇〇八年、四三五～四六一頁。

（2）海外に設置された中等学校における教育体系の制度比較は小島勝「外国と植民地における日本人児童生徒の教育――その連続性と非連続性」（『日本植民地教育史研究会年報』第一号、皓星社、一九九八年八月、九一～一一一頁）に詳しい。だが本章の視点からの考察は『日本植民地教育史研究会年報』一一号（二〇〇九年六月）までの間にはみられない。山中恒「「少国民」たちの植民地」（『岩波講座近代日本と植民地七　文化のなかの植民地』岩波書店、一九九三年、五七～七九頁）が所収される同講座も同様である。

（3）京城公立中学校については稲葉継雄『旧韓国～朝鮮の「内地人」教育』（九州大学出版会、二〇〇五年、一一月、一六七頁）に詳しいが、学友会雑誌は資料として扱われていない。平壌中学校については、近年、李元惇を代表執筆とする『平壌三中学窓の追遠史』（明石書店、二〇一〇年）がある。

（4）玉川大学教育博物館所蔵。

（5）「歳末の感」台北第一中学校『麗正』第三四号、一九二七年三月、四八頁。

（6）「正義」『麗正』第三四号、三七頁。

（7）「御大典について」『麗正』第三六号、一九二八年一二月、一四〇頁。

（8）「御大典」『麗正』第三六号、一三七頁。

（9）五・一五事件以後に流行した用語。一九三三年には荒木貞夫陸相の演説を中心に据えた映画「非常時日本」が作成されている（『日本近現代史辞典』東洋経済新報社、一九七八年、五七三頁）。

（10）「我が大和民族の偉大性と其の責務」『麗正』第四二号、二二一～二二七頁。

（11）「非常時に際して」『麗正』第四二号、一九三五年三月、四七頁。

（12）「新しき台湾」『麗正』第四二号、三四～三六頁。

(13)「内省の力」『麗正』第四三号、三八頁。なおアメリカ排日移民法は一九二四年。
(14)「入学の模様を内地のおじさんに知らせる文」『麗正』第四四号、五五頁。
(15)「北一中生徒としての道」『麗正』第四四号、一九三七年三月、四〇頁。
(16)「岡原少将追慕」『麗正』第四五号、一九三八年三月、三八頁。
(17)「戦争と科学」『麗正』第四七号、一九四〇年三月、四九頁。
(18)「広東に対する私見」『麗正』第四七号、三四頁。
(19)「空を守れ」『麗正』第四八号、一九四一年三月、二九頁。
(20)「福家先生」『麗正』第四九号、一九四二年六月、二二頁。
(21)「戦い開かる」『麗正』第四九号、二八頁。
(22)「夜」『麗正』第四九号、二八頁。
(23)「大東亜戦争」『麗正』第四九号、一二頁。
(24)「我等今こそ立てり」『麗正』第四九号、一六～一七頁。
(25)「ルーズベルトへ送る」『麗正』第四九号、二七頁。
(26)「大東亜戦争と吾等の覚悟」『麗正』第五〇号、一九四三年三月、一五頁。
(27)「いざ討たん！」『麗正』第四九号、一～一八頁。
(28)「大東亜戦争」『麗正』第四九号、一三頁。
(29)「空襲警報」『麗正』第五一号、一九四四年三月、一三頁。
(30)「アッツ島に玉砕せる忠魂に応ふ」『麗正』第五一号、一四頁。
(31)「敵愾心」『麗正』第五〇号、一九四三年三月、一二～一三頁。
(32)「入学後の感想」『麗正』第五〇号、一九四三年三月、六一～六三頁。
(33)学習院大学文学部教育学科所蔵。

(34)　玉川大学教育博物館所蔵。
(35)　(台湾名)「思はぬ収穫」台北第二師範学校『蘭芳』第一一号、一九三八年二月、七八～七九頁。
(36)　「出征の朝」『蘭芳』第一一号、六七～六八頁。
(37)　「一ちゃん」『蘭芳』第一一号、八〇頁。
(38)　(台湾名)「我等の覚悟」『蘭芳』第一一号、六九～七〇頁。
(39)　学習院大学文学部教育学科および玉川大学教育博物館所蔵。
(40)　玉川大学教育博物館所蔵。
(41)　「中学に於て我々は何を求むべきか」京城公立中学校『校友会誌』第二八号、一九三七年三月、五六頁。
(42)　「国家と青年」同第二八号、五七～五八頁。
(43)　「仰ぎ見る目」同第二八号、四七頁。
(44)　「支那を論ず」同第二九号、一九三八年三月、五二～五三頁。
(45)　「支那を論ず」同第二九号、五四頁。
(46)　「来たるべき非常時に対する我等の覚悟」同第二八号、五九頁。
(47)　「日本精神を論ず」同第二九号、五〇～五一頁。
(48)　学習院大学文学部教育学科所蔵。
(49)　玉川大学教育博物館所蔵。
(50)　「世界と日本」新京中学校『第一陣』第四号、一九三七年二月、四六頁。
(51)　「現代支那と日本の使命」『第一陣』第四号、一七～二一頁。
(52)　同右、二九頁。
(53)　「試みに」『第一陣』第六号、一九三九年二月、一九三頁。

終章　学校文化研究の今後の課題と展望

市山雅美

本章では本書をとじるにあたって、まず、これまでの本書の各論考について、学校文化内外の諸勢力の対立や葛藤という軸で整理したい。本書の目的は、学校文化を固定したものととらえるのでなく、学校文化を巡る「矛盾や亀裂」を含め動的に捉え、その生成や継承を論じることにある。その点をあらためて、ここで確認したい。学校文化の担い手相互（生徒と教員、あるいは、生徒間、時には卒業生も）の関係、さらには、学校文化と学校外の文化の関係は、時には、葛藤や相克をはらみ、そこから動的な学校文化のありようを探ることができる。

また、学校文化の領域は多岐にわたり、その枠組みは十分に整理されてきたといえず、本書でも学校文化を網羅的に論じているとはいえない。本章では第二に、学校文化の枠組みについて整理しつつ、本書では十分に論じられなかった点、今後の研究の課題について論じたい。

そして、最後に、学校文化が近代日本の学校教育に占める位置を確認し、今後の研究の展望について確認したい。

1　学校文化を巡る対立・葛藤

学校には様々な文化的要素が、制度的にもたらされ、あるいは、教員や生徒によってもたらされる。それぞれ、久冨善之の枠組み（本書序章図1参照）でいえば、制度文化、教員文化、生徒文化となるであろう。それらは、学校の成員全体（教員と生徒の両方）に受け入れられることで、その学校の文化として、学校全体（生徒・教員・さらには卒業生なども）が共有すべきもの、継承すべきものとなり、さらには、校風文化として確立するといえよう。

教員がもたらした文化から校風文化に発展した例として、古仲素子が第11章（「高等女学校における教師と生徒による音楽活動」）で論じた弘前高等女学校の音楽会が挙げられる。学校設立初期の音楽会には、「音楽教育や音楽文化というものをどのように根付かせていくのかという教師の意識が……強く反映されていた」が、生徒たちは教師や学校外の様々な文化とのかかわりの中で、「音楽活動そのものを楽しみ、かつその表現の仕方にも積極的に工夫を凝らす」というように、当初教員の発意の面が強かった音楽会を、生徒たちは自分たちの文化として位置づけ、音楽会は教員・生徒に共有され、弘前高等女学校を特徴づける校風文化に移行したといえよう。

一方で、当初生徒が自発的に行っていた活動（生徒文化）について、学校側がその意義を認め（生徒側からもそれを求め）、学校の公的な活動や組織として成立し、校風文化として確立する事例としては、市山が第2章（「生徒の表現の場としての校友会雑誌」）で挙げた、盛岡中学校や浦和中学校の『校友会雑誌』がある。久冨は、「学校の日常の中にそれまで意識されていなかった形成作用が発見されたとき、それが学校教育活動における意識的な制御の対象となる」と論じ[1]、その例として、諸行事やクラブ・部活動を挙げている。『校友会雑誌』もまた、その文脈に位置づくであろう。

しかしながら、校風文化として確立する過程で、当初の生徒文化から変容が起きることがある。生徒の自発的な文化として始まった『校友会雑誌』も、検閲など次第に教員の関与が強まるなどの変容を蒙った。一方で、それに対する生徒からの抵抗もまた起こった。このように、生徒と教員が共有する文化を形成するにあたり、両者の駆け引きが生じる事がある。

学校文化をめぐる対立は、教師生徒間に限られず、生徒間にも生じる。それまでの学校文化の変革を企図した場合、それに対する反発が起こることがある。その一端は、斉藤利彦による第9章（「近代日本の学校文化と文芸活動」）で挙げられた前橋中学校『坂東太郎』の表紙に見られる。表紙が「あまりにハイカラすぎるとして非難をあび」、以前の表紙に戻るということもあった。様々な文化的な試みがなされ、あるものは、その学校の文化（校風文化）として共有され継承される一方、成員に共有されず一時的な試みで終わってしまう場合もある。しかし、そのような試みを分析することで、学校文化を巡る対立を明らかにすることができる。

一度は生徒と教師に共有された校風文化にもまた、対立・葛藤が生じうる。久冨は、校風文化について、「『学校の統一性を象徴し、教師・生徒の関係性を規定して、それがこの統一の下にあるのだと意味づける』そのような象徴や儀礼」の「蓄積がそれぞれの学校に特有の『校風』というものをなしている」と論じている。さらに、教員と生徒という「二大集団間の距離と分裂を校風文化がつなぎ、二大集団の間の対立を緩和している」と整理している(2)。しかし、校風文化は、教員集団と生徒集団の対立を緩和する場合ばかりでなく、校風文化そのものが、対立の場となることもある。校風文化が形成されるまでの葛藤だけでなく、形成された後の葛藤もまた論じる必要がある。

一つの対立の構造として、学校の教育方針と校風文化の対立がある。学校の教育方針はその時々の教員の交替や時代状況によって変化する。一方で、「校風文化」は、「象徴や儀礼」の「蓄積」と久冨が位置づけているように、年月をかけて蓄積された、いわゆる「伝統」というものである。学校の教育方針がそれまでの校風文化に変容を迫る場合、校風文化を護持する立場からは抵抗も見られる。

歌川光一が第7章（「高等女学校の校風文化と卒業生」）で、「「運動・体育・スポーツ」振興のための「洋服」制服の導入」に際し、「和服制服擁護論」や「和服制服思慕論」が『校友会雑誌』上で展開されたことを論じているのは、その例として位置づけられる。

生徒たち、あるいは卒業生も、自らの立場で自らの学校の校風について判断し、論じている。そこで対立が起こることもあり、学校文化は、常に葛藤をはらみながら、維持され、時に、変容していく。

さらに対立の構造を挙げると、校風文化が生徒と教員の対立の場となることがある。学校と生徒の対立において、生徒たちが自分の正統性（自分たちこそが学校の正統な担い手である）ことを示すために、校風文化を活用することがある。市山による第4章（「学校紛擾における要求実現のための生徒の行動様式」）は、弘前中学校の生徒たちが、同盟休校中校歌を毎朝歌うことで、生徒側が「正統な学校の担い手である」ことを具現化していると論じている。校風文化が「学校の統一性を象徴し、教師・生徒の関係性を規定」するものであるとすれば、自らが校風を体現することにより、自分たちの正統性を主張することとなる。

学校文化を巡る対立・葛藤が生じるとき、学校文化はその特質をより明らかにする。

2　学校外の文化と学校文化

学校文化は学校内で完結するわけではない、学校外の文化に規定され、影響をうけ、ときには、学校外の文化に対抗する中で、学校文化が形成・変容される。それは、『校友会雑誌』にも色濃く表れている。

学校文化は、学校外の制度や社会状況から一方的に影響を受けるのではなく、一定の自由をもって形成・維持されている。茂木謙之介による第3章（「学校文化に現れた天皇（制）イメージ」）は、『校友会雑誌』に掲載された「御成」に関する生徒の言説について、「ある程度の自在な表現を行い」、「非常に隠微な形ではあれ「天皇制公教育」から逸脱する余地を持った」と指摘している。井澤直也による第12章（「大陸への修学旅行と帝国日本」）には、「全体としていかに日本人を韓国や満州に居住させ、……日本の経済的発展を成し遂げていくか」に修学旅行の意義を見出している生徒が大半であった一方で、「日本の支配に対して（明確な文言ではないものの）批判的な意見」が『校友会雑誌』

に掲載されているとの指摘がある。また、『校友会雑誌』が、戦局の拡大にあっても、「アジア認識に潜む「揺れ」」つまり「日本を批判的に「内省する心」」を表出する場となっていることが、梅野正信による第13章（「中等諸学校生徒のアジア認識の生成と相克」）で論じられている。これらの論考では、序章で述べた「支配的な価値や規範との拮抗」が描き出されている。

さらに、学校外の文化を踏まえ、それを乗り越えるかたちで、自らの文化を形成する試みが見られる。森田智幸による第5章（「拮抗する青年論」）では、『校友会雑誌』の青年論について、「中学生は、世論や雑誌における青年批判をそのまま受け入れることを［仲間意識から］拒みつつ青年批判を行った」、「中学生に対する批判を受け入れつつも、その原因を社会や上の世代にあるとして糾弾し、次世代の社会、国家の担い手としての自負を表明する青年論も掲載されている」と論じている。このように、中学生たちは、大人たちの青年批判を単純に受け入れたり反発したりするのではなく、それらを意識しつつ独自の青年論を構築していった。

また、学校文化は、学校外の文化の影響を受けつつも、独自性を鋭く発揮している。茂木が『校友会雑誌』に掲載された中学生の短歌を論じた第10章（「創作活動のアジール」）は、「同時代歌壇の動向ともリンクする動きが見て取れるとともに……位相を異にする様々の作品が共存することの可能な表現の場」として「非常に独特の環境であった」と指摘している。さらには、学校外の文化を取り入れることで、新しい学校文化の創造に向かう事例もある。斉藤による第1章には、『校友会雑誌』についてアムステルダム・オリンピックに示唆を受けた砲丸投げの表紙、少女雑誌の影響をうかがわせる背中に羽根を持つ女性の表紙が挙げられている。学校外の様々な文化の影響を受けつつも、生徒が自分達自身で表紙を創作しようという動きがみられる。

以上、本書において『校友会雑誌』の記述や表紙に関して論じた論考を中心に振り返った（第6、8、9章の位置づけは、第5節で触れる）。検閲などの制約はあるにせよ、生徒たちは校友会雑誌を自分たちのメディアとして自覚し（市山による第2章参照）、『校友会雑誌』は、学校外の文化に対し、自分たちの独自性を発揮する場であったといえる。

以上のように、本書では、学校外の文化と学校文化の関係について、一方的に影響や制約をうけるのでもなく、また、対抗意識を持つだけでもなく、学校外の文化を取り入れ、また、意識しつつ、独自の学校文化を形成していた点を明らかにしたと言えよう。

あるいは、学校文化が学校外の文化に影響を及ぼす事例も、今後検討する必要がある。例えば、近代スポーツ文化の発展において、学校の部活動が果たした役割は大きく、そのような視点での運動部の研究が期待される。

3　学校文化の構造

学校文化は非常に多岐にわたる。生徒の文芸・芸術作品のような具体的で目に見える表現活動から、当事者にも意識されていない行動様式まで、位相の異なるものを多様に含んでいる。それら全体を整理できる枠組みが求められるが、既存の枠組みでは整理しきれない部分も少なくない。序章でも取り上げた、耳塚の学校文化の分類は、「物質的要素」、「行動的要素」、「観念的要素」となっている。その中で、「行動的要素」を、「行事」や「生徒活動」等の「パターン化した行動様式」と論じている。(3) しかし、この定義では、行事や部活動等の具体的な活動の内容（たとえば、『校友会雑誌』に掲載された文芸作品の内容などの表現活動）はうまく位置づかず、また、「パターン化」されていない行動、つまり、試行錯誤や葛藤・対立などは位置づけにくい。

大野道邦は、「意味＝表現＝伝達の用具、すなわち、メディア」としての文化を「表現としての文化」「行為としての文化」「記号としての文化」の三側面に整理している。(4) そのうち、「行為としての文化」は、「行為を制御し方向づける要因として働く」文化であり、「記号としての文化」は、「社会＝文化現象の構成原理」で、「具体的・内容的・

顕在的な文化現象であるというよりも、この現象を根源的に可能にするところの抽象的・形式的・顕在的な『原理』とされている。この三段階の分類を、学校文化にも援用し、敷衍しつつ以下のように整理したい。

○表現としての文化

生徒・教員・卒業生の文芸作品・芸術作品、論説、弁論、その他さまざまな表現活動によって生み出された文化的生産物。

本書では、校友会雑誌の表紙（斉藤・第1章）、同盟休校の決議文等（市山・第4章）、校友会雑誌掲載の短歌（茂木・第10章）

○行為としての文化

儀式や学校行事や部活動など、特定の領域において、どのように行為が行われるか。また、特定の事象についての認識や主張をいかに表明するか。後者については、「言説としての文化」としたい。

本書における、「行為としての文化」の例としては、校友会雑誌の編集・発行（市山・第2章）、学校紛擾と同盟休校（市山・第4章）、文芸活動（斉藤・第9章）、音楽活動（古仲・第11章）、修学旅行（井澤・第12章）、があり、「言説としての文化」の例としては、皇室に対する認識（茂木・第3章）、青年論（森田・第5章）、実業観（井澤・第6章）、制服に対する認識（歌川・第7章）、アジア認識（梅野・第13章）がある。

○行動様式としての文化

学校、生徒、教員のありようや、それらの学校内外での関係性を規定する行動様式で、明確に言語化されないものも含む。

本書では、後者の関係性については、学校と卒業生（歌川・第7章）、師弟関係（稲垣・第8章）、大人世代対青年（森田・第5章）、学校と天皇制（茂木・第3章）、生徒と地域・保護者（市山・第4章）がある。

同じテーマであっても、分析の視角によって、どの位相で学校文化を論じるか異なってくる。一つのテーマを取り上げても重層的に学校文化を分析することとなる。斉藤による第1章では、生徒たちによる表紙の創作を支えたのは、「教師と生徒との信頼関係の下に、生徒の自主性を重んじ編集を生徒に任せようとする学校側の雰囲気」だと論じている。表紙のデザインは、「表現としての文化」、生徒が『校友会雑誌』の制作にかかわるのは、「行為としての文化」、それを支える教師生徒関係は、「行動様式としての文化」となるであろう。

ほかにも、森田による第5章においても、中学生の青年論（「言説としての文化」）を通し、『中学世界』上の知識人である年長者と青年の関係（「行動様式としての文化」）が浮かび上がってくるなど、様々な読み開きができる。

4　今後の課題

本書では、学校文化について、多様な分野にわたり、さらに様々な位相で論じているが、今回は十分に論じられなかった点、今後の研究の課題となるものも少なくない。それについて挙げていく。

「表現としての文化」としては、生徒の表現活動には、『校友会雑誌』においても、文芸や絵画だけでなく、書や写真や科学的研究など多様なものがある。また、演説部（弁論部）による演説は、生徒の文化的活動として、文芸部（雑誌部）の『校友会雑誌』と並ぶものである。政治家の中には旧制中学校時代から弁論部で活動していたものもいる。さらに各学校の応援歌の歌詞なども校風を体現するものとして重要である。

「行為としての文化」については、まだまだ取り上げていない分野が多い。本書では、音楽活動や文芸活動の研究はなされたが、運動部や、美術部や科学部の活動などは手つかずになっている。演説活動についても、教員が生徒の演説を中止にしたことで同盟休校が起こるなどの事例（一八九七年、富山中学校）[5]は、学校文化を巡る対立を探るうえで重要な事例となるであろう。

校友会の運営や応援団なども重要なテーマである。応援団は、対校競技の場でその学校の校風を体現し、生徒の応援の統制をおこなうなど（一方で応援団に対する反発が生じることもあったが）、校風の形成に大きな役割を果たしてきた。また、学校に設けられた寄宿舎も重要なテーマで、寄宿舎で様々な行事や仕事の分担、さらには、雑誌の発行まで行っている事例がある。『校友会雑誌』にも、寄宿舎便りのような欄があることもあり、史料の活用が望まれる。

「行動様式としての文化」については、教師生徒関係、教師卒業生関係、学校と卒業生の関係などの分析を行ってきた。しかし、十分に論究できなかったものに生徒間の関係がある、特に、上級生と下級生の関係（時には上級生による下級生への暴力も起こる）[6]については、論究が俟たれる。また、他の学校との関係も重要となる、運動部の対校競技および応援などでは、学校間の対立が惹起され、時には騒乱に至る事もある[7]。また、他校との対抗意識が、校風形成に及ぼす影響も少なくない。

史料論的な課題について若干触れたい。本書の論考の多くは、『校友会雑誌』を史料としている。これまで述べたように、『校友会雑誌』を史料とした研究はさらなる可能性を秘めている。運動部の活動の記録や、演説大会の内容についても校友会雑誌に記録が掲載されており、今後の活用が求められる。しかし、さらに生徒が執筆した他の一次史料を検討する必要がある。例えば、学校内の有志で同人雑誌を作成している学校もあった[8]。そこでは『校友会雑誌』とは別の内容や表現が模索されたことが考えられ、『校友会雑誌』と比較することで、それぞれの雑誌の特性が明らかになるであろう。

また、生徒文化については、対抗文化についての研究も求められる。制服の逸脱などについては、『校友会雑誌』で苦言の形で言及されることがある。[9]しかし、男女交際やカフェー通いなど当時逸脱行動とされていたものについては、『校友会雑誌』では表立って論じられることではないので、[10]史料論的には困難が伴う。

5　近代日本と学校文化――学校文化と自己形成

教育の定義の一つとして文化伝達が挙げられる。文化教育学の立場がそれであり、例えばシュプランガーは、「教育とは本来何であろうか」について、その主要面の一つが「伝達、すなわち、すでに人類によって獲得され、その後、計画的に圧縮した方法で選択して、さらに先へと渡される文化財の伝達である」と論じている。[11]学校は、その文化伝達の機関として機能してきたのは確かだ。

しかし、学校は、学校外の既成の文化の伝達を担うだけでなく、学校独自の文化を形成し継承してきた。その点は、本書の各論考によって明らかである。近代から現代に至る学校のありようの確立には、文部省の政策だけでなく、各学校の学校文化創設の試みが大きくかかわっている。現在は制度的にも確固たる位置をしめている、部活動や学校行事なども、当初は、各学校において、教員が、そして、生徒たちが自らの要求に基づき、時には相互の軋轢も起こしながらも生み出していった面が大である。

近年は、学校文化の意義に着目し、教育活動のなかで学校文化の創生と継承を位置づけるような、学校文化と教育実践をつなぐ試みもなされている。[12]しかし、学校文化は学校の教育活動と結びつけるまでもなく、もともと、生徒たちの自己形成に大きく関わっていた。

斉藤による第9章（「近代日本の「学校文化」と文芸活動」）は、啄木、芥川、朔太郎を含む多くの文学者にとって、

「その創作活動の出発点に『校友会雑誌』の存在があった」、「中学生時代の芥川は、その後の自己表現の「原点」を『校友会雑誌』という創作の場で形成した」と論じている。

井澤による第6章（「実業学校『校友会雑誌』にみる青年の社会観・実業観」）は、「工業学校系統の『校友会雑誌』では科学的合理的精神に基づく生産力の向上や技術力の向上が目標となって、日本の工業技術を前進させようとする……自己形成の姿を読み取ることが可能である」というように、「[実業学校の]学校文化は実社会の職業文化や職業意識の形成を育むプロセスだったといえよう」と論じている。同じく井澤による第12章は、修学旅行の「行商」、あるいは、同窓会の支援について、「隠れたカリキュラム」として大いに学校の卒業生の進路選択に影響を及ぼしたとし、実業学校特有の学校文化が、職業意識の形成や進路選択に寄与していることを論証している。

稲垣恭子による第8章（「自伝にみる師弟関係」）は、専門職（研究者、医師、法曹関係者）について、「先生」との交流や関係を通して、その領域に特有の見方や雰囲気を身につけていくプロセスが具体的に描かれていると論じ、師弟関係が、専門職としてのアイデンティティ形成に寄与していることを論証している。

このように、生徒たちは、自ら学校文化に参入しつつ、また自分たちで学校文化を創り出す中で、自己形成を行ってきた。近代日本の文学者、専門職、実業家の自己形成に、学校文化が関わっていたといえる。それは、場合によっては、授業で受ける影響よりも強かったかもしれない。他の論考についても、直接には論じていなくても、学校文化と自己形成の連関を読み取ることができるだろう。

現代の人間の自己形成における学校文化の影響は少なくない。しかし、同時にそれは、負の面も持つ。近年さらに問題となっている、「いじめ」や「体罰」についても、生徒間関係、教師生徒関係、部活動の意味づけという面で、学校文化が大きくかかわってきている。その面でも、学校文化研究の課題はまだまだ大きい。正負両面にわたって、学校文化と自己形成との関連を考究していく必要がある。

謝辞
本書の各論考の執筆にあたり、以下の高等学校に所蔵されている校友会雑誌を調査させていただきました。この場を借りて、調査にご協力いただいた各高等学校に感謝申し上げます。（順不同）

北海道小樽高等学校、北海道函館西高等学校、遺愛高等学校、青森県立弘前高等学校、青森県立弘前中央高等学校、東奥義塾高等学校、岩手県立盛岡高等学校、宮城県白石高等学校、秋田県立本荘高等学校、山形県立山形東高等学校、山形県立酒田西高等学校、群馬県立前橋高等学校、千葉県立千葉高等学校、東京都立両国高等学校、東京都立白鷗高等学校、開成高等学校、聖学院高等学校、跡見高等学校、三輪田学園高等学校、新潟県立佐渡高等学校、石川県立金沢泉丘高等学校、山梨県立甲府第一高等学校、長野県上田高等学校、長野県松本深志高等学校、長野県諏訪清陵高等学校、愛知県立津島高等学校、滋賀県立八幡商業高等学校、京都府立洛北高等学校、大阪府立北野高等学校、大阪府立四条畷高等学校、大阪府立天王寺高等学校、兵庫県立神戸高等学校、兵庫県立兵庫高等学校、兵庫県立小野高等学校、和歌山県立新宮高等学校、広島県立忠海高等学校、下関商業高等学校、徳島県立徳島城南高等学校、福岡県立修猷館高等学校、長崎県立猶興館高等学校

（1）久冨善之「学校文化の構造と特質「文化的な場」としての学校を考える」『講座学校6　学校文化という磁場』一九九六年、一三〜一四頁。
（2）同右、一九〜二〇頁。
（3）耳塚寛明「学校文化」（日本教育社会学会編『新教育社会学辞典』東洋館出版社、一九八六年、一一七頁）。
（4）大野道邦「イントロダクション――文化の社会学のパラダイム」（大野道邦、小川信彦編著『文化の社会学　記憶・メディア・身体』文理閣、二〇〇九年、二一〜二四頁）。

（5）富山高等学校創校百周年記念事業後援会『富中富高百年史』一九八五年、二八五頁。
（6）市山雅美「旧制中学校における自治の概念と諸類型――大正期の中学校における規律維持の組織と活動から」（『湘南工科大学紀要』第四〇巻第一号、二〇〇六年）、九一～九三頁。
（7）一九〇八年、佐倉中学校と成東中学校の野球の試合で、応援団同士が衝突し、県によって対外試合が禁止されるなどの事例もみられる。
（8）例えば、会津中学校では、一九〇三年に、「五年生の同好者が『五月雨』という謄写版刷りの冊子」を作成したといわれている（編纂委員会編『会津高等学校百年史』創立百周年記念事業実行委員会、一九九一年、一五九頁）。
（9）例えば、盛岡中学校『校友会雑誌』（第一三号、一九〇九年）の「小倉服」では、小倉地の制服について、「学校が極力防御しておるにも係らずラシヤのお方が少なからず見受けられるこの風が抑も質樸なる校風に寄生虫を生ぜしむる源である」と論じている。
（10）校友会雑誌に、「キネマで隣合はせた若い女性にも／そしてああ、あの／何とも云へぬ特有の臭のする／カフエーの女給にも／凡て年若い女性には・・・・・・・・・・・・・／憧憬れた眼で見るのが／俺の現在です」（四年生生徒「俺」武義中学校『古城』第三号、一九二五年）のようなものが掲載されることもあるが、そのような事例はほとんどない。
（11）E・シュプランガー著、村田昇・片山光宏訳『教育学的展望――現代の教育問題』東信堂、一九八七年、二一頁。
（12）例えば、竹石聖子『学校文化の継承と再創造』（青木書店、二〇一〇年）などの研究がある。また、『総合教育技術』（小学館、第六三巻一一号、二〇〇八年）では、「学校文化をひき継ぎ、育む」といった特集が組まれた。

あとがき

本書は二〇〇七年から継続して行ってきた、学校文化を対象とする共同研究の第一次の成果をまとめたものである。当初は数名で始まった研究会も、しだいに東京大学、京都大学、いわき明星大学、湘南工科大学、上越教育大学、日本女子体育大学、山形大学、学習院大学、立教大学（大学院生を含む）とメンバーを増やしていった。それは、学校文化という研究対象の豊かさと奥の深さに、メンバー全員が魅せられた故のことであったと思う。

その間、教育史学会第五五回大会コロキウム（京都大学）、日本教育学会第七一回大会ラウンドテーブル（名古屋大学）、日本教育社会学会第六四回大会テーマ部会（同志社大学）のそれぞれで、共同研究発表を行った。また二〇一一年一〇月には研究成果報告書（第一集）「旧制中等諸学校の『校友会誌』にみる学校文化の諸相の研究と史料のデータ・ベース化」を刊行した。その他、校友会運動部、応援団、弁論部、学芸会、学校報国団等々にも議論と調査は及んだが、それらの研究の成果は次の機会を期したいと思う。

それにしても、たびたび痛感させられたことは、近代日本の教育が創りあげてきた学校文化の沃野は、予想をはるかに超えて広くかつ深いということである。そのことを最初に筆者に知らせてくれたのは、その深い学識でこの分野を切り開いた、恩師でもある佐藤秀夫、寺﨑昌男、稲垣忠彦、堀尾輝久の諸氏であった。あらためて、そのことに感謝と敬意を表させていただきたい。

序章でも述べたように、生徒文化、教員文化、教育課程、教材・教具、さらには学校建築等々のすべてが学校文化研究の対象になるといってよい。その意味では、本書が明らかにし得た対象は限られたものであり、学校文化研究のまだ入口に入ったばかりに過ぎない。

また、分析の手法においても、すでに定まった方法論があるのではなく、それぞれの対象に即した新たな方法を切り開いていくことが課題となる。本書も、それぞれの論者において方法論の違いがあるが、あえてそれを統一することはしなかった。そうすることは、かえって分析の豊かさを失うことになろう。

ただ、学校文化の中心は学ぶ者すなわち生徒たちであるという視点は共有したつもりである。そのために用いた主な資料が『校友会雑誌』や学校生活への回想としての『自伝』であったことも、本書の特徴をなすものであろう。この間、実際に収集し得た『校友会雑誌』は、旧制中学校一五〇校六〇三冊、高等女学校一一四校六一六冊、旧制実業学校五五校一八二冊、外地の中等諸学校一四校三二冊、師範学校二六校六四冊に及んでいる。それらの分析は、今後も多様な方法で精力的に続けられていくだろう。

末尾になるが、東京大学出版会の後藤健介氏には、企画の段階や本書の構成と内容に関し様々なご助言とご協力をいただいた。心よりお礼を申し上げたい。また、収集した『校友会雑誌』の整理と分類の作業では、学習院大学教育学科助教の歌川光一、および学生長谷優香と奥田雄也の両君の献身的な取り組みがあった。記して感謝したい。

本書の研究の一部は、二〇〇九年度から二〇一二年度において科学研究費補助金（基盤研究B）（課題番号二一三三〇一八二）の助成を得て進められ、さらに刊行にあたっては平成二六年度の学習院大学研究成果刊行助成金の交付を受けた。ここに謝意を表させていただく。

二〇一五年一月

斉藤利彦

執筆者紹介

斉藤利彦（さいとう・としひこ）［編者／序章・1章・9章］
学習院大学文学部教授。一九五三年生まれ，東京大学大学院教育学研究科博士課程修了。博士（教育学）。『試験と競争の学校史』（講談社学術文庫，二〇一一年），『競争と管理の学校史』（東京大学出版会，一九九五年），『新日本古典文学大系明治編　教科書　啓蒙文集』（共校注，岩波書店，二〇〇六年），『沸騰する中国の教育改革』（共著，東方書店，二〇〇八年），『近現代教育史』（共編著，学文社，二〇〇〇年）。

＊

井澤直也（いざわ・なおや）［6章・12章］
日本女子体育大学体育学部教授。『実業学校から見た近代日本の青年の進路』（明星大学出版部，二〇一一年），「一九三〇年代における職業技術教育論の構造」（『教育学研究』五二－一，一九八五年）。

市山雅美（いちやま・まさみ）［2章・4章・終章］
湘南工科大学准教授。「旧制中学校における校友会雑誌の研究」（斉藤利彦と共著『東京大学大学院教育学研究科紀要』四八，二〇〇八年），「旧制中学校における自治の概念と諸類型」（『湘南工科大学紀要』四〇－一，二〇〇六年）。

稲垣恭子（いながき・きょうこ）［8章］
京都大学大学院教育学研究科教授。『女学校と女学生』（中公新書，二〇〇七年），『教育文化を学ぶ人のために』（編著，世界思想社，二〇一一年），『日本の論壇雑誌』（共編著，創元社，二〇一四年）。

歌川光一（うたがわ・こういち）［7章］
学習院大学文学部教育学科助教。『発表会文化論』（分担執筆，青弓社，二〇一五年），『「文化系」学生のレポート・卒論作成術』（分担執筆，青弓社，二〇一三年），「明治後期～大正期女子職業論における遊芸習得の位置」（『文化経済学』九－二，二〇一二年）。

梅野正信（うめの・まさのぶ）［13章］
上越教育大学大学院学校教育研究科教授。『社会科歴史教科書成立史』（日本図書センター，二〇〇四年），『和歌森太郎の戦後史』（教育史料出版会，二〇〇一年），『裁判判決で学ぶ日本の人権』（明石書店，二〇〇六年）。

古仲素子（こなか・もとこ）［11章］
東京大学大学院教育学研究科博士課程，日本学術振興会特別

研究員。「一九〇〇年代〜一九一〇年代における旧制中学校の音楽教育」(『音楽教育学』四四-一、二〇一四年)。

茂木謙之介(もてぎ・けんのすけ)[3章・10章]
東京大学大学院総合文化研究科博士課程。「弘前の秩父宮」(『歴史評論』七六二、二〇一三年)、「東京・怪異・モノガタリ」(『日本文学』六三-九、二〇一四年)。

森田智幸(もりた・ともゆき)[5章]
山形大学大学院教育実践研究科講師。「改革に挑戦する教師の語りの分析」(『山形大学大学院教育実践研究科年報』五、二〇一四年)、「「学制」以前に設立された「郷学」における中等教育レベルの教育課程の構想」(『日本の教育史学』五三、二〇一〇年)。

人名索引

は　行

ま　行

や　行

ら行・わ行

事項索引

あ　行

か　行

さ　行

た　行

や　行

ら　行

学校文化の史的探究
中等諸学校の『校友会雑誌』を手がかりとして

2015年 2月28日　初　版

[検印廃止]

編　者　斉藤利彦《さいとうとしひこ》

発行所　一般財団法人　東京大学出版会
代表者　古田元夫
153-0041 東京都目黒区駒場4-5-29
http://www.utp.or.jp/
電話 03-6407-1069　Fax 03-6407-1991
振替 00160-6-59964

組　版　有限会社プログレス
印刷所　株式会社ヒライ
製本所　誠製本株式会社

ISBN 978-4-13-056223-2　Printed in Japan